北京联合大学“十三五”规划教材建设项目资助

大学生创新创业理论与实践指导

主　编　秦立栓　孙桂生
副主编　李著成　黄金燕
参　编　宋丽新　贾　堃

中国财经出版传媒集团
经济科学出版社
Economic Science Press

图书在版编目（CIP）数据

大学生创新创业理论与实践指导/秦立栓，孙桂生主编．—北京：经济科学出版社，2018.9
ISBN 978-7-5141-9713-6

Ⅰ.①大… Ⅱ.①秦… ②孙… Ⅲ.①大学生—创业—高等学校—教材 Ⅳ.①G647.38

中国版本图书馆 CIP 数据核字（2018）第 206319 号

责任编辑：申先菊　周建林
责任校对：曹育伟
责任印制：王世伟

大学生创新创业理论与实践指导
秦立栓　孙桂生　主编
经济科学出版社出版、发行　新华书店经销
社址：北京市海淀区阜成路甲 28 号　邮编：100142
总编部电话：010-88191217　发行部电话：010-88191522
网址：www.esp.com.cn
电子邮件：esp@esp.com.cn
天猫网店：经济科学出版社旗舰店
网址：http://jjkxcbs.tmall.com
北京季蜂印刷有限公司印装
787×1092　16 开　17.25 印张　400000 字数
2018 年 10 月第 1 版　2018 年 10 月第 1 次印刷
ISBN 978-7-5141-9713-6　定价：58.00 元
（图书出现印装问题，本社负责调换。电话：010-88191502）

PREFACE 前　言

在国家“创新创业”战略实施的大背景下，按照教育部要求，各高校已经将“创新创业”课程纳入各专业的培养计划之中，大学生创新创业类教材也随之纷纷出版，种类繁多，各具特色。然而，由于不同大学之间在类型、层次和办学定位等方面存在显著不同，直接导致不同大学的学生创业综合素质和创业能力需求、创业方向选择等多方面存在较大的差异，因此，编写一部适合本校层次学生培养的创新创业教材，对于高校创业教育的科学、高效地开展很有必要，这也正是本书编写的意义所在。

作为一本针对地方性城市型、应用型大学学生的创新创业教育教材，本书突出了“知识启蒙与实操训练”相结合的特点。它旨在树立和更新大学生创业理念，培养大学生的创新创业意识和企业家精神，通过创业知识的学习和实践技能训练，激发大学生的创业激情，帮助其提高企业管理知识水平、科学选择创业项目、准确了解和分析市场信息，以及编制创业计划书等的能力，并使他们尽快了解企业运营和管理的基本内容，掌握如何组建创业团队，如何准备创业资金，如何实施创业计划以及如何规避创业风险等方面的知识和技能，以期达到成功创业的目的。本书首先简要介绍了企业管理的基本知识和企业的经营模拟训练的流程，使得学生首先对企业及其经营有一个比较全面、系统的了解和认识。此后，结合案例分析讨论和技能训练，使学生能够全面系统地掌握创业所需的基本知识、技能和方法、步骤，具备系统思考、综合分析的管理素质和识别机会、科学分析决策的能力，以及开拓创新的企业家精神。本书内容丰富，形式生动活泼。本书打破了传统教材的编写模式，创新了编写风格，主要包括两部分：第一部分简单系统地介绍了企业管理和运营内容；第二部分模拟创业步骤编写教学内容，选择创业实例紧密贴近现实社会，布置模块作业大大增强了针对性、趣味性和实战性。本书分十三章，每章都采用“导入案例”“基础知识”“技能训练”“创业实践”“案例分析与讨论”和“创业资源”等模块进行知识、方法与技能的传授和呈现，给人以耳目一新的感觉。

本书适用于零起点的本科生“创新创业”课程教学和训练，对新创业者或有创业意向的社会人员，本书也能够从基本知识、方法和实操技巧等方面为其提供较高价值的参考。

本书是由北京联合大学商务学院秦立栓教授、孙桂生副教授和李著成、黄金燕等老师共同合作的成果。由秦立栓、孙桂生和李著成、黄金燕负责全书的编写大纲拟定、组织编写和统稿工作。具体的编写分工为：秦立栓编写第一、二、十三章；宋丽新编写第三、四章；贾堃编写第五、六章；李著成编写第七、八章；黄金燕编写第九、十章；孙桂生编写第十一、十二章。

感谢新道科技股份有限公司为本书编写所提供的帮助和支持！

受编者水平与时间的限制，书中难免存在不妥之处，真诚希望专家、同行和读者不吝指正。

读者在使用过程中如需相关辅助资料，请通过以下邮箱联系：lishuan. qin@ buu. edu. cn，zhucheng. li@ buu. edu. cn，jinyan. huang@ buu. edu. cn。

编　者

2018 年 6 月

CONTENTS 目　录

第一章 企业与企业管理基本知识概述

管理就是界定企业的使命，并激励和组织人力资源去实现这个使命。界定使命是企业家的任务，而激励与组织人力资源是领导力的范畴，二者的结合就是管理。

——彼得·德鲁克

导入案例

世界变化太快，我们被迫进化

这个时代最可怕的事情是什么？有时，不是因为把东西做差了而被淘汰，而是把东西做得越来越好，却被淘汰了，最典型的就是诺基亚和柯达。

今天不管是内容行业，还是猎豹移动所处的行业也好，行业的变化都太快了。这几年我们所经历的变化，会让过去积累的很多经验瞬间过时，甚至所坚持的东西有可能会成为下一步前进的阻碍和壁垒。上市以后，猎豹移动好日子并没有很快到来，在2017年遇到了非常多的挑战，比创业的时候还要艰苦。虽然收入还在增长，但时代发生了非常巨大的变化，变化速度也非常快。

一、环境改变，迫使进化

有一段时间，我内心非常焦灼，不断寻找答案，到底是什么导致了各种问题。我正好上了混沌大学，碰到了生物学思维模型，多少有点豁然开朗。

生物学的思维模式就是讲进化。猎豹移动走到今天，如果不用一些新的思维模式看待，仅凭以前的创业方法论就不能理解很多事情。

有个哲学家说过："如果让我选一个最伟大的思想家，不是牛顿，而是达尔文。"

为什么达尔文比牛顿在思想上更进一步呢？因为物理学再复杂的公式，测算出的结果基本上是确认的。如果知道测光速的理论，就有可能算出光速。生物学则需要经历几十亿年的过程，才能看到一个模糊的答案，这个答案还未必能100%保证正确。

有人说，这不是基因造成的，是上帝造成的，你很难重新做一个完整的实验复现它，只能通过不断的归纳和抽象，才能完成对这件事情的构建。而且，生物学本身是对这个自然世界更真实的一种反映。

我觉得，进化论比物理学更深刻地揭示了底层的规律，而底层规律放之四海而皆准。在今天的世界，有很多大公司都在运用生物学思维，如腾讯。它们内部孵化出了微信、吃鸡游戏等产品。腾讯事业部群之间的员工是互相签保密协议的，他们的事业部群，是和一个个小公司一样的，在内部激烈竞争。正是因为这种竞争，使得腾讯在需要创新的领域，像春笋一样往外冒。

因此，今天我们会发现进化论已经得到了广泛的应用，区块链的很多思想跟生物学也相关。就像一个种子丢到大自然里，你根本不用管它，它就会自己长成树。这与以前我们想象的那种公司的成长体制，从上向下的设计完全不一样。

进化本身是我们要思考的重要议题，因为世界变得太快了。一个人的成长路径会不断地被外界环境所影响。有一部纪录片叫《绝对好奇》，讲述了人怎么从单细胞物种进化成人。

我印象最深的是，我们祖先和恐龙的竞争，在恐龙强大的竞争压力下，我们的祖先为了能够和恐龙竞争，完成了三个很重要的进化：第一，变小；第二，大脑皮层不断深化，变得行动迅速、感官灵敏，因为这样才能比恐龙更快感知环境，避免被吃掉；第三，变成胎生动物，因为卵生的蛋都被恐龙吃光了。

因为竞争，导致我们这个物种走到另外一个分支，不以自己的奔跑速度来决定自己在自然界的生存，而是以对环境的感知和快速决策的能力生存下来。结果在这条路上越走越远，走出了一条和其他生物完全不一样的路线。

而恐龙什么都没做过，统治地球上亿年，本来认为这样的好日子会一直下去。结果一个小行星把地球撞了，它需要大量的食物，没有食物就灭绝了，但是我们的祖先却因为吃的东西很少，反而存活下来了。

二、进化中的四大关键

我把进化论总结了几个关键词：混沌、理性、过程、反脆弱。但这只是我在这个阶段需要的几个关键词，并不代表我已经洞察规律了，也不代表这几个关键词就是我往前走的规律。

1. 混沌

这是我过去一年中得到最重要的一个词，就是外部的非连续性，使生命系统的复杂性让精准预测不可能。2017年我还没有这种看法，我一直的观念是因为信息不够，所以做不出精准的预测。但后来发现，其实不是这样的。

大部分人是活在牛顿的世界观里，整个世界就像一个精益的钟表，只要把所有的数据输入进去，就知道每天几分几秒它会报时，这就是牛顿的世界观。但爱因斯坦和达尔文，他们都倾向于世界不可真实预知。你永远不会知道外界发生一件事情什么时候发生、怎么发生。

比如猎豹遇到最大的问题在于，工具和安全作为一个独立的品类，在移动互联网这个时代已经慢慢地变得越来越窄了。整个外界环境发生了变化，这个变化是当初你无法预料的。我们在海外遇到的问题就是Google和Facebook发布的政策，都在挤压第三方应用厂商的空间。我们无法精准预测这种变化，只有坚信概率。

我刚创业时，一直认为只要我想清楚，全力以赴就能赢，最后发现赢就是你的运气好。我们当时决定做海外工具时，Android在全球范围内大爆发，猎豹当时非常幸运地赶上了欧美智能手机普及的热潮，所以在欧美有20%是我们的手机用户，而今天欧美和中国一样，智能手机的红利消失了。

你总会有一些外部环境是无法觉察的，或者不能精准预测的，怎么办？坚持方法论，坚持自己的一些基本处事原则。芒格和巴菲特之所以投资那么成功无非就是两条：第一条，确定一些最基本的原则；第二条，依照这条原则不断重复认真执行。为了保证成功，要想清楚自己的原则是不是真正有效率。

其实我们的困难更多来自外部环境变化。Google和Facebook过去两年发布的各种政策，给猎豹移动带来每天的收入大概少了60万美元，我们通过各种办法，包括做直播、做游戏，把60万美元的坑填上了，做到了整体业绩的增长。

因此，我认为外部环境发生变化时，要积极收集外部的信息，不断提高自己的认知。我在很痛苦的情况下写了认知三部曲——人的成长就是认知升级，文章10万多字，被传得特别广泛，为什么会这样？核心的原因就是外界环境变得太快了。

2. 理性

当创业遇到挫折时，很容易陷入情绪本身的自我控制中。我觉得创业者，要学会从情绪当中摆脱出来，学会理性地看待自己，即便有一天遇到了各种困难。

如果你站在第三方视角看，会发现这是一件很正常的事情，这和很多种群灭绝了一样，没有什么悲伤可言。从大自然的角度上来说，很多物种都在灭绝，但是整个大自然依然勃勃生机。

遇到的困难无非是创业的大自然当中一个很小的缩影，你认真地、理性地面对即可。对内也是这样的，当环境发生了变化时，有团队中很多人的认知跟不上，或者认知不统一时，怎么办？你可以用一些理性的方式改造内部的结构，而不是靠一个人本身。

因此，我们在猎豹做了大量的新陈代谢、体内体外孵化、内部竞争的鼓励。我们会发现整个世界在越来越理性迎接这一切，创业本身就是极其理性的过程。今天，各种代码、数据已经开始取代情绪和情感的认知了，成为这个世界最重要的主体了。

只要能把理性做好，就可以在内部大刀阔斧进行改革。改革本身最大的难点不是思路，最大的难点是情感和既得利益的打破。

3. 过程

《三体》里有一句话特别震撼，“死神是永恒的灯塔，只有死神永生”。最近，我们研究区块链，我发现如果站在区块链的角度来看，这个世界都没有公司了。我去美团见王兴，他提到一个词叫“上帝思维”。我从两个维度理解它：第一，当你看到很多东西不好的时候，你可以站在更高的地方改变它；第二，存在和消亡并存。

其实这个世界不是那种特别波动的世界，但是如果你把时间维度拉长，你会发现波动性还是非常大的，互联网的崛起就是巨大的波动。如果你把过去的20年变成几天来看，这和一个行星撞地球没什么区别。

4. 反脆弱

每天只变化一点点，你不会有什么感觉。这时，你需要找到一个叫“反脆弱”的能力，你要在世界的变化中还得到收益。

这种能力需要精心修炼，首先要摆脱对情绪的控制，也要结合我前面讲的理性对待和追求过程。因为当一个事情变化时，首先给你带来的是不适感，然后对你原来的方式产生巨大冲击。

虽然我们在美股被别人做空，但它会对我们产生一种鞭策自己的力量。因为我们没有做过任何的造假，公司内部流程也非常严谨，我们对自己还是有信心的。

这时候当我们放弃幻想以后，就会认真思考很多事物的本质。你会发现无非是在外界环境发生变化，你自己应对不足，外界就对你产生了一些偏负面的看法。这并没有什么，如果你能理性面对，把自己的业务做好，做好了自然就会起来。

因此，我们在过去一年投入了非常多的精力在新的业务上。如果你在一个外部环境发生巨大变化时守正，对自己可能就是一次浪费机会的成本。

做企业最难的地方在于，你要思考到底是聚焦还是找新机会？是坚守还是不断开拓进取？当在一个高歌猛进的行业里，每天都在刷新自己，都觉得自己很牛的时候，这种仗好打。但当这个行业突然发现一个拐点，以前积累的所有习惯都受到了冲击，这时候遇到的仗就比较难打。

当环境发生了变化，如果你自己具备了这种反脆弱能力，你就能找到新的机会。比如我们当时就是被逼转型，有一年我们工具在海外收入涨了800%，只要放一个广告位，一天就是几十万美元。结果后来Facebook发布了一个政策，我们一天就少了20万美元。

这时候我们思考怎么应对变化？我觉得，过去一年让猎豹真正成长的是，我们从工具软件公司开始变成AI公司了。也可以看到这一年多来，虽然我们在外界看来经历了非常大的痛苦，但是事实上我们自己的技术能力，已经完全不可同日而语了。

一个做应用APP的公司，猎豹的AI能力在业界已经是名列前茅了。当然我们团队更新以后，也给了年轻人更大的机会，大批年轻人也成长起来了。

我们从PC安全开始做起，是上个时代恐龙样的生物，然后出海做了工具和游戏，最后做了AI和机器人。因为我觉得当下中国最大的机会是：AI + 软件 + 硬件 + 服务 = 机器人。

资料来源：傅盛．世界变化太快，我们被迫进化［EB/OL］．（2018 -06 -25）．［2018 -07 -30］．http://www.sino-manager.com/?p =83634.

第一节　企业概述

一、企业的概念和特征

企业是指从事生产、流通或服务性活动的独立核算经济单位。

1. 企业具有的基本要素

① 拥有一定数量的生产设备和资金——财和物。

② 拥有一定的生产经营活动的场所——土地。

③ 有一定数量和质量的工人和管理者——人。

④ 从事产品的生产、流通等经济活动——服务。

⑤ 企业自主经营、自负盈亏，具有法人地位——法人。

⑥ 企业生产经营活动的主要目的是为了获得利润。

2. 企业具有的特征

① 企业是一个经济性组织——营利性。

② 企业是一个社会性组织。当今世界出现了一种崭新的企业新概念，即企业已不再被看作只是为所有者创造利润和财富的工具，它还必须对整个社会的政治、经济发展负责。

③ 企业是一个独立的法人。从法律的角度说，企业是自主经营、自负盈亏，依法独立享有民事权利，并承担民事责任的从事经营活动的法人组织。

④ 企业是一个自主经营系统。这就要求我们减少对企业的干预，特别是行政干涉。

二、企业的目标

企业的目标有两个：获利、满足社会需要。

三、现代企业制度

现代企业制度最早产生于资本主义发展较早的西方国家，是实行市场经济体制的国家在古典企业制度基础上经过近百年的发展而建立起来的，是一种适应社会化大生产和市场经济体制、使企业真正成为面向市场的独立法人实体和市场竞争主体的企业制度。

（一）现代企业制度的含义

现代企业制度是指以公司制度为主要表现形式，体现企业法人实体和市场竞争主体要求的企业体制，是适应社会化大生产和市场经济要求的产权清晰、权责明确、政企分开、管理科学的企业制度。

公司制企业作为现代企业制度的主要表现形式，既是市场经济发展的必然结果，也是生产社会化的必然产物。

（二）现代企业制度的内容

现代企业制度一般包括以下三个方面的内容。

1. 现代企业法人制度

现代企业法人制度主要体现为公司的产权制度，核心是要理顺和完善企业的产权关系。根据企业法人财产权理论，公司企业对企业财产（动产、不动产和流动资金）所享有的权利，应为法人财产权；出资者对企业的权利为股东权。

企业拥有法人财产权，表现为企业依法拥有法人财产的占有、使用、收益和处置权，是自主经营、自负盈亏的独立法人实体，企业对包括国家在内的出资者投资形成的全部法人财产依法享有民事权利、承担民事责任，并对出资者承担资产保值增值的责任，出资者按投入企业的资本额依法享有所有权的权益，承担有限责任。

2. 现代企业的组织制度

（1）现代企业的组织形式——有限责任公司、股份有限公司和国家独资公司(《中华人民共和国公司法》)。

（2）现代企业的组织体制——以股东代表大会、董事会、经理人和监事会等共同组成的法人治理结构。股东大会是公司的最高权力机构；董事会是公司的经营决策机构；公司的总经理负责公司的日常经营管理活动，对公司的生产经营活动进行全面领导；监事会是公司的监督机构。另外还有企业党政组织和工会。

3. 现代企业管理制度

现代企业制度的运作和完善需要有科学的管理制度作保障，加强企业管理是我国企业面临的迫切与长期的重要任务。科学的管理制度重点体现在以下几方面。

（1）建立和完善企业的组织运营系统。

（2）建立科学的劳动用工制度和灵活有效的激励机制。

（3）建立现代企业财务会计制度。

（4）坚持以人为本的企业管理，培育优秀的企业文化和团队精神，加强人力资源的开发和管理等。

第二节　企业管理概述

一、管理概述

（一）管理的基本概念

管理是社会组织中，为了实现预期的目标，以人为中心进行的协调活动。

管理的这个综合概念至少包括四个方面的含义。

（1）管理适用于任何一个社会组织。管理的第一要素是组织，因为只有集体活动才需要协调，单个人的活动不能算是管理。

（2）管理的基本对象是人。组织活动的主体是人，尽管管理一般都要涉及人、财、物、信息等各方面。这就是说管理是一种人际关系，存在着管理者和被管理者。

（3）管理是一种协调活动。协调就是使个人的努力与集体的预期目标相一致。管理的本质是协调，每一项管理职能的每一次管理决策都需要进行协调，都是为了协调。当然协调的方法可以多种多样，但要讲究协调的艺术。

（4）管理是一种有目的的活动。管理的目的是为了实现预期的目标，对企业来说就是要创造盈余（利润）。就是要创造一种环境，使人们在这个环境里投入最少的时间、资金、原材料和个人的辛劳，能够完成集体的目标，或者在这个环境里使用现有的资源，完成的预期目标越多越好。

（二）管理者及其技能

管理者是组织和利用各种资源去实现组织目标的指挥者、组织者。

作为管理者应具有以下基本条件：① 技术方面的基本条件，就是要具备承担某项具体任务的技能，包括所需的基本知识和基本方法、计算工具等方面，并且善于把这些知识和技能运用到实际工作中去。② 人文方面的基本条件，就是与人共事搞好人际关系，对部下进行有效地组织、领导的能力。③ 观念方面的基本条件（如书中的概念形成技能、诊断技能和分析技能等），就是对组织目标要有清晰的认识。明确组织目标，了解自已的地位、任务，了解外部环境对企业的影响。

以上三个方面对不同职位的要求是不一样的，对高层次的领导人来说，观念方面的要求高一些，而技术方面的要求低一些；对基层的管理者来说，技术方面的要求高一些，而观念方面的要求可以低一些。但无论高层、中层、基层，对人文方面的要求都比较高。

（三）企业管理的概念

企业管理就是由企业管理人员或机构对企业的经济活动过程进行计划、组织、指挥、协调和控制，以提高经济效益，实现营利为目的的活动的总称。企业的生产经营活动包括：生产管理前的市场调研、销售预测、经营决策、产品开发，资金筹措，以及产品出产后的产品销售、售后服务和信息反馈等工作。

二、管理的基本问题

（一）管理二重性理论的现实意义

（1）要全面认识管理的任务和作用。管理要求既要合理组织生产力，又要努力改善生产关系，两者不可偏废。“见物不见人”和“见人不见物”的倾向都是错误的。

（2）要全面认识对管理人员的素质要求。管理的基本任务决定了管理人员应既具备组织生产力的技术知识和能力，又具备处理人际关系及各种社会关系的知识和能力。即“软”“硬”兼备，又红又专。

（3）要全面地认识国外的管理理论和经验。批判地吸收、学习和借鉴国外在生产力组织方面和处理人际关系及各种社会关系方面的先进理论和经验，不盲目照搬。

（二）管理的主要理论

（1）需要层次理论。20 世纪 50 年代美国的马斯洛提出了著名的五层次需要理论，认为人的需要是多种多样的，同时人的需要又是多层次、多类型的。他把人的需要分为以下五个层次。

① 生理需要——由于生理原因产生的某些需要，是人类最基本的需要。该需要得不到满足，就谈不上其他需要。这一需要人和动物是相同的，人们为了能够继续生存，首先必须满足基本的生活需要，如衣、食、住、行等。马斯洛认为，生理需要在所有的需要中是最优先的。

② 安全需要——生活方面有了保障后，就要求保证人的身体安全；要求职业生活有保障，不受外界的侵害。

③ 社交需要——社交需要是指人们对于友谊、爱情和归属的需要。马斯洛认为，人是一种社会动物，人们的生活和工作都不是独立地进行的。因此，人们总希望在一种被接受或属于的情况下工作，也就是说，人们希望在社会生活中受到别人的注意、接纳、关心、友爱、同情，在感情上有所归属，属于某一个社会群体。

④ 尊重的需要——包括自尊和受人尊重。人们都有取得成就、受人尊敬的需要。

⑤ 自我实现的需要——为实现个人某种理想和抱负而贡献一切，追求学术成就、追求某一真理的实现。“三军可夺帅也，匹夫不可夺志也”。

（2）双因素理论。20 世纪 50 年代心理学家赫兹伯格经过大量的调查和研究，在《工作与激励》一书中提出了双因素理论。赫兹伯格认为人的需要可以划分为两种因素：保健因素和激励因素。

① 保健因素（维持因素）是指维持一个合理而满意的工作所必不可少的因素。没有这种因素或达不到这种因素的条件，人们就不满意，就不努力工作，但这种因素即使超过一定限度，也并不构成激励，就像医疗保健药品，少了它不行，多了也没用，只能防止疾病，不能医治疾病。如企业政策以及合理的管理制度；工作中必要的监督；和上级、同级、下级关系的融洽；必要的工资；安全、工作环境条件等，保健因素大都属于物质方面的因素。

② 激励因素是指对职工起到强烈激励的因素。如工作上的成就感；受领导重视、群众赞扬；得到荣誉；得到提升以及工作本身的挑战性和个人的发展前途等，激励因素多为精神方面的因素。

第三节　组织

一、企业组织管理的概念和内容

（一）企业组织管理的概念

组织是人们为了实现共同的目标而形成的一个协作系统。

一般地，组织具有以下三个共同的特征：第一，每一个组织都有一个明确的目的，该目的一般是以一个或一组目标来表示的。第二，每一个组织都是由人组成的。第三，每一个组织都通过一种系统性的结构来规范和限制成员的行为。例如，建立规则和规章制度；选拔领导人并赋予他们职权；编写职务说明书，使组织成员知道他们在组织中应该做什么。

（二）企业组织管理的内容

关于管理的组织职能，如果从比较抽象的概念看，就是把总任务分解成一个个的具体任务，然后再把它们合并成单位和部门，同时把权力分别授予每个单位或部门的管理人员，或者说，可以从划分任务、使任务部门化和授权三方面来论述。

企业组织管理的具体内容包括以下三个方面。

（1）确定领导体制、设立管理组织机构。什么是体制呢？体制是一种机构设置、职责权限和领导关系、管理方式的结构体系。确定领导体制、设立管理组织机构，其实就是要解决领导权的权力结构问题，它包括权力划分、职责分工及它们之间的相互关系。当然，在确定领导体制时，形式可以多种多样。

（2）对组织中的全体人员指定职位、明确职责及相互划分。使组织中的每一个人明白自己在组织中处于什么样的位置，需要做什么工作。

（3）设计有效的工作程序，包括工作流程及要求。因为，一个企业的任何事情都应该按照某种程序来进行，即要求有明确的责任制和良好的操作规程。一个混乱无序的企业组织是无法保证完成企业的总目标、总任务的。

二、企业组织设计的基本原则

设计一个有效的企业组织机构应遵循以下原则。

（1）封闭原则。任何组织及其管理系统必须构成一个连续的、封闭的循环回路，才能形成有效的管理。

（2）统一领导和分级管理原则。这也是组织管理最基本的一项原则。组织设计一个职务就应该有人负责，同时明确他向谁负责，他负责的对象是谁。在指挥上严格实行一元化，每一个人只接受一个上级的命令，并对他负责。具体包括以下要求。

① 统一指挥，层层负责，上下级之间形成一个等级链，不能中断。

② 一个下级只能有一个上级，one man one boss。

③ 不允许上级越过下级越级指挥。

④ 各个管理业务部门（主要是指职能科室、咨询机构、参谋部门）在内部同样要实行统一指挥，但在外部只是同级指挥系统的参谋，只能提供建议，无权直接领导。这就要求各部门、各环节加强横向联系，并把横向联系的结果直接报告上级，以避免多头领导、政出多门的弊端。

（3）任务和目标原则。组织设计要以工作任务为中心、为原则，有利于实现目标。

（4）有效管理幅度原则。管理幅度（管理跨度或跨距）指的是一个人直接领导下属的人数。人数越多，管理幅度就越大；人数越少，管理幅度就越小。管理幅度的大小到底哪个好不能一概而论，不存在一个最佳管理幅度。常见的组织结构有扁平结构和锥形结构。

扁平结构是指在组织规模已定、管理幅度较大、管理层次较少的一种组织结构形态。它的优点是：① 层次少，信息的传递速度快，高层领导人可以尽快地发现问题并及时采取相应的纠偏措施；② 由于信息传递经过的层次少，失真的可能性也小；③ 主管人员的管理幅度较大，不可能对下属控制得很死，因而有利于下级发挥主动性和积极性。

它的局限性是：① 主管人员不能对每一位下属进行充分而有效的指导和监督；② 对信息的处理和利用也会因数量太大而受到影响。

锥形结构是指管理幅度较小、管理层次较多的高、尖、细的金字塔组织结构形态。

优点是：较小的管理幅度可以使主管人员认真、仔细地处理信息，并对每一个下级进行详尽的指导。

但缺点也是明显的：① 过多的管理层次会使信息在传递过程中失真；② 使各层次主管感到自己在组织中的地位相对渺小，从而影响积极性的发挥；③ 使管理工作复杂化。

（5）分工协作原则。在整体规划的前提下，按专业化进行分工，同时各部门进行协作，共同完成目标，让每一个职务和每一个工作人员都明确他在完成整体目标的哪部分，也叫专业化与协作原则或整分合原则。但分工并不是管理的终结，分工也不是万能的，它也带来了一些新的问题，如分工特别容易引起在时间、空间、质量和数量等方面的脱节。因此，必须有强有力的组织管理，使各方面同步协调，有计划按比例综合平衡发展，才能使各部门共同努力，完成目标。

（6）权责一致（权责对等、权责统一）原则。指在明确责任的同时，要授予完成该项任务的人以相应的权力，做到有责有权。如果权责分离，必然导致官僚主义。有权无责必然滥用职权；有责无权则必然难尽其责。

（7）有效性原则。机构要精简，队伍要精干，从而实现高效率。即尽量减少业务中的重复现象，要精简机构、缩编队伍，要通过培训等各种手段提高人员的素质，同时任务要饱满，工作要有负荷和压力，否则人浮于事，人的能力就会发生阻抗和内耗，出现“一个和尚挑水吃，两个和尚抬水吃，三个和尚没水吃。”

（8）才职相等原则。什么样的职务就应该安排什么样能力的人去干，使人的才能与职务相当。做到人尽其才，才尽其用，用得其所；不要学非所用，大材小用，更不能小材大用。

(9) 集中和分散原则。组织设计既要体现统一指挥，又要体现分权。一方面，现代化大生产必须统一指挥，才能步调一致，这就需要指挥权的集中；另一方面，现代化大生产的经济业务又是十分广泛的，通过集权不能对每一专业问题都能解决，从这个角度说，就要求分权。分权的好处是能使各级管理人员具备必要的能力，有利于及时解决问题，调动积极性，因此，既要集中，又要分散，考虑两者的最佳结合。

(10) 信息畅通原则。现代企业离开信息就无法进行管理，因此要正确设计一个信息传递系统，使信息能够双向沟通，做到信息的反馈准确、灵敏和有力。信息沟通的渠道有三个：第一，上情下传；第二，下情上达；第三，横向沟通。

三、组织结构形式

(1) 直线制，这是最早的、也是最简单的一种组织结构形式。

(2) 职能制，这实际上只是泰勒提出来的一种设想，指导思想就是把计划职能和生产职能分开。

(3) 直线职能制，既保持直线指挥系统，又设立职能系统。直线职能制这种组织结构形式是从军队中移植过来的。

(4) 事业部制，这是分权化发展的主要形式。

(5) 矩阵结构，又称目标规划制。

第四节　人力资源开发与管理

一、人力资源开发与管理概述

(一) 人力资本与人力资源

人力资本是含于劳动者身上的资本，它是一种不同于物质资本的资本形式。按照舒尔茨的划分，人力资本有五种形式：即健康保健、由厂商进行的在职培训、正规教育、成人教育以及适应就业形式变化所引起的移民。资本与投资行为是不可分的。经济行为人要提供劳动，必须有一个健康的身体，这是人力资本的基础。人们花在饮食、医疗上的费用可视为一种健康投资。正规教育、成人教育和在职培训，是最常见和最重要的人力资本形式，它们可以影响未来的货币和物质收入。劳动者花在为寻找工作或更好职位的劳动力流动上的费用，对劳动者来讲也是一种投资，这也就是人力资本的最后一种形式。

人力资源是对能够推动生产力发展、创造社会财富的具有智力劳动和体力劳动能力的人们的总称。一个企业的人力资源包括企业内所有的人，因此首先而必要的是对企业人力资源进行分类。

日本将企业人力资源分为以下五类。

(1) 企业家——出色的企业领导人，具有远见卓识，有胆略，有魄力，而非目光短浅，斤斤计较之人。

(2) 经营管理人员——一般的管理人员，主要是中低级的管理人员。

（3）专门人才——各种具有专门技术知识的人才，如会计师、经济师、工程师等。

（4）普通工人——生产工人。

（5）教师——日本企业非常重视职工素质的培训和提高，因此特别把教师也纳入到企业人力资源的范畴。

人力资源具有生物性、能动性、动态性、智力性、再生性和社会性等特点。

（二）人力资源管理和人事管理

企业的人力资源管理是对企业所从事的人力资源规划、招聘、培养、使用及组织等各项管理工作的总称。其主要工作内容是选人、育人、用人、留人。

现代的人力资源管理是从传统的人事管理过渡而来的。早期的人事管理只限于人员的招聘与录用、调配、工资管理、档案保管等较为琐碎的工作；后来逐渐涉及工作分析的编写、绩效考核制度和方法的拟定、奖酬制度的设计和管理、员工培训活动的规划和组织，以及其他人事规章制度的制订等。

现代人力资源管理与传统人事管理相比具有以下特点。

（1）以人为本。以人为本就是把人当成组织中最具活力、能动性和创造性的要素。人是组织得以存在和发展的第一的、决定性的资源。人是企业最宝贵的财富。

（2）把人力当成资本，当成能带来更多价值的价值。把人力当成资本，是对人的一种积极能动的看法，就会把注意力放到如何使人力发挥出更大的作用、创造出更大的效益上，就会把提高人力素质，开发人的潜能作为人力资源管理的基本职责。这种管理体现出人力资源管理的基本特征。

（3）把人力资源开发放到首位，但这并不意味着就不重视人力资源的使用管理。使用是目的，而开发是手段，开发人力资源的目的是为更好、更有效地使用人力资源，是为了在使用过程中产生更大的效益。

（4）人力资源管理被提高到组织战略高度来对待。组织战略是指组织为自己所确定的长远性的主要目标，以及为实现此目标而选择的主要行动路线和方法。组织中的任何战略决策，都需要人力资源战略决策予以支持和保证。

（5）人力资源管理部门被视为生产与效益部门。在各种生产要素中，只有人力这个要素是主动的、积极的、创造性的要素。人力在生产过程中，通过对其他生产要素的加工改造和利用，使它们变成对人类有用的财富。财富的形式和数量，是由人力在生产过程中的使用状况决定的。因此，对人力资源的管理是真正的生产管理、效益管理。人力资源管理部门是生产部门和效益部门。目前，“人力资源管理”已成为各高等学校一门重要管理课程，中国人民大学已建立了人力资源管理系（国外是一个专门的职业，需要获得专门的人力资源管理证书）。

二、人力资源开发

人力资源开发是指发现、发展和充分利用人的创造力，以提高企业劳动生产率和经济效益的活动。企业人力资源的开发有以下三个方面的内容：① 把企业现有职工的能力都挖掘和激发出来，运用到生产经营工作中去。什么是职工的能力？人的能力有广义和狭义之分，具体说，狭义的人的能力包括人的基本能力和应用能力两方面。人的基本能力是指人的知识、技能和体力方面的能力；人的应用能力是指把基本能力转化为实际应用的能力，主要是解决实际问题的能力、创造能力、协调交涉能力和领导能力等。广义的人的能力除了人的基本能力和应用能力以外，还包括人的工作绩效，即实际工作的成绩和效果。衡量一个人的能力最重要的不是看他的缺点是什么，而是他的实绩，他能为组织做什么。② 把每一位职工的能力在现有水平上提高一步。③ 在现有的全部人力资源中发现人才并培养人才。通常，人才是在相同的条件下能比别人更有效地解决问题、成绩比较显著的人。从这个观点出发，人才到处都有。人才又有通才、专才之说，通才是指才能比较全面的人，专才是指某一方面能力较强的人。专才、通才都是人才。一个企业必有人才，所谓行行出状元，关键是如何看待人才。领导的任务就是发现、培养、提高和使用人才。

（一）人员选拔与聘用（选聘）

一个企业在进行人员选聘时，到底是内部选聘还是外部选聘，应具体问题具体分析，同时在选聘中要坚持计划性、公正性和科学性原则。

人员选聘的程序和方法是制订选聘计划，发布选聘信息、进行选聘测试和选聘决策等。

（二）人员培训

员工培训是指一个企业为改变员工的工作态度和工作能力，不断提高他们的工作业绩而进行的知识教育和技能培训。

（1）员工培训的意义：① 通过培训，可以帮助员工尽快地掌握必要的知识技能和形成必要的工作态度。② 通过培训，可以帮助员工适应企业内外环境的迅速变化。③ 通过培训，可以满足员工自我发展和自我实现的需要，从而获得精神上的成就感。④ 通过培训，可以提高全体员工的素质，从而提高劳动生产率和工作效率，最终实现企业的经济目标。

（2）员工培训的形式。从培训与工作岗位的关系划分，主要有职前培训、在职培训和脱产培训。

（三）人员激励

（1）激励的概念。美国管理学家贝雷尔森（Berelson）和斯坦尼尔（Steiner）给激励下了以下定义："一切内心要争取的条件、希望、愿望、动力都构成了对人的激励——它是人类活动的一种内心状态。"人的一切行动都是由某种动机引起的，动机是一种精神状态，它对人的行动起激发、推动、加强的作用。

（2）激励过程。一切行为都由激励产生，人的行为都是为了一定的目的和目标，而目的和目标的产生又来自某种需要。

一个人主观上认为能够达到目标，就会激发出强大的力量，作出个人成绩；而个人在作出成绩后，又总是期望得到组织适当的、合理的奖励，如奖金、提级、表扬等；这种奖励最好又能满足个人的需要，因为不同年龄、性别、资历、社会地位、经济条件的人需要各不相同。

三、企业人力资源规划

人力资源规划又称人力资源计划，是指企业根据企业的发展战略、目标以及环境的变化，科学地预测、分析企业在未来环境中的人力资源供给和需求状况，从而制定相应的政策和措施以保证企业在未来的时间点和一定的岗位上获得所需的适当的人员（数和量），并使企业和员工的长期利益得到满足。

四、人员的业绩考评

1. 绩效考评的内容

人员的业绩考评是指企业按一定的标准，采用科学的方法对员工的思想、品德、学识、业务、工作能力、工作态度和成绩，以及身体状况等方面进行的全面考核与评定。

从广义上理解，绩效考评是对一个人的全面考察，内容包括：德，指一个人的政治素质、思想品德、工作作风、职业道德等；能，指一个人完成各项工作的能力，如分析问题和解决问题的能力、独立工作的能力等；勤，指一个人的勤奋精神和工作态度；绩，指一个人的工作成绩和效果；体，指一个人的身体状况。

人力资源管理中的日常绩效考评，一般主要包括工作成绩、工作态度和工作能力这三方面的内容。绩效评价时，应根据不同的人员、不同的岗位，确定出具体的评价项目和标准。

2. 绩效考评的目的

绩效考评是人力资源管理的重要环节。其目的在于发现与选拔人才，并为对员工实施奖惩、升降、调配、培训等工作提供基本依据。通过对员工工作绩效的客观评价，有利于发掘和有效地利用员工潜在的工作能力；有利于激励员工努力工作，积极进取；有利于发现工作中的问题，使员工明确进一步改进工作的方向。

第五节　经营决策及其特性

西蒙认为，“管理就是决策。”正确决策对于一个企业的生存与发展有至关重要的作用。现代管理的重心在于经营，经营的中心在于决策。

决策是指在明确问题的基础上，为未来的行动确定目标，并在多个可供选择的行动方案中选择一个合理方案来分析判断过程。科学的决策应具有以下基本特性。

（1）决策要有明确的目标——明确为什么要进行决策，决策最终要达到的目标是什么。

（2）决策应有若干个可供选择的可行方案。可行方案是指能够解决决策问题、实现决策目标、具备决策实施条件的方案。只有一个方案而无从比较的决策不是科学的决策，只有多个方案的选择才能评价优劣，得到满意的结果。因此，“多方案选择”是决策应该遵循的重要原则。

（3）决策是一个分析判断过程——必须通过技术、经济等各个方面的综合评价完成决策过程。

(4) 决策的结果是选择一个满意的方案。人们要懂得，获得满足一切要求的最优方案是不现实的。

(5) 决策应是一项有组织的集体活动。因为，企业的决策问题具有信息量大、涉及面广、变化快的特点，这就增加了决策的复杂性和艰巨性，从而使个人决策成功的可能性大为减少。因此，科学决策不能是领导者个人行为。决策的民主性是决策成功的重要条件。

第六节　战略管理

一、企业经营战略和战略管理

1. 经营战略的含义

经营战略是指企业面对激烈变化的环境，严峻挑战的竞争，为谋求生存和不断发展而作出的总体性、长远性的谋划和方略。

其目的在于使企业在正确分析和估量外部环境与内部条件的基础上，求得企业的经营目标、经营结构和资源配置与外部环境提供的机会达到动态平衡，从而在激烈的市场竞争环境中，求得企业的生存和持续发展。

2. 经营战略管理

企业经营战略管理是一个动态的发展过程。该过程可以分为战略制定、战略实施、战略控制和战略调整四个阶段，每一个阶段有其特定的工作环节和内容。

(1) 企业战略制定。企业战略制定是指对企业战略进行规划的过程。它是在对企业内外环境因素分析的基础上，确定企业的宗旨，明确企业所要达到的战略目标，制定企业达到目标的规划、政策和策略。它包括这几项内容：① 企业内外环境分析；② 确定企业的经营宗旨；③ 确立企业的战略目标（发展性目标、收益性目标、有效性目标、社会性目标）；④ 确定企业战略方案（战略目标、战略重点、战略方针、战略阶段、战略对策）。

(2) 企业战略实施。企业战略的实施是指围绕贯彻和执行已选定的战略所开展的活动过程。为了保证这些实施活动的顺利开展，需要抓好以下工作：① 制订详细的战略实施计划；② 确立企业战略组织；③ 保证战略资源的有效配置。

(3) 企业战略控制。战略控制是指在战略实施过程中，根据战略计划的目标和行动方案，对战略实施的状况进行全面的监督、检查、评审，及时发现偏差，分析原因，采取措施，予以纠正，是保证战略实施计划有效执行的一系列活动过程的总称。一般包括三个基本环节：① 确定战略控制标准；② 衡量实际业绩；③ 采取纠偏措施。

(4) 企业战略调整。企业战略调整是指在战略执行过程中产生的实际结果与预定目标有明显差距时采取的对战略方案的修改，其包括局部性调整、职能战略调整和总体战略调整。

二、企业战略的分类

企业战略类型多样，形式各异，各个企业都有一套适合企业自身条件与所处环境及发展要求的独特的战略体系。本书主要介绍企业的总体战略。

企业总体战略可以划分为以下三种。

（1）稳定型战略（防御型战略或维持型战略）。稳定型战略是指企业不改变其生产性质、主要产品和为社会提供的服务，在一定时期内企业也并不准备扩大生产规模的一种战略。其核心主要以提高企业现有生产条件下的经济效益为目的。

（2）增长型战略（扩张型战略或发展型战略）。增长型战略是企业在现有基础水平上向更高一级的方向发展。它是指企业扩大生产规模，并在保持原有主要产品的同时，增加新的产品的生产，挖掘企业的潜力，提高销售量，扩大市场占有率，降低成本，提高盈利能力，超过竞争对手，使经济技术指标超过或达到同行业的先进水平，在提高产品质量、降低物耗、增加经济效益上有大幅度提高的一种战略。其核心是发展壮大。

（3）紧缩型战略（或退却型战略）。紧缩型战略是指企业缩小生产规模，或取消某些产品的生产，减少企业的投入，封存或出卖部分设备的一种战略。其核心是通过紧缩战略来摆脱企业生存所面临的困境，使财务状况好转，否则企业可能面临倒闭破产的境地。这种战略一般适用于经济不景气、需求紧缩、资源有限、产品滞销、内部矛盾重重、财务状况恶化，以及在原经营领域中处于严重不利竞争地位的情况。

第七节　产品开发管理

产品开发是企业生存和发展的需要，通过产品开发，可以不断提高企业的技术水平和竞争能力。产品开发不仅是企业久盛不衰、兴旺发达的重要途径，也是企业义不容辞的社会职责，因为产品开发可以提高企业的经济效益和社会效益。

一、产品开发概述

1. 产品概念

产品是指向市场提供的能满足人们某种需要的物质产品和服务。

2. 产品开发

产品开发就是企业改进老产品或开发新产品，使其具有新的特征或用途，以满足顾客的需要。由于人们的需求经常变化和提高，企业只有不断改进产品，增加花色和功能，提高产品质量，改进外观包装装潢，才能适应消费者不断变化的需求。

3. 产品开发的影响因素

产品开发应当考虑以下影响因素：① 产品的市场潜力；② 产品的收益性；③ 市场的竞争力综合的考虑市场的容量、设计并开发出的产品能否具有竞争优势，考虑市场的竞争弱点，选择有利于发挥企业核心技术优势的产品进行设计开发；④ 可利用的资源条件考虑开发设计的产品的材质、工艺、便利程度、经济性和环保性；⑤ 考虑现有的技术水平和生产能力在设计产品的过程中充分的考虑设计出的产品能否制作出来，能否符合它的工艺，能否用现有的生产能力把产品生产出来。如设计的产品没有考虑它的工艺和生产能力，就使得设计的产品只能是“纸上谈兵”；⑥ 经销能力、销售渠道、市场的服务能力；⑦ 国家政策、法律法规等。

二、产品生（寿）命周期理论

一种产品在市场上的销售情况和获利能力是随着时间的推移而发生变化的，这种变化与一般生物的生长、旺盛、衰亡过程相似，有一定的规律性，我们必须研究和掌握产品成长的规律性，并利用它来制定正确的产品策略，以达到企业经营目标。

（一）产品生命周期的概念

产品生命周期是指从产品试制成功投入市场开始到被淘汰停止生产为止所持续的时间，分为投入期、成长期、成熟期和衰退期四个阶段，如图 1－1 所示。

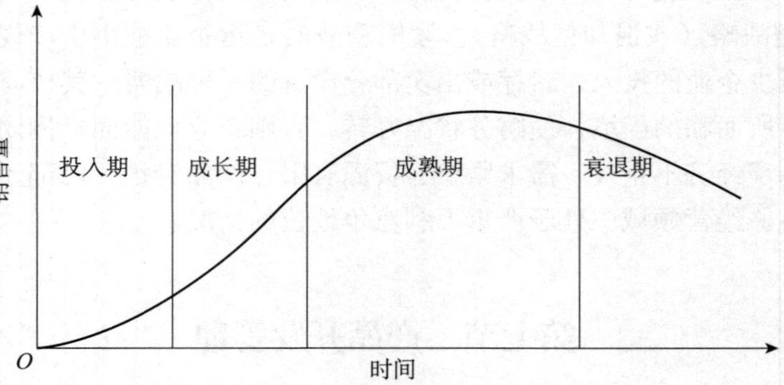

图 1－1　产品生命周期曲线

（二）产品生命周期各阶段的划分及特点

要判断产品处在哪个阶段，可以根据该产品销售增长率的变化情况来确定。划分标准一般是：销售增长率在投入期很不稳定，通常在 10% 以下；成长期销售增长率稳定上升，在 10% 以上；成熟期增长率逐步减缓，为 0.1% ~10%；衰退期销量下降，增长率为负数。

产品生命周期各个阶段分别具有以下特点。

（1）投入期的特点：① 市场需求量小，产品小批量生产；② 产品尚未定型，工艺也不成熟，产品的性能和质量不够稳定；③ 废品率高，制造成本高，利润低，甚至出现亏损；④ 由于处于产品投入市场的初始阶段，竞争不激烈；⑤ 由于用户不了解产品，销售渠道也不完善，投入的广告宣传费用大。

（2）成长期的特点：① 市场需求量大，产品批量生产；② 产品设计定型，工艺也较成熟；③ 成本下降，销量和利润上升；④ 竞争者看到有利可图，纷纷进入市场，竞争开始加剧。

（3）成熟期的特点：① 市场需求量仍然增长，很大，但已趋于饱和状态，产品大批量生产；② 产品设计和工艺非常稳定，产品的性能和质量也更有保障；③ 成本最低，销量和利润最高；④ 更多的竞争者进入市场，竞争更加激烈。

（4）衰退期的特点：① 产品老化，市场需求量迅速减少；② 竞争非常激烈，价格下降，销量和利润迅速下降；③ 市场上出现新的替代产品，并逐步代替原有产品。

（三）产品生命周期理论的意义

（1）为企业制定灵活的经营策略提供了理论依据。产品生命周期理论告诉我们，产品在市场上的活动过程可以分为四个阶段，各阶段的特点有很大的不同，企业要针对各阶段的特色来制定相应的经营策略，才能提高企业的经济效益。

（2）为开发新产品及新产品投入市场的时机提供了理论依据。由于科学技术的进步，产品生命周期普遍呈缩短的趋势。第二次世界大战之前，工业产品的生命周期是30年左右，之后，欧美各国产品的生命周期缩短到10年，目前，某些机电产品缩短得更多，只有3～5年。因此，企业必须有不断创新的精神，不断地开发新产品，否则就会失去生命力与生存条件。

（3）揭示了延长产品生命周期的可能性和重要性。一般来说，延长产品生命周期的方法有：开发新市场（将彩色电视机的市场从城市转向农村）；扩展产品的用途（尼龙）；改进产品（提高性能和质量，如移动U盘）；降价出售；加强售后服务工作等。

（4）为组织多种产品的生产经营、优化产品组合提供了依据。现代企业不应该只生产经营单一的产品项目，必须经营多种产品，同时还必须重视优化产品组合。

第八节　质量管理

一、质量概述

广义的质量只指产品、过程或服务满足规定要求的特征的总和。根据这一定义，质量可分为产品质量和工作质量。产品质量是指产品适合于规定用途，满足社会和人们一定需要的特征；工作质量是指企业的管理工作、技术工作和组织工作对达到质量标准和提高产品质量的保证程度。

狭义的质量是指产品质量。产品质量包括内在质量特征和外部质量特征。质量特征可概括为产品性能、寿命、可靠性、安全性和经济性五个方面。

二、全面质量管理

全面质量管理是指企业全体职工及有关部门同心协力，综合运用管理技术、专业技术和科学方法，经济地开发、研制、生产和销售用户满意的产品的管理活动。

（一）全面质量管理的特点

（1）管理的对象是全面的。不仅要管理好产品质量，而且要管理好产品赖以形成的工作质量。它要求保证质量、功能，及时交货，服务周到，一切让用户满意。

（2）质量管理的范围是全面的。即实行过程的质量管理，要求把形成产品质量的设计试制过程、制造过程、辅助生产过程、使用过程都管理起来，以便全面提高产品质量。

（3）参加质量管理的人员是全面的。它要求企业各业务部门、各环节的全体职工都参加质量管理。

（4）管理质量的方法是全面的。在质量分析和质量控制时必须以数据为科学依据，以统计质量控制方法为基础，全面综合运用各种质量管理方法；实行组织管理、专业技术和数理统计三结合，充分发挥它们在质量管理中的作用。

（二）全面质量管理的要求

（1）一切为用户服务。在全面质量管理中，必须树立以用户为中心、为用户服务的思想。为用户服务就是要使产品的质量和服务质量尽量满足用户的要求，产品质量的好坏，最终应以用户的满意程度为标准。需要指出的是，这里所说的“用户”有其特定的含义，它不仅指产品的直接用户，而且包括企业内部前后工序、前后工段或车间，以及任何一件工作的执行者与工作结果的受用者之间的关系。下道工序是上道工序的用户，下一个车间是上一个车间的用户。

（2）以预防为主。在全面质量管理中，要做到以预防为主，即通过分析影响产品质量的各种因素，找出主要因素，加以重点控制，防止质量问题的发生，做到化被动为主动，化消极防御为积极进攻，防患于未然，以确保生产出满足用户需要的产品。

（3）一切以数据为依据。全面质量管理强调一切以数据为依据，对质量问题要有定量分析，做到心中有数，掌握质量变化规律，通过调查分析，得到可靠的结论，以便采取解决质量问题的有效措施。

（4）按 PDCA 管理循环办事。全面质量管理要求采用一套科学的程序来处理问题，即按 PDCA 管理循环来开展工作，并通过不断循环来达到不断提高质量管理水平和产品质量的目的。

PDCA 循环的概念最早是由美国质量管理专家戴明提出来的，所以又称为“戴明环”。PDCA 循环即计划（Plan）、执行（Do）、检查（Check）和处理（Action），它是一个标准的管理工作程序，也是进行质量管理的四个步骤。

P（计划）：即根据用户的要求，制定相应的技术经济指标、质量目标，以及实现这些目标的具体措施和方法。D（执行）：按照所制订的计划和措施付诸实施。C（检查）：对照计划，检查执行的情况和效果，及时发现问题。A（处理）：根据检查结果采取措施，巩固成绩，吸取教训，防止重蹈覆辙，并将未解决的问题转到下一次 PDCA 循环中去。

（三）质量保证体系

质量保证体系是指运用系统的原理和方法，以保证和提高产品质量为目标，把企业各部门、各环节的生产经营活动严密地组织起来，规定它们在质量管理方面的职责、任务和权限，并建立统一协调这些活动的机构，使企业内部形成一个完整的质量管理有机体。质量保证体系是全面质量管理的脊髓和核心，建立和健全质量保证体系是从组织上保证企业长期、稳定地生产用户满意的产品的关键。

质量保证体系的基本内容包括设计过程、制造过程、辅助生产过程和使用过程的质量保证体系。设计过程的质量管理是全面质量管理的关键；制造过程的质量管理是全面质量管理的重点；辅助生产过程的质量管理会影响制造过程的质量；使用过程的质量管理既是质量管理的“归宿点”，又是质量管理的起点。

三、质量认证和系列标准

当前，贯彻实施 GB/T 19000－ISO 9000 族标准，开展质量认证，成了经济界、企业界的一个热门话题。

按照一定规范有序开展质量认证活动，可减少重复检验和评审，降低成本，成为促进贸易的有效手段。但如不加规范，又会成为阻碍贸易的技术壁垒。认证是贯彻“以质取胜”的经济发展战略方针的重大措施。认证是创名牌，弘扬企业文化、质量文化的基础。企业获得认证证书和认证标志，是企业文化、质量文化的重要表现。

企业管理技能训练

比比抓手

1. 目的

使学生正确认识自己的实力以及机会的评价、选择等。

2. 程序

（1）学员分成数量相等的小组。

（2）老师请每一名学生估计一只手能抓起多少个乒乓球？老师要对学员的回答做好统计，最少的个数是多少，最多的个数是多少，回答每一个数字的人数又是多少。

（3）培训师让学员试着抓乒乓球（只能用一只手，不能用另一只手帮忙），看他们能抓多少个。

（4）其他学员观察与他们先前的估计数字是否有出入。

（5）学员分享讨论。

① 游戏中发生了什么样的情况，为什么？

② 给我们有哪些经营管理上的启示？

3. 规则

（1）不同的编号的乒乓球代表不同的分值。

（2）每个人只能抓一次，时间为 10 秒钟。

（3）评分标准

① 小组成员估计抓数与实际抓数的差值的绝对值的和（越小越好）；

② 小组成员每个人抓数的分值和（越大越好）。

4. 准备

准备编号的乒乓球若干只（用适当的方法在乒乓球上进行编号），并用塑料袋装好。

评分示例：

小组名：________

小组成员个人估计分值（A）：________

小组成员个人所抓球的分值分别是（√）1　2　3　4　5　6　7　8　实际分值（B）：________

小组总分（绝对值）（A－B）：________

5. 我的体会（讨论）

案例分析与讨论

韩系咖啡馆的迷途

靠创造场景来拉动咖啡消费，这本就是曲线救国，一味追求场景而忽略了产品，就是舍本逐末。很多商家宁愿花数十万元请专业设计师来设计、装修，却不愿意多花一点钱，购买好一点的咖啡豆。这最终会产生两种结果——要么被消费者抛弃；要么被后来者模仿。

2017 年 7 月 24 日，在中国放言开 5 000 家门店的韩系咖啡品牌“咖啡陪你”创始人，因资金链断裂在韩国家中自杀。他的对手——曾经喊出 3 000 家店目标的漫咖啡又会处于何种境地？

1. 厮杀中殒命

2012 年，中国咖啡业被一股强劲的韩流席卷。咖啡陪你、豪丽斯、动物园、华夫班特、途尚等十几个韩国咖啡品牌相继步漫咖啡后尘进入中国、大举扩张。

其中风头最盛的咖啡陪你（Caffe Bene）开店速度以几何数增长，并宣称“到 2015 年，在全中国连锁店达到 5 000 家，成为中国休闲咖啡连锁 NO. 1”。

2014 年年底，咖啡陪你以加盟模式落地近 600 家门店。其官方对这一战绩不无自豪：“数量仅次于进入中国 20 年的行业领袖星巴克（2012 财年星巴克在中国共有 700 家门店），我们在短短两年多的时间内就成为行业翘楚，成绩斐然。”

言犹在耳，剧情却 180 度反转。仅半年后，咖啡陪你就被曝问题缠身——拖欠工资、拖欠供货商货款、加盟商解约、多地关店。面对媒体报道，其官方曾发布声明：“遭遇别有用心的对手利用小媒体编制负面信息，恶意中伤。”但一纸声明掩盖不了其名存实亡的厄运。

2017 年 7 月 24 日，一手打造了咖啡陪你、豪丽斯咖啡等连锁品牌的“咖啡王”——姜勋（音），在其位于首尔瑞草区的家中自杀。当地警方称：“公司经营困难陷入资金危机，姜勋于 23 日向朋友发短信称十分疲惫。”

以如此极端的方式一了百了，让业界不无惊叹。震惊之余，也把目光转向了同样野心勃勃、准备在中国开出 3 000 家店的漫咖啡。

在韩系咖啡里，漫咖啡率先在中国试水，扩张速度仅次于咖啡陪你，且因二者店铺风格和售卖品类较为接近而被看成是一对劲敌。如今，对手已走上不归路，阴影笼罩之下，被推崇为现象级品牌的漫咖啡，前路如何？

2. 定位取胜

漫咖啡在中国的第一家店于 2011 年 1 月开业，地点选在了北京朝阳区的酒仙桥附近。这里是创始人辛子相在中国经营的韩式餐厅——爱江山的根据地。官方资料显示，辛子相从事餐饮业多年，至今在韩国经营 80 余家连锁餐厅。到中国后又打起咖啡算盘，源于辛子相对中国市场的预期。

“2007 年，韩国的咖啡馆数量是 2 800 家，7 年后已经达到 18 000 家。对于中国，当下无疑是咖啡馆发展的黄金时期。”这不只是辛子相的逻辑，其他韩系品牌也是在这一理想的数字推演下风风火火闯进中国大门，开始八仙过海，各显神通。

咖啡陪你仰仗耀眼的品牌背景，在中国市场快速收割。

在韩国，咖啡陪你拥有 900 多家门店，号称咖啡馆第一品牌。自 2008 年 4 月诞生后，咖啡陪你“以比全世界任何咖啡企业更快的速度成长”，在业内最早打破 500 家加盟店纪录，创始人姜勋因此得名“咖啡王”。也有韩国人形容其开店速度如同蟑螂繁殖，而将该品牌戏称为“蟑螂陪你”。

2012 年 3 月进入中国后，咖啡陪你主要以受托经营的加盟模式复制，即加盟者投资占 49% 股份，即可将门店全权委托给咖啡陪你公司管理。

坐享其成的诱惑，加上良好的品牌背书，使咖啡陪你在中国依然能以“蟑螂繁殖”的速度迅速织网。期间还拓展到美国、日本、菲律宾、柬埔寨等 12 个国家，在全球开出 1 600 家分店。

漫咖啡虽没有显赫的王牌背景，却以另类的风格定位独领风骚，成为现象级黑马。其店内土豪感十足的开阔空间、大面积的落地窗、枯藤老树、老旧原木家具、书籍、玩偶，营造出更为放松随意的气氛，与星巴克的严肃、拘谨形成明显反差。

在星巴克、COSTA、太平洋等品牌制造的快捷式咖啡气氛中，不落俗套的漫咖啡受到中国消费者追捧。在行业某知名媒体 2016 年“咖啡品牌线上热度排名”中，漫咖啡品牌流量和平均店铺流量都居第二位。

3. 模式之考

就内部风格和经营品类而言，漫咖啡与咖啡陪你十分接近，有人猜测是前者把后者山寨到了中国，区别是前者在空间面积上更奢侈。事实上，在显而易见的外表之下，看不见的扩张模式才是两家最本质的不同。

咖啡陪你的加盟制就像一把双刃剑，有利的是可以短时间内打开市场，推动品牌传播；不利的是，快速扩张下让配套管理、供应链、资金等都面临挑战，其中任何一项成了短板都可能对整个体系构成致命威胁。

在加盟商与咖啡陪你公司的纠葛中，后者配备管理人员太少、管理不到位也的确是众矢之的。还有一些加盟商因品牌方虚高收费价格、虚设名目等大呼上当，要求解约。咖啡陪你因此背上了“到中国骗钱”的骂名。

辛子相似乎更有先见之明。因为忌惮加盟模式难于管理，漫咖啡从一开始就采用直营加合作的方式复制。

合作店中漫咖啡占 25% ~35% 股权，合作商要求具有开 5 ~ 10 家店的实力，意在提高抗风险能力，并借势选址，“我们目前这些合作商的背景，有来自百货店、流通运输、房地产开发领域。”

因一二线城市主干道基本已被星巴克等早期入局者抢先，后来者漫咖啡把第二、第三干道和公园、高校作为重点，既省了房租，又避开与巨头正面竞争，形成差异化客群。

2015 年 2 月辛子相曾向媒体介绍：“目前一家漫咖啡门店平均 14 个月就能收回初期投入，工体店的日均营业额能达到 5 万元左右。全国现已开业的店面有 70 家，正在装修施工的店面有 50 家。”

4 年开 120 家店的速度已不算慢，只因咖啡陪你在前方的一骑绝尘，让辛子相对这个速度并不满意，“太慢了，还是太慢!”

4. 慢下来

有媒体报道漫咖啡于 2014 年和 2015 年开业的苏州两家店停业，贴出了招租的告示，这意味着漫咖啡退出了苏州市场。

漫咖啡北京管理层当时回应称，一家是因为开发商对当时承诺的停车、分租执照等没有兑现，另一家店是商圈出了问题。他表示在苏州新的物业已经落实好，但目前不方便透露。

相隔数月后，再从网络上寻找漫咖啡痕迹，似乎已渐行渐远。辛子相侃侃而谈成功之道的原创报道停留在了 2015 年 5 月；其门店推送的官方网站已无法登录；官方微博更新速度也放慢到几乎月更。

根据其官方资料介绍，到 2015 年年底，漫咖啡门店数量为 130 家。两年增加 20 家，这个速度显然不比从前，与辛子相最初的预期也相去甚远。

“这几年漫咖啡确实慢了下来。”事实上，慢下来的不只是漫咖啡，韩系咖啡的境遇是整个行业的缩影。

资料来源：王中美．韩系咖啡馆的迷途［EB/OL］．（2018 -06 -25）．［2018 -07 -30］．http：//www. sino-manager. com/? p =83615.

分析与讨论：

分析韩系咖啡馆的迷途之困的原因，指出突破重围的策略是什么？

创业资源

图书：《有效的管理者》

作者：彼得·德鲁克（Peter F. Drucker，1909. 11. 19—2005. 11. 11），现代管理学之父，其著作影响了数代追求创新以及最佳管理实践的学者和企业家们，各类商业管理课程也都深受彼得·德鲁克思想的影响。彼得·德鲁克 1909 年生于维也纳，祖籍为荷兰，后移居美国。德鲁克从小生长在富裕的文化环境之中，其 1979 年所著的自传体小说《旁观者》对其成长历程作了详细而生动的描述。

资源介绍：在这本薄薄的书里，现代管理学之父彼得·德鲁克提出一个重要的定律：管理者的效率，往往是决定组织工作效率的最关键因素。因此，在管理别人之前，你必须学会管理自己。德鲁克也给出了有效管理者必须养成的五种习惯：正确统筹时间；致力于对外界的贡献；重视发挥长处，把工作建立在优势上；集中精力在少数主要领域；作出有效的决策。

第二章 企业运营的基本知识和技能训练

创建一个公司，注册一个公司很容易，管理好一个公司却很困难。企业管理，常常是令人头痛的难题。

——牛津管理评论

导入案例

几乎全线亏损的生鲜电商，扭亏为盈的关键是什么

看世界杯，喝啤酒吃小龙虾，成为这个夏天流行的消暑方式。别小看一只小龙虾背后的生鲜市场：数据显示，我国商品零售额中有15%是通过网上实现的，但是生鲜产品在网上消费的比例还不到3%。专家估计，我国生鲜市场的规模为5万亿元~10万亿元，12%的差值就意味着万亿级的市场。零售巨头看到了这一新的利润增长点。近半年来，苏宁、阿里巴巴、京东、永辉超市、美团等公司纷纷进军生鲜市场，加大线下开店力度，采用线上加线下，餐饮加超市的模式探索市场。各家生鲜超市的配送半径和时间都相差不大，基本都在3公里范围内，30分钟送达。

生鲜电商很难盈利，为何大家还愿意投资？会不会有更多的生鲜电商倒下？……近日，北京大学光华管理学院副院长张影教授做客《央视财经评论》，深度点评上述话题。

主持人：考虑到目前大部分生鲜电商不赚钱，为什么大家还愿意投资生鲜电商，真地是风口吗？

张影教授：先不说生鲜电商，我们回过头来考虑一下生鲜市场的特点。目前，生鲜市场在进行行业改造，从生产效率、供应链效率，到整个行业的运营效率，都在通过这次改造进行提升，以方便更多老百姓更好地享受到各种各样的生鲜食品。和所有商业行为一样，单独讨论某一个行为在某一个时间点上是否赚钱都是片面的。对于任何企业来说，任何行为最终都有获取利润的目的，但不能孤立地考虑是不是今天能赚钱，或者是某一个行为能不能赚钱，而应该是在更大的供应链整合和运营的角度上来看，生鲜电商能否通过效率提升或者带动其他消费产生利润。比如说生鲜的一个特点是相对的消费频次比较高，用时下流行的词讲叫一个流量入口。你去超市的时候可能会发现有些商品价格非常低，但是你因为这些商品进了店，很大可能性是还会买其他十样、八样商品，所以不能单独判断某一个产品和行为的利润空间，这更多地是一个协同。

主持人：我们看到，很多生鲜电商在加大线下开店力度，这样岂不是更会增加销售成本，更难盈利吗？其中的逻辑是什么？

张影教授：简单地说线下成本比线上高是片面的。从长期来看，线上、线下的流量成本在大势上一定是趋同的。一方面说，线下店可以提升消费者体验，从流量角度说，增加了消费者接触到自己的可能性，是很好的流量入口。进一步说，生鲜电商在线下开店，除了流量效果之外，还可以将其作为配送基站，作为物流网络中的重要节点，这都是会为整个商业体系提高效率的。所以说线下开店，不能仅仅只看到成本的增加。

主持人：数据统计，生鲜电商的成本要占到总价的30%～40%（包括物流加仓储10%，人工成本10%，用于市场推广的用户补贴10%，货物损耗5%～10%），而生鲜批发的毛利只有10%～20%，高额的成本让生鲜电商基本上无利可图，业内敢自称盈利的企业更是寥寥无几。生鲜电商可能盈利吗？

张影教授：即使在实体店中，生鲜的利润也并不是非常高，因为生鲜对效率的要求高，损耗也比较高。如果你看目前的生鲜市场，其实是比较无序，效率也是很低的。生鲜电商的竞争，或者说所有电商的竞争，我认为都是在核心上是技术上的竞争，通过技术找到消费者，并且从供给端解决物流、仓储等环节的问题，把运送时间缩到最短，把库存控制在合适的量，把损耗缩到最小，用最便捷的方式送到消费者手中，提高整个流程的效率。在这个提高的过程中，我认为生鲜电商一定是能够实现盈利的。我相信我们能够看到那一天。

主持人：艾瑞咨询的数据显示，2017年，中国生鲜电商市场交易规模约为1 391.3亿元，同比增长59.7%。市场高速发展的同时，2016年以来已有如鲜品会、许鲜、菜管家、美味七七、冻品互联等十几家生鲜电商企业陆续倒闭，融资断裂几乎是共同的因素。这样发展下去，会不会有更多生鲜电商倒下？

张影教授：虽然计算每一个生鲜订单背后的成本与收益，你会发现多数情况下成本是高于收益的。但是，你可以把生鲜电商看作供应链整合的重要手段，通过这种方式把消费者纳入到自己的零售体系中来，然后能在其他场景中获取利润。从某种意义上来说，生鲜电商的高成本就可以看成购买流量的成本，在商业模式上是没有任何问题的。

主持人：关于生鲜电商，我们总结了一张图，简单分了几类，有网络购物，有线下企业，还有线上、线下结合的创新模式。可否分析哪一种最可能先盈利？

张影教授：很难从简单分类上预测谁最先盈利。再回到核心上来，这其实归根到底是一个效率问题，简单举例比如一个快递员跑一趟能够送六家，另一个快递员跑一趟只送两家，前者盈利的可能性肯定要远远大于后者。但是一趟跑六家的前提是什么？第一他得知道用户在哪儿，第二他得有很好的路线规划，第三他的仓储要有很好的配套。所以说分类并不是最重要的，用技术方式、用数据把效率提升到最高的企业，才是最有可能盈利的。

主持人：生鲜电商提高效率、降低成本到一定程度之后，会不会取代实体菜市场？

张影教授：菜市场这个概念其实非常好玩。菜市场是我们这一代人对买菜的记忆；30 年后，可能下一代人对我们印象中的菜市场是没有记忆的，在他们印象当中，买生鲜、买菜，就是应该在手机上点点点，甚至到那时候都不用手机，用其他方式菜就到你冰箱里面去了。所以菜市场会不会存在，取决于我们怎么样定义菜市场。如果像我们今天定义菜市场，它可能会存在，但是它的意义不再是我们所说的每天下班或者是早上买菜，而是周末去逛一圈的地方而已，可能就跟公园一样了。

主持人：可能 5 年前我们都不会想到能在手机上下单，一个小时东西就会送上门。这种想象力在未来还有提升和突破的空间吗？

张影教授：我们当下理解的电商肯定不是终极模式。现在只是实现了订购的货品能够很快送上门，在未来可能根本就不需要你下单，人工智能可能会根据你的生活习惯替你下单，物联网等技术手段会更好地被应用在整个环节。我们并不喜欢买东西，我们买东西都是有目的的，为了有的用，有的吃，为了能够解决生活中的问题。所以相信在以后的技术发展过程中，我们一定会发现更多解决问题的办法。我相信 10 年、20 年之后，一定不会再用电商这个词，以后满足消费者需求的方式，也完全不是今天的样子。从流量的角度来看，很多方式都可以作为流量的入口，比如社交和游戏。当流量足够丰富的时候，电商只是构建一个好的场景，通过这个场景更有效地整合供应链，提高流量的使用效率。我认为这是任何商业，包括电商未来的发展方向。

资料来源：张影．几乎全线亏损的生鲜电商，扭亏为盈的关键是什么［EB/OL］．（2018－07－09）．［2018－08－01］．http：//www. sino-manager. com/？ p＝87305.

第一节　ERP 沙盘模拟的意义和作用

虽然大学生的创业教育一直都在进行，但大学生创业的氛围距离我们设想的还有一段距离，最终能落实到行动上的学生就更少。事实上，创业意愿高，但是行动力差是大学生创业状况的真实写照和学校创业教育的尴尬现状。大学生创业之所以行动能力不强，除了缺乏资金和社会阅历以外，对企业运营的不了解也是制约大学生创业的不可忽视的因素。一些学生仅有好点子，却不知道如何转化为项目；也有些学生写出了很好的创业计划书，却不知道如何运作，即使到企业去实习一段时间，也不可能对企业运营有一个全局的认识。因此，有必要对学生进行企业运营方面的全局性培训，而在这方面 ERP 可以提供最有效的平台。

ERP 沙盘模拟以一套沙盘教学道具为载体，直观模拟企业实际运营。把学生分成若干组，每组 5～6 人分别担任不同企业角色，在相同条件下，遵守相同规则，连续经营 6 年，它强调推演与对抗。学生在“做”的过程中，模拟企业分析市场、制定战略、营销策划、组织生产、财务管理、供应链管理、人力资源管理。在经营与管理企业过程中体验、领悟管理规律，全面提升管理能力。通过 ERP 沙盘模拟训练增强学生创业意识，树立共赢理念，强化全局观念，培养学生责任感，团队协作精神和坚持诚实守信。ERP 沙盘模拟教学集知识性、趣味性、实践性、竞争性于一体，与传统创业教育教学相比，ERP 沙盘模拟课程独具一格，其主要作用体现在以下几点。

一、帮助学生建立创业教育所需知识体系

创业知识是一个多项内容组成的综合体，涉及工商、法律、税务、财务、环保、保

险、管理等领域的知识。传统创业教育体系以及知识获取，往往要经过基础课程学习，才能对管理、财务、法律等相关专业课程开设学习。而在大学阶段，获取知识的时间显得太少，当前大多数创业者，尤其是中小企业的创业者，高深知识应用很少，只有基础、应用层面知识体系应用较多，比如企业注册流程、税务登记等所需准备的资料。ERP 沙盘模拟企业经营关键环节：战略规划、财务管理、市场营销、企业生产、物流采购、税收等。学生在课堂上要进行市场分析、战略制定、营销策划、生产组织、财务管理等一系列知识活用过程。学生通过宽松课堂环境获得一些课堂中无法学习的知识和能力。比如与人交流、抗压能力知识、解决问题能力知识、分析竞争环境下对手心理知识等，学生在掌握 ERP 沙盘模拟精髓后，具备了必备的创新能力、创新精神和创新思想。

二、提高学生创业学习积极性

创业教育离不开实践，否则创业教育只是停留在纸上或电脑虚拟。ERP 沙盘模拟为创业者“纸上谈兵”与“真刀真枪”之间建立试验平台。ERP 沙盘模拟与创业实践相结合，ERP 沙盘模拟训练后，鼓励学生走出校门，参加各种社会实践，亲身感受鲜活生活，接触社会与市场。例如市场营销专业，鼓励学生做兼职促销员，企业市场调查，在淘宝、京东商城电子商务平台开店，学生公寓推销商品等实践活动。通过一段实践，对于一个创业团队来说，可能存在很多问题，可以再进行一次 ERP 沙盘模拟实训，这样领悟会更深刻，创业意识也会进一步加强。当前创业教育存在一些误解，如只有当毕业生就业困难的时候，才鼓励毕业生自主创业；而大学毕业生属于“三无”（无资金、无场地、无经验）人员，创业经常失败；创业教育就是教育大学生如何开设公司，如何办理营业执照等活动。通过 ERP 沙盘模拟课程，学生不仅提高创新创业意识，而且感受到了创业魅力和艰难。实践才是检验学生学习效果重要途径，让学生走出校门，参加各种社会活动。管理是“行”，而不是“知”，在实践中发现问题、分析问题并解决问题。

三、让学生在亲身体验中获得知识和能力提升

与传统创业教育相比，ERP 沙盘模拟和创业教育教学融合在教学方法上有了重大的改变。启发式、诱导式、体验式等各种教学方法不断应用在“企业经营管理课堂”当中。体验式教学，让学生 5 ~ 6 人组成一个团队，分别担任公司中总经理、财务总监、生产总监、物流总监的职位，通过团队合作及个人能力发挥，来亲自体验经营一个企业时所需要的各种知识和各种能力，通过体验，锻炼学生学会收集信息以备将来用于实践，学生在亲身经营企业体验中，学会发现问题、分析问题，并找到解决问题的恰当思路，以适应纷杂多变的市场环境，符合学生个人的人生职业规划。

四、实现教学方式转变

ERP 沙盘课程中培养创业教育思想的方式：在“企业经营课堂”中学生是企业经营的主体，老师是知识顾问、答疑者。发现问题的是学生，寻找解决问题的思路的也是学生。学生成为教学活动的主体，创业教育的学生“听众”变成“演员”，原来教师作为“演员”变成“裁判”。从以“教”为中心转变为以“学”为中心，学生学习内容从单纯

来自教师、来自课内转变为既有教师课内又有其他学生课外。与学生社团活动相结合是ERP沙盘模拟课程的一大特色。ERP沙盘模拟课程中ERP协会参与是学生主体地位显现的最好诠释。当然，我们可以将各班学习委员和感兴趣学生组成ERP协会，组建两个ERP沙盘团队，进行专门训练与指导，参加10多场校园对抗赛，参加大赛前协助老师指导进行看盘、团队配合、财务预算等专项训练，经过全国大赛磨炼，然后训练他们试讲，学生问题答疑，最后引导他们独立授课与指导。与指导老师相比，协会会员讲解与指导更容易让学生接受，气氛更融洽，效果更明显。ERP沙盘模拟课程与ERP协会结合，很大程度上解决了指导老师时间限制，也帮助学校解决师资力量不足。

五、完善创业教育效果的评价

传统的创业教育考核方式过于单一，大多数以最终的考试、论文或者策划书的成绩来评定，并不能真正反映学生整体表现。传统教育侧重考核创业理论，缺乏职业意识、经验积累等方面考核，一个没有社会经验的大学生创业成功率很低。笔者的ERP沙盘模拟教学做法是：首先进行物理沙盘培训或电子沙盘培训，撰写创业计划书和预算方案，然后跨专业决赛对抗，提交经营报告书和心得体会。对应ERP沙盘模拟课程考核多种方式结合，创业计划书和预算方案占20%，决赛经营成果占50%，经营报告书占20%，比赛心得占10%。每一个考核要点，都按照构建“企业经营课堂”、学生是创业主体的角度去设置，获得良好教学效果。

第二节　企业组建与职能分工

新太阳是一家大型的跨国集团公司，董事会经过谨慎的市场调查，发现P系列产品市场未来有发展前景，现决定成立一家分公司专门进行P系列产品的生产与经营。董事会决定招聘组建一个经营管理团队，开发P产品市场。分公司初始投资由集团公司投入。

本阶段各位同学的任务是寻找合作伙伴，组建分公司，开拓P系列产品市场，完成母公司的战略目标。

一、企业组建

新创企业将面临众多市场机会，同时也会遇到各种危机与挑战。这就需要企业领导者与团队成员共同付出努力，赢得市场，从而获取收益。在这个过程中，“创业精神”将激励各位坚持到胜利。“创业精神是一个与愿景、变革和创造有关的动态过程。它要求人们充满活力、满怀热情地创造并实施新想法和创造性的解决方案。构成创业精神的重要因素包括：愿意承担时间、股权或职业等可预见风险；能够组建有效的创业团队；具备调配所需资源的创造性技能；具备制订可靠的商业计划的基本技能；具备能够在他人看来充满混乱、矛盾和困惑的环境中发现机遇的洞察力。”（唐纳德·F. 库洛特克，理查德·M. 霍杰茨，2003）

21世纪的年轻一代被视为“创业的一代”，下面就请各位为自己的公司起一个很棒的名称，确定一个合理的发展愿景，提出一个展示公司梦想的宣传口号吧！

（1）公司名称：

（2）公司发展目标（愿景）：

（3）公司宣传口号：

二、企业组织架构与职能划分

（一）公司成员性格与技能测评

团队建设首先需要各位成员相互了解，明确任务与职责。

相互了解有很多途径与工具，“九型人格”是其中的一种，它又被称为性格型态学、九种性格。该工具将人分为九种类型：完美型、助人型、成就型、自我型、理智型、疑惑型、活跃型、领袖型，如图2－1所示。这是一种精妙的性格分析工具，它不仅可以使我们自己更了解自己，还可以更好地了解合作伙伴。请查阅相关资料了解九种类型划分的依据，据此对自己与他人进行基本了解，便于未来沟通。

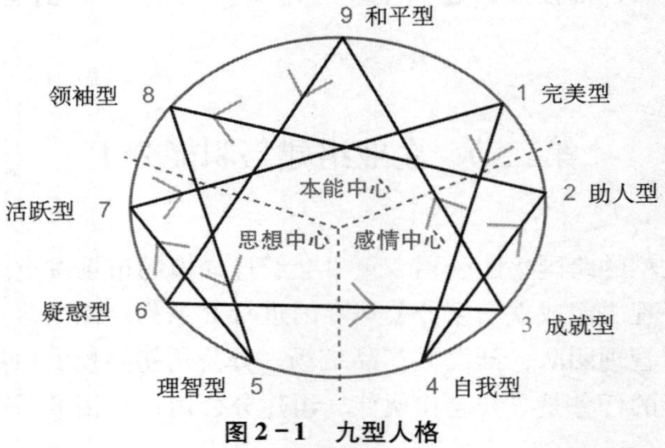

图2－1　九型人格

请将公司的成员构成和基本特点填入表2－1中。

表2－1　本公司成员构成与基本特点

序号	姓名	专业、学号	性格特征与优缺点

（二）公司组织架构与岗位划分

根据表2－1评价结果设置公司职位，并明确岗位职责，填入表2－2中。

表 2-2　公司组织架构与岗位职责

职位名称	姓名	具体职责（尽可能根据具体任务细分）
总经理		
财务总监		
运营总监		
市场总监		
采购总监		
岗位助理		

第三节　基本理论与工具准备

创业与企业经营管理是一个复杂的系统工程，不仅需要激情，同时还需要技能。在本步骤，各位需要根据列出的内容查阅并掌握一些经济管理的基本理论与工具。注意，所查内容必须标注出处。

一、经营管理者所需要具备的主要技能

经营管理者所需要的技能可以分为三类：技术技能、经营管理技能和个人创业技能。① 技术技能涉及如书写、倾听、口头表达、组织、指导、成为团队成员，以及技术决策等方面；② 经营管理技能包括在创办、发展和管理企业方面的能力，决策、营销、管理、财务、会计、生产、控制和谈判等技能都是创建和发展新企业的基础；③ 个人创业技能，其中涉及的一些技能企业家与管理人员会有所差异，比如承担风险、创新、使命和变革导向等。根据表 2-3，确定自己重点需要提高的方面。

表 2-3　企业家与管理者所必需的主要技能类型

技能种类		自己重点关注
技术技能	写作	
	口头沟通	
	控制环境	
	技术业务管理	
	人际关系	
	倾听	
	组织能力	
	网络建设	
	管理风格	
	指导	
	成为团队成员	
经营管理技能	计划和设置目标	
	决策	
	营销	
	财务	
	会计	
	控制	
	谈判	

续表

技能种类		自己重点关注
经营管理技能	成长管理	
个人创业技能	自我管理	
	承担风险	
	创新	
	变革导向	
	管理变革的能力	
	坚持	
	具有使命感	

二、经营管理基本理论与方法

任何组织的成立都要追求一定的目标，群体的协同努力比个人的单独工作更有利于目标的实现。企业战略是企业经营的起点，典型的企业组织有三项基本职能：营销、财务、生产与运作。通常一个组织的成功不仅依赖战略制定的正确与否，同时还依赖于这些职能相互的协调程度。战略与三项基本职能的关系如图2－2所示。

图 2－2　企业战略与基本职能

（一）战略管理

战略是实现组织目标的计划，它描绘了组织实现目标的总体行动方向。企业的基本目标有多种，但通常最重要的是保持盈利能力和使股东价值最大化。

战略分为两个层面：① 整个组织的战略；② 组织内部各经营单元的战略。据统计85%的美国《财富》500 强工业企业都具有不止一个经营单元，因此，需要制定两个层面的战略。尽管两个层面的战略选择各异，但各经营单元战略与公司层面的战略必须保持一致。两者的比较见表 2－4。

表 2－4　公司层面与经营单元层面战略

战略层面	主要战略问题	基本战略选择	涉及的主要组织层面
公司层面	所跨行业正确吗	单一经营	公司总部
	应介入哪些行业或行业分支	相关多元化 非相关多元化	
经营单元层面	经营单元的经营宗旨应该是什么	拓展 维持 收获 剥离	经营单元总经理

续表

战略层面	主要战略问题	基本战略选择	涉及的主要组织层面
经营单元层面	经营单位如何竞争以实现其经营宗旨	低成本 差异化	经营单元总经理

战略管理是一项综合管理，通过整合企业内部管理、营销、财务与会计、生产与运作、研究与开发，以及计算机信息管理系统谋求组织取得成功。战略管理包括战略制定、战略实施和战略评价三个阶段。查阅相关资料了解战略管理的相关概念与基本方法，然后填写表 2－5（详细内容请另附纸）。

表 2－5　　战略管理基本问题、概念与主要内容

主要内容	要求	基本要点	查阅出处
如何进行战略制定	了解概念与流程		
如何进行战略实施	了解流程掌握方法		
如何进行战略评价	理解掌握基本方法		
什么是核心竞争力	理解基本概念		
如何使用波特五力模型	理解基本内容与使用方法与范围		
如何进行价值链分析	理解使用方法与范围		
如何使用波士顿矩阵（BCG 模型）	理解使用方法与范围		
如何使用 PEST 模型	理解基本内容与适用范围		

推荐阅读资料：

［美］迈克尔·A. 希特（Michael A. Hitt），R. 杜安·尔兰（R. Duance Ireland），罗伯特·E. 基森（Robert E. Hoskisson）. 战略管理：概念与案例［M］. 10 版. 刘刚，吕文静，雷云，译. 北京：中国人民大学出版社，2012.

［美］杰伊·巴尼（Jay B. Barney），威廉·赫斯特里（William S. Hesterly）. 战略管理［M］. 3 版. 李新春，等译. 北京：机械工业出版社，2010.

［美］迈克尔·波特. 竞争战略［M］. 陈小悦，译. 北京：华夏出版社，2005.

［美］彼得·德鲁克（Drucker. P. F.）. 公司的概念［M］. 慕凤丽，译. 北京：机械工业出版社，2009.

（二）生产运作管理

当组织确定了经营战略之后，接下来需要创造商品和服务，即“生产”。一般地，生产/运作系统有五个要素（5P's）：人（People）、厂房（Plant）、物料（Parts）、过程（Process）、计划与控制（Planning and Control），如图 2－3 所示。

生产运作管理（Operations Management）是指将投入转为产出并创造价值的一系列活动。其主要内容一般包括生产系统设计、生产系统运行管理、生产系统的维护与改进三部分。

本章着重于生产系统运行管理的基本理论与方法。查阅相关资料，填写表2－6（详细内容另附纸）。

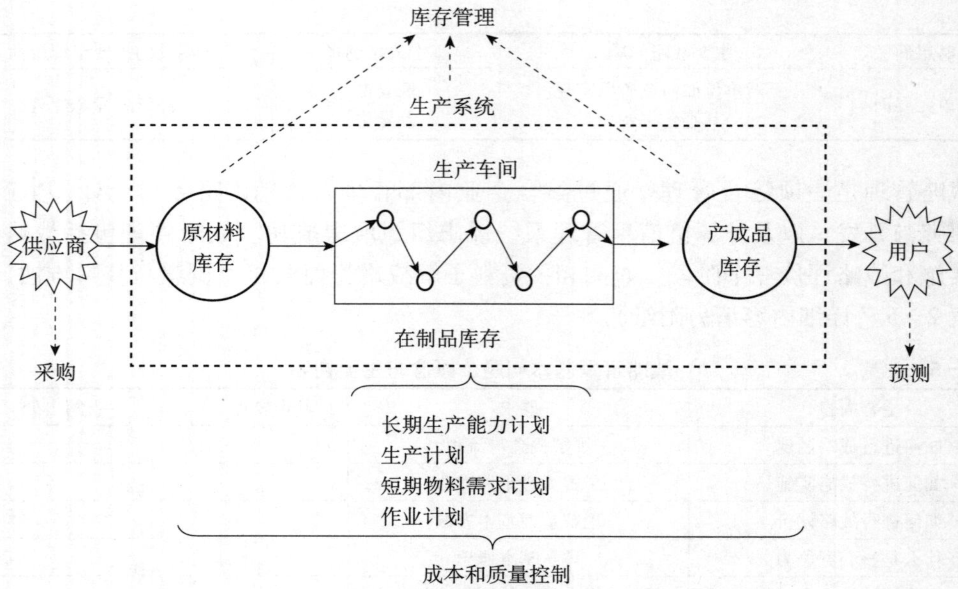

图 2-3 生产/运作系统

表 2-6 生产运作管理基本问题、概念与主要内容

基本问题	内容	基本要求	核心要点	查阅出处
如何进行生产系统设计	产品和服务设计 生产流程选择 生产能力规划 设备与设施布置 岗位与工作设计	主要了解基本概念，重点掌握生产能力的规划方法		
如何进行生产系统运行管理	生产计划 库存管理 物料需求计划 生产作业计划 项目管理 物流管理 供应链管理	该部分重点掌握生产计划的制订方法，库存管理基本方法，MRP、ERP 的基本原理与方法；理解供应链管理思想		
如何进行生产系统的维护与改进	设备管理 质量管理 准时生产制	了解并理解基本概念		

推荐阅读资料：

[美] F. 罗伯特·雅各布斯（F. Robert Jacobs），理查德·B. 蔡斯（Richard B. Chase）. 运营管理 [M] .13 版. 任建标，译. 北京：机械工业出版社，2011.

[美] 杰伊·海泽（Jay Heizer），巴里·伦德尔（Barry Render）. 运作管理 [M] .10 版. 陈荣秋，张祥译. 北京：中国人民大学出版社，2012.

[美] 罗伯塔·S. 拉塞尔（Roberta S. Russell），伯纳德·W. 泰勒（Bernard W. Taylor）. 运营管理：创造供应链价值 [M] .6 版. 邵晓峰，译. 北京：中国人民大学出版社，2010.

[美] 大卫·辛奇-利维（David Simchi-Levi），菲利普·卡明斯基（Philip Kaminsky），伊迪斯·辛奇-利维（Edith Simchi-Levi）．供应链设计与管理：概念、战略与案例研究［M］．3版．季建华，邵晓峰，译．北京：中国人民大学出版社，2010.

[美] 罗伯特·安东尼（Robert N. Anthony），维杰伊·戈文达拉扬（Vijay Govindarajan）．管理控制系统［M］．12版．刘霄仑，朱晓辉，译．北京：人民邮电出版社，2011.

（三）营销管理

市场营销是一种赢得并留住顾客的任务，该项任务的完成要求企业中所有员工全力以赴。它是企业基本职能之一，它的任务是识别顾客的需要和欲望，确定企业所能提供最佳服务的目标市场，并且设计适当的产品、服务和项目以满足这些市场的需求。市场营销无处不在，不仅生产商、批发商、零售商等经营企业需要，个人、非营利组织，甚至政府也需要市场营销的理念与方法。

营销管理是营销者为实现其目标，创造、建立并保持与目标市场之间的互利交换关系而进行的分析、计划、执行与控制过程。市场营销远非一项孤立的市场职能，它实质上是指导整个组织的一种理念，因此，市场营销战略规划与设计和企业战略规划具有一致性。具体内容如图2－4所示。

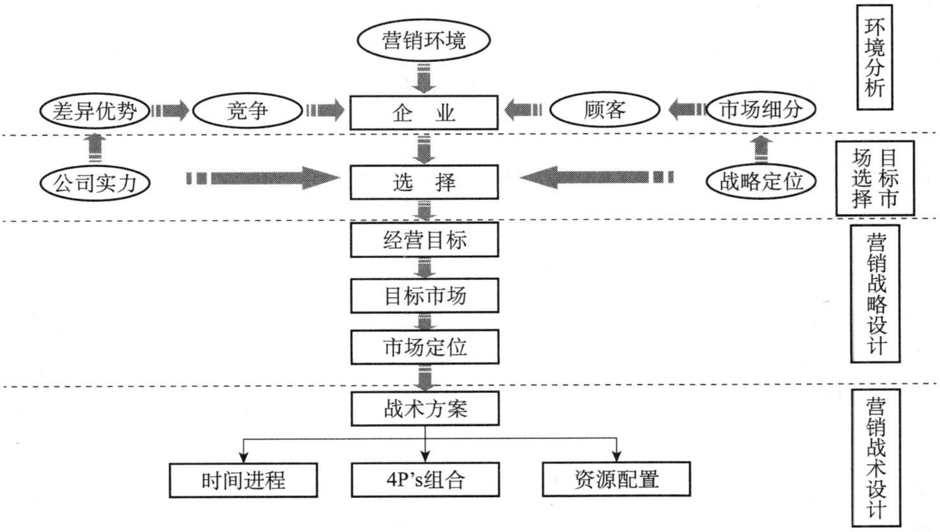

图2－4 市场营销战略规划内容

本章的重点内容在于如何进行市场细分并明确市场定位。查询相关资料，填写表2－7（详细内容另附纸）。

表2－7 营销管理的基本问题、概念与主要内容

基本问题	内容	基本要求	核心要点	查阅出处
如何进行市场分析	市场结构 产品赢利能力	了解基本概念， 掌握市场细分与定位方法		
如何评价企业自身的经营能力	人、财、物			

续表

<table>
<tr><th colspan="2">基本问题</th><th>内容</th><th>基本要求</th><th>核心要点</th><th>查阅出处</th></tr>
<tr><td colspan="2">如何确定企业目标</td><td>细分市场
市场定位
市场目标</td><td></td><td></td><td></td></tr>
<tr><td rowspan="2">如何实施市场营销战略</td><td>营销策略组合（4P’s）</td><td>产品
价格
渠道
促销</td><td rowspan="2">了解每种策略的概念与方法</td><td rowspan="2"></td><td rowspan="2"></td></tr>
<tr><td>市场策略的发展（4P’s）</td><td>客户
成本
便利
沟通</td></tr>
<tr><td colspan="2" rowspan="2">如何进行市场营销分析与决策</td><td>市场调查与预测统计分析
心理学基础</td><td>了解主要方法如何使用</td><td></td><td></td></tr>
<tr><td>营销的心理学基础</td><td>了解基本心理学原理</td><td></td><td></td></tr>
</table>

推荐阅读材料：

［美］菲利普·科特勒（Philip Kotler），加里·阿姆斯特朗（Gary Armstrong）. 市场营销原理［M］. 13 版. 楼尊，译. 北京：中国人民大学出版社，2010.

［美］菲利普·科特勒（Philip Kotler），凯文·莱恩·凯勒（Kevin Lane Keller）. 营销管理［M］. 14 版. 王永贵，译. 北京：中国人民大学出版社，2012.

［美］阿尔·里斯（Al Ries），杰克·特劳特（Jack Trout）. 定位：有史以来对美国营销影响最大的观念［M］. 谢伟山，苑爱冬，译. 北京：机械工业出版社，2011.

（四）企业财务管理

资金是企业运营的核心，相当于人体的血液。不管企业盈利与否，一旦资金断流，企业就会面临破产的风险，因此对资金的管理对企业而言非常重要。财务管理就是对资金的来源与去向进行管理，它与市场营销、生产管理共同构成了企业的三项基本职能。财务管理的基本任务有三个：一是如何筹集企业运营资金；二是日常如何使用资金；三是如何投资以实现资金价值最大化。

本章的重点在于了解企业资金运动的基本流程，掌握资产负债表、利润表的编制方法，理解现金流量表的作用，掌握评价企业运营绩效的基本财务指标。查阅相关资料并填写表 2－8（详细内容可另附纸）。

表 2－8　企业财务管理的基本问题、概念与内容

<table>
<tr><th>基本问题</th><th>基本要求</th><th>核心要点</th><th>查阅出处</th></tr>
<tr><td>（1）企业的资金从哪来？不同渠道的资金优缺点有哪些</td><td rowspan="3">理解不同来源资金的优缺点</td><td rowspan="3"></td><td rowspan="3"></td></tr>
<tr><td>（2）企业日常使用资金主要有哪些去向</td></tr>
<tr><td>（3）企业投资主要有哪些种类？不同投资的优缺点是什么</td></tr>
</table>

续表

基本问题	基本要求	核心要点	查阅出处
（4）如何编制企业资产负债表	掌握资产负债表、利润表、现金预算表的的编制基本方法，理解现金流量表的功能		
（5）如何编制利润表			
（6）如何使用现金流量表			
（7）如何编制现金预算表			
（8）如何评价企业的赢利能力	理解主要评价指标的使用方法		
（9）如何评价企业的运营能力			
（10）如何评价企业的偿债能力			
（11）如何使用杜邦系数评价企业绩效			

推荐阅读材料：

［美］尤金·F. 布里格姆（Eugene F. Brigham），乔尔·F. 休斯顿（Joel F. Houston）. 财务管理基础［M］. 11 版. 李伟平，译. 北京：中国人民大学出版社，2009.

李海波. 新编会计学原理：基础会计［M］. 上海：立信会计出版社，2011.

吴水澎. 会计学原理［M］. 北京：经济科学出版社，2011.

［美］K. R. 苏布拉马尼亚姆（K. R. Subramanyam），约翰·J. 怀尔德（John J. Wild）. 财务报表分析（Financial Statement Analysis）［M］. 10 版. 宋小明，译. 北京：中国人民大学出版社，2009.

三、Excel 工具使用

在市场分析、生产计划与决策以及财务管理过程中需要进行大量的计算与分析，使用的软件工具可以起到事半功倍的作用。Excel 是一种容易获取，同时应用范围又广泛的工具软件。利用该工具可以进行多种类型的分析、计划与决策。本章大部分决策过程都可以使用 Excel 表进行记录、分析，主要有以下几种。

（1）市场广告投入记录（表 2－9）。

表 2－9　　市场广告投入记录

投放年份及品牌	品种	本地	区域	国内	亚洲	国际	总计
第一年	P1						
	P2						
	P3						
	P4						
	合计						

根据以上格式自制四年广告投入汇总表。

（2）材料采购表（表 2－10）。

表 2－10　　材料采购表

期间	第一季				第二季				第三季				第四季			
第一年	R1	R2	R3	R4	R1	R2	R3	R4	R1	R2	R3	R4	R1	R2	R3	R4
订购量																
采购入库																

不同产品所需要的材料不同，不同材料的采购提前期不同，利用 MRP 基本原理制订采购计划可以避免不必要的失误。根据表 2－10 自制四年采购记录表。

（3）产品与市场开发记录表（表 2－11）。

表 2－11　　产品与市场开发记录

第一年	生产资格				ISO 认证	市场准入	
	1Q	2Q	3Q	4Q		区域	
P1					9K	本地	
P2						国内	
P3					14K	亚洲	
P4						国际	

不同产品不同市场开发周期不同，根据表 2－11 自制四年的市场开发记录汇总表。

（4）生产线建设与生产状况记录表（表 2－12）。

表 2－12　　生产线建设与生产状况记录表

厂房	编号	生产线种类	产品	第一季	第二季	第三季	第四季
小厂房	1						
	2						
	3						

不同生产线产能不同，根据表 2－12 自制四年不同生产线的生产状况记录表。

（5）销售毛利计算表（见各年经营表）。

（6）综合费用表（见各年经营表）。

（7）资产负债表（见各年经营表）。

（8）利润表（见各年经营表）。

（9）现金预算表（见各年经营表）。

第四节　市场与企业运行规则

任何一个组织运行都必须遵循一定的规则，这是维持市场秩序的基本保障。本章模拟了一个市场环境，在这个市场里大家必须遵守其市场与产品规则、生产运营规则和胜负判别规则，违反规则会受到不同程度的处罚，直至取消运营资格。规则可能合理，也可能不合理，当规则出现异议时需要由指导老师（仲裁机构）进行解释。注意用友公司的“创业者”电子沙盘与其手工沙盘一致，规则相同，但“商战”电子沙盘与手工沙盘有一定差异。注意指导教师使用的工具，同时特别注意上课时指导教师发布的各种与以下规则不同的信息。

一、市场与产品规则

1. 市场划分与市场准入

本章将市场划分为本地、区域、国内、亚洲和国际五种类型，每种类型不交叉。每种市场需要投入时间和资金进行开发才能获得经营资格。其市场划分与准入条件见表 2－13。

表 2－13　　　　　　　　　　　　　市场划分与准入条件

市场类型	开发费用		开发费用调整	开发时间	开发时间调整
	手沙	电沙		手沙（电沙）	
本地	1M/年	10W/年		1 年	
区域	1M/年	10W/年		1 年	
国内	1M/年	10W/年		2 年	
亚洲	1M/年	10W/年		2 年	
国际	1M/年	10W/年		3 年	

注：（1）开发费用按开发时间在年末平均支付，不允许加速投资。

（2）市场开发完成后，领取相应的市场准入证。

（3）无须交维护费，中途停止使用，也可继续拥有资格并在以后年份使用。

（4）“1M”表示 100 万元，“1W”表示 1 万元，下同。

（5）只有开发了市场，才可能在该市场投放广告。市场开发是在每年第四季时投入费用开发，不同市场需要时间不同，需做好战略规划。

（6）对于所有已进入的市场来说，每年必须投入 1M 的广告费，作为维持费用；否则就被视为放弃该市场，再次进入时需要重新开发。

2. 产品开发与认证

（1）产品品种与产品结构。P 系列产品有四个品种：P1、P2、P3、P4（图 2－5）。每种产品都必须进行研发，获得生产资格后才能进入市场争夺订单；若无产品资格，则无法进行生产。

图 2－5　产品资格证

四种产品的产品结构如图 2－6 所示，指导教师也可以根据教学对象进行产品结构调整，如图 2－7 所示。

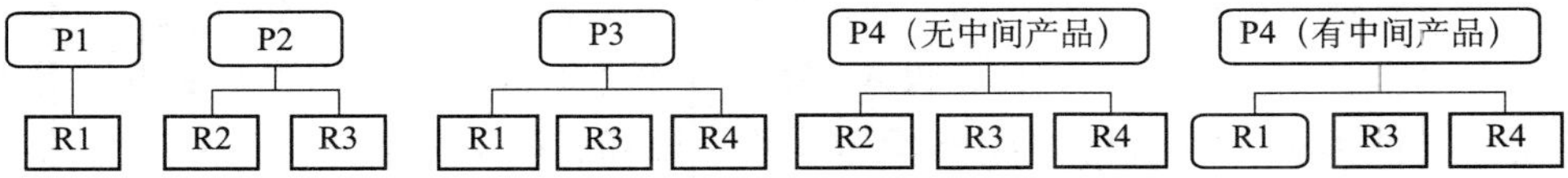

图 2－6　P 系列产品结构

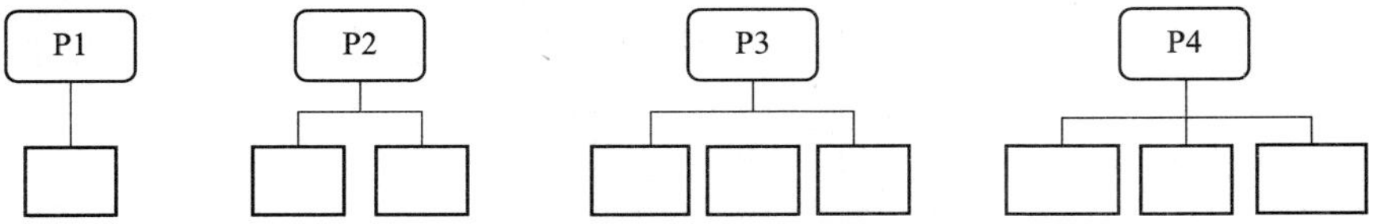

图 2－7　指导教师调整后产品结构

（2）产品开发周期与费用。不同产品的结构、开发周期不同，每种产品必须开发一定时间，并投入一定资金才能获取资质。产品生产时需要投入加工费，原材料费与加工费共同构成了每种产品的直接成本（表 2－14）。

表 2-14　　产品开发费用与周期

名称类型	开发费用		开发周期		加工费		教师调整周期与费用		
	手沙	电沙	手沙	电沙	手沙	电沙	开发费	开发期	加工费
P1	1M/季	10W/季	2 季	2 季	1M/个	10W/个			
P2	1M/季	10W/季	3 季	3 季	1M/个	10W/个			
P3	1M/季	10W/季	4 季	4 季	1M/个	10W/个			
P4	1M/季	10W/季	5 季	5 季	1M/个	10W/个			

（3）产品质量管理体系认证。随着市场竞争的日趋激烈，消费者产品质量意识与环境保护意识越来越强，在一些高端市场中对产品质量管理体系认证的要求逐渐增加。这些需求会在客户订单中反映出来。本章有两种认证：ISO 9000 与 ISO 14000，其开发周期与费用见表 2-15。

表 2-15　　产品质量管理认证开发周期与费用

认证	ISO 9000		ISO 14000		教师调整	
类型	手沙	电沙	手沙	电沙	ISO 9000	ISO 14000
时间	2 年	2 年	2 年	2 年		
费用	1M/年	10W/年	2M/年	20W/年		

注：（1）平均支付，认证完成后可以领取相应的 ISO 资格证，允许非连续投资。

（2）无须交维护费，中途停止使用，也可继续拥有资格并在以后年份使用。

（3）在市场争取订单时，必须为企业认证资质打广告，没有广告者，即使已取得认证也不能拿此市场订单。若如无资格、无广告但又拿到了有资格要求的订单，按违约处理。

3. 销售会议与订单获取

（1）销售会议。销售会议是每年各企业获取订单的唯一正式渠道（市场外允许订单交易），各企业派出销售经理参加销售会议。根据各自广告投入与上一年的业绩按顺序争夺订单。第一次销售会议的企业市场地位主要由广告投入决定，之后各年主要由各企业上一年的销售额决定。

（2）广告投放与选单规则。广告需要分市场，分产品投放。如，本地 P1 市场即为一个细分市场，在此市场投入 1M（电沙为 10W）可有一次选单机会，每多投入 2M（电沙为 20W）则增加一次选单机会。如，投入 7M 有 4 次选单机会。需要注意受市场需求、市场竞争等因素的影响，4 次机会不一定全部实现。市场竞单示例见表 2-16。

表 2-16　　市场竞单示例表

第三年 A 组（本地）						第三年 A 组（区域）						第三年 A 组（国内）					
产品	广告	单额	数量	9K	14K	产品	广告	单额	数量	9K	14K	产品	广告	单额	数量	9K	14K
P1	1					P1						P1				1	
P2						P2	2					P2	3				
P3						P3						P3					
P4						P4						P4					

注：如果希望获得标有 ISO 9000 或 ISO 140000 的订单，必须在相应的栏目中投入 1M（电沙 10W）费用。此费用是在该市场的认证宣传推广费用，该投入对某个市场的所有产品有效。

选单顺序以某本市场某产品的广告额投放大小顺序依次进行；如果两队在某细分市场广告额相同，则看本市场所有产品的广告投放总额；如果此市场广告总额也相同，则看上年市场销售排名；如果仍无法决定，则按广告投入先后顺序进行。

提示：第一年为企业筹建年，无订单。

（3）订单违约。订单必须在规定季或提前交货，应收账期从交货季开始算起。

如果订单无法提交，则记违约，违约订单不计入销售额（即此订单无收入），年末同时需要缴纳违约金。违约金为订单的20%，尾数向下取整。

如订单信息为：4 个 P3，销售额为41M，交货期为4Q，账期为3Q，由于在第四季度交货阶段不能按时交订单，则视为违约，违约金为：41 ×0.25 =10.25，向下取整为10，即违约金为10M。

二、企业生产运营规则

1. 厂房类型与容量

本实验提供了两种类型厂房：大厂房与小厂房。大厂房可以容纳 6 条生产线，小厂房容纳 4 条生产线，如图 2 -8 所示。

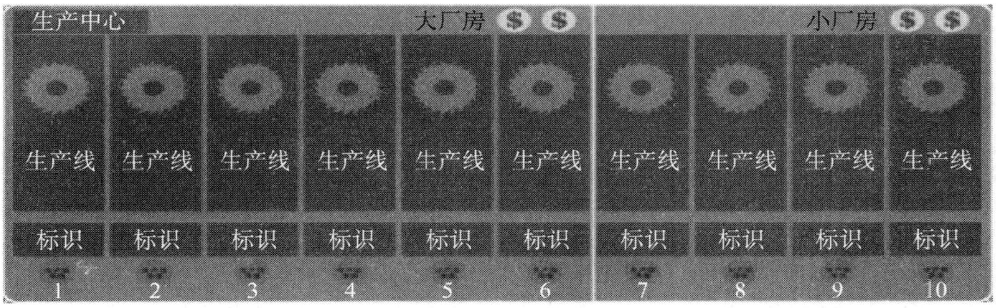

图 2 -8 厂房类型

2. 厂房购买、租赁与出售

不同厂房购买、租赁与出售价格不同，详见表 2 -17。

表 2 -17 厂房购买、租赁与出售价格

厂房	买价	租金	售价	教师调整		
大厂房	45M	5M/年	45M			
小厂房	30M	3M/年	30M			

注：（1）厂房出售后不能直接拿到现金，只能得到 4 个账期的应收款。

（2）紧急情况下应收账款可以贴现，账期为 4 季。

（3）销售厂房前必须处理完生产线。

（4）每季均可租或买，租满一年的厂房在满一年的季度内进行“租转买”“退租”等处理。如第二季租赁，则在以后各年第二季为满年，此时可在“厂房处置”环节（操作）进行厂房处理。如果未加处理，则原来租用的厂房在满年季末续租。

（5）厂房不计提折旧。

（6）生产线不允许在不同厂房间移动。

3. 生产线类型、建设周期与费用

（1）生产线类型。本章提供四类类型生产线：手工线、全自动线、柔性线和租赁线，每种生产线的生产周期分别为：2Q、1Q、1Q、1Q，如图 2 -9 所示。

（2）生产线安装周期与费用。不同类型生产线的购置费、转产费、维修费、安装周期，以及残值见表 2 -18，指导教师调整后数据填入表 2 -19。

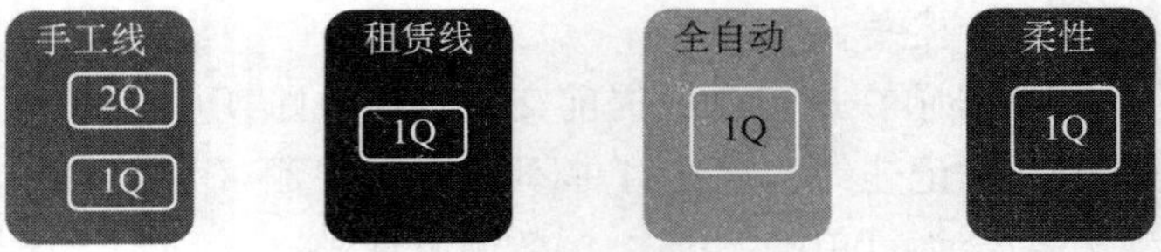

图 2-9　生产线示意图

表 2-18　　生产线安装、转产周期与各种费用

生产线类型	购置费		安装周期	总转产费		转产周期	维修费		残值	
	手沙	电沙	手沙（电沙）	手沙	电沙	手沙（电沙）	手沙	电沙	手沙	电沙
手工	5M	50W	无	0M	0W	无	1M/年	10w/年	1M	10W
全自动	15M	150 W	3Q	2M	20W	1Q	2M/年	20W/年	3M	30W
柔性	20M	200 W	4Q	0M	0W	无	2M/年	20W/年	4M	40W
租赁	0M	0W	无	2M	20W	1Q	5M/年	50W/年	-10M	-100W

注：(1) 安装周期表示建设生产线所需要时间，1Q 表示一个季度。例如，在第一季度安装自动线，则需要建设 3 个季度，到第 4 个季度才能开始进行产品生产。

(2) 生产周期表示生产一个产品所需要的时间，1Q 的生产周期表示这个产品要在生产线上生产一个季度。如果第一季度上线，第二季度在“完工入库”步骤才能下线。

(3) 转产。生产线建设时会选择生产一种确定的产品，在生产过程中如果需要生产另一种产品，必须生产线上没有在制品。在转产周期内必须停产，同时交纳转产费。转产周期过后，才可进行另一种产品的生产。

(4) 维修费。当年建成的生产线、转产中生产线都要交维修费；维修费每年固定在年末支出。

(5) 残值指卖出生产线可以收回的价值。不论何时出售生产线，从生产线净值中取出相当于残值的部分计入现金，净值与残值之差计入损失。

(6) 租赁线是租用的生产线，无需购置费，没有折旧，也不需要安装周期，不算固定资产。每年年末需支付 5M（电沙为 50W）的维修费，这部分费用可以理解为租金。

(7) 出售租赁线，可以理解为退租。无论什么时候办理此业务，都必须一次性支付 10M/条（电沙为 100W）的费用，这部分可理解为违约金，计入其他损失里。出售租赁线时可能会出现因现金断流而破产，因此，要特别注意现金是否足够。

表 2-19　　指导老师调整后的生产线安装、转产周期与各种费用

生产线类型	购置费	安装周期	生产周期	总转产费	期维修费	残值
	手沙	电沙	手沙（电沙）	手沙	电沙	手沙（电沙）
手工						
全自动						
柔性						
租赁						

4. 生产线折旧

生产线折旧采用平均年限折旧法提取（表 2-20）。生产线建成当年不折旧，第二年开始折旧，从生产线净值处提取。生产线卖出当年要提折旧。当净值等于残值时生产线不再计提折旧，但可以继续使用。

表 2-20　　生产线折旧

生产线类型	购置费		残值		平均每年折旧		教师调整	
	手沙	电沙	手沙	电沙	手沙	电沙		
手工线	5M	50W	1M	10W	1M	10W		
自动线	15M	150W	3M	30W	3M	30W		
柔性线	20M	200W	4M	40W	4M	40W		
租赁线	0M	0W	-10M	100W	0M	0W		

5. 原材料采购

本实验有四种原材料类型：R1、R2、R3、R4。每种原材料价格相同为1M（电沙为10W），但每种原材料的采购提前期不同，见表2-21。

表2-21　　原材料采购价格与提前期

名称类型	价格		提前期	指导教师调整
	手沙	电沙	手沙（电沙）	
R1	1M/个	10W/个	1季	
R2	1M/个	10W/个	1季	
R3	1M/个	10W/个	2季	
R4	1M/个	10W/个	2季	

注：采购提前期指原材料必须提前下单。以采购提前期为2季为例，如果在第1季度下订单，则在第3季度“原材料入库”环节才能拿到原材料。

6. 紧急采购

（1）允许紧急采购，付款即到货，原材料价格为直接成本的两倍，成品价格为直接成本的3倍。

（2）紧急采购原材料和产品时，直接扣除现金。上报报表时，成本仍然按照标准成本记录，紧急采购多付出的成本计入费用表的损失项。

（3）紧急采购是即刻获取原材料或成品的渠道，如何选择要视情况而定。

7. 资金筹集

每个企业开始运营之前都获得65M（电沙为650W）的初始投资。开始运营之后，企业只有银行贷款、应收账款贴现和库存拍卖三种融资渠道，每种渠道的融资成本见表2-22。

表2-22　　融资渠道及成本

融资渠道	融资时间	融资额度	年息	指导老师调整	还款方式
长期贷款	每年年初	所有长贷和短贷之和不能超过上年权益的3倍	10%		（1）年初付息，到期还本； （2）每次贷款≥10M（电沙为每次贷款≥10W）
短期贷款	每季度初				（1）到期一次还本付息； （2）每次贷款≥10M（电沙为每次贷款≥10W）
应收账款贴现	任何时间	视应收款额	10%（1、2季） 12.5%（3、4季）		变现时贴息，可对1、2季应收联合贴现（3、4季同理）
库存拍卖	原材料八折，成品按成本价				

注：（1）贷款额度为所有者权益的3倍，不得超出，长短贷利息——四舍五入。

（2）贴现指卖出产品后收到的应收账款可进行的紧急变现，尾数向上取整。

（3）库存拍卖，原材料8折，尾数向下取整。

（4）库存拍卖的原材料数量两个以上（包括两个）的起拍。

8. 民间交易与融资

（1）民间交易。本实验允许各企业间进行交易，交易对象为：订单、产品、原材料；交易金额两小组自行商定，交易时需用书面形式写清交易双方，交易详情，并交至监控台登记。原始凭证需作为实验记录上交。

（2）民间融资。本实验允许各小组之间进行资金借贷，借贷金额、借贷期限、借贷利息由两小组自行商定，借贷确定后，需用书面形式写清借贷详情，双方共同至监控台登记，原始凭证作为实验记录上交。

9. 其他规则

（1）取整规则。

① 违约金扣除——向下取整。

② 库存拍卖所得现金——向下取整。

③ 贴现费用——向上取整。

④ 扣税——向下取整。

⑤ 长短贷利息——四舍五入。

（2）特殊费用项目。库存折价拍卖、生产线变卖、紧急采购、订单违约等业务造成的损失记入“其他损失”科目。

增加或减少资本调整“股东资本”或“特别贷款”账户（均不算所得税），此操作只适用于破产或违规企业。

（3）重要参数汇总。本实验所涉及的重要参数见表 2 - 23，请实验者务必了解每个参数的含义，并在经营中时刻注意。

表 2 - 23　　实验重要参数表

重要参数	数据	重要参数	数据
违约金比例	20%	贷款额倍数	3 倍
成品折价率	100%	原料折价率	80%
长贷利率	10%	短贷利率	5%
1、2 期贴现率	10%	3、4 期贴现率	12.50%
初始股东资本	65M（电沙为 650W）	管理费	1M（电沙为 10W）
市场老大	无	所得税率	25%
最大偿贷年限	3 年	最小的单广告额	1M（电沙为 10W）
原料紧急采购倍数	2 倍	成品紧急采购倍数	3 倍
竞拍时间	90 秒	竞拍同拍数	3 张

注：竞拍会是销售会议之外可以获取市场订单的另一个途径，对整个市场起到供求调节作用。是否设置竞拍会议由指导教师自行决定，不建议初次接触此类实验的学生使用此功能。

三、企业运营结果规则

（1）企业运营结果评价。企业模拟运营的结果主要由所有者权益决定，但需要考虑企业资产状况、市场前景和产品组合等因素综合评价，其公式为

$$总分 = 所有者权益 \times \left(1 + \frac{企业综合发展潜力系数加总}{100}\right) - 罚分$$

企业综合发展潜力系数见表 2－24。

表 2－24　　企业综合发展潜力系数表

项目	综合发展潜力系数	教师调整	项目	综合发展潜力系数	教师调整
手工线	+5/条		ISO 9000	8	
自动线	+8/条		ISO 14000	10	
柔性线	+10/条		P1 产品开发	7	
本地市场开发	7		P2 产品开发	8	
区域市场开发	7		P3 产品开发	9	
国内市场开发	8		P4 产品开发	10	
亚洲市场开发	9		小厂房	5	
国际市场开发	10		大厂房	10	

注：(1) 如果有若干队分数相同，则最后一年先结束经营上交财务报表者排名靠前。
(2) 生产线建成即加分，无须生产出产品，也无须有在制品。厂房有加分。

(2) 企业破产处理。当企业权益为负（指当年结束计得的资产负债表时为负）或现金断流时（权益和现金可以为零），企业破产。

破产后，由指导教师视情况适当增资后继续经营。破产队伍不参加有效排名，但有经营基本分与其他加分。

为了确保破产队伍不致过多影响实验秩序的正常进行，限制破产企业每年投放的广告（含订货会和竞单会）总数不能超过 10M。

第五节　企业模拟运营

经营前期的企业筹建、理论准备以及规则学习之后，将正式开始企业模拟运营。此部分需要在各种表格中记录经营过程，并进行分析评价。

一、企业战略规划

(1) 市场分析（表 2－25）。

表 2－25　　市场分析

产品 市场	P1	P2	P3	P4
本地				
区域				
国内				
亚洲				
国际				

（2）竞争对手分析（表 2－26）。

表 2－26　　竞争对手分析

企业数量	
对手特征	
本企业的机会与挑战	

（3）企业自身分析（表 2－27）。

表 2－27　　企业自身分析

成员特点	
理论掌握	
规则熟悉度	
本企业的优势与劣势	

（4）企业经营策略与目标。

为完成企业经营目标，企业需要制定经营规划，这是企业战略实施的一个基本工具。实验者需要注意，规划不是一成不变的，需要根据每年的经营状况适时进行调整。企业经营规划的基本流程如图 2－10 所示。

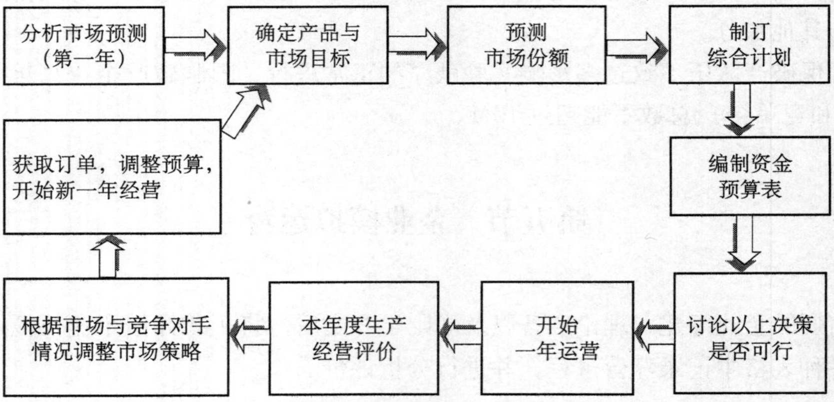

图 2－10　企业经营规划流程

二、企业试运营第一年

企业试运营主要目的是了解实验的基本流程，加强对规则的理解。试运行期为两年，第一年为企业筹建年，没有市场订单。重点了解市场开发、产品开发与生产线建设等业务运作。第二年重点了解广告投放和销售会议流程。

（1）试运营初始年经营规划。

Q1：

Q2：

Q3：

Q4：

（2）初始年现金流预算表（表2－28）。

表2－28　初始现金流预算表

项目	1	2	3	4
期初库存现金				
支付上年应交税				
市场广告投入				
贴现费用				
利息（短期贷款）				
支付到期短期贷款				
原料采购支付现金				
转产费用				
生产线投资				
工人工资				
产品研发投资				
收到现金前的所有支出				
应收款到期				
支付管理费用				
利息（长期贷款）				
支付到期长期贷款				
设备维护费用				
租金				
购买新建筑				
市场开拓投资				
ISO 认证投资				
其他				
库存现金余额				

（3）初始年度经营要点。

Q1：

Q2：

Q3：

Q4：

（4）试运营初始年生产运营表（表2－29）。

表2－29　试运营初始年生产运营表

	手工操作流程	相应操作	手工记录			
年初	新年度规划会议	填写现金余额				
	广告投放	放置相应金额至费用区				
	订货会、竞单会（选/登记）订单	前台选单竞单				
	支付应付税	放置相应金额至费用区				
	支付长贷利息	放置相应金额至费用区				
	更新长期贷款/长期贷款还款	至后台银行处还款				
	申请长期贷款	后台银行处登记				
1	季初盘点	填写现金余额				
2	更新短贷/短贷还本付息	后台还本，盘面放置利息				
3	申请短期贷款	输入贷款数额并确认				
4	原材料入库/更新原料订单	后台银行处登记				
5	下原料订单	后台供应商处登记				
6	厂房置办（购买/租用）	后台登记，续租于15步				
7	更新生产/完工入库	完工下线至产品库				
8	生产线（新建/在建/转产/卖/租）	后台认证登记处登记				
9	开始下一批生产	选择并确认				
10	更新应收款/应收款收现	需要输入到期金额				
11	按订单交货	后台客户处交单				
12	产品研发投资	后台认证登记处登记				
13	厂房处理（买转租/租转买/退租）	选择确认，自动转应收款				
14	新市场开拓/ISO资格投资	后台认证登记处登记				
15	更新/支付——管理费/厂房租金	放置相应金额至费用区				
16	紧急采购（随时进行）	后台采购成品或原料				
17	出售库存（随时进行）	后台出售成品或原料				
18	厂房贴现（随时进行）	后台认证登记处登记				
19	应收款贴现（随时进行）	后台银行处操作				
20	季末收入合计	现金收入加总				
21	季末支出合计	现金支出加总				
22	季末数额对账［（1）＋（20）－（21）］	填写现金余额				
年末	缴纳违约订单罚款	放置相应金额至费用区				
	支付设备维护费	放置相应金额至费用区				
	计提折旧	在相应生产线净值移出				（　）
	新市场/ISO资格换证	后台认证登记处领证				
	结账	填写现金余额				

（5）银行贷款登记表（表2－30）。

表2－30　银行贷款登记表

第一年		长期贷款	短期贷款			
	上年权益	年初	第一季	第二季	第三季	第四季
企业	应还	M	M	M	M	M
	可贷	M	M	M	M	M
	实贷	M	M	M	M	M

每年年初可以申请长期贷款，需要填写相应贷款长度及金额，如表 2－30 意思为第一年申请 3 年期的长期贷款 40M，在第四年年初还本金，在第二到第四年年初还要还利息。

每季季初可以申请一年期短期贷款，在下一年相同季度还本付息，如表2－30在第一年第四季借了 10M 短期贷款，第二年第四季就要还 10M 本金，利息不写在银行借贷登记表上。

（6）组间交易登记表（表 2－31）。

表 2－31　　组间交易登记表

第一年第　季	交易对象	交易产品	交易金额/借贷额	交易双方签字

（7）综合费用表（表 2－32）。

表 2－32　　综合费用表

项目	金额	填写要点
管理费		每季度 1M（10W），共 4M（40W）
广告费		上年度末广告投资
设备维护费		本年度所有设备的维护费
损失		订单违约、紧急采购、出售原材料及出售/退租生产线损失的费用（如有增值，用“－”号冲减费用）
转产费		转换自动线、租赁线生产标识所需费用
厂房租金		租用厂房的费用
新市场开拓		本年度用于开拓新市场的费用
ISO 资格认证		本年度用于认证 ISO 资格的费用
产品研发		本年度用于研发产品的费用
其他		上述费用之外发生的费用
合计		以上项目加总

（8）利润表（表 2－33）。

表 2－33　　利润表

项目	金额	填写要点
销售收入		本年度成功交货的订单总额，由销售收入表中收入一行加总所得
直接成本		本年度售出产品的成本，由销售收入表中成本一行加总所得
毛利		本年度销售收入和直接成本之差
综合费用		本年度的综合费用
折旧前利润		毛利与综合费用之差
折旧		本年度因机器老化所减少的生产线净值，在折旧中可得
支付利息前利润		折旧前利润与折旧之差
财务费用		本年的财务费用，等于本年利息与贴息的总额，在利息、贴息中可得
其他业务利润		民间交易、投资等业务的收入减支出
税前利润		支付利息前利润减财务费用，加其他业务利润
所得税		企业所有者权益超过初始股东资本（65M）时所需要缴纳的税金
年度净利润		税前利润减所得税

注：（1）本年税前利润为负，所得税为 0。

（2）本年税前利润为正，有三种情况：① 本年利润留存为正，所得税为今年税前利润的 25%；② 本年利润留存为负，如果税前利润加利润留存为正，则所得税为这个差额的 25%；③ 本年的利润留存为负，如果税前利润加利润留存为负，则所得税为 0。

（9）资产负债表（表2－34）。

表2－34 资产负债表

资产	金额	填写要点	负债和所有者权益	金额	填写要点
现金		清点沙盘盘面，同时核对记录（或根据分类账填写）	长期负债		根据银行贷款填写，同时核对盘面现状
应收款			短期负债		
在制品			应交所得税		利润表中“所得税”一项的金额
产成品			—		—
原材料			—		—
流动资产合计			负债合计		
厂房		清点沙盘盘面同时核对记录（或根据会计分类账填写）	股东资本		企业初始投资，一般金额固定
生产线			利润留存		上一年的利润留存＋上年的年度净利
在建工程			年度净利		利润表中的“税后净利润”
固定资产合计			所有者权益合计		
资产总计			负债和所有者权益总计		

（10）试运营初始年度简评（表2－35）。

表2－35 试运营初始年度简评

评价内容	
战略实施状况	
主要问题	
经营策略调整	
其他	

三、企业试运营第二年

（1）企业试运营第二年年度经营规划。

Q1：

Q2：

Q3：

Q4：

（2）本年现金预算表（表2－36）。

表2－36 本年现金预算表

项目	1	2	3	4
期初库存现金				
支付上年应交税				

续表

项目	1	2	3	4
市场广告投入				
贴现费用				
利息（短期贷款）				
支付到期短期贷款				
原料采购支付现金				
转产费用				
生产线投资				
工人工资				
产品研发投资				
收到现金前的所有支出				
应收款到期				
支付管理费用				
利息（长期贷款）				
支付到期长期贷款				
设备维护费用				
租金				
购买新建筑				
市场开拓投资				
ISO 认证投资				
其他				
库存现金余额				

（3）广告投入表（试运营第二年）（表 2－37）。

表 2－37　　　　广告投入表

本地				区域				国内				亚洲				国际			
产品	广告	9K	14K	产品	广告	9K	14K	产品	广告	9K	14K	产品	广告	9K	14K	产品	广告	9K	14K
P1				P1				P1				P1				P1			
P2				P2				P2				P2				P2			
P3				P3				P3				P3				P3			
P4				P4				P4				P4				P4			

（4）订单登记表（表 2－38）。

表 2－38　　　　订单登记表

市场																	
产品																	
数量																	
账期																	
销售额																	
交货期																	

（5）毛利计算表（表2-39）。

表2-39　　　　毛利计算表

项目＼产品	P1	P2	P3	P4	合计
数量					
销售额					
成本					
毛利					

（6）生产运营表（试运营第二年）（表2-40）。

表2-40　　　　生产运营表

	手工操作流程	相应操作	手工记录			
	新年度规划会议	填写现金余额				
	广告投放	放置相应金额至费用区				
	订货会、竞单会（选/登记）订单	前台选单竞单				
年初	支付应付税	放置相应金额至费用区				
	支付长贷利息	放置相应金额至费用区				
	更新长期贷款/长期贷款还款	至后台银行处还款				
	申请长期贷款	后台银行处登记				
1	季初盘点	填写现金余额				
2	更新短贷/短贷还本付息	后台还本，盘面放置利息				
3	申请短期贷款	输入贷款数额并确认				
4	原材料入库/更新原料订单	后台银行处登记				
5	下原料订单	后台供应商处登记				
6	厂房置办（购买/租用）	后台登记，续租于15步				
7	更新生产/完工入库	完工下线至产品库				
8	生产线（新建/在建/转产/卖/租）	后台认证登记处登记				
9	开始下一批生产	选择并确认				
10	更新应收款/应收款收现	需要输入到期金额				
11	按订单交货	后台客户处交单				
12	产品研发投资	后台认证登记处登记				
13	厂房处理（买转租/租转买/退租）	选择确认，自动转应收款				
14	新市场开拓/ISO资格投资	后台认证登记处登记				
15	更新/支付——管理费/厂房租金	放置相应金额至费用区				
16	紧急采购（随时进行）	后台采购成品或原料				
17	出售库存（随时进行）	后台出售成品或原料				
18	厂房贴现（随时进行）	后台认证登记处登记				
19	应收款贴现（随时进行）	后台银行处操作				
20	季末收入合计	现金收入加总				
21	季末支出合计	现金支出加总				
22	季末数额对账［（1）+（20）-（21）］	填写现金余额				
	缴纳违约订单罚款	放置相应金额至费用区				
	支付设备维护费	放置相应金额至费用区				
年末	计提折旧	在相应生产线净值移出				（　）
	新市场/ISO资格换证	后台认证登记处领证				
	结账	填写现金余额				

（7）银行贷款登记表（表2－41）。

表2－41　　银行贷款登记表

第二年			长期贷款	短期贷款			
企业	上年权益		年初	第一季	第二季	第三季	第四季
		应还	M	M	M	M	M
		可贷	M	M	M	M	M
		实贷	M	M	M	M	M

（8）组间交易登记表（表2－42）。

表2－42　　组间交易登记表

第二年第　季	交易对象	交易产品	交易金额/借贷额	交易双方签字

（9）综合费用表（表2－43）。

表2－43　　综合费用表

项目	金额/M	备注
管理费		
广告费		
保养费		
租金		
转产费		
市场准入开拓		□本地　□区域　□国内　□亚洲　□国际
ISO 资格认证		□ISO 9000　□ISO 14000
产品研发		P1（　）　P2（　）　P3（　）　P4（　）
其他		
合计		

（10）利润表（表2－44）。

表2－44　　利润表

项目	上年数	本年数
销售收入		
直接成本		
毛利		
综合费用		
折旧前利润		
折旧		
支付利息前利润		
财务费用		
其他业务利润		
税前利润		
所得税		
净利润		

（11）资产负债表（表2－45）。

表2－45　资产负债表

资产	上年数	本年数	负债和所有者权益	上年数	本年数
现金			长期负债		
应收款			短期负债		
在制品			应交所得税		
产成品			—		
原材料			—		
流动资产合计			负债合计		
厂房			股东资本		
生产线			利润留存		
在建工程			年度净利		
固定资产合计			所有者权益合计		
资产总计			负债和所有者权益总计		

（12）企业试运营第二年简评（表2－46）。

表2－46　企业试运营第二年简评

评价内容	
战略实施状况	
主要问题	
经营策略调整	
其他	

四、企业运营第一年

（1）企业运营第一年年度经营规划与要点。

Q1：

Q2：

Q3：

Q4：

（2）本年现金预算表（表2－47）。

表2－47　本年现金预算表

项目	1	2	3	4
期初库存现金				
支付上年应交税				
市场广告投入				
贴现费用				
利息（短期贷款）				

续表

项目	1	2	3	4
支付到期短期贷款				
原料采购支付现金				
转产费用				
生产线投资				
工人工资				
产品研发投资				
收到现金前的所有支出				
应收款到期				
支付管理费用				
利息（长期贷款）				
支付到期长期贷款				
设备维护费用				
租金				
购买新建筑				
市场开拓投资				
ISO 认证投资				
其他				
库存现金余额				

（3）生产运营表（运营第一年）（表 2-48）。

表 2-48　　生产运营表

	手工操作流程	相应操作	手工记录			
年初	新年度规划会议	填写现金余额				
	广告投放	放置相应金额至费用区				
	订货会、竞单会（选/登记）订单	前台选单竞单				
	支付应付税	放置相应金额至费用区				
	支付长贷利息	放置相应金额至费用区				
	更新长期贷款/长期贷款还款	至后台银行处还款				
	申请长期贷款	后台银行处登记				
1	季初盘点	填写现金余额				
2	更新短贷/短贷还本付息	后台还本，盘面放置利息				
3	申请短期贷款	输入贷款数额并确认				
4	原材料入库/更新原料订单	后台银行处登记				
5	下原料订单	后台供应商处登记				
6	厂房置办（购买/租用）	后台登记，续租于 15 步				
7	更新生产/完工入库	完工下线至产品库				
8	生产线（新建/在建/转产/卖/租）	后台认证登记处登记				
9	开始下一批生产	选择并确认				
10	更新应收款/应收款收现	需要输入到期金额				
11	按订单交货	后台客户处交单				
12	产品研发投资	后台认证登记处登记				
13	厂房处理（买转租/租转买/退租）	选择确认，自动转应收款				
14	新市场开拓/ISO 资格投资	后台认证登记处登记				
15	更新/支付——管理费/厂房租金	放置相应金额至费用区				
16	紧急采购（随时进行）	后台采购成品或原料				

续表

	手工操作流程	相应操作	手工记录			
17	出售库存（随时进行）	后台出售成品或原料				
18	厂房贴现（随时进行）	后台认证登记处登记				
19	应收款贴现（随时进行）	后台银行处操作				
20	季末收入合计	现金收入加总				
21	季末支出合计	现金支出加总				
22	季末数额对账［（1）+（20）-（21）］	填写现金余额				
年末	缴纳违约订单罚款	放置相应金额至费用区				
	支付设备维护费	放置相应金额至费用区				
	计提折旧	在相应生产线净值移出				（ ）
	新市场/ISO 资格换证	后台认证登记处领证				
	结账	填写现金余额				

（4）银行贷款登记表（表2-49）。

表2-49　银行贷款登记表

第一年			长期贷款	短期贷款			
企业	上年权益		年初	第一季	第二季	第三季	第四季
		应还	M	M	M	M	M
		可贷	M	M	M	M	M
		实贷	M	M	M	M	M

（5）组间交易登记表（表2-50）。

表2-50　组间交易登记表

第一年第　季	交易对象	交易产品	交易金额/借贷额	交易双方签字

（6）综合费用表（表2-51）。

表2-51　综合费用表

项目	金额/M	备注
管理费		
广告费		
保养费		
租金		
转产费		
市场准入开拓		□本地　□区域　□国内　□亚洲　□国际
ISO 资格认证		□ISO 9000　□ISO 14000
产品研发		P1（　）　P2（　）　P3（　）　P4（　）
其他		
合计		

（7）利润表（表2－52）。

表2－52　利润表

项目	本年数
销售收入	
直接成本	
毛利	
综合费用	
折旧前利润	
折旧	
支付利息前利润	
财务费用	
其他业务利润	
税前利润	
所得税	
净利润	

（8）资产负债表（表2－53）。

表2－53　资产负债表

资产	本年数	负债和所有者权益	本年数
现金		长期负债	
应收款		短期负债	
在制品		应交所得税	
产成品		—	
原材料		—	
流动资产合计		负债合计	
厂房		股东资本	
生产线		利润留存	
在建工程		年度净利	
固定资产合计		所有者权益合计	
资产总计		负债和所有者权益总计	

（9）企业运营第一年简评（表2－54）。

表2－54　企业运营第一年简评表

评价内容	
战略实施状况	
主要问题	
经营策略调整	
其他	

五、企业运营第二年

（1）企业运营第二年年度经营规划。

Q1：

Q2：

Q3：

Q4：

（2）本年现金预算表（表2－55）。

表2－55　本年现金预算表

项目	1	2	3	4
期初库存现金				
支付上年应交税				
市场广告投入				
贴现费用				
利息（短期贷款）				
支付到期短期贷款				
原料采购支付现金				
转产费用				
生产线投资				
工人工资				
产品研发投资				
收到现金前的所有支出				
应收款到期				
支付管理费用				
利息（长期贷款）				
支付到期长期贷款				
设备维护费用				
租金				
购买新建筑				
市场开拓投资				
ISO 认证投资				
其他				
库存现金余额				

（3）广告投入表（运营第二年）（表2－56）。

表2－56 **广告投入表**

本地				区域				国内				亚洲				国际			
产品	广告	9K	14K	产品	广告	9K	14K	产品	广告	9K	14K	产品	广告	9K	14K	产品	广告	9K	14K
P1				P1				P1				P1				P1			
P2				P2				P2				P2				P2			
P3				P3				P3				P3				P3			
P4				P4				P4				P4				P4			

（4）订单登记表（表2－57）。

表2－57 **订单登记表**

市场																
产品																
数量																
账期																
销售额																
交货期																

（5）毛利计算表（表2－58）。

表2－58 **毛利计算表**

产品 项目	P1	P2	P3	P4	合计
数量					
销售额					
成本					
毛利					

（6）生产运营表（运营第二年）（表2－59）。

表2－59 **生产运营表**

	手工操作流程	相应操作	手工记录			
年初	新年度规划会议	填写现金余额				
	广告投放	放置相应金额至费用区				
	订货会、竞单会（选/登记）订单	前台选单竞单				
	支付应付税	放置相应金额至费用区				
	支付长贷利息	放置相应金额至费用区				
	更新长期贷款/长期贷款还款	至后台银行处还款				
	申请长期贷款	后台银行处登记				
1	季初盘点	填写现金余额				
2	更新短贷/短贷还本付息	后台还本，盘面放置利息				
3	申请短期贷款	输入贷款数额并确认				
4	原材料入库/更新原料订单	后台银行处登记				
5	下原料订单	后台供应商处登记				
6	厂房置办（购买/租用）	后台登记，续租于15步				
7	更新生产/完工入库	完工下线至产品库				
8	生产线（新建/在建/转产/卖/租）	后台认证登记处登记				
9	开始下一批生产	选择并确认				
10	更新应收款/应收款收现	需要输入到期金额				

续表

	手工操作流程	相应操作	手工记录			
11	按订单交货	后台客户处交单				
12	产品研发投资	后台认证登记处登记				
13	厂房处理（买转租/租转买/退租）	选择确认，自动转应收款				
14	新市场开拓/ISO 资格投资	后台认证登记处登记				
15	更新/支付——管理费/厂房租金	放置相应金额至费用区				
16	紧急采购（随时进行）	后台采购成品或原料				
17	出售库存（随时进行）	后台出售成品或原料				
18	厂房贴现（随时进行）	后台认证登记处登记				
19	应收款贴现（随时进行）	后台银行处操作				
20	季末收入合计	现金收入加总				
21	季末支出合计	现金支出加总				
22	季末数额对账［（1）＋（20）－（21）］	填写现金余额				
年末	缴纳违约订单罚款	放置相应金额至费用区				
	支付设备维护费	放置相应金额至费用区				
	计提折旧	在相应生产线净值移出				（ ）
	新市场/ISO 资格换证	后台认证登记处领证				
	结账	填写现金余额				

（7）银行贷款登记表（表 2－60）。

表 2－60　　银行贷款登记表

第二年		长期贷款	短期贷款			
企业	上年权益	年初	第一季	第二季	第三季	第四季
	应还	M	M	M	M	M
	可贷	M	M	M	M	M
	实贷	M	M	M	M	M

（8）组间交易登记表（表 2－61）。

表 2－61　　组间交易登记表

第二年第　季	交易对象	交易产品	交易金额/借贷额	交易双方签字

（9）综合费用表（表 2－62）。

表 2－62　　综合费用表

项目	金额/M	备注
管理费		
广告费		
保养费		
租金		
转产费		
市场准入开拓		□本地　□区域　□国内　□亚洲　□国际
ISO 资格认证		□ISO 9000　□ISO 14000

续表

项目	金额/M	备注
产品研发		P1（　　）　P2（　　）　P3（　　）　P4（　　）
其他		
合计		

（10）利润表（表2－63）。

表2－63　　　　利润表

项目	上年数	本年数
销售收入		
直接成本		
毛利		
综合费用		
折旧前利润		
折旧		
支付利息前利润		
财务费用		
其他业务利润		
税前利润		
所得税		
净利润		

（11）资产负债表（表2－64）。

表2－64　　　　资产负债表

资产	上年数	本年数	负债和所有者权益	上年数	本年数
现金			长期负债		
应收款			短期负债		
在制品			应交所得税		
产成品			—		
原材料			—		
流动资产合计			负债合计		
厂房			股东资本		
生产线			利润留存		
在建工程			年度净利		
固定资产合计			所有者权益合计		
资产总计			负债和所有者权益总计		

（12）企业运营第二年简评（表2－65）。

表2－65　　　　企业运营第二年简评表

评价内容	
战略实施状况	
主要问题	
经营策略调整	
其他	

六、企业运营第三年

（1）企业运营第三年年度经营规划。

Q1：

Q2：

Q3：

Q4：

（2）本年现金预算表（表2－66）。

表2－66 本年现金预算表

项目	1	2	3	4
期初库存现金				
支付上年应交税				
市场广告投入				
贴现费用				
利息（短期贷款）				
支付到期短期贷款				
原料采购支付现金				
转产费用				
生产线投资				
工人工资				
产品研发投资				
收到现金前的所有支出				
应收款到期				
支付管理费用				
利息（长期贷款）				
支付到期长期贷款				
设备维护费用				
租金				
购买新建筑				
市场开拓投资				
ISO 认证投资				
其他				
库存现金余额				

（3）广告投入表（运营第三年）（表2－67）。

表2－67 **广告投入表**

本地				区域				国内				亚洲				国际			
产品	广告	9K	14K	产品	广告	9K	14K	产品	广告	9K	14K	产品	广告	9K	14K	产品	广告	9K	14K
P1				P1				P1				P1				P1			
P2				P2				P2				P2				P2			
P3				P3				P3				P3				P3			
P4				P4				P4				P4				P4			

（4）订单登记表（表2－68）。

表2－68 **订单登记表**

市场															
产品															
数量															
账期															
销售额															
交货期															

（5）毛利计算表（表2－69）。

表2－69 **毛利计算表**

项目＼产品	P1	P2	P3	P4	合计
数量					
销售额					
成本					
毛利					

（6）生产运营表（运营第三年）（表2－70）。

表2－70 **生产运营表**

	手工操作流程	相应操作	手工记录			
年初	新年度规划会议	填写现金余额				
	广告投放	放置相应金额至费用区				
	订货会、竞单会（选/登记）订单	前台选单竞单				
	支付应付税	放置相应金额至费用区				
	支付长贷利息	放置相应金额至费用区				
	更新长期贷款/长期贷款还款	至后台银行处还款				
	申请长期贷款	后台银行处登记				
1	季初盘点	填写现金余额				
2	更新短贷/短贷还本付息	后台还本，盘面放置利息				
3	申请短期贷款	输入贷款数额并确认				
4	原材料入库/更新原料订单	后台银行处登记				
5	下原料订单	后台供应商处登记				
6	厂房置办（购买/租用）	后台登记，续租于15步				
7	更新生产/完工入库	完工下线至产品库				
8	生产线（新建/在建/转产/卖/租）	后台认证登记处登记				
9	开始下一批生产	选择并确认				
10	更新应收款/应收款收现	需要输入到期金额				

续表

	手工操作流程	相应操作	手工记录			
11	按订单交货	后台客户处交单				
12	产品研发投资	后台认证登记处登记				
13	厂房处理（买转租/租转买/退租）	选择确认，自动转应收款				
14	新市场开拓/ISO 资格投资	后台认证登记处登记				
15	更新/支付——管理费/厂房租金	放置相应金额至费用区				
16	紧急采购（随时进行）	后台采购成品或原料				
17	出售库存（随时进行）	后台出售成品或原料				
18	厂房贴现（随时进行）	后台认证登记处登记				
19	应收款贴现（随时进行）	后台银行处操作				
20	季末收入合计	现金收入加总				
21	季末支出合计	现金支出加总				
22	季末数额对账［（1）+（20）-（21）］	填写现金余额				
年末	缴纳违约订单罚款	放置相应金额至费用区				
	支付设备维护费	放置相应金额至费用区				
	计提折旧	在相应生产线净值移出				（ ）
	新市场/ISO 资格换证	后台认证登记处领证				
	结账	填写现金余额				

（7）银行贷款登记表（表 2-71）。

表 2-71　银行贷款登记表

第三年		长期贷款	短期贷款			
企业	上年权益	年初	第一季	第二季	第三季	第四季
	应还	M	M	M	M	M
	可贷	M	M	M	M	M
	实贷	M	M	M	M	M

（8）组间交易登记表（表 2-72）。

表 2-72　组间交易登记表

第三年第　季	交易对象	交易产品	交易金额/借贷额	交易双方签字

（9）综合费用表（表 2-73）。

表 2-73　综合费用表

项目	金额/M	备注
管理费		
广告费		
保养费		
租金		
转产费		
市场准入开拓		□本地　□区域　□国内　□亚洲　□国际

续表

项目	金额/M	备注
ISO 资格认证		□ISO 9000　□ISO 14000
产品研发		P1（　）　P2（　）　P3（　）　P4（　）
其他		
合计		

（10）利润表（表2-74）。

表2-74　利润表

项目	上年数	本年数
销售收入		
直接成本		
毛利		
综合费用		
折旧前利润		
折旧		
支付利息前利润		
财务费用		
其他业务利润		
税前利润		
所得税		
净利润		

（11）资产负债表（表2-75）。

表2-75　资产负债表

资产	上年数	本年数	负债和所有者权益	上年数	本年数
现金			长期负债		
应收款			短期负债		
在制品			应交所得税		
产成品			—		
原材料			—		
流动资产合计			负债合计		
厂房			股东资本		
生产线			利润留存		
在建工程			年度净利		
固定资产合计			所有者权益合计		
资产总计			负债和所有者权益总计		

（12）企业运营第三年简评（表2-76）。

表2-76　企业运营第三年简评

评价内容	
战略实施状况	
主要问题	
经营策略调整	
其他	

七、企业运营第四年

（1）企业运营第四年年度经营规划。

Q1：

Q2：

Q3：

Q4：

（2）本年现金预算表（表2-77）。

表2-77　　企业运营第四年现金预算表

项目	1	2	3	4
期初库存现金				
支付上年应交税				
市场广告投入				
贴现费用				
利息（短期贷款）				
支付到期短期贷款				
原料采购支付现金				
转产费用				
生产线投资				
工人工资				
产品研发投资				
收到现金前的所有支出				
应收款到期				
支付管理费用				
利息（长期贷款）				
支付到期长期贷款				
设备维护费用				
租金				
购买新建筑				
市场开拓投资				
ISO认证投资				
其他				
库存现金余额				

（3）广告投入表（运营第四年）（表2－78）。

表2－78　　　　　　　　　　　　　　　广告投入表

本地				区域				国内				亚洲				国际			
产品	广告	9K	14K	产品	广告	9K	14K	产品	广告	9K	14K	产品	广告	9K	14K	产品	广告	9K	14K
P1				P1				P1				P1				P1			
P2				P2				P2				P2				P2			
P3				P3				P3				P3				P3			
P4				P4				P4				P4				P4			

（4）订单登记表（表2－79）。

表2－79　　　　　　　　　　　　　　　订单登记表

市场																
产品																
数量																
账期																
销售额																
交货期																

（5）毛利计算表（表2－80）。

表2－80　　　　　　　　　　　　　　　毛利计算表

产品 项目	P1	P2	P3	P4	合计
数量					
销售额					
成本					
毛利					

（6）生产运营表（运营第四年）（表2－81）。

表2－81　　　　　　　　　　　　　　　生产运营表

	手工操作流程	相应操作	手工记录			
年初	新年度规划会议	填写现金余额				
	广告投放	放置相应金额至费用区				
	订货会、竞单会（选/登记）订单	前台选单竞单				
	支付应付税	放置相应金额至费用区				
	支付长贷利息	放置相应金额至费用区				
	更新长期贷款/长期贷款还款	至后台银行处还款				
	申请长期贷款	后台银行处登记				
1	季初盘点	填写现金余额				
2	更新短贷/短贷还本付息	后台还本，盘面放置利息				
3	申请短期贷款	输入贷款数额并确认				
4	原材料入库/更新原料订单	后台银行处登记				
5	下原料订单	后台供应商处登记				
6	厂房置办（购买/租用）	后台登记，续租于15步				
7	更新生产/完工入库	完工下线至产品库				
8	生产线（新建/在建/转产/卖/租）	后台认证登记处登记				
9	开始下一批生产	选择并确认				
10	更新应收款/应收款收现	需要输入到期金额				

续表

	手工操作流程	相应操作	手工记录			
11	按订单交货	后台客户处交单				
12	产品研发投资	后台认证登记处登记				
13	厂房处理（买转租/租转买/退租）	选择确认，自动转应收款				
14	新市场开拓/ISO资格投资	后台认证登记处登记				
15	更新/支付——管理费/厂房租金	放置相应金额至费用区				
16	紧急采购（随时进行）	后台采购成品或原料				
17	出售库存（随时进行）	后台出售成品或原料				
18	厂房贴现（随时进行）	后台认证登记处登记				
19	应收款贴现（随时进行）	后台银行处操作				
20	季末收入合计	现金收入加总				
21	季末支出合计	现金支出加总				
22	季末数额对账［（1）+（20）-（21）］	填写现金余额				
年末	缴纳违约订单罚款	放置相应金额至费用区				
	支付设备维护费	放置相应金额至费用区				
	计提折旧	在相应生产线净值移出				（ ）
	新市场/ISO资格换证	后台认证登记处领证				
	结账	填写现金余额				

（7）银行贷款登记表（表2-82）。

表2-82　　银行贷款登记表

第四年		长期贷款	短期贷款			
企业	上年权益	年初	第一季	第二季	第三季	第四季
	应还	M	M	M	M	M
	可贷	M	M	M	M	M
	实贷	M	M	M	M	M

（8）组间交易登记表（表2-83）。

表2-83　　组间交易登记表

第四年第　季	交易对象	交易产品	交易金额/借贷额	交易双方签字

（9）综合费用表（表2-84）。

表2-84　　综合费用表

项目	金额/M	备注
管理费		
广告费		
保养费		
租金		
转产费		
市场准入开拓		□本地　□区域　□国内　□亚洲　□国际
ISO资格认证		□ISO 9000　□ISO 14000

续表

项目	金额/M	备注
产品研发		P1（　）　P2（　）　P3（　）　P4（　）
其他		
合计		

（10）利润表（表2－85）。

表2－85　　利润表

项目	上年数	本年数
销售收入		
直接成本		
毛利		
综合费用		
折旧前利润		
折旧		
支付利息前利润		
财务费用		
其他业务利润		
税前利润		
所得税		
净利润		

（11）资产负债表（表2－86）。

表2－86　　资产负债表

资产	上年数	本年数	负债和所有者权益	上年数	本年数
现金			长期负债		
应收款			短期负债		
在制品			应交所得税		
产成品			—		
原材料			—		
流动资产合计			负债合计		
厂房			股东资本		
生产线			利润留存		
在建工程			年度净利		
固定资产合计			所有者权益合计		
资产总计			负债和所有者权益总计		

（12）企业运营第四年简评（表2－87）。

表2－87　　企业运营第四年简评

评价内容	
战略实施状况	
主要问题	
经营策略调整	
其他	

第六节 实验结果分析评价

一、企业经营结果自评

企业经营结果自评见表2-88。

表2-88 企业运营结果自评

项目	综合发展潜力系数	得分	项目	综合发展潜力系数	得分
手工线	+5/条		ISO 9000	8	
自动线	+8/条		ISO 14000	10	
柔性线	+10/条		P1 产品开发	7	
本地市场开发	7		P2 产品开发	8	
区域市场开发	7		P3 产品开发	9	
国内市场开发	8		P4 产品开发	10	
亚洲市场开发	9		小厂房	5	
国际市场开发	10		大厂房	10	
罚分					
得分合计					

$$本企业总分 = 所有者权益 \times \left(1 + \frac{企业综合发展潜力系数加总}{100}\right) - 罚分$$

二、财务状况评价

(1) 企业运营四年综合费用比较表（表2-89)。

表2-89 综合费用比较

年份	管理费	广告费	设备维护	厂房租金	转产费	市场开拓	ISO 认证	产品研发	其他	总计
1										
2										
3										
4										

运营四年综合费用评价：

(2) 企业运营四年利润表汇总（表2-90)。

表2-90 利润表汇总

年份 项目	1	2	3	4
销售收入				
直接成本				
毛利				

续表

项目＼年份	1	2	3	4
综合费用				
折旧前利润				
折旧				
息前利润				
财务费用				
额外收/支				
税前利润				
所得税				
净利润				

运营四年综合费用评价：

（3）企业运营四年资产负债表汇总（表2－91）。

表2－91　　**资产负债表汇总**

项目＼时间	1	2	3	4
资产				
现金				
应收款				
在制品				
产成品				
原材料				
流动资产合计				
厂房				
机器设备				
在建工程				
固定资产合计				
资产总计				
负债				
长期负债				
短期负债				
应付账款				
应交税款				
一年到期长期贷款				
负债合计				
所有者权益				

续表

时间 项目	1	2	3	4
股东资本				
利润留存				
年度利润				
权益合计				
负债和权益总计				

运营四年资产负债表分析评价：

（4）企业经营综合分析表（表2－92）。

表2－92　企业经营综合分析

项目		第二年	第三年	第四年	第五年	第六年
盈利能力	毛利率					
	销售利润率					
	资产报酬率					
	净资产收益率					
偿债能力	流动比率					
	速动比率					
	息税前倍数					
	资产负债率					
营运能力	应收账款周转率					
	存货周转率					
	固定资产周转率					
	总资产周转率					
成长能力	收入成长率					
	利润成长率					
	净资产成长率					

企业综合经营指标评价：

三、企业整体状况评价

（1）杜邦系数分析（图2－11）。

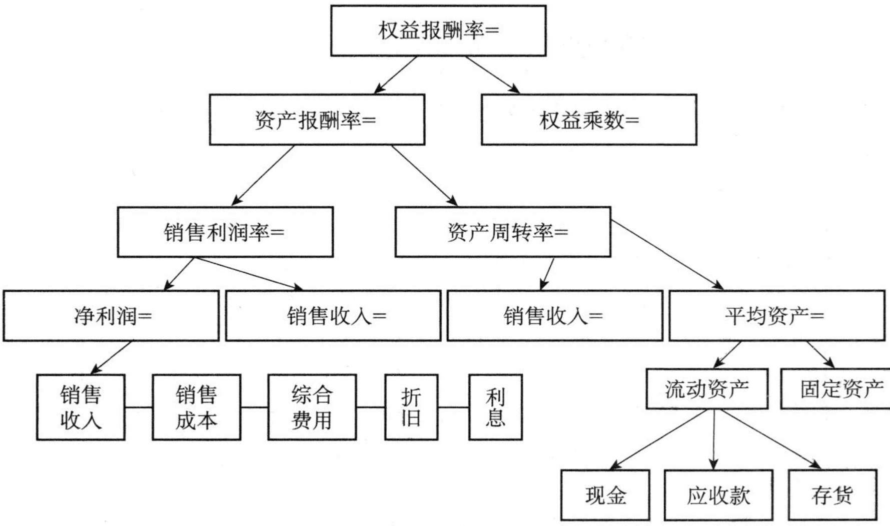

图2－11 杜邦分析

（2）杜邦系数评价：

（3）企业经营整体评价（是否完成预期目标，原因等方面）：

四、实验启示

我们有幸生活在一个充满创新与挑战的时代——全球化、知识经济、网络时代、通信革命……在这样的一个时代，个人、企业、组织乃至整个社会的行为都在发生着巨大的变化。这些变化要求新一代的管理者不仅需要具有理论知识，而且还需要具有解决问题的智慧、应变的能力以及包容的心态。在这个实验里，除了知识，相信每个人都会有自己的发现与心得体会，在这一部分写下来，与大家一起分享吧！

案例分析与讨论

腾邦国际，做旅游业整合者

无论是庄家目的地打造，还是线下门店的加盟扩张，都存在相应的痛点，前者必须因地制宜重投入且扩张慢，后者又考验对加盟商的控制力。而腾邦旅游所收购的宝中旅游的优势也在于加盟门店的网络覆盖，这对腾邦旅游未来的发展可以说是机会与挑战并存。

2018 年 3 月 19 日晚间，腾邦国际发布的 2017 年度财报显示，2017 年营收达到 35 亿元，同比实现 175% 的增长，相当于 2013 年度全年营收的 10 倍；同时净利润达到 2.84 亿元，同比增长 59.14%。

值得注意的是，腾邦国际 2017 财年的营收结构中，旅游业务营收已达到超过 26 亿元，占比达 74.3%，而机票分销及金融业务营收分别为 4.7 亿元、4.1 亿元。

腾邦国际在 1998 年以机票代理起家，从机票柜台销售、到机票 B2B 服务商，再到旅游产业整合者，这其中的变化，都跟腾邦国际在 2011 年上市之后的投资并购，以及并购发生之后的业务升级有关。

那么，腾邦国际这些年是如何通过提前投资在旅游业步步逆袭的?

1. 通过并购整合完成生态卡位

对一家上市公司而言，开展新业务最直接的方式是并购，腾邦国际也不例外。

2011 年上市之后，扎根于华南市场的腾邦国际对发展战略进行了调整，确定了“以 B2B 业务为基础，重点发展 TMC 业务，OTA 作为长期培育的业务”的发展战略。沿着这一战略思路，2013 年，腾邦国际启动全国布局战略，宣布对成都华商、西安华圣、南京协友、厦门思赢、杭州泛美等多家公司展开并购，初步完成了全国性服务网络的构建。

但实际上，腾邦国际的并购真正引起泛旅游业的关注，是在 2014—2016 年。从旅游 B2B2C 服务商欣欣旅游，到票代服务商八千翼，再到喜游国旅、玩途自由行及八爪鱼，并购的影响力不仅体现在金额上，而且也体现在腾邦国际每一次的战略卡位上，进一步覆盖资源商和渠道端，腾邦国际也渐渐甩开票代这一标签。

腾邦国际总经理乔海表示，腾邦国际每一次的投资并购都是因需求而产生，是先开展了业务而后才产生并购行为，在业务开展的前提下保证每一次的并购都可以与原有的业务进行融合并得到消化。

在“因需而生”的基础上，霍灏进一步解释说，腾邦国际在选择并购标目的时，主要看标的所在的市场排名、运营能力、团队能力、盈利能力和现金流，按这些标准将投资并购逻辑分为两类：一类是投资现在；另一类是投资未来。

“投资现在是指做了这起投资之后，可以通过这家公司的业务增厚利润，获得在某个领域发展的能力，像喜游国旅；投资未来指的是这一阶段这家公司没有盈利，但是这家公司有战略卡位的意义，公司的发展增速或市场占有率乐观，就像八爪鱼、欣欣旅游、玩途自由行，就属于投资未来范畴。”霍灏表示。

在 2017 年，腾邦国际的加码投资，主要集中在旅游批发及航空实业上，包括北京捷达、马尔代夫 TMA，以及俄罗斯的艾菲航空。

用霍灏的话说，经过前两年的并购，渠道端已经较为完整，这一轮投资主要在于资源和产品，未来还将继续关注新兴技术公司，但是腾邦国际是一家务实的公司，太烧钱的业务，比如 OTA 或是亏损较大的业务暂时不会重点涉及。

多番并购之后，这些并购企业如何融入腾邦国际所打造的大旅游生态圈，投后整合就是一大关键。

霍灏表示，腾邦国际的投后整合在大多数情况下都会保持品牌的独立性，“这些品牌的业务不一样，特性不一样，用户端的系统和流程不一样，用户的品牌认知不一样，强行整合或者需要改变用户的认识并不明智。腾邦国际做得更多的是赋能和资源协同。”

举个例子，在腾邦旅游集团成立之后，所吸纳的宝中旅游、北京捷达依然保持着自己的品牌和渠道，只是在产品端和资源端进行了协同。

经过3年投资并购，目前腾邦国际已经大致完成了旅游全产业链的布局，包括旅游目的地资源、线上线下的旅游B2B以及旅游出发地线下门店和线上自由行平台。

“布局上游目的地控制核心资源，包括艾菲航空这样的大交通，有利于产生盈利和稳定现金流；旅游B2B不仅能消化上游资源，形成引流，还能通过技术升级优化供应链效率；至于C端的线下门店和玩途这样的线上自由行平台，意义在于长期培育，强化品牌和现金流，通过优质产品和体验，持续扩大腾邦的影响力。”霍灏如是说。

2. 机票业务转型及加码出境游

当然，利用并购扩大业务板块，对于腾邦国际而言还有另一层重要意义，即提高整个集团的抗风险能力，假设腾邦国际一直以机票代理分销作为核心业务，没有其他业务的战略协同，那2016年航司“提直降代”及“去平台化”策略的推进对其会是一记沉重的打击。

从2017年营收来看，机票业务转型和以包机切入出境游业务两大战略是腾邦国际保持增长的两个关键点。

霍灏表示，机票业务作为腾邦国际的主业，目前的玩法和传统票代已经有了极大的差别，首先是国际机票在机票营收占比中已经从2015年的35.5%上升到54.8%，“毕竟国际机票是国际贸易的特殊产品，受政策影响不大，同时分销门槛较高，技术、资金、品牌、商务和运营能力缺一不可。”

除了常规的机票分销之外，腾邦国际也在探索一些新的方式。一是和航司共同研发飞行年票或通票，举个例子，用户花3 999元就可以一年从深圳飞东南亚任意国家3次，对于航空公司来说可以提前锁定收益；二是针对境外航司进军中国市场的痛点，腾邦国际为其提供运营服务，包括提供和OTA等的API对接、境内外交易的支付结算支持，并通过腾邦的门店、B2B平台等辅助销售。

“前者已经有产品在玩途自由行上试运营，后者目前仅为柬埔寨航空代运营。”霍灏表示。

这样机票分销玩法，尤其是前者的用户体验和航司供需匹配是否能够无缝对接，还有待市场及时间检验。但腾邦国际的机票业务，或者说航线运营业务确实为腾邦旅游业务的发展打下了产品基础，同时利用门店渠道帮助航司进行销售。

2017年，通过腾邦旅游，腾邦国际以航线运营商的身份与各航司合作开通多条国际航线，仅自营航线就输送超过28万名游客出境，航班次数超过2 000班次。

“这些航线不只是把人从出发地运到目的地，而是通过腾邦旅游的B2B和门店渠道销售，把游客送到腾邦所打造的庄家目的地。”霍灏表示。

在腾邦旅游的业务中，庄家目的地打造及门店扩张是两个重要突破口。其中，目的地打造的重要任务落在了此前收购的喜游国旅上，目前主要在俄罗斯及东南亚等核心区域，通过自营的方式，包括自营或参股目的地餐饮店铺、自建或投资目的地特色酒店、寻求购买当地小交通资源和地接社资源，以提高资源整合能力和控制产品及服务质量。

而在门店的布局上，腾邦旅游在2017年收购了宝中旅游，利用宝中的门店网络及连锁加盟方式快速扩大了腾邦旅游的门店数量，截至2017年年底，腾邦旅游的线下门店数量已达到2 000家，这一数据预计到2018年年底将会翻倍到4 000家。

“通过包机、航线运营，目的地资源自营，门店收客，现在旅游业务其实已经实现了闭环，而且每个环节的成本都相对可控。相信在2017年的基础上，腾邦旅游的营收和利润率同比都会有大幅增长。”霍灏总结说。

值得注意的是，无论是庄家目的地的打造还是线下门店的加盟扩张，都存在相应的痛点，前者必须因地制宜重投入且扩张慢，后者又考验对加盟商的控制力。而腾邦旅游所收购的宝中旅游的优势也在于加盟门店的网络覆盖，这对腾邦旅游未来的发展可以说是机会与挑战并存。

对此，腾邦旅游总经理史进补充道：“腾邦旅游的战术并非大而全，而是通过深耕一个目的地进行资源布局，比如俄罗斯这一目的地，我们通过参股航空公司切入，用一年的时间把这个单一目的地市场占有率做到20%～30%，用这样的节奏以点带面，确定一个是一个，做一个成一个。至于门店的扩张，瓶颈确实是有的，现在市场上很多门店都是大而不强，所以腾邦国际的机票资源、目的地资源所形成的产品资源，就能为门店赋能。”

3. 掌握旅游资源加速全面竞合

在腾邦国际的计划里，2018 年的目标是要服务 300 万出境人次，实现 100 亿元的营收。

在实现这个目标之前，腾邦国际还要兼顾来自行业竞争和投资人对于上市公司的盈利和利润诉求。

以出境游业务为例，低频且利润低是两大痛点，即使如众信、凯撒等老牌出境游服务商，净利润率也不过2%、3%，下一步如何在持续打造庄家目的地的过程中快速带动净利率的提升，是腾邦国际不得不回答的问题。

同时，在腾邦国际未来的计划里，出境游业务将会从亚太地区步步转移到欧美地区，未来多家出境游服务商，甚至是投资北美最大地接社的携程，将在同一目的地短兵相接。与占据了目的地地接资源的竞争对手相比，腾邦国际的包机业务优势和资源优势如何做强做大，亦是一大考验。

“腾邦国际的旅游业务虽然营收增长快，但目前还在寻找健康发展的途径。”霍灏表示，包括线下门店和 OTA 线下门店的竞争，“竞争并不可怕，我们摆正姿态去应对即可，目前腾邦国际主要还是着力于布局目的地资源，腾邦是一个生态圈，全产业的渠道是打通的，有了资源之后再通过分销渠道和金融支持去消化。”

对于泛旅游业未来发展的整体预判，霍灏认为，未来英语国家自由行的比例会上升，但跟团游无法被取代，用户出境游的消费场景会发生一些变化，更注重体验和生活方式，而境内游的大趋势将是全域旅游。

“无论是自由行、跟团游，还是入境游、出境游，旅游六要素资源的掌握都会成为核心竞争力，我们现在也在摸索更多的整合途径。”霍灏表示。

可以看到，腾邦国际已经摆脱票代定位，在做大做强机票销售的同时，也在向真正意义上的旅游运营商转型和发展。那么，接下来腾邦国际能不能演绎好“资源为王”的故事，还需继续保持关注。

资料来源：邹育敏．腾邦国际，做旅游业整合者［EB/OL］．（2018－07－31）．［2018－08－01］．http：//www.sino-manager. com/？ p＝89962.

分析与讨论：

（1）腾邦国际如何摆脱票代定位，成功演绎“资源为王”？简述其决策过程和主要依据。

（2）腾邦国际在并购决策时，主要考虑的关键要素有哪些？为什么？

创业资源

图书：《竞争战略》

作者：迈克尔·波特（Michael E. Porter，1947—　）是哈佛商学院的大学教授（大学教授，University Professor，是哈佛大学的最高荣誉，迈克尔·波特是该校历史上第四位获得此项殊荣的教授）。迈克尔·波特在世界管理思想界可谓是“活着的传奇”，他是当今全球第一战略权威，是商业管理界公认的“竞争战略之父”，在 2005 年世界管理思想家 50 强排行榜上，他位居第一。

资源介绍：本书创造了“五种力量分析”等竞争分析的基本工具，是管理理论方面的经典著作。作者迈克尔·波特作为哈佛商学院的教授和竞争战略方面公认的权威，他在该书中提出了行业结构分析模型，即“五种竞争力模型”。他认为这五种竞争力（行业现有的竞争状况、供应商的议价能力、客户的议价能力、替代产品或服务的威胁、新进入者的威胁）决定了企业的盈利能力。他还指出，企业战略的核心必须在于选择正确的行业，以及行业中最具有吸引力的竞争位置。

第三章 创业基本知识

每个人都想得到社会的认同，得到别人的尊重，都想展现自我价值，那么创业无疑是一条最好的道路。

——海尔集团 张瑞敏

导入案例

创业对我们的意义

当年我在美国的时候，认识一个买了一辈子彩票的老太太，当人家问她是否赢了，她说从来没赢过但是很喜欢它。确实，无论是创业者还是投资人，这种心态非常重要，这样我们的创业人生、投资人生才能有意义。

第一，金钱。很少有人旗帜鲜明地说我创业是为了创造财富，但创业就是要创造财富。2006 年新东方上市，老虎基金、纳斯达克的人问为什么要上市，大家说增资、发展、为了更加好地服务于公众。其实上市的一个简单的目标就是创造财富，但是很多创业者并不能正视这个问题。

第二，自我实现，自我实现是创业者最高境界的人生奋斗。在某种意义上，科研、协作本身就是一个创业，把某种东西从无到有做起来。自我实现，实际上就是马斯诺的五层论的最高层面，通过创业，无论你做的事情大小，几个人跟着你一起做，毫无疑问这是人生的最高境界。雷军曾跟我说过，这么多年参与了金山的创建，卓越网的创建，也卖给了亚马逊，做投资也做得很不错，但是心灵中依然有某种未曾满足的渴望，这个渴望其实就是自我实现。这种渴望，无论是已经刚刚毕业的大学生还是已经取得一定成绩的人士，想做一点事，成就一点事业，可以说是一模一样的。

第三，自由。所谓创业，一个人创造企业，无论是一个人、两个人还是一万、两万人的时候，你的世界里面你是最高的权威，你不听从于任何人，你做的事，按照自己的意愿，按照团队的利益，按照社会的价值在追求一种东西，这是创业的最高境界，也是这个时代创业的一个重要的探索价值。

国家的发展、中国的未来取决于政府的进步、改革开放，但是只有创业是国家鼓励、社会需要、个人能够参与中国伟大复兴的一个努力。据说中国已经复兴了62%，如果每一个人创业，在62%就增加到62.1%、62.2%。设想一下，如果中国没有那些民营企业，比如没有三大物联网，那中国可能只实现61%，如果多几个企业，再多几个新东方，可能就变成了62.5%，所以创业承载着伟大的社会责任。

在当今时代，当你具备了事业基础进行创业的时候，你就为推动中国进步做了重要贡献。我想这是中国的最大主题，所谓“国推民进”。这个时候的年轻人我们能够做的就是用我们的努力、智慧、才华、精力以及我们想追求财富、实现自我的这么一种最伟大的动力，来创造一个梦想，而这个梦想，我们就能够为中国的“国推民进”，为中国的市场经济、社会进步作出一些重要的贡献。所以创业绝不仅仅关乎个人，创业实际上就是社会的进步。

资料来源：徐小平．创业绝不仅仅关乎个人［EB/OL］．（2012－08－27）．［2018－06－08］．http：//edu.sina.com.cn/bschool/2012－08－27/1055353334.shtml？from＝mn_ xgbd.

第一节　创业基础知识

一、创业不仅仅是开公司

创业不仅意味着可以创造出更丰富的产品、服务，为我们自身和社会创造财富，还可以让创业者施展才能，实现自身价值和人生理想。我国《就业促进法》规定：“国家倡导劳动者树立正确的择业观念，提高就业能力和创业能力；鼓励劳动者自主创业、自谋职业。”创业的本质在于开拓新事业，但创业并不仅仅只是指创办新企业，因为创业有狭义和广义之分。

狭义的创业通常指“创建一个新企业的过程”。新创建一个企业一般需要符合以下几个方面的条件：企业的创办必须符合法定的程序；企业能够提供满足市场需求的产品和服务；新创企业需要确定适合于产品或服务的营销模式；新创企业需要一个创业团队，并能根据企业发展的需要进行有效的管理，包括技术管理、财务管理、营销管理和人力资源管理等。

广义的创业通常指“创造新的事业的过程”。换言之，所有创造新的事业的过程都是创业。无论是创建新企业、企业内部创业，还是在工作岗位上创造性地发挥自己的聪明才智，通过发现机会、整合资源实现自己的价值和抱负，都可以称为创业。所以从广义的角度去理解，创业既包括创立营利性组织，也包括创立非营利性组织；既包括运行政府设置的部门和机构，也包括运行非政府组织机构；既包括从事大型的事业，也包括从事小规模的个人或家庭事业。在一定意义上讲，人生就是创业的过程。

当前，我国进入了一个大众创业、万众创新的新时代，飞速发展的经济和不断宽松的商业环境，为创业者提供了前所未有的好机会。不管是继承创业、主动创业，抑或是“被创业”，越来越多的人正在积极地进行创业实践。

二、创业是人生路上最美的风景

选择创业，就是选择一种与众不同的生活方式。创业者，往往能领略到人生路上最美的风景。

（一）创业带来财务自由

工薪阶层的收入有高有低，但都是有限的，没有太多提升的空间。而摆脱这些烦恼的最佳途径就是，开创一份完全属于自己的事业，它提供的利润是没有极限的，可任你想象。根据统计资料，在美国福布斯富人榜前四百名富人中，有75%是第一代的创业者，在中国富豪榜中，以创业起家的也不在少数。

创业是制造财富、实现财务自由的最佳途径。创业不仅使创始人收获个人财富，还为社会带来大量就业岗位，是社会总体财富的增值。阿里巴巴上市，一夜涌现数百名千万富翁，就是股份流动、员工套现的结果。即便公司没有选择上市，很多创业者通过卖出公司便实现了财务自由。WhatsApp 被 Facebook 以 190 亿美元收购，这 190 亿美元落入 WhatsApp 仅 32 人团队的手中。一些最优秀的创业公司把握了时代，以非凡的产品和服务实现了垄断，他们通过盈利享受自己智慧的果实。

（二）创业彰显自我价值

许多上班族之所以感到厌倦，积极性不高，重要原因之一是给别人“打工”，个人的创意、想法往往得不到肯定，个人的才能无法充分发挥，愿望得不到实现，工作缺乏成就感，行事有诸多约束。而创业则完全可以摆脱原有的种种羁绊，摆脱在行为上受制于人的局面，充分施展自己的才华，发挥最大潜能，使自己的人生价值得到更好的体现。现实中，正是由于对理想的追求，和对自我价值实现的渴望，很多大学生走上了创业的道路。

一项针对中关村创业者的调查显示，创业者为了“实现自我价值”而创业的比例高达67.5%。在“实现自我价值”“遇到好的项目机会”前两大创业原因之外，“大公司内部发展限制”成为中关村创业者创业的第三大原因。“因大公司内部发展限制”而创业的，2014 年所占比例为31.8%，比2013 年的30%上升了大约两个百分点，这也从侧面印证了大公司离职创业升温、创新创业持续活跃的态势。

（三）创业缔造别样人生

中学阶段努力学习—高考时考个好成绩—进入一所好的大学深造—找一份体面的工作，这样的一种路径是大多数学生和家长的选择。无数事实也表明，这种路径是切实稳妥的，但当绝大多数人“遵照执行”时，总有一部分人作出了不同的人生选择。

就业，进入企事业单位，在自己的岗位上发挥自己的才干；创业，开创一番属于自己的事业，为更多的人提供就业的机会。每种选择都无可厚非，都值得尊重。今天的社会，为创业者提供了极好的发展空间，正是那些有志于开创一番事业的青年人大展拳脚的好时候。

创业的过程充满挑战和风险，同时也充满克服种种挑战的无穷乐趣。在创业过程中，可以感受到无穷的变化、挑战和机遇，这是一个令人兴奋的过程。创业者可以通过征服创业过程中的重重困难来丰富自己的人生体验。

三、创业者都是冒险家

创业的过程绝不可能是一帆风顺的，如果没有无与伦比的创业精神，是无法在激烈的竞争中胜出的。只有经得起环境考验的人，才算是真正的强者。创业过程中，一定存在压力和困难，重要的是你能不能以一颗坚强的心去面对。创业之路实际上很残酷，就如马云所说，“对所有创业者来说，永远告诉自己一句话：从创业的第一天起，你每天要面对的是困难和失败，而不是成功。我最困难的时候还没有到，但那一天一定会到。困难是不能躲避的，也不能让别人替你去扛，任何困难都必须你自己去面对。”

创业者在采取行动之前都冒着巨大的风险，有风险才有回报，风险越大，得到回报的机会也就越高。换言之，选择成为创业者，必然是勇敢的冒险家。盲目的冒险没有好结果。有 4 种方法，可以让你在冒险的时候走正确的路。

（一）不要害怕失败

失败是必需的，但是在我们还没有失败之前，绝对不要害怕失败。犯错在所难免，关键是我们如何看待失败。失败给我们制造了机会，让我们吸取教训，可以避免下一次失败。而且成功路上没有失败，那么成功的取得也变得没有意思了。与其说害怕失败，不如开心地面对失败，因为它能帮助你走向目标。

（二）不要惧怕成功

很多时候，不仅仅失败会把创业者吓跑，来自成功的压力也会让创业者感到恐惧。从小人们就教育我们成功来之不易，不是所有人都可以成功，成功也意味着更多的责任和义务。不少人因为这样或那样的原因，不愿意接受挑战，对出人头地感到害羞。但请注意，所有人都应该成功。

（三）不要被别人的质疑干扰

当你选择创业的时候，必定会有人对你的行为表示质疑，有时还会把你自己也绕进去。有些人的质疑只是单纯嫉妒，但更多的是他们做不到，他们也害怕。你最好先验证一下他们所言是否属实，再决定。但是绝对不要让质疑爬进自己的脑子里，不要让质疑的思想侵蚀你成功的欲望。

（四）计算风险

其实盲目冒风险的情况很少见，误打误撞的事也时有发生。就像做选择题，蒙对的概率也很大。但是如果你在作选择的时候多加思考，你选对的概率会更大，这跟创业是一个道理。创业确实有风险，但是仔细计算风险，并且合理地规避风险，出错的概率就会小很多。

四、欲成创业者，要练就十八般武艺

人是创业成功的第一要素，而创业者则发挥核心作用。创业活动是由创业者主导和组织的商业冒险活动。要成功创业，不仅需要创业者富有开创新事业的激情和冒险精神、面对挫折和失败的勇气与坚韧，以及各种优良的品质素养，还需要具备解决和处理创业活动中各种挑战与问题的知识及能力。

（一）创业的激情与创业意识

创业的激情所指的不是一时冲动，而是持久的追求与不懈的努力。创业需要百折不挠、坚持不懈的意志。创业是一个长期努力奋斗的过程，立竿见影、迅速见效的事是极少的。在创业方向目标确定后，创业者就要朝着既定的目标一步步迈进，纵有千难万险、迂回挫折，也不轻易改变、半途而废。保持创业的激情，是创业者成功的关键因素之一。

创新意识是创业者的一个重要素质，能在瞬息万变的市场环境中不断推陈出新是创业者生存的一个重要环节。许多创业者都是依靠在市场竞争中，不断推出新产品、新服务、新方法来获得企业生存与发展的空间，最终创业成功的。创新的方式与途径通常来源于创业者对产品服务的认识、开放式的思考、市场触觉和多样化的资料信息收集。

要想取得创业的成功，创业者必须具备自我实现、追求成功的强烈创业意识。强烈的创业意识，能帮助创业者克服创业道路上的各种艰难险阻，将创业目标作为自己的人生奋斗目标。创业的成功是思想上长期准备的结果，事业的成功总是属于有思想准备的人，也属于有创业意识的人。

（二）自信、自强、自主、自立的创业精神

（1）自信就是对自己充满信心。自信心能赋予人主动积极的人生态度和进取精神。不依赖、不等待。要成为一名成功的创业者，必须坚持信仰如一，拥有使命感和责任感；信念坚定，顽强拼搏，直到成功。信念是生命的力量，是创立事业之本，信念是创业的原动力。要相信自己有能力，有条件去开创自己未来的事业，相信自己能够主宰自己的命运，成为创业的成功者。

（2）自强就是在自信的基础上，不贪图眼前的利益，不依恋平淡的生活，敢于实践，不断增长自己各方面的能力与才干，勇于使自己成为生活与事业的强者。

（3）自主就是具有独立的人格，具有独立性思维能力，不受传统和世俗偏见的束缚，不受舆论和环境的影响，能自己选择自己的道路，善于设计和规划自己的未来，并采取相应的行动。自主还需要有远见、有敢为人先的胆略和实事求是的科学态度，能把握住自己的航向，直至达到成功的彼岸。

（4）自立就是凭自己的头脑和双手，凭借自己的智慧和才能，凭借自己的努力和奋斗，建立起自己生活和事业的基础。

（三）一定的创业知识素养

创业知识是进行创业的基本要素。创业需要专业技术知识、经营管理知识和综合性知识三类知识。创业实践证明，良好的知识结构对于成功创业具有决定性的作用，创业者不仅要具备必要的专业知识，更要掌握必备的现代科学、文学、艺术、哲学、伦理学、经济学、社会学、心理学、法学等综合性知识和管理科学知识。

（四）优秀的创业人格品质

创业人格品质是创业行为的原动力和精神内核。在创业人格品质中，使命责任、创新冒险、坚韧执着、正直诚信等这些品质与创业成败息息相关。创业是开创性的事业，尤其在困难和不利的情况下，人格品质魅力往往具有决定性的作用。

（1）使命责任。使命感和责任心是驱动创业者勇往直前的力量之源。成功的创业者具有高度的使命感和强烈的责任意识，创业活动是社会性活动，是各种利益相关者协同运作的系统。只有对自己、对家庭、对员工、对投资人、对顾客、对供应商，以及对社会拥有高度的使命感和负责精神的创业者，才可能赢得人们的信任、尊重和支持。

（2）创新冒险。创新是创业精神的核心要素，创新意识和冒险精神是进行创业的内在要求。创业机会的发现和创意的形成需要进行创造性思维，发挥创造力。同样，机会的发现、资源的整合、商业模式的设计更是创新能力的集中体现。创业的开创性需要有冒险精神，需要有胆略和胆识。同时，在创业实践中也要有风险意识，要注意冒险精神和风险意识的平衡，保持理性思维，降低风险损失。

（3）坚韧执着。创业是对人的意志力的挑战。面对险境、身处逆境能否坚持信念，承受压力，坚持到底常常决定创业的成败；最后的成功往往就在于再坚持一下的努力之中。

（4）正直诚信。正直诚信是创业者必备的品质，它体现了成功创业者的人格魅力：讲信誉，守诺言，言行一致，身体力行，胸襟广阔，厚人薄己，敢于承担责任，勇于自我否定，尊重人才，以人为本，倡导团队合作和学习，帮助团队成员获得成就感，坚持顾客价值、公司价值和社会价值的创造。具有良好口碑的人格魅力可以帮助创业者凝聚人心，鼓舞士气，赢得更多合作者的信任和支持。

（五）强烈的竞争意识

竞争是市场经济最重要的特征之一，是企业赖以生存和发展的基础，也是立足社会不可或缺的一种精神。人生即竞争，竞争本身就是提高，竞争的目的只有一个——取胜。随着我国社会主义市场经济从低级向高级发展，竞争越来越激烈。从小规模的分散竞争，发展到大集团集中竞争；从国内竞争发展到国际竞争；从单纯产品竞争，发展到综合实力的竞争。因此，创业者如果缺乏竞争意识，实际上就等于放弃了自己的生存权利。创业者只有敢于竞争，善于竞争，才能取得成功。创业者创业之初面临的是一个充满压力的市场，如果创业者缺乏竞争的心理准备，甚至害怕竞争，就只能是一事无成。

（六）良好的人际关系

在创业的道路上，人际关系具有重要的促进作用。良好的人际关系可以帮助创业者排除交流障碍，化解交往矛盾，降低工作难度，提高客户的信任度，从而提高办事效率，增加成功的机会。并且良好的人际关系还会有助于创业者在遇到困难时及时得到朋友的帮助。

（七）良好的创业心理品质

在市场经济中，机会与风险共存。只要创业，就必然会有风险，事业的范围和规模越大，伴随的风险也就越大。没有承担风险的意愿与能力，创业时就会缩手缩脚、裹足不前，创业的理想也就会成为空谈。愿意承担风险是创业者对事业追求的一种积极的心理状态。

创业是摸着石头过河，没有什么严格与统一的规范。创业者不可能凭借教科书的理论或他人的成功经验一蹴而就，而是需要在创业的过程中不断探索与实践，面对复杂的市场环境需要清醒的头脑与果断的决策。但是失误与挫折总是难以避免的，能够冷静面对挫折是创业者走向成功的重要条件。

创业之路，是充满艰险与曲折的。自主创业就等于是一个人去面对变化莫测的激烈竞争以及随时出现的需要迅速正确解决的问题和矛盾，这需要创业者具有非常强的心理调控能力，能够持续保持一种积极、沉稳的心态，即具有良好的创业心理品质。它是对创业者的创业实践过程中的心理和行为起调节作用的个性心理特征，它与人固有的气质、性格有密切的关系，主要体现在人的独立性、敢为性、坚韧性、克制性、适应性、合作性等方面，它反映了创业者的意志和情感。创业的成功在很大程度上取决于创业者的创业心理品质。正因为创业之路不会一帆风顺，所以，如果不具备良好的心理素质、坚韧的意志，一遇挫折就垂头丧气、一蹶不振，那么，在创业的道路上是走不远的。宋代大文豪苏轼说："古之成大事者，不唯有超世之才，亦必有坚韧不拔之志。"只有具有处变不惊的良好心理素质和愈挫愈强的顽强意志，才能在创业的道路上自强不息、竞争进取、顽强拼搏，才能从小到大、从无到有，闯出属于自己的一番事业。

（八）创业者的经营管理能力

当今市场经济社会中，小企业要生存、要发展，创业者必须具有良好的经营管理能力。俗话说"麻雀虽小，五脏俱全"，小企业虽小，但它也和大中型企业一样，天天与人、财、物打交道。如何把现有的人、财、物，通过管理，赚取最佳的效益；如何调动每一位雇员的积极性使之全力以赴为企业工作；如何使自己的产品或服务项目被社会认可，受用户欢迎，这些都需要通过创业者良好的经营管理来实现，需要依靠创业者所建立起来的高效的管理体系。

世界"钢铁大王"卡耐基生前曾说过："将我所有的工厂、设备、市场、资金全部夺去但只要保留我的组织和人员，四年以后，我将仍是一个钢铁大王。"由此可见经营管理体系和经营管理能力的重要性。

（九）创业者的专业技术能力

创业者是以自己的服务和产品为社会作贡献的，这需要以精通专业操作为基础。一个具有丰富经验和较高水平的经营管理者，如果不熟悉、不了解某一专业或职业的特殊性，就无法施展和发挥其经营管理的能力或综合能力。只有掌握了某一专业技术能力，才能对症下药，因事制宜，采取适当的经营管理方法。从这层意义上讲，专业技术能力是一种最基本的创业能力。

（十）创业者的综合性能力

在创业活动中，综合性能力是一种最高层次的能力，具有很强的综合性特征。主要包括：把握机遇的能力、信息的获取及加工处理能力、交往公关能力、创新能力等。这些特殊能力一旦与经营管理能力相结合，就从整体上全方位地影响和作用于创业实践活动，使创业实践活动的方式和效率发生显著的改变。

例如，在日本某店铺有一个店员，名叫岛村芳雄。一天，他在街上散步时，发现女性们除了手上拿着自己的皮包以外，还都提了一个纸袋，这是买东西时商店赠给她们装东西用的。他经过认真思索认为纸袋一定会流行起来，接着他又参观了做纸袋的工厂，工人非常繁忙。他毅然决定大干一番。你猜猜，他选择了什么，是纸袋加工？还是纸袋印刷？都不是。他想："将来纸袋一定会风行一时，做纸袋绳索生意是错不了的。"这样，他辞去了原来的店员工作，立即注册创立了一个小公司，开始了经营绳索的业务，靠着他那善于把握机遇、捕捉信息的能力以及良好的经营管理能力，他获得了成功，成为日本著名的企业家。

（十一）领导与决策的能力

创办一个企业，不仅需要处理大量的事务性问题，还要为企业建章立制，即便是只有一两个人的小店铺或家庭企业也不能例外。企业虽小，但面临的环境以及经营发展的变化却不小。因此，创业者还需要具备相当的领导与决策能力，能把企业的人员与业务安排得井井有条，并能及时处理所遇到的一切问题。

五、创业最好的时代

李克强总理最早在公开场合发出"大众创业、万众创新"的号召是2014年9月的夏季达沃斯论坛。当时他提出，要在960万平方公里土地上掀起"大众创业""草根创业"的新浪潮，形成"万众创新""人人创新"的新态势。此后，他在首届世界互联网大会、国务院常务会议和各种场合中频频阐释这一关键词。每到一地考察，他几乎都要与当地年轻的"创客"会面。他希望激发民族的创业精神和创新基因。

2015年李克强总理在政府工作报告又提出："大众创业，万众创新"。政府工作报告中如此表述："推动大众创业、万众创新，既可以扩大就业、增加居民收入，又有利于促进社会纵向流动和公平正义"。在论及创业创新文化时，强调"让人们在创造财富的过程中，更好地实现精神追求和自身价值"。

2015年2月10日，李克强邀请60余名外国专家举行座谈。关注中国"大众创业、万众创新"政策的诺贝尔经济学奖得主埃德蒙德·菲尔普斯提到，中国经济新引擎将带来"非物质性好处"。他说："如果大多数中国人，因为从事挑战性工作和创新事业获得成就感，而不是通过消费得到满足，结果一定会非常美好。"

创业创新是人类文明进步的不熄引擎，是植根于每个人心中具有顽强生命力的"种子"。推动发展，不仅要解放社会生产力，更要解放社会创造力。我国是世界上人口最多的国家，在近14亿勤劳智慧的中国人民中间，蕴藏着无穷的创造力。试想一下，如果近14亿人的创新创造潜能充分释放出来，那将给经济社会发展带来什么样的变化。

当今世界，新一轮科技革命和产业变革浪潮席卷而来。信息、能源、材料、医药、环保等领域技术不断取得激动人心的突破，催生了新的制造模式和商业模式，也催动着一场全人类走向智能生产、绿色生活的新迁徙，其中蕴含的诸多革命性变化，将对国家竞争力和世界经济政治格局产生重大深远的影响。顺应这一潮流，我们只有加快创新和建设创新型国家，才能扎实推进经济转型升级和提质增效，抢占国际竞争的战略制高点。

党的十八大以来，中央以简政放权为突破口，推动经济转型、释放社会活力，社会投资和创业创新热情迸发。2014年，全国新注册企业在2013年大幅增长的基础上又新增加了1 200多万户，其中首次参与投资创业的自然人多达291万人。在此背景下，以信息网络技术为支撑的“创客”更是如同雨后春笋，迅速成长。一大批热衷于创意、设计、网络的年轻人，紧跟数字技术改造传统制造的潮流，用自己的“桌面工厂”生产出一大批令人目不暇接、惊叹不已却又接地气、有市场的新型产品，颠覆着传统的制造和消费模式，乃至产业布局和投融资方式。目前，北京已形成亚洲规模最大的“创客空间”，深圳的华强北已被视为“创客圣地”。韩国《中央日报》在 2013 年 3 月刊文称，2012 年中国新的风险创业者是韩国的 100 倍，吸引的创业基金是其 15 倍以上，中国的“创客风潮”已成为韩国一大威胁。这是否危言耸听姑且不论，但中华大地涌动的“创客风潮”显然加速推开了互联网与制造业融合发展的新工业革命大门，正在引领着大众创业、万众创新时代的到来。

从发展阶段看，现在我国经济发展进入新常态，传统增长动力在减弱，资源环境约束在加剧，要素成本越来越高，必须走转变发展方式、提质增效升级之路。中国要在世界新技术革命和产业变革的新格局中占据主动，必须靠创新。世界上资源有限，而人的潜力无穷，这就是更大范围、更高水平的大众创业、万众创新。

从时代趋势看，中华大地正在兴起新的创业创新热潮，出现了以大学生等 90 后年轻创业者、大企业高管及连续创业者、科技人员创业者、留学归国创业者为代表的创业“新四军”，草根创新、蓝领创新、创客、众创空间等新的形式层出不穷。创业创新正在成为一种价值导向、一种生活方式、一种时代气息。从客观条件看，人们消费需求多层次、多样化，需要更多地解决日常生产生活难题、形成新产业新业态的产品和服务。

这是一个鼓励创业、呼唤创新的时代。特别是在中央提出的“大众创业、万众创新”的政策指引下，越来越多的企业在创新中谋转型，越来越多的人变身创客走上了创业之路。这是时代潮流。

2015 年 6 月，国务院印发《关于大力推进大众创业万众创新若干政策措施的意见》（以下简称《意见》），这是推动大众创业、万众创新的系统性、普惠性政策文件。

《意见》指出，推进大众创业、万众创新，是发展的动力之源，也是富民之道、公平之计、强国之策，对于推动经济结构调整、打造发展新引擎、增强发展新动力、走创新驱动发展道路具有重要意义，是稳增长、扩就业、激发亿万群众智慧和创造力，促进社会纵向流动、公平正义的重大举措。

《意见》从 9 大领域 30 个方面明确了 96 条政策措施。一是创新体制机制，实现创业便利化；二是优化财税政策，强化创业扶持；三是搞活金融市场，实现便捷融资；四是扩大创业投资，支持创业起步成长；五是发展创业服务，构建创业生态；六是建设创业创新平台，增强支撑作用；七是激发创造活力，发展创新型创业；八是拓展城乡创业渠道，实现创业带动就业；九是加强统筹协调，完善协同机制。

第二节　创新思维训练

一、伟大创业者的特质

问题：搜集创业者的创业故事，感受伟大的创业者具备哪些共同的特质。

参考观点：

特质一：不屈不挠。

创业是一场距离超长的马拉松赛，充满了不确定性，只有排除艰难险阻才能取得最后的胜利。创业者不会因为比别人有更好的机会而赢得市场，也躲不过一些不可避免的错误。不屈不挠是创业最重要的品质。许多人创业都会遭遇到许多次失败，甚至每周都会遇到好几次。当失败发生时，就要重新开始。

特质二：激情。

可能有些人会下意识地认为钱是成功创业者创业的动力，但实际上绝大多数创业者创业是出于他们对新产品、新服务的热情，或抓住了一些解决难题的机遇。他们这样做不仅可以让消费者买到物美价廉的产品，还能让人们过上更加舒适、安逸的生活。大多数创业者都有一种改变世界的信念。激情是支持创业者的内在驱动力，它也是让创业者愿意不断付出的基础。

特质三：能承受不确定性。

这种经典的特质如果用通俗的话来说，就是对风险的承受能力——能够承受不确定性带来的恐惧，并且能够承受潜在的失败。对恐惧的控制能力也是一项最重要的创业者特质。在恐惧中你可以选择放弃，也可以战胜它继续前行。

特质四：远见。

有预测未知机遇的能力，同时也能预测他人不能预知的事情，这是创业者必备的特质之一。创业者的好奇心会帮助他们辨识出一些被忽略的市场机遇，这种好奇心会使其走在创新和一些新兴领域的前列。创业者能想象出另一个世界，把自己的远见有效地转化为一种切实可行的业务，随之就会吸引到投资人、客户和员工。创业者会碰到许多唱反调的人，为什么？因为创业者看到的未来和他们不一样，在未来还没有呈现之前创业者就已经预见到了。

特质五：自信。

自信也是创业者的关键特质。创业者必须坚信自己的产品是全世界需要的，发现市场机遇然后开拓新市场，在创业的过程中还要不断推翻现有的、普遍认可的东西。研究者将这种特质称为一种源自特殊使命的自信。有了这种信念，就算世界充满风险，创业者也可以做好充分的调查，有足够的信心完成任务，并把风险减到最小。

特质六：灵活性。

实际上，创业的生存规则也像生命物种一样，都是建立在适应周围环境的基础上的。公司最终推出的产品或服务很可能不是你最初的计划。因此，灵活性会有助于创业者适应市场环境，应对大众多变的喜好。创业者必须心甘情愿地忠于自己，告诉自己“这是不可以的”，必须围绕着市场的变化进行调整。

特质七：打破常规。

创业者存在的意义之一即否定已有传统智慧。实际上，简单来说，创业就是打破常规。据柏森商学院的一项报告显示，只有13%的美国人最终可以进入创业者的行列中。做别人没有做过的事情，是创业者的一种天性，也是他们内在动力的源泉。

二、创业与就业

问题：填写表3－1，体会大学生创业与就业的差别。

表3－1　大学生创业与就业的差别

项目	创业	就业
担当的角色		
要求的技能		
收益与风险		
成功依赖的因素		

参考观点：

所谓大学生创业，是指大学生在学习期间创办事业或毕业后不选择就业而直接成立公司创业，是大学生主动参与社会竞争的一种尝试。

大学生创业的方式主要表现为，大学生利用自己的知识和技能，以自筹资金、技术入股、寻求合作等方式创办企业，面向市场、面向社会，为社会创造价值的同时，使自己的价值得到充分体现。

就业与创业，是大学生选择出路的两种完全不同的方式，主要有以下几个方面的差别。

（一）担当的角色差异

两者在企业中的地位、肩负的责任和使命均有较大差异。创业者通常处于新创企业的高层，在企业实体的创建过程中，创业者始终是负责人，始终参与其中；而就业者通常处于中低层，到达高层需要一个过程，也不需要对企业的成长负责，只需要做好本职工作就可以了。

（二）要求的技能差异

创业者通常身兼多职，既要有战略眼光，也要有具体的经营技能，从而要求其具备相当全面的知识和技能；就业者通常具备一项专业技能即可开展自己的工作。

（三）收益与风险差异

就业的主要投入是数年的教育成本，而创业除了教育成本外，还包括前期准备中投入的人力、物力和资金成本。一旦失败，就业者并不会丧失教育成本，但创业者会损失在创业前期投入的几乎一切成本；而一旦成功，就业者只能获得约定的工资、奖金及少量的利润，创业者则会获得大多数经营利润，其数额理论上没有上限。

（四）成功依赖因素的差异

就业很大程度上依靠企业实体，但创业更多地要考虑自身的经验、学识与财力，以及各种需求和各种资源占有等条件。

在人力资源管理中，有职业生涯规划的相关理论。该理论主要阐述的是，如果所选择的行业和工作，与个人性格、兴趣、特长相匹配，会比较容易获得成功。创业做老板也是一样，如果具有以下个性，而且也并不打算花大力量去改变它，那么就不适合自己创业做老板。

第一，想到自己要管理别人，就会感觉到紧张和胆怯；第二，喜欢保持现状和一切顺其自然；第三，总认为自己是个很稳重的人，对某种生意没有十分把握，绝对不去尝试；第四，除非事先有一个周密的计划，否则不会贸然行动；第五，热情来得快，去得也快，做事没恒心，常常凭自己的兴趣去工作。但具有类似个性特征者也不必灰心，如果着手改变，一切都有希望。要知道展现创业的才能，有很多种形式，即使不能自己创办并带领一个企业，还可以通过与人合作，来弥补自己的弱项，同样也可以成为创业者。

第三节　创业技能训练

（一）技能训练一　创业选择的 SWOT 分析

利用 SWOT（Strengts Weaknesses Opportunities Threas）分析方法，对自己做 SWOT 分析，分析自己创业选择的优势与劣势，并给出相应的策略与应对办法。

（二）技能训练二　创业者的神话

某些创业神话总是一再地得到人们的关注和青睐。但这里有一个问题：普遍规律虽然对某些特定类型的创业者和情况适用，但创始人的多样性却向普遍规律提出了挑战。

你相信下面这些“神话”吗？搜集一些创业者的案例，证明或否定这些神话。

神话 1——创业者无法塑造，而是天生的。

现实情况——即使创业者天生就具备了特定的才智、创造力和充沛的精力，这些品质本身也只不过是未被塑形的泥巴和未经涂抹的画布。创业者是通过多年积累相关的技术、技能、经历和关系网后才被塑造成功的，这当中包含着许多自我发展历程。具有至少 10 年或 10 年以上的商业经验，才能识别出各种商业行为，并获得创造性的预见能力和捕捉商机的能力。

神话 2——任何人都能创建企业。

现实情况——创业者如果识别得出思路和商机之间的区别，思路开阔，他们创办企业成功的机会就比较大。即使运气在成功中很重要，充分的准备仍是必要条件。创办还只是最简单的一部分，更困难的是要生存下来并持久经营，并把企业发展成最终可以使创办者喜获丰收的企业。在能够存活 10 年以上的新企业中，每 10 ~ 20 家中大约只有 1 家最后可以给创办人带来资本收益。

神话 3——创业者是赌博者。

现实情况——成功的创业者会预期风险，小心翼翼。在有选择的情况下，他们通过让别人一起分担风险、避免或最小化风险来左右成功优势的倾斜方向。他们常常把风险分割成可接受、可消化的小块；那时，他们才肯付出时间和资源，看哪部分的风险—收益划得来。他们不会故意承担更多的风险，不会承担不必要的风险，当风险不可避免时，也不会胆怯地退缩。

神话 4——创业者喜欢单枪匹马。

现实情况——想要完全拥有整个公司的所有权和控制权，只会限制企业的成长。单个创业者通常只能达到维持生计。想单枪匹马地发展一家高潜力的企业是极其困难的。高潜力的创业者会组建起自己的团队、自己的组织，然后是自己的公司。

神话 5——创业者是他们自己的老板，他们完全独立。

现实情况——创业者离完全独立相差很远，他们需要为很多主人和赞助者服务，其中包括合伙人、投资者、顾客、供应商、债权人、雇员、家庭以及其他社会和社区义务的相关方。但是，创业者可以自由选择是否、何时以及做些什么以对他们作出响应。而且，要单枪匹马地获得超过 100 万 ~ 200 万美元的销售额是极其困难的，可以说，几乎是不可能的。

神话 6——创业者比大公司里的经理工作时间更长，工作更努力。

没有证据证明，所有创业者都比公司里与他们地位相当的人工作得更多。有一些可能是工作得多一些，而有些则不是。事实上，一些研究报告说，他们工作得更少。

神话 7——创业者承受更多的压力，付出更多。

现实情况——做一个创业者是有压力的、是辛苦的，这一点毫无疑问。但是没有证据证明，创业者比其他的无数高要求的专业职位承受更大的压力，而且创业者对他们的工作往往非常满意。他们有很高的成就感，他们更健康，而且不太容易像那些为别人工作的人那样轻易退休。创业者中说自己“永远也不想退休”的人是公司经理的 3 倍。

神话 8——创立公司是冒风险的事情，而且到头来通常是以失败告终。

现实情况——有才能、有经验的创业者——因为他们追逐的是有吸引力的商机，而且能够吸引到使企业顺利运作的合适人才、必要资金及其他资源，所以他们带领的往往是成功的企业。即使企业失败了，并不能说创业者也失败了。失败常常是对创业者的学习经验和技能淬火的过程。

神话 9——钱是创立企业最重要的组成要素。

现实情况——如果其他的资源和才能已经存在，钱自然随之而来；但是如果创业者有了足够的钱，成功却不一定会随之而来。钱是新企业成功因素中最不重要的一项。钱对于创业者而言就像是颜料和画笔对于画家那样，它是没有生命的工具，只有被适当的手所掌握，才能创造奇迹。钱同样只是保持得分的一种方式，其本身并不是最终归宿。创业者因为乐于体验追求创业带来的兴奋而获得自身的成长和成功；事情总是这样，当一个创业者赚了几百万甚至更多时，他还是会无止境地工作，憧憬着创建另一家公司。

神话 10——创业者必须年轻并且精力充沛。

现实情况——这些特征虽然会对成功有帮助，但年龄绝不是障碍。创立高潜力企业的创业者其平均年龄是 35 岁左右，六十几岁才开始创办企业的创业者也为数甚多，关键是要掌握相关的技术、经验、关系网，它们非常有助于识别和捕捉商机。

神话 11——万能的金钱是创业者唯一的驱动因素。

现实情况——追求高潜力企业的创业者更多是被创建企业、实现长期的资本收益所驱动，而不是为高额薪水、奖金这样立即可以获得的报酬。个人的成就感、对自己命运的把握、实现他们的期望和梦想也是强有力的动机。金钱只是保持得分的工具和方式。

神话 12——创业者追求权力，喜欢控制别人。

现实情况——成功创业者的驱动力量来自对责任、成就和结果的追求，而不是为了权力本身。他们因获得的成就和超越竞争对手而显得生机盎然，而不是为了满足主宰和控制他人的个人权力欲。由于他们的成就，他们可能变得有权力、有影响力，但这些只是创业过程的副产品，而不是隐藏其后的驱动力。

神话 13——如果创业者是有能力的，只需 1 ~2 年，他们就会成功。

现实情况——风险投资家有一句古老的格言：柠檬只要两年半就成熟了，但珍珠需要 7 ~8 年才能孕育成功。几乎没有一家新企业可以在少于 3 ~4 年的时间里打牢基础。

创业实践

参加创业者经验分享沙龙活动

根据学校情况，积极参加创业者经验分享的讲座、沙龙活动。在参加活动过程中，注意理解创业者对于企业创立与发展的有关感悟，还可以重点询问创业者关心的问题，以获得直接的经验信息。

案例分析与讨论

宁帅豪：O2O 卖水果

如今，在 O2O（线上到线下）商业模式的席卷下，“手机、电脑下单，在家收货”成为越来越多市民购买水果的首选。北京财贸职业学院毕业的大学生宁帅豪也和同伴一起加入了“O2O 卖水果”的创业大军。他们创办的电商平台“果乐乐”，通过网站和微信公众号接受订单，每天的营业额最高超过千元。在激烈的市场竞争中，这群羽翼未丰的大学生创业者遇到了巨大的挑战。宁帅豪说，他们会尽全力坚持自己的梦想——把水果“卖”到纳斯达克。

1. 追逐创业梦

宁帅豪从高中开始就“不务正业”涉足商业，那时候某品牌的智能手机正在流行。不少中学生都渴望拥有一部手机，但又苦于囊中羞涩。宁帅豪瞅准商机，联系省城的大批发商，批量进货，以远低于当地销售商的价格把手机卖给自己的同学。赚到一万多元，成为他人生的第一桶金。

上大学后，宁帅豪的能力得到了充分展现。大一时他创办了创业社团——大学生创业就业协会。三年间，协会从一个人发展到最多两百多人，还作为北京唯一的专科院校代表参加了北京高校创业型组织峰会。带领着协会里的同学，宁帅豪把商业实践发挥得淋漓尽致。愚人节，他们组织了假面舞会，出售门票、酒水；又用所得收入向学校的春季运动会赞助了 1 000 瓶矿泉水，免费供同学饮用。此举令协会全校闻名。

2. 起航创业早

2013 年年初，微信公众号刚刚开始流行。宁帅豪注册了一个公众号，命名为“北小财”，开始提供校内外商家的打折促销信息。这个类似 O2O 的雏形，得到了同学的追捧，公众号粉丝人数突破了 1 000 人，占到了当时宁帅豪所在分校区全校人数的六成以上。

这一年的暑假，宁帅豪和同学搬回了校本部。陌生的周围环境让他起初颇不适应，不知道哪里可以聚餐、购物。这时他突然意识到商机来临，“我不知道、同学也不知道，何不制作一个 APP 软件，打造一个吃喝玩乐的平台？”他很快找到了附近另一所大学软件专业的学生，寻求技术上的支持。

一番讨论下来，对方给宁帅豪泼了一盆冷水。做一个好的 APP 软件，前期投入的费用就得好几万，一旦定位不准，很容易血本无归。这时宁帅豪才意识到市面上那些五花八门的 APP 软件，其实都是靠风险投资在支撑。他暗下决心，也要找到风投。

宁帅豪给这个吃喝玩乐的平台做了详细的商业计划书，计划书将水果作为销售内容。他们的方案很快获得了投资人的青睐。一位投资人给予了20万元的风险投资，另一位投资人则答应提供网站、微信公众号销售的技术支持。

2014年7月，宁帅豪和伙伴们创立北京创锐时光信息科技有限公司，并入驻中关村创业大厦。公司旗下建立了生鲜电商平台“果乐乐”，该平台基于网站、微信公众号，为用户提供鲜果当天下单、当天送达服务。

3. 艰辛创业路

“果乐乐”最先进入的高校是对外经济贸易大学。宁帅豪找到了靠近学生宿舍楼的水果店，和老板谈判后商定：学生下单付账，平台向水果店派单，水果店送货至宿舍楼下，学生收货，水果店获得货款和提成。

这一模式的好处是送货时间飞快，通常学生下单后一个小时内就能收到水果。但问题也很快出现，由于水果是由水果店采购，“果乐乐”无法控制其品质和价格，一些反映水果质量的投诉开始出现。宁帅豪和伙伴意识到这一问题后立即对营销模式进行了纠正，改为自营采购、自主送货。这样一来，虽然学生客户的收货时间从一个小时延长为“当天内”，但水果的品质大大提高。

为了保证水果有最低的价格、最优的品质，宁帅豪和伙伴跑遍了当地多家水果批发市场，一样样品尝，从西瓜到榴莲，从苹果到杨桃，从捂着嘴吃完了吐，到最后吃出了经验。在他们的努力下，“果乐乐”逐渐在高校站稳了脚跟。除了对外经贸大学，“果乐乐”还进入了中国农业大学、北京航空航天大学等高校，受到师生的普遍好评。生意最好时，平台每天收获超过300份订单，营业收入上千元。

“果乐乐”在高校的发展很快引来了竞争对手的关注。去年下半年，各路风险投资人纷纷选择进入高校水果、零副食销售领域，一些APP软件应运而生。与那些APP软件相比，“果乐乐”的资金实力完全不在一个档次，他们只有20万元的风投支持，对手的风投资金则是数百万甚至千万元。

价格战很快打响。之前宁帅豪和伙伴们通过精耕市场，少量进货快速销售，水果的平均价格能比水果店便宜20%～30%，但是“果乐乐”的竞争对手直接打出了“买一斤送一斤”的招牌，竞争最激烈时甚至是“买一斤送两斤”。“这样的价格战我们实在耗不起。”宁帅豪说，去年下半年是他从高中有创业行动以来最艰难的一段时光，“每天晚上都睡不着，盘算着自己的资金还剩多少，还能撑多久。”

除了深陷“价格战”。宁帅豪还发现自己的“果乐乐”品牌在被一家大型果蔬物流企业使用。虽然宁帅豪之前已经申请了商标专利，但是当他上门试图和这家企业的负责人进行沟通时，“财大气粗”的对方似乎并未把这个大学生创业团队放在眼里，宁帅豪甚至都没有见到具体负责的人。

4. 执着创业心

为了节省成本，“果乐乐”在2015年初关闭了校园送货点，改为专攻大型居民社区，送货方式也从上门送货改为小区自提。既保证了水果的新鲜，又降低了企业的物流成本。

如今，宁帅豪和创业伙伴们每天都会驾驶着一辆金杯面包车去批发市场进水果，然后根据互联网以及微信公众号上的订单情况进行送货。一有闲暇，他就会钻研市场行情的最新变化，及时判断调整销售思路。

目前，一大批百万元级别风投的水果销售项目都已经死了，但“果乐乐”还活着。宁帅豪坦言，现在明白了创业不是小打小闹，除了靠谱的项目之外，必须具备极其强大的抗压能力、永不放弃的精神以及缜密的分析判断能力，加上良好的团队支持，以及有一些好的运气，才有可能不断向前发展。

在创业之初，宁帅豪的梦想是把水果“卖”到美国的纳斯达克股市。现在他仍然说自己不忘初心。即使是重新回到起点，从一家小水果店起步，自己也会全力坚持走下去。他说，无论创业的过程如何艰辛，无论项目最终能否走向纳斯达克，创业者永远都在痛中快乐前行。

资料来源：张航. 大学生创业：微信接单卖水果 目标是纳斯达克［N/OL］.（2015－08－27）.［2018－06－08］. http://www.chinanews.com/gn/2015/08－27/7493133.shtml.

分析与讨论：

（1）为什么“一大批百万元级别风投的水果销售项目都已经死了，但‘果乐乐’还活着。”？

（2）如何才能实现宁帅豪的梦想，把水果“卖”到美国的纳斯达克股市？

创业资源

大学生创业基础精品示范课程

视频课程：《大学生创业基础》精品示范课程 http：//cyvideo. cydedu. com/v1/play - 1 - 1. html.

资源介绍：中创教育独家录制的精品示范课程，内容包括创业基本认知、创业团队组建与管理、创业机会识别与评估、创业资源整合、商业模式开发与评价、新企业开办与计划制订六部分。

第四章 创新与设计思维

可持续竞争的唯一优势来自超越竞争对手的创新能力。

——美国管理顾问 詹姆斯·莫尔斯

导入案例

案例一 王健林的"首富成功学"：创新、胆子大、敢闯敢试

"哈佛耶鲁不如敢闯敢干""清华北大不如胆子大"，从哈佛大学的演讲台到中欧国际工商学院的演讲台，王健林一再重复这样的句子。

"王健林成功学"里，"创新，胆子大，敢闯敢试"排名第一，这是他的人生信条和价值观中最重要的一部分。

26 年前，34 岁的大连市西岗区人民政府办公室主任王健林接手万达集团的前身——大连市西岗区住宅开发公司，这份闯劲为今天的万达商业帝国拉开了序幕。

他说自己不唯上、不唯书、不唯外国，怎么敢想就怎么敢做，"这是最重要的，没有这一点可能什么事都不行"。

光有胆量还不够，还要有坚持精神。王健林说，所有的创新都会面临失败，都会有完善的过程，很多人经过一次或者几次失败就放弃了，只有执着地坚持最终才能取得成功。

在王健林看来，中国现在缺生产资料等很多要素，但最缺的是企业家。而对于中国大学生的创业率，他显得忧心忡忡：“不到1%，是世界平均水平的十几分之一。而美国大学生有30%多，全世界平均百分之十几。这么低的创业率怎么可能出企业家？怎么可能成就梦想？”

王健林想告诉现在的年轻人，光有梦想不够，还要勇敢地迈出创业第一步，正如他经常提到的一句话，“清华北大不如胆子大”，“你如果去试了，也许一半成功一半失败，但不试成功的机会是零”。

资料来源：李蕾．王健林的“首富成功学”：创新胆子大敢闯敢试［N/OL］．（2014－04－24）．［2018－06－08］．http：//money.163.com/14/0424/02/9QIHJJSR00253B0H.html.

案例二 爱因斯坦靠什么实现人生逆袭

“我们探测到了引力波。我们做到了。”2016年2月11日，美国“激光干涉引力波天文台”（LIGO）执行主任戴维·赖茨在华盛顿举行的记者会上宣布。接下来，是长久的欢呼声、掌声和泪水……科学家欣喜若狂，“科学粉丝”手舞足蹈，各大网上科技论坛等一片沸腾。

爱因斯坦又对了：科学家发现引力波，人类终于听到“宇宙的声音”！这是在爱因斯坦提出引力波的预言百年之后，美国科学家宣布，人类首次直接探测到了引力波。

阿尔伯特-爱因斯坦是一个拥有奇思妙想，为物理学带来革命性发展，同时又擅长小提琴演奏的科学怪才，发明过冰箱，有希望担任以色列总统，大家也都知道他是通过一个又一个巧妙的思维实验最终得出那些惊人的理论。然而，爱因斯坦在孩童时期，学习进度非常慢，而且他学说话也很迟。爱因斯坦曾经高考失利，复读了一年。爱因斯坦的记忆力出了名的糟糕，他记不清人名、日期和电话号码。

研究表明，爱因斯坦取得的伟大成就，在很大程度上依赖于他独特的思维方式。纵观其思维方式，大体表现出美学思维、直觉思维、辩证思维，以及逻辑简单性原则这四个特点。

（1）美学思维是爱因斯坦科学发现的内在动力。爱因斯坦认为，科学的目的就是追求宇宙的和谐。这种美学思维方式体现了爱因斯坦的唯物主义自然观。他一方面承认科学内容具有客观性——美的规律。认为自然界存在于人的意识之外，同时，也强调人在其意识的支配下通过科学来发现和揭示大自然的奥秘与美的规律，并按美的规律改造自然，造福于人类。爱因斯坦从事的科学研究的目的也正在于此。

（2）直觉思维是爱因斯坦科学发现的基本途径。直觉思维是直接领悟的思维，是人脑对于突然出现在面前的新事物、新现象、新问题及其关系的一种迅速识别，敏锐而深入的洞察，直接的本质理解和综合的整体判断。他提出了科学的发展主要是通过思维自由创造概念的途径实现的命题。1918年，爱因斯坦在柏林举办的物理学会和麦克斯·普朗克六十岁生日庆祝会上的发言中谈到，物理学家的最高使命是要得到那些普遍的基本定律，而“要通向这些定律，并没有逻辑的道路，只有通过那种对经验的共鸣的理解为依据的直觉，才能得到这些定律。”

（3）辩证思维是爱因斯坦科学发现的主要方法。爱因斯坦是具有辩证思想的科学家。没有辩证思维，就不会有相对论和量子论的科学发现。狭义相对论关于时间和空间的观点，广义相对论中关于时空与场的观点，量子论中关于能量与质量的观点，都体现了爱因斯坦的辩证思维方式。

（4）逻辑简单性原则是爱因斯坦科学发现的理论依据。爱因斯坦对逻辑简单性原则曾做过科学解释。他认为，所谓的逻辑简单性，并不是指学生在领会这种体系时困难最少，而是指这个体系所包含的彼此独立的公理、假设或概念最少。

可以说，爱因斯坦主要靠创造性思维，成功实现了人生的逆袭！创造性思维是一种积极的心态，凡成大事者都有超出常人的创造性思维。在残酷的竞争面前，创造性思维会给当事人带来生机和活力。我们必须要保持一种创新思维，用新思维突破常规观念，超越自己的过去，才能立于不败之地。

案例三　比尔·盖茨的创新秘诀如此简单

比尔·盖茨大家都知道的，他的 Windows，Office 等都不是自己创造，而是改良出来的，所以说比尔·盖茨是个改良天才。

很多成功人士的辉煌成就都不是基于创造，而是巧妙借用了别人的成功智慧。

很多人的成功并不是因为遇到了千载难逢的机会，而是聪明地利用了自己身边的好机会。

据研究表明，61 项创新发明，只有 16 项来自大公司发明，而大部分都是来自普普通通的平凡人。

可是现今很多人都忽视了身边的机会。

在这个新的时代，财富来自创新，不是把已知的东西做得完美就能赚钱，而是要能改良别人还不知道的部分。

比如：索尼走的是创造路线，松下走的就是模仿路线，松下模仿索尼的产品进行改良发展。

一定要记住：创新 = 复制 + 改良。自己去想会很累的，改良别人就会容易得多。

资料来源：徐万通．比尔·盖茨，李嘉诚，松下等伟人的创新秘诀如此简单 [EB/OL]．(2017-03-31)．[2018-06-08]．http：//www. sohu. com/a/131251118_ 652045.

第一节　创新与设计思维基础知识

一、创新就是打破思维的禁锢

有这样一道测试题：一位公安局局长在茶馆里与一位老头下棋。正下到难分难解之时，跑来了一位小孩，小孩着急地对公安局局长说：“你爸爸和我爸爸吵起来了。”老头问：“这孩子是你的什么人？”公安局局长答道：“是我的儿子。”

请问：这两个吵架的人与公安局局长是什么关系？

据说有人曾将这题对 100 人进行了测验，结果只有两人答对。你是不是已经从婚姻、抚养和血缘等角度开始推测他们之间的关系，感觉是不是很复杂？

其实答案很简单：公安局局长是女的，吵架的一个是她的丈夫即小孩的爸爸；另一个是她的爸爸即小孩的外公。为什么我们刚才把他们之间的关系想得很复杂呢？因为“公安局长”“茶馆”“与老头下棋”这些描述，使我们从以往的经验判断出发，为公安局局长预先设定一个男性身份，这样就把简单的问题想得复杂了。这种预先设定的心理状态和惯性的思维活动就是思维定式。人们根据以往的知识和经验积累，逐渐形成一种判断事物的思维习惯和固定倾向，从而形成“思维定式”。

其次，“创新思维”这个叛逆的小孩，天生就不服“思维定式”妈妈的管教，时刻想挣脱她的束缚远走高飞，因而“创新思维”和“思维定式”又是一对生死冤家和宿敌。创新思维需要打破常规，而思维定式是一种固定的思维模式和思考习惯，常常对形成创新思维产生消极的作用。

思维定式可能都是在过去某一阶段的经验总结，是经过成功的经验或失败的教训验证的“正确思维”。但是当事物的内外环境变化时，仍然固守“正确的”定式思维却行不通了，甚至要吃大亏。

可见，不突破思维定式，就只能被原有的框架所束缚，就不可能激发出创新思维和取得新的成功。

怎样才能克服习惯性思维对创新的影响呢？主要有以下四种方法。

（一）排除“以往经验”的束缚

人们在日常的生活、学习和工作中，随着时间的推移会积累很多经验。凭借这些过去的经验，就可以轻松地解决一些问题。凭经验办事已成为人们处理问题时的一个习惯。这个习惯对从事创造活动的人来说是不利的。因为该习惯使人的大脑一遇到以往经历过的事情，就会处于一种“有经验可循，不必多思”的僵化状态，使人在问题面前思路闭塞、束手无策、难得其解。

例如水的表面张力能浮起一根缝衣针这个实验，如果思路被经验束缚住就很难成功。经验告诉我们做实验时应尽可能地把针轻轻地放在水面上。但是想方设法借助各种工具来操作时，稍不留心，针还是沉下去了。然而，思路若能摆脱经验的束缚，想到先把水冻成冰，把针放在冰上，再让冰慢慢地融化，这样问题就很容易解决了，这个例子说明以往的经验有时会阻碍解决问题的思路。

问题不仅如此，凭以往的经验办事，有时甚至会导致错误的产生。因为有些经验在某种情况下，实际成了一种假象，它在我们的心理上形成了一个“盲点”，使我们对事物产生错误判断。例如，由于发现青霉素而获得 1945 年诺贝尔医学奖的英国细菌学家弗莱明，他之所以成功就是因为研究事物能摆脱经验的束缚，把熟悉的事物有意识地看作是陌生的，并不轻易放过它。他在 1928 年研究各种葡萄球菌变种时，在实验桌上留置了一些培养皿，以备不时检查，由于时不时地打开盖子，培养液不免被空气中的微生物所污染。有一天，他突然发现在培养皿边沿生长了一堆奇特的霉菌，在这堆霉菌的周围，葡萄球菌不仅不能生长，而且离它较远的葡萄球菌也被溶解了。对于这一很容易凭经验被认为是污染引起的一般现象，弗莱明却给以应有的重视，他摆脱了经验的束缚，认为它可能是不同于一般污染的特殊现象，继而深入细致地研究，结果发现了青霉素，为人类作出了伟大贡献。然而，早在弗莱明以前，日本科学家古在由直在实验室里也同样观察到了葡萄球菌被污染的霉菌所吞噬的现象，可是他却凭经验看成是一种普遍熟悉的污染现象，放弃了进一步深入研究。这一念之差，得与失却是科学界最高的成果奖——诺贝尔奖。通过这个例子说明了一个道理：经验丰富固然很好，但是动用经验来解决问题必须与时间、条件、地点等具体情况相结合，如果不加思索，想当然地凭经验生搬硬套，就势必会犯错误，这样一来经验反而成了解决问题的绊脚石。因此，我们在解决问题时要多利用“以往的经验”，但是，在思考问题时切不可被“以往的经验”束缚住头脑。

（二）不要受学术权威“结论”的束缚

我们在研究工作中，如果发现其中某一个问题已有专家的定论，往往就会终止探讨，而以专家的结论为准。然而，这样做是不严格和不科学的，有时会使整个研究工作误入歧途。因为，专家的有些结论，不一定正确。这时，我们应该针对问题深入研究下去，得出自己的研究结果，然后再与专家的定论相比较。如果我们的研究结果与专家的定论有出入或者相悖之处，这时切不可盲目迷信权威，而放弃自己的研究成果。正确的做法应该是严格地、仔细地检查自己的研究过程，看是否有哪个环节或步骤出现了错误。如果没发现错误，重复研究考证仍然与自己的结论相一致时，就决不能被专家的“结论”束缚住，而必须树立勇气，敢碰权威。在这方面著名的意大利科学家伽利略就是人们学习的榜样。科学界的“教皇”亚里士多德认为：落体的速度和它的重量成正比。年轻的数学家伽利略却怀疑它的科学性。他经过反复实验，确信亚里士多德弄错了。于是在比萨斜塔的顶上做实验，向亚里士多德的学说提出挑战，结果证明亚里士多德的理论是错的。要作为一个具有创造性能力的人才，就要像伽利略那样敢想、敢干、敢说，思维不受学术权威的“结论”的束缚。对待权威的态度应该是尊重，而不是迷信。

（三）用“搁置法”摆脱习惯性思维的束缚

这主要是对于已经形成习惯性思维的人而言的。一些有经验的科学家，在写完了他们的论文以后，往往把它搁置起来“忘掉它”，过了一段时间以后再来读它，把自己设想成一个带有怀疑眼光的挑剔的读者，这样往往就能发现从前没有发现的新问题。据说鲁迅就有这么一种习惯。习惯性思维的形成和影响都是具有时间性的，人们通过实验证明：习惯性思维的痕迹就像记忆的痕迹一样，时间久了也会淡薄和消失。人们往往以为成功在于不倦地思考、在于最后的坚持。事实上，从思维定式的角度来说，把问题放一放有好处，有利于消除习惯性思维痕迹的影响，有利于得到新的思路、新的方法。

（四）依靠别人帮助摆脱习惯性思维影响

现在的成才的活动，越来越趋向于互相合作，一方面是由于知识激增、每个人的知识都有些方面不足，合作可互相补充；更重要的一方面是，合作可以互相帮助，克服各自的习惯性思维的影响。科学研究扎根于讨论。为什么呢？根源也在于讨论可以打破习惯性思维，了解他人的思路会给你带来启发和灵感。讨论不仅可以找同行，而且还可以找一些聪明的外行，向他们讲述自己的工作及碰到的问题。和一窍不通的外行讨论，看起来好笑，其实不妨试一试。采用琼脂作固体培养皿，就是柯赫的同事赫西的妻子建议的。为什么可以和聪明的外行讨论呢？因为外行的思维方式和思路跟你是肯定不同的，思路差异越大，越有助于克服习惯性思维，可以帮助你在认为没问题的地方发现问题。现在如果外行提出问题和建议，就可以打破你的习惯性思维，找到解决问题的新方法，或者看到两个或两个以上的现象或设想之间的新联系。

肖伯纳说过：“倘若你有一个苹果，我也有一个苹果，而我们彼此交换这个苹果，那么，你和我仍然是各有一个苹果；但是，倘若你有一种思想，我也有一种思想，而我们彼此交流这种思想，那么，我们每个人将各有两种思想。”把这句话引申下去，由于打破了习惯性思维的影响，我们还会因为对方思想的启发而产生新的第三种思想，这些新思想对于解决问题，做出新发现是极为有利的，这样的好事，我们何乐而不为呢？

二、创新才能更好地创业

德鲁克认为，企业家精神中最重要的就是创新。他认为，创业者不仅仅单纯指在经济活动中从事创新活动的人，无论他是做什么的，无论他是工人、农民、政府高官或者就仅仅是学生，只要他在创新，那么我们都可以称之为创业者。这种对于创业者的理解虽然有些夸大，但是这正是德鲁克在强调创新的意义。

纵观当代企业，唯有不断创新，才能在竞争中处于主动，立于不败之地。创新是带有氧气的新鲜血液，是企业的生命。在全球经济一体化、信息化、网络化大的趋势下，科学技术日新月异，人类知识总量5年就将翻一番，经济生活瞬息万变，每一个企业和每一个企业家，都应当学会用世界的眼光从高处和远处审视自己，衡量自身，随时发现自己的弱点和缺点，通过改革和开放，迅速成长，以求赶上和超越时代潮流；否则，随时都有被淘汰的可能。

（一）企业的技术创新

技术创新是企业创新活动的核心内容，它为组织的实施和过程管理提供必要的支撑与保障，越来越多的公司认识到其重要性。世界上大的跨国企业每年的研发投入都高达数十亿美元，主要用于支持自己的强大研发机构和团队的创新实践，使企业保持旺盛的创新活力，在国际市场竞争中成为赢家。近些年来，我国的华为、海尔、联想等公司也加大了研发投入。更令人惊奇的是中小企业也锐意技术创新，在市场竞争中获取高效益回报。技术上的创新在产品的生产方法和工艺的提高过程中起着举足轻重的作用。一方面技术创新提高物质生产要素的利用率，减少投入；另一方面又通过引入先进设备和工艺，从而降低成本。在企业的竞争中，成本和产品的差异化一直都是核心因素，技术的创新可以降低产品的成本，同样，一种新的生产方式也会为企业的产品差异提供帮助，如果企业能够充分利用其创新的能力，就一定能在市场中击败对手，占据优势地位。当然技术创新本身具有高投入、高风险性，因此在技术创新的过程中，必须通过建立良好的市场环境和政策条件，才能充分激发企业创新的内在动力，为企业创造最大价值。

技术创新也逐渐成为企业一项极其重要的无形资产，而企业作为利益分配主体，就意味着在照章纳税后，企业有权对技术创新收入进行自主分配。这样企业不仅可以有效补偿技术创新投入，而且还可以有效地激励研究与开发人员，尤其是对技术创新有突出贡献的人员实行特殊的报酬机制。再者，企业可以根据有效的经济原则，组建有效的研究和开发组织，按要素、贡献分配报酬，激励研究与开发的有效增长。

（二）企业的管理创新

管理创新是企业为了更有效地运用资源以实现目标而进行的创新活动。管理创新就是要引入新的管理思想、方法、手段、组织方式来实现创新。美国管理学家哈梅尔（Hamel）将管理创新定义为：对传统管理原则、流程和实践的明显背离或对常规组织形式的背离。管理创新就是指以价值增加为目标，以战略为导向，以各创新要素（如技术、组织、市场、战略、管理、文化和制度等）的协同创新为手段，以培育和增强核心能力、提高核心竞争力为中心，通过有效的创新管理机制、方法和工具，力求做到人人创新、事事创新、时时创新、处处创新的创新活动或过程。管理上的创新可以提高企业的经济效益，降低交易成本，可以开拓市场，从而形成企业独特的品牌优势。

（三）企业的制度创新

制度创新是企业创新系统中的重要组成部分，是指一种更有效的约束本企业职员行为的一系列规则的产生过程，为企业技术创新的组织实施及过程管理提供支撑和保障。它通过激发企业职员的积极性和创造性，促进企业资源的合理配置利用，从而推动企业进步。企业之间的制度及相关知识基础的差异，使得企业很不容易被模仿。

兰斯·戴维斯（Davis，Lance，1971）和道格拉斯·C. 诺思（Douglass. C. North，1989）认为制度创新的全过程包括五个主要的阶段，即，①形成“初级行动集团”阶段；②“初级行动集团”提出制度创新方案的阶段；③“初级行动集团”对已提出的各种创新方案进行比较和选择的阶段；④形成“次级行动集团”阶段；⑤“初级行动集团”和“次级行动集团”协作实施制度创新并将其变为现实的阶段。并且他认为这个过程是动态变化和发展的过程。同时，制度创新存在时滞效应，具体表现在以下几个方面：一是认识与组织的时滞，即从认识外部利润到组织初次行动团体所需要的时间；二是发明的时滞；三是“菜单选择”时滞，即搜寻已知的可替换的菜单和从中选定一个能满足初级行动团体利润最大化的创新的时间；四是启动时间时滞，即可选择的最佳创新和开始旨在获取外部利润的实际经营之间存在的时滞。

（四）企业的营销创新

营销创新是企业提升顾客价值、获得并维持竞争优势的有效途径。

营销创新是一个非常艰苦的活动过程，需要经营者有强烈的创新意识和坚韧不拔的创新精神以及系统的创新理论的指导。从目前我国企业营销实践看，受市场对接环境的影响，许多企业已具备了紧迫的创新意识，但其中大部分企业却不知从何做起、如何努力。笔者认为，我国企业在创新过程中可选择的创新策略很多，宜结合自身特点以及市场环境等多种因素灵活运用。通常，可供选择的创新策略主要有：观念创新、市场创新、产品创新、服务创新和组织创新等。

（1）观念创新。观念创新就是企业适应新的营销环境的客观变化而形成正确的认识或看法。由于它是企业开展营销活动的指导思想，或者说它支配着企业市场营销活动，所以，它是企业营销创新的灵魂。营销创新最终目的是通过更好地满足消费者需求获得更大的市场份额和更多的经济效益，可以说，营销创新有较强的目的性。正因为如此，消费者需求（即市场）的变化为企业营销创新指明了方向。

（2）市场创新。市场创新除了选择企业有能力进入并获得收益的目标市场这一内容以外，还包括新市场的进入与拓展等内容，因为新市场能给企业带来创新收益。

（3）产品创新。一个企业是否具有生命力，其重要的标志就是它的产品是否能够不断创新。不断地满足消费者不断变化的需求是企业营销创新的直接目的，为此，企业产品需要不断创新，产品创新是营销创新的核心内容。

（4）服务创新和组织创新。面对营销形势的新变化，企业必须着手建立战略联盟、调整营销机构、开展网络营销、强化营销沟通，实现营销组织的不断创新。因此，调整企业组织结构，消除部门之间的隔膜，提高营销效率和创新效率，相关职能部门共同致力于市场需求的满足就显得尤其必要。特别是，营销部门必须与研究开发等部门密切配合，及时沟通信息，这是在市场竞争日趋激烈的环境下企业制胜的关键。

（五）企业的文化创新

文化创新是指为了使企业的发展与环境相匹配，根据本身的性质和特点形成体现企业共同价值观的企业文化，并不断创新和发展的活动过程。企业文化创新的实质在于企业文化建设中突破与企业经营管理实际脱节的僵化的文化理念和观点的束缚，实现向贯穿于全部创新过程的新型经营管理方式的转变。面对日益深化和激烈的国内外市场竞争环境，越来越多的企业不仅从思想上认识到创新是企业文化建设的灵魂，是不断提高企业竞争力的关键，而且需要逐步深入地把创新贯彻到企业文化建设的各个层面，落实到企业经营管理的实践中。

企业文化是企业制度和企业经营战略的要求在员工价值理念上的反映，反过来，企业文化也会对企业制度的安排以及企业经营战略的选择有一种反作用，因为人的价值理念支配人的选择及行为。正是因为如此，所以企业文化的创新，必然会带来员工价值理念的创新，而这种价值理念的创新，会推动企业制度和经营战略的创新。由此可见，企业文化在企业制度及经营战略的创新上，具有非常重要的意义。

对企业来说，创新既是机遇，也是挑战。企业应该在国家政策的引导下，从企业的实际出发，大胆创新，把握创新的主动权，把握市场机会和技术机会，作出适合本企业的创新决策，不断提高创新水平，真正成为技术创新的主体，从而走上一条适合企业自身发展的创新之路，使企业始终保持旺盛的生机，不断取得新的发展。

案例

将创新进行到底的大学生

在这个信息爆炸的时代，没有什么是不可能的，奇迹也随时都会发生。尤其是个商家之间，或许今天还打得你死我活，到了明天不仅握手言和，还要共谈合作。

光棍节传来重磅新闻，苹果与 HTC 握手言和，而这也是苹果公司首次在专利战中妥协。对于苹果一改往日强硬态度的背后原因，众说纷纭。苹果牵手 HTC，到底是强秦面对六国“合纵”采取的“连横”之策，还是汉武帝为削弱诸侯国势力范围而推行的“制衡”之术？

苹果与 HTC 专利纠纷的走向，其实完全取决于苹果的态度，因为不管诉讼结果怎样，HTC 并不吃亏，在与苹果的官司中，HTC 的品牌知名度正在急剧上升。因此，虽然 HTC 在官司案中也花费不少大洋，但却毫不吝啬。

iPad、iPhone 系列的相继上市，使全世界都“爱疯”了，苹果长期盘踞最受欢迎的智能手机榜首。正所谓木秀于林风必摧之，当苹果成为全球创新型企业典范的同时，其也一度成为智能手机企业的公敌，一边是学苹果学乔布斯，一边是想着怎么打倒苹果。就像历经商鞅变法而逐渐强大的秦国，成为“山东六国”的公敌，于是有了苏秦游说六国“合纵”阻击强秦。

还好，三星、NOKIA、HTC、LG 还没有结成联盟共同对抗苹果，尽管如此苹果还是感受到了各方“围剿”的压力。在后乔布斯时代，苹果的产品创新还能持续多久的确是一个问号，一向孤独求败的苹果，也需要审时度势寻找盟友。HTC，曾经的智能手机新星，在苹果和三星的双重挤压下，近来市场销量持续下滑。与这样的对手打一场旷日持久的官司，不如顺水推舟送人情做个朋友，以分化瓦解非苹果阵营，集中精力打击三星、NOKIA 等。

如此看来，苹果意外牵手 HTC，实为连横之策？非也！

随着塞班的江河日下，安卓系统成为苹果 iOS 系统最大的敌人。IDC 数据显示，今年第三季度 Android 占据了全球智能手机 75% 的份额。而安卓系里面以三星为最。市场研究公司 Strategy Analytics 发布研究报告称，今年第三季度三星全球智能手机市场份额为 27.8%，高于苹果的 17.1%，而去年同期三星的份额仅为 7.5%，远低于苹果 14.1%。今年三星的发展势头相当猛烈，甚至在 iPhone5 发售的前一天，三星 Galaxy 系列的广告在美国、澳大利亚、新西兰全面投放，令不少果粉临阵倒戈。

不禁想起西汉初期，为汲取秦灭亡的教训，大量分封同姓王，结果王国势力大增，严重威胁中央，并最终爆发“七国之乱”。公元前 127 年，汉武帝采纳主父偃的建议，颁布“推恩令”，规定诸侯王除以嫡长子继承王位外，可以“推恩”将自己的封地分给子弟，由皇帝制定封号。通过诸侯王分封子弟为侯使王国封地被分割，以推恩令的影响进一步削弱诸侯王国势力。

如今苹果面对的安卓阵营，宛如年轻的汉武帝中央政权面对的地方诸侯势力，虽然崇尚创新的 iPhone 创领需求更具前瞻性，然而安卓阵营树大根深应者云集，因此急需通过加速竞争缩小安卓领头羊三星的“封地”范围。在安卓阵营中位居老二的 HTC，对于三星之位觊觎已久，苹果放 HTC 一马，实则是在三星身边养了一只老虎，牵制三星的市场。就好比诸葛亮安排关羽在华容道义释曹操，牵制孙权，刘备才能集中精力攻打西川，终成三足鼎立之势。因此，如果苹果对 HTC 太狠，实际是无形中帮三星灭掉了一个安卓对手，只会促进三星市场份额的提升，这对于苹果是个噩耗。毕竟，除了安卓，微软 WP8 也不是好对付的家伙。

连横也罢，制衡也罢，在苹果的战略布局下，HTC 已然成为最大的赢家，未来十年既无专利之忧，还可使用苹果的部分专利。能否抓住千载难逢的机会打一场翻身仗，就要看 HTC 的造化了。

资料来源：刘泳华．解读苹果牵手 HTC 背后的秘密［EB/OL］．（2012－11－14）．［2018－06－08］．http：//brand.icxo.com/htmlnews/2012/11/14/1448484.htm.

三、提升创新能力的五个途径

（一）注重创新个性

人没有个性，就没有创造性，就没有发展。个性，是指人的个性在后天活动中逐步形成的习惯和行为方式，它包括一个人的处事原则、对事物的态度和活动方式三个基本要素。创新个性就是在对待事物的态度方面，能具备从事创新活动所必需的、正常的、健全的心理。创新人才应具备以下个性心理品质：① 有高度的自主性和独立性，不肯雷同；② 富于幻想，敢于大胆假设，勇于冒险，善于抓住机遇不放；③ 思维灵活、敏捷；④ 有旺盛的求知欲和强烈的好奇心，兴趣广泛；⑤ 具有坚韧不拔的毅力和科学的探索精神等。

要做到以上五点，大学生可以从以下几方面努力。

（1）树立远大理想和抱负，提高创新欲望。大学生要胸怀远大理想，要有立志为国家、社会作贡献的创新渴望。创新欲望越强烈，越利于激发创新激情与创新意识，活跃创新。

（2）坚信自己具有创新能力。培养提高创新能力的首要心理条件，就是充分坚信自己具有创新潜能。坚定的创造信心，有利于增强锐意进取、百折不挠的意志，促进创新思维和创新想象的活动。

（3）培养探索问题的敏感性。大学生要培养自己对新生事物的好奇心和观察问题的敏锐性，逢事多问几个“为什么?”，不要对什么事都习以为常，安于现状。要能及时发现和抓住新生事物的苗头，把握创新机会。

（4）善于开动脑筋，保持思维的独立性，养成独立思考问题、解决问题的习惯。一个缺乏独立思考能力，习惯于附和多数，人云亦云的人，是很难有创新意识和创新作为的。爱因斯坦曾指出：“发展独立思考和独立判断能力，应当始终放在首位，而不应当把获得专业知识放在首位。”可以说，没有独立思考，就没有爱因斯坦的“相对论”，没有独立思考和对“地心说”的批判，就没有哥白尼的“日心说”。

（5）保持良好的竞争心态，积极参与竞争，在竞争中进行自我激励。

（二）消除主观障碍

影响大学生创新思维发展的障碍包括：受传统观念的束缚、不加批判的学习和固执己见等，这些都是大学生需要克服和消除的。

传统的理论、观点和方法，往往束缚人们思想，如果大学生在思考问题时，总是过于轻信教科书和迷信学术权威的观点，不敢超越前人半步，常纳入别人的思维轨道，就会阻碍自己创造性思维。大学生在学习探索活动中，要突破传统观念的束缚，敢于对传统学术观点大胆提出质疑。

任何创新都是在继承基础上进行的，广博的知识基础能促进人的创新思维活动。但是，如果大学生在学习过程中，只继承不批判，机械地照搬别人的知识，就不利于创造性思维的发展。因此，大学生应保持思维的批判性，在学习前人的知识时做到批判地汲取。批判就是否定，而否定就意味着创新活动的开始。

固执己见、偏见和过于依赖、谨慎、谦虚、病态的安全感等不健康心理，都会阻碍大学生创造性思维的发展，应加以克服。

（三）优化知识结构

知识是人类进行观察、思考和想象的基础。没有丰富的知识支持，就不可能有丰富的想象力，而想象力在创新能力的内在形成机制中起着十分重要的作用。虽然知识的多少和创新能力并不成正比关系，但有着内在的关联，必要的知识储备是创新活动的重要前提。因为任何创新都是对旧的水平、理论、方法、规范的突破，如果一个人对前人的知识、技能不能很好地继承，达到融会贯通，就很难有所“突破”，提出自己新的思想、观点和方法。著名的生理学家巴甫洛夫曾对青年们说：“你们要在攀登科学顶峰之前，务必把科学的初步知识研究透彻。”因此，大学生就应注重知识结构的建构与优化，应做到以下几点。

首先，努力学习和掌握渊博的基础理论知识，力求融会贯通、化知为智。其次，努力拓宽知识面的同时，强化知识的系统性和整体效应。大学生除了要学好专业知识，还应对社会、经济、政治、人文、管理等方面的知识有所了解，掌握与专业相关的学科知识和技术要领，并注重各学科知识间的交叉、渗透与综合。最后，不断进行大容量的新知识储备。大学生要注重对最新理论、最新技术和最新信息的了解，不断探求新的知识，努力掌握社会、文化、科技发展的最新动向。

（四）掌握创新方法

学习和掌握一些科学的创新理论和方法，是培养提高大学生创新能力的关键途径。科学的创新理论和方法是科学家在长期的科学创造实践中探索总结出来的，对大学生创新能力的培养提高具有很强的指导意义。对大学生来说，一要掌握辩证唯物主义世界观和方法论，遵循辩证唯物主义的认识路线，用正确的认识论指导自己的实践，避免在创新活动中走弯路、误入歧途，否则，真理可能从自己的鼻子底下逃走；二要学习有关创造学原理，掌握创新活动的内在机制、基本过程和内容，学会如何创新，同时还应掌握从事学科研究的一般方法、技能和规律，以提高科研能力；三要学会用创新思维方法，如求异思考、求同思考、反向思考、联想思考、类比思考等创新思维方法；四要掌握创新技法，如移植创新法、逆向创新法、外向创新法和极端化创新法等一些科学的创新技法。

（五）参加创新实践

社会实践是人类能动地改造自然和社会的活动，人类的实践活动具有能动性、客观性和创造性等特点。可以说，一切创新的内容都来源于社会生活，来源于社会需求。在校大学生应充分认识社会实践对创新活动的重要性，多途径参加社会实践活动，如积极参加社会调查活动、社会实习活动、课外兴趣小组活动，以及亲自参与科研课题的研究工作等。大学生通过参加社会调查活动，有助于了解和掌握现实生活中出现的新问题、新情况和新需求；通过社会实习，有助于发现现有的理论、观点和研究方法在现实条件下遇到的新挑战，为寻找“创新点”，确立“创新选题”创造条件；通过亲自参加科研课题的研究，有助于大学生对学过的知识进行综合与深化，在科研中提升知识。

另外，在实践方法上，一方面要坚持实践内容和形式的多样性，以实现多侧面、多领域锻炼；另一方面要强调实践的创新性，提高实践的层次，每一次实践不能只简单地重复过去，只有在内容和形式上都比过去有所发展，有所突破，才能有所创新。同时，大学生还应注意提高对每次实践活动的利用率，注重在群体实践活动中相互学习、取长补短，从而提高自己。

四、设计思维

设计思维作为一种思维的方式，它被普遍认为具有综合处理能力的性质，能够理解问题产生的背景、能够催生洞察力及解决方法，并能够理性地分析和找出最合适的解决方案。在当代设计和工程技术当中，以及商业活动和管理学等方面，设计思维已成为流行词汇的一部分，它还可以更广泛地应用于描述某种独特的“在行动中进行创意思考”的方式，在21世纪的教育及训导领域中有着越来越大的影响。在这方面，它类似于系统思维，因其独特的理解和解决问题的方式而得到命名。

（一）设计思维的内涵

（1）设计思维是人的知能结构的重要组成部分，它倡导通过与现实问题的联结来促进人们完善知能结构。一方面，教师传授给学习者的东西就像一个工具箱，在日常生活中，学习者要想使用这个工具箱来解决现实问题，就需要懂得工具箱中每个工具的使用说明，并知道什么时候使用什么工具，这时就需要对学习者进行知识与技能的训练。另一方面，在我们惯常的教学行为中，人们也会以现实问题来帮助学习者理解所学内容；但这里强调的现实问题往往是一个充满各种复杂性的问题，它需要学习者综合运用已有的知识与技能，并围绕特定的问题情境不断建构新的知识与技能。

（2）设计思维是由设计与思维构成的双螺旋结构，注重设计与思维的相依关系。虽然我们日常的教学也会组织学习者进行设计和思维训练，但这些过程大都是相对独立的，而设计思维更加强调通过对思维的不断激发来促进灵感的生成，从而支持设计的创新，还强调对设计自身的不断颠覆与重构以促进思维的发展，以及强调设计和思维的相互依存和彼此促进。

（3）设计思维是生成性的，可以通过问题的解决过程得到不断强化。与一般的学习活动相似，设计思维也离不开特定的问题情境，并在问题的具体解决过程中才能够得到体现。设计思维更加强调从发现问题到构思问题的解决方案，直到形成最终的问题解决方案。具体而言，设计思维更加强调设计者如何对问题进行系统分析，如何综合使用自己已有的知能，以及如何在权衡与对比中达成对问题设计思维的概念内涵与培养策略的最佳解决路径，进而丰富和完善自身的设计思维层次。同时，这个生成性的过程通过多种多样的形式（如视觉语言的表达）可以被记录下来，同样设计者的思维变化轨迹也可以通过这些过程记录被观察到。

（4）设计思维是创造性的，可以通过设计者的设计制品等进行度量。设计思维的最终结果往往通过设计者创建的设计制品来体现。这种制品区别于学习者的一般性作业的标志在于其具有清晰的问题解决思路和方案，而且强调设计制品应建立在满足人的基本需求的基础之上，并能从应用转化的角度来考察制品的质量。

综上分析，我们认为设计思维是指人们在遭遇复杂的现实问题时，能够综合运用自己的已有知识和技能，通过设计与思维双螺旋结构的相互依赖与促进关系，不断生成新的问题解决策略，进而创造性地形成解决问题的思路与方案。

（二）设计思维的培养方法

1. 设计思维培养依赖特定的知能和现实问题而存在

设计思维既不是学习的中心，也不是学习者某种单一的能力，它和知识与技能一样，都是用于帮助学习者呈现个人能力的基础力量，并通过学习者处理外部世界各种复杂事件时表现出来的行为所体现。培养学习者的设计思维，就是要帮助学习者学会理解概念，并通过对概念之间关系的自我建构，形成逻辑自洽的学习制品。

2. 设计思维培养在对象、过程和结果方面的判断依据

国外的实践者更加注重在教育实践中如何借助设计思维培养学习者的元认知意识和创新等高阶思维能力。国内对设计思维的研究则更多集中在设计教学领域，且偏重于对设计思维重要性的关注，在具体培养策略方面相对欠缺。在实践领域，我们常常看到教师组织各种类型的思维活动，引导学习者组成学习小组，通过一系列探索过程逐步形成一些结论，并将其呈现出来。这些活动在一定程度上改变了师生之间的关系，促进了学习者主动学习意识的养成。但是，人类在生产与生活实践中无时无刻不在经历思维活动，我们的学校教育不能仅仅是引导人们从事简单的思维活动，而是要建立高级思维活动，以不断丰富和改进人类的生活。因此，培养学习者的设计思维，需要从以下几个方面展开，并以此作为建立设计思维的判断依据。

（1）从设计目的的对象看，是否指向现实世界的实际需求。许多教育实践者可能认为自己的教学活动已经十分关注思维了。在日常教学中，教师会抛出各种各样的问题，要求他们学会分析和解决问题，这虽然满足了一般思维能力的培养要求，但这种思维是否让学习者产生了某种变化，并借助于这种变化改善了他们的学习行为呢？另一种常见的现象是，教师会组织学习者完成一些面向生活的学习任务，但这项任务又常常独立于学科体系或课程标准之外，成为学校教学过程中的装饰品。强化培养设计思维的关键在于，帮助学习者积累解决复杂书本问题的能力，促进学习者应对并解决真实世界中复杂问题的能力。

书本知识源自相关学科的课程标准，而标准本身亦来源于人们对真实世界的认识，就此意义而言，书本知识的习得可以为学习者解决复杂真实的问题奠定基础。但是，书本知识作为抽象的知识体系，唯有融入真实世界，才有利于学习者建立两者之间的关联，这样既能通过书本知识理解外部世界，也能通过外部世界了解书本知识的局限性，进而提升人们认识世界的能力。

（2）从设计思维的过程看，是否将概念关系与设计过程相结合来促进创新。学科知识体系的建立，旨在帮助学习者借助前人的经验来认识世界，以期减少学习过程中的低效与重复性投入。但是，如果在学科知识的学习过程中，仅仅满足于帮助学习者识记或者简单应用这些知识体系，却不能促进学习者进一步思考其中的逻辑，以及引导学习者通过不断思维以建立新的认知，学习必然会止步于人类对世界的已有认识。思维不是简单地想想而已，更不是天马行空，它需要建立在学习者深度思考的基础之上。深度思考可以有不同的表征方式，既可以是学习者对于知识与技能等关系结构的自我构造，也可以是学习者运用所学知识与技能等解决新的复杂问题的策略等。

对于一个完整的学习过程而言，当学习者习得新的知识与技能以后，深度思考可以从诸多方面切入，譬如：从新习得的知识与技能出发，引导学习者思考其对认识和融入现实世界的价值所在；对现实世界中可能遭遇的问题进行挖掘，引导学习者综合运用自身的知识体系解决问题；引导学习者置身于现实世界，思考问题解决过程中可能存在的诸多困难，创造性地建立对世界的新认识或问题解决的新路径。这些方面有利于促进学习者的深度思考，引导学习者建立符合逻辑的概念关系。

创新需要有引导工具，设计思维就是这样一个促进学习者深度思考的创新工具。斯坦福大学倡导的设计思维培养过程包括移情、定义、设想、原型和测试五大步骤：移情指学习者通过观察用户行为以及参与其中来获取用户体验；定义指移情过程之后学习者结合自己的体验提出用户可能的所有需求；设想指通过头脑风暴等多种途径提出多样化的解决方案；原型指利用一些粗略的工具制作出解决方案的原型，并通过讲故事的形式，将设计的思想展示出来；测试指在获取反馈后修改和完善原型。这五大步骤是一个不断迭代的过程，同时又是动态、非线性的，通过这个循环过程来促进学习者对现实世界的深度思考。

（3）从设计思维的结果看，是否形成符合生态的持续创新。设计思维应成为学习者的一种内在属性，并能将其外在的行为展现出来。在以往的学习过程中，教师经常会安排各种各样的练习活动，并通过学习者的练习结果来判断其学习状况。这种基于学习结果的评价更多是在判断学习者是否理解了课程中的知识点，以及能否运用这些知识去解决一些复杂的题目。就夯实学习者的基础这一层面的意义而言，适度为学习者提供一些练习以巩固其知识与技能是可行的，但是这种做法容易出现的负面效应是，教师可能会不再精心设计练习项目，学习者也会重复做一些虽形式不同却又无法体现个人才智的题目，进而可能会降低整体学习效能。

强化学习者的设计思维培养，就是要让教师充分理解并尊重学习者的学习现状，从学习者成长的角度设计适度的练习活动，引导学习者以更多样化的方式来展示学习情况。要对学习者作出精准判定，仅仅依赖于人工的方式是无法实现的，教师可以借助一些技术工具来收集和分析数据，并投入大量时间对数据的合理性进行解读，从学习者多样化的制品中读准学习者，为其完成高质量的设计制品提供智力支撑。

3. 设计思维培养需要引导学生建立设计和思维双螺旋结构的应用迁移

学校教育阶段是一个人在一生中接受教育最为系统、最为完整的阶段，这一阶段获得的许多知识与技能，为人接受终身教育奠定了基础。将设计思维的培养纳入学校教育的体系当中，一方面可以帮助学习者理解学校教育与真实世界的关系，学会思考如何通过一些类似于真实世界的任务来感知学习的价值；另一方面可以帮助学习者借助简单的设计思维学习体验，逐步将已经形成的设计思维相关知能迁移到更加复杂的场景中，促进设计思维知能的螺旋式上升与发展。

设计思维培养需要确立其未来指向性，我们可以通过以下途径帮助学习者在学习过程中不断进行自我反思，以促进其形成设计思维的迁移能力。一是引导学习者建立制品意识，将习得的知识与技能通过制品可视化，帮助其展示学习效能；二是引导学习者建立依附意识，理解好的制品常常依附于某些特定的项目来实现，在项目实战中体验过程，习得新知，巩固技能；三是引导学习者建立实境意识，强调好的项目应当立足当下、指向未来；四是引导学习者建立推理意识，能够从学科领域出发，规划项目及其制品并通过视觉语言的形式描绘出来，准确反映其制品设计过程中的思维轨迹；五是引导学习者建立团队意识，避免因为个人的单打独斗陷入思维困境，以团队合作为纽带，透过不同的观点激发新的灵感，促进集体智慧的生成；六是要引导学习者建立需求意识，能够从不同的用户需求出发，促进设计的系统性与全面性。通过多方面的引导，最终使学习者形成富有创造性的制品。

设计思维的培养目的指向创新人才能力的需求，培养过程需要建立清晰的评判标准，培养结果应能促进能力的迁移。具体而言，要培养学习者的设计思维，既可以将设计思维融入课程教学中来提高教学效率，也可以通过设计思维的过程培养学生解决问题、设计创造性制品的能力。这二者并非相互独立。设计思维培养需要处理好目的、过程和结果三者之间的关系：即关注设计思维的对象是否指向现实世界的实际需求，过程是否有助于学习者组织概念形成自洽的逻辑关系，结果是否有利于生态的持续创新等。另外，设计思维培养需要帮助学生建立制品意识、依附意识、实境意识、推理意识、团队意识和需求意识。

第二节　创新与设计思维训练

一、创新与创造

问题：如何理解创新与创造的相同和不同？

参考观点：

在20世纪以前，“创新”是一个普通词。到1912年，美籍奥地利经济学家约瑟夫·熊彼得把创新概念引入经济学，他在“经济发展理论”这本书里首先提出了“创新理论”，他当时提出来的定义是：企业家对生产要素的组合，包括开发一种新产品，采用一种新方法，开辟一个新的市场，获得或者控制原料或半成品的一种新来源，以及实行一种新的组织形式。

随着时代的发展，如今创新已经是一个涵盖十分广泛的概念，主要是指提出新理论、发明新技术、采用新方法、建立新制度、制定新政策、组建新组织、构成新机制、提供新产品、获得新原料、开辟新市场、组成新文化、创造新艺术等。

学术界对“创新”至今尚未有一个统一的定义，但普遍认为它是属于经济学的概念。在此，我们选择一个适用于更广泛意义上的“创新”含义，即：创新是指能先于他人，为人类社会的文明与进步获得新发展、新突破，创造出有价值的、前所未有的物质产品或精神产品的活动。创新过程是创造性劳动的过程，没有创造性就谈不上创新。

《辞海》上讲：创造——首创前所未有的事物。创造，就是“首创”“前所未有”，是指能先于他人，见人之所未见，思人之所未思，行人之所未行，从而获得新发现、新发明、新突破。创造强调的是第一次的首创，它在“首创”或“第一”问题上是绝对的。而创新则是相对的概念，“创新”要比“首创”“前所未有”的“创造”更宽泛，它既包含了“前所未有”，也包含着对先前原有创造的“重新组合”和“再次发现”。所以，“创新”的概念包含着“创造”，但“创造”并不包含“创新”。

另外，发明创造既有促进社会发展的积极发明创造，又有阻碍社会发展的消极“发明创造”：如计算机的发展是积极创造，而电脑算命、计算机病毒则是消极创造；核科学和技术的发展是积极创造，而核武器的发展则是消极创造。创新则不同，创新必须要能促进社会的发展。

我们可以通过以下两个案例来进一步说明创新和创造发明的区别与关系。

案例1：我们都知道新经济时代的代表人物比尔·盖茨，其起家的Basic语言并非自己发明的，其当家产品DOS是从其他公司买来的，Windows是借用了施乐公司和苹果公司的技术，IE浏览器则来源于网景公司的创意，Office办公系统的多数组件均出于微软收购的公司。微软公司的成功就在于他敏锐地发现了别人的创造，然后通过“集成”，把别人的创造重新组合成为更为“精进”的产品。例如Office办公系统就是由Word、Excel、Powerpoint等软件重新组合而成的。比尔·盖茨的创新是把别人的知识、思想、理论或产品引入到自己的经济实践中，创造出别人没有的产品。这种“重新组合”就是创新。

案例2：最初，抽雪茄烟是西班牙富人的嗜好，公元1600年前后传到欧洲许多国家，很长时期，雪茄烟被看成是财富的象征。当时西班牙塞维利亚地区的乞丐买不起雪茄烟，便从地上捡雪茄烟头用纸卷起来抽吸来过烟瘾，就这样“纸烟”便被乞丐创造发明出来了。烟草商看到这种“纸烟”有商机，便对其进行改进和包装，组织规模化批量生产，如今，已成为盛销全球的高利税商品。该案例说明：乞丐是纸烟的创造发明者，而纸烟生产商把纸烟转化为商品，开辟市场的活动则是创新。

综上所述，创新与发明创造的概念，在一定意义上说是有本质上区别的，但它们在解决问题时的思维方法都是相通的。

按照熊彼特的观点：无论是科学发现还是技术发明等方面的创造，在它们没有转化为商品之前，只是一个新观念、新设想、新方案或新实验，它还不能创造任何经济价值。只有将发明创造转化为新装置、新产品、新的工艺系统才是创新，因为创新必须要产生经济、社会效益。所以说，创新是一个经济学范畴的概念。将创新与发明创造区别开来，被认为是熊彼特的一大贡献。

二、创新型人才的特征

问题：什么是创新型人才？创新型人才应该具备哪些特征？

参考观点：

创新型人才，就是具有创新意识、创新精神、创新思维、创新知识、创新能力并具有良好的创新人格，能够通过自己的创造性劳动取得创新成果，在某一领域、某一行业、某一工作上为社会发展和人类进步作出了创新贡献的人。仅有创新意识和创新能力还不能算是创新型人才，创新型人才首先是全面发展的人才；个性的自由独立发展是创新人才成长与发展的前提，作为工具的人、模式化的人和被套以种种条条框框的人不可能成为创新型人才；当代社会的创新型人才，是立足于现实而又面向未来的创新人才。

创新型人才应该具备以下主要特征。

（一）有可贵的创新品质

当前，我国正处于发展的重要战略机遇期，大力培育创新型人才，为建设创新型国家、国家创新体系和全面建设小康社会，提供坚强的人才保证和智力保障，显得尤为迫切和重要。从一定意义上说，创新型人才正以前所未有的时代需求承载着推进国家自主创新，在激烈的国际竞争中占据主动，实现中华民族伟大复兴的历史使命。因此说，创新型人才必须是有理想、有抱负的人，具备良好的献身精神和进取意识、强烈的事业心和历史责任感等可贵的创新品质。具备了这样一种品质，才能够有为求真知、求新知而敢闯、敢试、敢冒风险的大无畏勇气，才能构成创新型人才的强大精神动力。

（二）有坚韧的创新意志

创新是一个探索未知领域和对已知领域进行破旧立新的过程，充满各种阻力和风险，可能遇到重重的困难、挫折甚至失败。人类科学技术发展到今天，要获得每一点进步相当困难。因此，创新型人才每前进一步都是需要非凡的胆识和坚韧不拔的毅力，为了既定的目标必须始终不懈地奋斗，锲而不舍，遭到阻挠和诽谤不气馁，遇到挫折和挫败不退却，牺牲个人利益也在所不惜，不达目的誓不罢休，不自暴自弃，不轻言放弃。只有具备了这样的创新意志，才能不断战胜创新活动中的种种困难，最终实现理想的创新效果。

（三）有敏锐的创新观察

历史上的科学发现和技术突破，无一不是创新的结果。从这个意义上讲，创新就是发现，而且是突破。要实现突破，就要求创新型人才必须具有敏锐的观察能力、深刻的洞察能力、见微知著的直觉能力和一触即发的灵感及顿悟，不断地将观察到的事物与已掌握的知识联系起来，发现事物之间的必然联系，及时地发现别人没有发现的东西。创新型人才的观察力同时还应当是准确的，能够入木三分，发现事物的真谛，具有善于在寻常中发现不寻常的观察能力。壶水滚沸使瓦特发明了蒸汽机，苹果落地使牛顿创立了“万有引力”说，带细齿的野草划破了鲁班的手指使他发明了锯，无不证明了敏锐的创新观察能力在创新中的重要作用。

（四）有超前的创新思维

创新思维是创新的基本前提，创新型人才具备思维方式的前瞻性、独创性、灵活性等良好思维品质，才能保证在对事物进行分析、综合和判断时做到独辟蹊径。

（五）有丰富的创新知识

创新是对已有知识的发展，在人类知识越来越丰富和深奥的今天，要求创新型人才的知识结构既有广度，又有深度。因此，创新型人才须具有广博而精深的文化内涵，既要有深厚而扎实的基础知识，了解相邻学科及必要的横向学科知识，又要精通自己专业并能掌握所从事学科专业的最新科学成就和发展趋势，这是从事创新研究的必要条件。只有通过知识的不断积累才能用更为宽广的眼界进行创新实践。创新型人才拥有的信息量越大，文化素养越高，思路便越开阔。同时，完备的知识结构使他们具有科学综合化、一体化意识，有助于增强综合思维能力和创新能力。

（六）有科学的创新实践

创新的过程是遵循科学、依据事物的客观规律进行探索的过程，任何一种创新都不能有半点马虎和空想，因此，创新型人才必须具有严谨而求实的工作作风，严格遵循事物的客观规律，从实际出发，以科学的态度进行创新实践。冬暖式蔬菜大棚的发明人、社会主义新农村建设的重大典型、山东省寿光市三元朱村党支部书记王乐义同志，在创建冬暖式蔬菜大棚之初，为了求证大棚的最佳地理朝向，用罗盘连续两年观测当地的光照情况，最后提出了本地区的大棚最佳朝向为正南偏西5°的理论，来自北京的专家都赞叹说，“地理学上的专题被一个土专家钻研透了”。在带领群众发展蔬菜生产的过程中，也正是基于他这种严谨科学的创新实践，才使他得以不断改进种植模式，并相继研发了立体种植、无土栽培等20多项蔬菜种植新技术，从而由一个土生土长的普通农民，站到了农业科技的最前沿。

第三节　创新与设计技能训练

（一）技能训练一　画桥

1. 材料准备

准备一幅画。这幅画中有一座跨过河流的桥；或者只有河流没有桥，这幅画只需有半张A4纸的大小。

把你准备好的画粘贴在一张空白A4纸的上半部分。如果你的画中有桥，请用几分钟时间在A4纸的空白处画桥，尽可能反映出桥的大部分特征；如果你的画中没桥，请用几分钟时间在A4纸的空白处画出一种过河的方法。

2. 讨论

画桥的学生请回答以下问题。

（1）你如何起笔作画的？你看到了什么（分析）？

（2）你清楚最有可能从哪里开始画画吗？

（3）你假定桥的材料、架构和功能是什么？

（4）你是否遵循了某种已有的方案？先画出线条？再看看比例？然后添加一些线条？

① 你觉得这项任务是清晰的？还是模糊的？

② 如果有一个模型可供参考，是不是更有帮助？

③ 你知道画到哪里就可以结束了吗？

画出过河方法的学生请回答：

① 你如何起笔作画的？你看到了什么？

② 你想到了你对桥的一些认识和了解吗（以往经验的反思）？

③ 你很清楚最有可能从哪里开始画画吗？

④ 你假定桥的材料、架构和功能是什么？

⑤ 你是否遵循了某种已有的方案（没有，因为没有模型可供参考）？

⑥ 你想要创建一座什么样的桥？是为人服务的？还是可以通行小动物、汽车、火车？

⑦ 你做出了什么假设？

⑧ 你是否做过多次尝试（试验）？

⑨ 你觉得这项任务是清晰的？还是模糊的？

⑩ 没有一个模型做参考，是不是感觉难以完成这项任务？

⑪ 当你开始画画时，你知道你想要的桥最终会是什么样子吗？

3. 总结

这是一个关于创业思维的练习，我们可以了解到创造性思维和预测性思维的差异，体会到这两种不同的思维方法。预测性方法的本质是一种过程型方法，意味着按照一种线性模式进行创业，即识别机会、开发概念、评估和获取资源、发展企业，然后退出。而创造性方法则关注撬动已有的与“触手可及”的资源和关系，充分发挥它们的杠杆作用，以此作为新企业发展的路径，而不是依据已有商业计划去发现和获取资源。创造性思维包括创业试验和多种选择的开发，强调的是利益相关者如何基于习得的经验创造性地重塑创业项目。

（二）技能训练二　纸飞机竞赛

1. 活动前准备

以个人或小组（不超过 4 人）为单位，设计并创造一架纸飞机，这架飞机需要能够承载一元钱的硬币，在空中飞行尽可能长的时间。注意：

（1）你可以单独工作或组成最多 4 人的小组，与小组相关的唯一要求是你们的飞机设计必须使用与小组人员同等数量的标准尺寸纸张（例如，一个 4 人小组必须在其设计中创造使用 4 张纸的飞机）。

（2）飞机必须设计来运输一元的硬币，你可以选择使用硬币的数量和面值，唯一的限制是它们的总价值必须是正好一元钱。

（3）你或小组需要准备两分钟的演讲，来说服你的同学相信你的设计会表现得最好。

2. 活动开始

（1）向同学们推销你的创意，时间严格限制在两分钟内。

（2）记录下你认为会在每个指标（距离和时间）上表现最佳的设计的投票。只允许在每个指标上投票给一个小组，但不要求在每个指标上都投票给同一小组；注意不能投票给自己的设计。

（3）实际飞机测试。每小组找一个人投掷飞机，记录下飞行的时间和距离。

（4）请飞行表现不同的几个小组，分享他们设计的流程和心得。注意他们是如何把局限转化成机会，如何从失败中得到教训。

① 你如何看待硬币的问题？将其视为负面局限吗？为什么？将其视为一个机会并纳入到设计中以改进飞机性能吗？

② 你如何努力差异化自己的设计？

③ 你试图在时间或距离上优化飞机或者二者兼得吗？

④ 你制作原型并测试设计吗？

（5）讨论有效推销的特点。需要理解创业者以及对投资者推销的重要性。对于初创企业来说，投资者一般会注意创业者及其“推销”创意的能力，以及其演讲的能力和信心。

① 努力将你的设计“推销”给你的同学，感觉如何？最大的挑战是什么？

② 你如何决定投资？他们展示概念的方式有多重要？信心有多重要？演讲或创业者引人入胜的地方是什么？

你如何看待投票或不投票给你的设计的人？为了改进你的演讲，你会做什么？

（三）技能训练三　棉花糖游戏

请按图 4－1 的指示准备材料进行游戏。

☐ 时间：18分钟

☐ 人数：3～4人一组

☐ 目标：在规定的时间内、不借助任何外力搭建稳定站立的塔，
棉花糖一定放在塔顶

☐ 材料：意大利面、胶带、棉线、棉花糖、剪刀

☐ 胜利：在规定时间塔身最高的小组

图 4－1　游戏规则

将所有参与者分成 4 个人一个小组，利用上面的道具，在 18 分钟内，不借助任何外力，建成一个最高的棉花糖塔，要求棉花糖必须放在塔的顶部，塔的高度从塔的底部到棉花糖的高度计算。棉花糖不能被破坏，意大利面条可以剪断，但是如果不小心折断的，可以带着全部“尸首”来换。不借助任何外力的意思是不能将塔座粘到桌子上，也不能用绳子从天花板吊下来，然后挂上棉花糖算高度。

导师在整个过程中，每隔5分钟提醒大家一次时间，15分钟后，每分钟提醒一次。等时间到了，将所有小组的高度记录下来，写在白板上，对于高度最高的前三小组获奖。

游戏结果分享：

这个游戏不管你是完成还是没有完成，其实都没有失败，游戏的目的，主要是让大家感受完成任务的过程，锻炼大家在创新过程中利用原型法做事情。整个游戏说明以下道理。

（1）目标导向：大家的目标是建立一个将棉花糖放在顶部的最高塔，还是建立一个最高的塔。往往大家首先考虑最多的是建立一个最高的塔身，最后才将棉花糖放上去，发现棉花糖还是挺重的，根本站不起来。如果将目标定位建立一个棉花糖在顶部的塔，就会首先考虑到棉花糖的重量，先建立一个塔，将棉花糖放上去试一试，如果能站起来，就建立了一个完整的塔。

（2）原型法：先建一个棉花糖塔，不要求高度，只要先做成，如果时间和材料还充足，就可以继续加高，结果能保证最少现有一个完整的塔，然后再优化完善。

（3）打破常规：幼儿园的小朋友一般做得相对比较高，他们做的形状可能看起来完全不是一个塔，而是其他奇形怪状的一个动物。

这是一个非常简单的道理，很多人首先定义一个最高的塔，然后等放上棉花糖，才发现意大利面条挺软的，棉花糖挺重的，根本不能按时完成任务。结果到时间全军覆没，根本没有成绩。

这个游戏是国际上非常著名的棉花糖游戏。那么在MBA学员、商人、幼儿园小朋友、公司CEO、律师等谁会做得最高呢？一般情况下是幼儿园的小朋友，为什么？因为他们还没有被训练寻找一个唯一正确的答案，他们有丰富的想象力，创新的细胞还没有被破坏。对于成人，大家首先讨论，总是有些人希望大家听他的建议，商量计划，设计草图，等到设计好了，时间已经过去好几分钟了。另外，人们总依赖于要事先制定一个合适的、甚至认为是最佳的解决方案。但是等将它建立好了，将棉花糖放上去，时间已经用完了，结果由于塔过高、棉花糖太重而站不起来。这是一个可怕的危急时刻，因为时间已经用完了，材料也用光了，其结果却是零。

在全球做的平均是50.8厘米，最高的是建筑师，做到大约99厘米。CEO做得稍高于平均高度，但是将一个CEO和一个秘书放到一个小组，高度就会高很多，可见，一定要将战略和执行结合起来，才会真正起作用。而幼儿园的小朋友却用不同的方法，他们以棉花糖开始，先将棉花糖穿在顶部，然后建一个有棉花糖的塔，试一试，如果可以站起来，就继续加高，而保持棉花糖在顶部。在整个过程中，他们多次修正原型的缺陷，发现那里有问题，逐步修正，他们知道怎样行，怎样不行，因此构建原型是十分必要的。成功的关键不完全是面条做的塔高，而是棉花糖，生活中有很多的棉花糖，所以关键从棉花糖思考开始，这就是我们所说的从挑战开始，从目标开始。

原型法是指在获取一组基本的想法以后，利用任何的工具将其进行可视化的开发，快速地建立一个目标的最初版本，然后大家感受、用户试用、提出建议和意见，然后补充和修改，再进行新的开发完善。反复进行这个过程，直到得出“精确解”的美好方案，使得用户满意为止。

创业实践

像艺术家那样创造

行动前你需要明白：每个人都有创造力。尽管在我们的文化中艺术家通常被认为是最具有创造力的人，但是创造这种行为实际上是每个自然人天生所具有的潜能。这个活动将让你发现自己的天生创造力，建议和同学组成团队共同完成。

选择一种艺术形式（戏剧、绘画、雕塑、诗歌、音乐、创作等），通过各种途径（找专家学习、报培训班、上网络课程等）去学习这种艺术。你的学习需要持续一个月，每周不少于5小时。你的目标是：开发出一个有创造性的艺术作品。

一个月后，每个团队要使用选择的艺术形式进行一场展示（表演）。

最后，每个人要提交一份不少于3 000字的反思报告来回答以下问题。

（1）在开始创造之前，你有哪些与这种艺术形式创造相关的假设？你现在对这种艺术性的创造感觉如何？

（2）描述在创造过程中有挑战性的某个方面或某一个时刻。

（3）你认为这种艺术体验与创新思维和创造行动之间有哪些关联？

案例分析与讨论

一只行李箱24小时众筹完成率达701%

2016年10月18日，凡米粒创始人王国毓向邦哥透露，凡米粒已获得英诺天使投资的数百万人民币天使轮融资。凡米粒推出的最新产品大脚怪，在京东众筹以超过700%的众筹到达率成功完成产品众筹，众筹期间破多项众筹纪录：3小时众筹30万完成300%众筹目标、24小时众筹完成率高达701%，刷新京东箱包类产品众筹纪录，和好妹妹的产品、汪峰的耳机一起被列入京东众筹的成功案例。

奥运冠军王皓也为它站台——事实上，这款产品最初的概念和雏形，就来自王皓本人。王皓有一个三岁儿子，但他过去几年比较繁忙，因此希望和凡米粒联手打造一款寓意父母多陪着孩子出去旅行的产品，于是就有了这款“像爸爸一样Man的拉杆箱”。

王皓本身是体育运动员，也取得了很大的成就，工程车代表了男性的精神，这款产品把很多跟父亲相关的特性和产品进行了有效的结合，希望孩子学到爸爸的特性，比如宽广的胸怀、探索、勇敢、力量等。产品也进行了对应，比如，大的储物空间代表着男人的胸怀，工程车外观实际上就是一种肌肉感和力量感，工程车本身就是建造城市的工具，代表了探索精神等。

1. 从实体产品入手，逐渐地壮大上游IP

王国毓说，未来凡米粒会推出不同的大脚怪系列产品，除了旅行箱，还有背包、滑板车等不同系列，都以大脚怪的方式来展现。除了大脚怪，凡米粒还有哆啦A梦多功能旅行箱，超级宇航员的全家亲子互动背包等产品。此前凡米粒还推出了小羊肖恩骑行旅行箱，曾被英国驻华大使馆官员作为礼物送给周杰伦。这些产品具有以下几个特点。

（1）在设计上，创新性比较强。

（2）在IP上，深度应用IP和故事内容。

（3）具备一定的跨界性，虽然是拉杆箱，但是具备玩具的外观和外观。

（4）在功能性的产品中，性价较高。

成立于2016年4月的凡米粒，未来希望以亲子出行的实体产品为基础，逐渐地去壮大在上游IP的资产，比如大脚怪系列、宇航员的系列，针对这些系列打造不同的故事内容，甚至把它更加形象化，赋予长期IP内容的内涵，通过亲子出行的实体产品去打造凡米粒在上游端IP的影响，在多领域进行授权合作。而在IP上，凡米粒会坚持两方面发展：一方面，打造自有IP，包括大脚怪、超级宇航员系列等；另一方面，与国际知名IP合作，取得授权，例如小羊肖恩、哆啦A梦等。王国毓说，凡米粒的重心是打造自有IP，但也不会放弃对优质IP的深度应用，把这些IP的精神彻底融入产品上。例如，近期推出的哆啦A梦旅行箱就还原了很多它的特性：哆啦A梦的口袋可以打开，用来装东西；鼻子还可以在夜间发光，起到防撞的功能；旅行箱把手可以活动，类似竹蜻蜓等。

2. 营销和销售渠道的创新

在做凡米粒之前，王国毓在儿童传媒机构优扬传媒任职14年，优扬传媒是中国60%少儿媒体的独家代理商，包括央视少儿。前11年，王国毓主要负责广告、媒体的运营业务，后来的3年，他主要负责动漫形象在中国的运营，包括小羊肖恩、花园宝宝等十多个国内外卡通形象在中国的品牌授权管理、产品的生产研发和销售，以及线下的活动和品牌推广等。

和王皓的合作，也源于之前的工作。王国毓说，2015年是中英文化十周年，他负责运营和推广的小羊肖恩作为英方的旗舰项目出现在交流活动中，王皓是当时邀约的五个体育明星之一，跟妻子联合制作了士兵肖恩羊，这让王皓觉得参与儿童产业很有趣，才有了后面的故事。

王国毓非常善于儿童产品的营销。凡米粒的营销非常多元化，从京东众筹到花椒等直播平台，还定制两款手绘版的军旅版的旅行箱在闲鱼上进行拍卖。2016年11月，在国内一线卫视金鹰卡通《玩名堂》节目，凡米粒还打造《小小男子汉训练营》定制板块，由父母带着孩子一起来参与户外的活动。

在销售的渠道上，凡米粒一方面在天猫、淘宝、京东等传统电商平台上进行销售；另一方面在线下玩具店、箱包店、礼品店、机场高铁店等销售。凡米粒还同箱包企业外交官、儿童服装品牌Balabala达成合作，进入它们品牌销售。凡米粒也探索新的模式，比如同教育机构瑞思、新东方泡泡少儿英语等合作，不仅可以作为给学员的赠品，还可以入驻他们的线上平台，参与给会员定制的亲子出行相关产品。同时，凡米粒还在凯叔等社区电商平台进行销售。

"我们通过实体产品做了一条变现通道，这是在IP市场上的不同，凡米粒也是持续在盈利的项目，此次融资希望在设计、营销，以及IP的打造方面加快速度。"王国毓说。

资料来源：杨绚然．一只行李箱24小时众筹完成率达701%，王皓参与设计，凡米粒融资数百万［EB/OL］．(2016-10-19)．［2018-06-08］．http：//www.cyzone.cn/a/20161019/304707.html.

分析与讨论：

（1）在销售的渠道上的创新使得凡米粒取得了哪些竞争优势？

（2）凡米粒产品创新的依据有哪些？论述其合理性。

创业资源

创新者的密码：未来企业家必备的6大技能

图书：《创新者的密码：未来企业家必备的6大技能》

作者：［美］埃米·威尔金森，战略顾问、企业家、斯坦福大学商学院讲师，经常就企业家领导力问题发表演讲，同时为企业提供创新和商业战略方面的咨询服务。荣获国际扶轮社奖学金和2015艾森豪威尔奖学金。

资源介绍：为什么有些人可以将一个想法变成一家拥有持续竞争力的企业？为什么在大多数人都失败了的情况下，有些人仍然能获得成功？作者耗时5年，通过数百次访谈，从200位卓越企业家的经历中发掘出成功的秘密。

本书案例丰富，破译了SpaceX，Airbnb，Jetblue，Chipotle，Spanx，Under Armour，Gilt Groupe，Theranos，Dropbox，Palantir technologies，Yammer，Stella& Dot，Opower，InSTEDD，Freelancer，InnoCentive、捷波朗等新贵的创新密码。

第五章 创业团队组建与管理

我更喜欢拥有二流创意的一流创业者和团队，而不是拥有一流创意的二流创业团队！

——风险投资管理之父 多里特

导入案例

没有坏的想法，只有不会执行的团队

一般人对于“创业”最大的误解，是对“创意”“创新”的盲目崇拜，认为只要找到一个超级点子，就能够成功创业。创业往往是在极度竞争中，创业团队经过长时间的尝试、失败，最后碰撞、研磨、变形出来的成果。

“脸书”（Facebook）是近年来最成功的创业公司。早在“脸书”成功之前，他们经历了好几年的辛苦挣扎。马克·扎克伯格（Mark Zuckerberg）创办“脸书”时，他在想的根本只是“如何让所有哈佛的学生加入这个网站”。要说他当年早就想到、知道、预测到这就是一个“超级点子”，6年后全世界将会有7亿人在使用这个网站，那根本就是痴人说梦。

更重要的是，当“脸书”忙着吸引哈佛的1万名学生加入时，那时如日中天的社群网站“我的空间”（Myspace）早已经拥有上千万会员。打开电台、电视，每个歌手、艺人，每天在聊地都是谁在“我的空间”的朋友比较多。北美的创投、互联网圈的专家都不相信“脸书”能够有一天打败。改变这一切的不是“脸书”的想法有多好，而是他团队的“执行力”：不断地更新产品，不断地从

使用者的回馈中求进步、找成长、累积用户。

这两年热门的苹果产品，也是另外一个想法不值钱的例子。用任何标准去看，“智能手机”现在听起来都像是一个超级棒的产品种类，每家硬件厂商都抢着推出自有品牌的产品。但如果把时空拉回到 2007 年，苹果执行长乔布斯站到台上宣布苹果手机之前，市场上早就充斥着许多不怎么成功的同类手机，当时大家对这个主意其实是半信半疑的。第一代苹果手机上市后 15 个月的时间，苹果总共只卖出了 600 万部手机，这比他们现在一个月卖出的手机还少。智能手机这个想法，虽然不是苹果想到的，但是是乔布斯团队把它执行到了极致，才变成了一个超级成功的产品。

如果连社交网站、智能手机这些“老梗”，都能被“脸书”和苹果产品做成今天的成绩，那只证明了这个世界上没有烂点子，只有不会执行的团队。所以，如果你有任何创业的想法，就快去做吧！别再想了！

资料来源：Marjamie. 流言终结者#1：“我只要找到一个超级的 idea…”，36 氪［EB/OL］.（2011－10－05）.［2018－06－08］. http：//flashphp. org/blog/2011/05/ i-wanna-a-super-idea.

第一节　创业团队组建与管理基础知识

一、团队：人多好干活

创业就像在茫茫大海里进行一次远航，独自面对风浪总是代价很高。在航行过程中总是需要伙伴同舟共济，一个好汉三个帮。因此，共同创业有利于分摊创业失败的风险；通过团队成员之间的技能互补可提高驾驭环境不确定性的能力，从而降低新创企业的经营失败风险；更为重要的是，共同创业具有更强的资源整合能力，能同时从多个融资渠道获取创业资金等资源，保证创业企业的成功。

随着社会的迅猛发展，面对日益纷繁复杂的外部环境，现代企业活动早已不是个人单打独斗的英雄主义行为所能应对的，事实上成功的创业个案大都与是否有效发挥团队作用密切相关。个人创业者能够满足人们的英雄梦想，最受人瞩目；合作创业者，或是能够长时期保持合作关系，或是能够和平分手而不影响企业的后续发展，也容易引人关注。相比之下，那些集体创业者，则或是一开始就很容易被人忽略，或是后来该创业集体中的某一位成为卓越领导人而使其他人被忽略。实际上，起步于集体创业并成就卓越的企业很多，包括美国运通、金佰利、菲亚特和德意志银行等。相比天生创业者和合作创业者的企业，集体创业者的企业取得成功，更能彰显企业组织、公司制度和治理安排的重要性，更符合社会发展的潮流。虽然每一个创始人可能都有完全掌握新企业发展的欲望，并希望所有成员都能在他的指挥下行事。不过许多调查显示，团队创业成功的概率要远远高于个人独自创业。

（1）有组织的团队能把成员具有的不同能力素质的异质性有效整合，达到经验技能优势互补，实现 1＋1 大于 2 的效果。

团队成员能力素质的多样性和互补性是创新与效率的基础和保证，在共同利益共同目标驱动下，团队中不同的经验技能组合能形成一种协同工作的整体优势，使整个团队在企业经营上能够应付多方面的挑战，并提高工作效率。

（2）团队能更敏捷地捕捉到市场与需求的变化。在共同形成明确目标和方法的过程中，团队可以建立起能支持立即解决问题和提出倡议的交流方式。因此，团队能用比个人更为快速、准确和有效的方法打入大型组织的联系网，根据新的信息和挑战调整自己的行为方式。

（3）团队“抱团取暖”效应为组织管理工作加分。

经过一段时间的同舟共济，面对共同的困难，通过大家一起努力攻坚克难后，团队成员间逐渐会建立起对彼此的信任和信心，并会逐渐意识到团队目标业绩与个人业绩的一致性，产生共同追求高于和超乎个人及职能工作之上的即团队业绩的愿望。

（4）团队有利于营造更轻松愉快的心理环境。

良好的团队氛围与团队的业绩是相辅相成的，它能够使团队的成员愿意为了实现团队的目标而一起工作，并且为了团队的业绩成果而相互充分信任。这种令人满意的心理环境支持创造了团队的业绩，也因团队的优异业绩而得以延续。

没有团队的创业企业也许并不注定失败（事实上也不乏个人创业成功的案例），但是要建立一个没有团队仍具有高成长潜力的企业却是十分困难的，一般而言，个人创业型的新企业成长较慢，因为风险投资者在投资新企业时，都会将团队因素列为重要的评估指标，而不愿意考虑这种个人创业型的投资。

二、一起创造：选择创业合伙人

创业初期，首先就要选择创业合伙人，即你与什么样的人并肩战斗。合伙人就像共同面对枪林弹雨在一个战壕里的战友，又像在一段充满风雨旅途中的伙伴。大浪淘沙，只有共同走过之后才能明白自己的选择正确与否。最初的选择也许不是最正确的，但是在创业之初选择成员仍然需要在现有条件下仔细甄别慎重对待。其选择创业成员一般应遵循以下原则。

（1）相信自己的直觉：选择你喜欢的人，不需要理由。是相信直觉或者是所谓理性的判断，一直是哲学界喋喋不休争论的话题。想想你的朋友，他们为什么成为你的朋友？是他们因为长得漂亮？还是他们和你谈得来？或者你觉得你们的想法总是很相近？还是你觉得他很聪明，总能帮到你？或者是你觉得和他们在一起的时候感觉很自在？不管什么原因，当你选择与你同舟共济的伙伴时，不用谁教，你肯定有了自己的答案，一定要符合你平时选择朋友的标准，你们在一起的时候是否感到舒适？答案是肯定的，很难想象和一个让我不知如何相处的人一起共事是多么令人不可思议。创业初期，大家有着共同的奋斗目标，知道要向何处去。大家同甘苦、共患难满怀热情地工作，在这种时候团队成员之间也会对彼此之间性格、兴趣以及看待处理问题上的差异采取包容的态度，反而有利于更好地处理问题。

（2）选择“不同的人”：优势互补。在创业团队成员选择上，要保持成员之间的异质性。尽量吸纳拥有不同个人特征的成员。团队成员中，最好拥有不同年龄、性别、资历、经验、专业背景、认知模式等因素的成员。有研究表明，团队中成员间不同的知识技能以及人格特性的多样性为提高创业绩效提供了优势互补的有利条件。成员的知识结构越合理，创业越可能成功。纯粹的技术人员组成的公司容易形成技术为王、产品导向的情况，从而使产品的研发与市场脱节；全部是市场和销售人员组成的创业团队缺乏对技术的领悟力和敏感性，也容易迷失方向。

（3）选择和你“一样”的人：三观一致。在一个创业团队中，成员的知识结构、教育背景、认知模式等能力方面实现差异化，有益于进行优势互补。但是在价值观念和道德品质方面，需要选择与你一致的人，至少要得到你的认可并符合主流观，成员的价值观念、道德品质等决定了今后企业团队气氛的形成。一个人在长期生活中形成的价值观很难改变，有的人信奉诚信为本；有的人为了利益不择手段；有的人懂得为身边人着想，顾及朋友情谊；有的人心中只有自己，做事没有底线。在组建创业团队时，除了要考虑团队成员在专业能力素质方面的要求，还要进行深入的交流和充分的了解，使价值观念相近、个人素质较高的人一起组成团队，使得团队内部成员能力差异化、价值观趋同化，组成德才兼备的队伍，这样的团队才是富于战斗力的，创业成功的可能性也更大。

（4）明确组织结构。创业初期团队的组织结构的确定一般分两种情况：一种是可以在选择成员之前完成，然后根据组织中需要的角色选人，也可以选定了团队成员之后，根据每个人的不同情况设定相应的组织结构。创业团队是多人在一起共事，过程中不可避免就会面临决策分歧和利益分配的问题。而组织结构设计就是找到合理最佳的管理模式，在管理制度层面上减少由于决策分歧和利益冲突所引起的问题。达到组织中个体层次需要与组织目标的达成相协调相一致，使个体价值发挥与群体绩效达成正相关。创业团队不同于成熟公司的工作团队，在初始阶段由于条件所限，不太可能建立严密的组织规范条例，或者制定了一些规则规范也很难实行。这时“人治”的因素占很大比例，成员之间关系主要基于认同和信任。因此，创业团队的管理除了在确定公司发展目标、出资及退股原则、利润分配方法等方面进行必要的规定外，主要还体现在情感结构方面的管理。例如：建立“冲突合作”式的企业文化与氛围，避免竞争式的冲突。成员间一定会有冲突，关键在于能否遵循一致目标，看到对方观点和建议的长处及价值，不要认为对方在挑战自己的权威。

案例

腾讯创造奇迹靠的是团队——马化腾是如何创建创业团队的

马化腾1993年毕业于深圳大学电子系计算机专业，1998年的秋天，马化腾与他的同学张志东“合资”注册了深圳腾讯计算机系统有限公司。之后又吸纳了三位股东：曾李青、许晨晔、陈一丹。这五个创始人的QQ号，据说是从10001到10005。为避免彼此争夺权力，马化腾在创立腾讯之初就和四个伙伴约定清楚：各展所长、各管一摊。马化腾是CEO（首席执行官），张志东是CTO（首席技术官），曾李青是COO（首席运营官），许晨晔是CIO（首席信息官），陈一丹是CAO（首席行政官）。

之所以将创业五兄弟称之为“难得”，是因为直到2005年，这五人的创始团队还基本是保持这样的合作阵形，不离不弃。直到腾讯做到如今的局面，其中四个初创人还在公司一线，只有COO曾李青挂着终身顾问的虚职而退休。在企业迅速壮大的过程中，要保持创始人团队的稳定合作尤其不易。在这个背后，工程师出身的马化腾一开始对于团队合作框架的理性设计功不可没。从股份构成上看，五个人一共凑了50万元，其中马化腾出资23.75万元，占了47.5%的股份；张志东出了10万元，占20%；曾李青出了6.25万元，占12.5%的股份；其他两人各出5万元，各占10%的股份。

虽然主要资金都由马化腾出，但他却自愿把所占的股份降到一半以下。“要他们的总和比我多一点点，不要形成垄断、独裁的局面。”而同时，他自己又一定要出主要的资金，占大股。“如果没有一个主心骨，股份大家平分，到时候肯定也会出问题，同样完蛋。”保持稳定的另一个关键因素，就在于搭档之间的“合理组合”。据《中国互联网史》作者林军回忆说，“马化腾非常聪明，但非常固执，注重用户体验，愿意从用户的角度去看产品。张志东是脑袋非常活跃，对技术很沉迷的一个人。马化腾技术上也非常好，但是他的长处是能够把很多事情简单化，而张志东更多是把一个事情做得完美化。”许晨晔和马化腾、张志东同为深圳大学计算机的同学，他是一个非常随和、有主见，但不轻易表达的人，是有名的“好好先生”，而陈一丹是马化腾在深圳中学时的同学，后来也就读深圳大学，他十分严谨，同时又是一个非常张扬的人，他能在不同的状态下激起大家的激情。如果说其他几位合作者都只是“搭档级人物”，那么曾李青就是腾讯五个人创始人中最好玩、最开放、最具激情和感召力的一个人，与温和的马化腾、爱好技术的张志东相比，另一个类型。其大开大合的性格，也比马化腾更具攻击性，更像拿主意的人。不过或许正是这一点，也导致他最早脱离了团队，单独创业。

后来，马化腾在接受多家媒体的联合采访时承认，他最开始也考虑过和张志东、曾李青三个人均分股份的方法，但是最后还是采取了五人创业团队，根据分工占据不同的股份结构的策略。即便后来有人想加钱、占更大股份，马化腾也说不行，“根据我对你能力的判断，你不适合拿更多的股份”。因为在马化腾看来，未来的潜力要和应有的股份匹配，不匹配就要出问题。如果拿大股的不干事，干事的股份又少，矛盾就会发生。当然经过几次稀释，最后他们上市所持有的股份比例只有当初的1/3，但即便是这样，他们每个人的身价都还是达到了数十亿元人民币，是一个皆大欢喜的结局。

可以说，在中国的民营企业中，能够像马化腾这样，既包容又拉拢，选择性格不同、各有特长的人组成一个创业团队，并在成功开拓局面后还能依旧保持着长期默契的合作，是很少见的。而马化腾成功之处，就在于其从一开始就很好地设计了创业团队的责、权、利。能力越大，责任越大，权力越大，收益也就越大。创业团队是一种特殊的群体，是由两个或两个以上具有共同的创业理念、价值观和创业愿景，相互信任，为了共同的创业目标，团结合作，共同承担创建新企业责任而组建的工作团队。

资料来源：姚凤云，赵雅妲，郑郁．创新与创业管理［M］．北京：清华大学出版社，2017.

分析与讨论：

（1）结合本案例谈谈创业团队中成员能力与分工互补原则的必要性。

（2）如何理解创业团队组建的合伙制和公司制模式的？

三、组建员工队伍

在确定好合伙人后，根据创业公司的规模大小，业务需求等情况，还要考虑是否需要招收员工，招什么样的员工。作为初次创业的大学生，热情有余、经验阅历难免不足，所以要多向老师或专家请教，让他们成为辅助企业成长的顾问。

（一）真地需要新员工吗

处于创业阶段的企业公司，面对的环境具有很强的不确定性，在招收员工的时候也需要谨慎行事。搞不好会给公司管理者带来不小的麻烦，如果处理不好，就会分散管理者的精力，使创业者的注意力从企业经营创造活动中分散开来，并陷入一些不必要的人事纷扰之中。一个新人的加入可能无法很快为团队带来更大的产出，而很多创业者都忽视了这点，觉得公司企业的发展就是需要在员工人数上进行扩大，导致负责人工作只剩招人，各部门工作只剩带人，看上去体量变大，热闹非常，而实际效果是徒然增加了人力成本，并未带来期望中的收益。而且，创业公司早期工作量大、规章制度有待完善，新人是否接受工作环境能否久留都是未知数，这些因素都会导致人员的频繁变动。因此在公司初创阶段，需要奉行尽量少招人的原则，这一思路可以贯彻到企业整体的管理，直到企业发展到一定的成熟阶段。奉行少招雇员的原则，这为创业公司控制成本提供了有效的手段。对于创业公司来说，有时候不断培养老员工也不失为促进企业发展的一种思路，用各种方法留住老员工，给老员工提供上升空间，管理者依靠提供进步（包括自己）的阶梯而非换人给公司带来动力，让团队中的员工看到留下来的价值，优秀的企业文化和品牌感也更容易诞生于相对稳定的人事环境中。

（二）招什么样的员工

虽然员工不是合伙人，对公司整体性战略性发展等问题不负责任，但也具体负责公司某一岗位的职责，是公司业务的具体执行人，对公司的发展也起到了举足轻重的作用。在公司初创阶段，都会面临工作复杂、繁重、环境变化大等一系列问题，在这种情况下，招聘什么样的员工以及如何找到需要的员工是一项需要仔细慎重对待的工作。为了促进业务发展、节省管理成本，在招员工时给出以下一些建议。

（1）搞清楚你招聘的岗位所需要的专业素质与技能，如果有精力最好能亲自体会一下你所招聘岗位所应做的事情，这样能了解一些细节，帮助你选到合适的人。

（2）踏实肯干、聪明高效，是对员工素质的基本要求。对于某个特定的角色总会有一些相应的具体要求，但是聪明高效这两条永远是普遍适用的要求；而踏实肯干，也是员工素质中不可或缺的要求。聪明高效说的是员工的能力，踏实肯干更偏重员工的职业素养。

（3）是否认同公司的理念。在招聘时除了要探查应聘者的基本情况之外，对于创业公司来说，最好还要向其介绍公司的基本情况，包括公司的创业理念、经营目标、岗位职责等，看是否在公司价值观认同上产生共鸣。

（4）是否具有学习的潜力，对知识和技能有足够的兴趣。创业初期环境的不确定性造成岗位职责不断产生变化，因此要招一些适应能力更强、或者说更愿意去学习适应环境的人，他们要对企业有相当的信任和认同，才可能在复杂的环境中完成五花八门的工作，创造更多效益。

（5）雇佣那些你喜欢的人。在创业初期，由于条件所限，我们会作出一些权衡和妥协，你会说也许他不那么招人喜欢，但是他是个有专长的人，他可以胜任这个岗位。这也许是对的，最终你会发现招一个你喜欢的人还是一项明智的选择。

（6）员工的客观条件上是否允许其能够承受压力较大的工作，创业期公司工作都比较繁重，有时候大家都忽视了一些客观因素对员工的影响，比如身体状况是否良好，家庭负担是否过重，住的是否离公司太远等。

（三）向懂行者请教

对于初创公司来说，必要的时候寻求外部的帮助也是获得成功必不可少的手段。可以向营销专家、行业内人脉广泛的人、行业内的名人、相关权威和技术专家咨询。

随着公司业务的增长，如果发现因为时间精力不够用或者缺乏某方面的专业知识，造成完不成任务的后果，这时候就是这些人士发挥作用的时候了。确定你及你的合伙人缺少的技能，然后寻找兼职顾问及承包商，由他们来填补空白。事实上现在越来越多的创业公司采取或外聘外包的方式开展业务工作。

第二节　创业团队组建与管理思维训练

一、大学生创业团队的特质

问题：大学生创业团队与其他创业团队相比有什么特点？列出他们各自的优势和劣势。

参考观点：

大学生群体是年轻人的中坚力量，是这个社会的未来和希望。其接受过系统的专业教育，拥有较高的专业化知识和技能，并且一般具有较高的综合能力素质。他们是一群具有活力的年轻人，容易接受新生事物，且自我实现意识较强，在目前政府和社会大力提倡自主创业的大背景下，必将成为推动“大众创业、万众创新”的生力军。然而，大学生毕竟刚刚步入社会，由于个人专业、能力、社会资源和资金等条件的限制，很难凭一己之力创立新的企业，因此，团队式创业成为大学生自主创业的主要模式。

大学生创业团队具有以下优势。

（1）团队成员均为大学生，他们思维活跃并充满激情，具有强烈的创新意识和自我实现意识，接受新鲜事物能力强，也能很快通过学习将知识转化为产出。

（2）团队成员拥有较强的专业基础知识和丰富的知识背景，在能力、技术水平等方面也有一定的优势，通常会选择高新科技和一些技术性较强的方向进行创业。

（3）创业团队通常会选择成本少、风险较小的项目进行创业。一方面，大学生创业团队往往存在资金不足、融资渠道单一等困难；另一方面，因成本较少，即使失败，也不会造成非常严重的后果，反而能让大学生们从中汲取经验教训，从而东山再起。

二、团队决策应该由谁做主

问题：创业初期的团队建设，提倡民主更好，还是独裁更好？

参考观点：

俞敏洪说，对于一个创业团队，到底谁做主至关重要，而搞不清谁做主的团队或初创公司，肯定是有问题的。大家可以参与决策，但是民主集中制一定要有。团队主要负责人一定要把商业逻辑想清楚，制定出公司的理想、目标、价值观，把握住公司的大方向。其他更实际的事则交给其他合伙人来具体完成。

这也代表了大多数创业者的观点。一个可以借鉴的既理想又现实的平衡是：日常管理上民主，关键决策上独裁。

（1）日常管理上民主：包括日常与员工的沟通、企业文化的建设，甚至工资结构的调整等。作为创业团队，在平日里应维持较高程度的信息透明，让每个员工熟悉公司的现状和短期目标，并积极收集员工的反馈，时常倾听员工的意见，不断修正管理模式。在这样的氛围中，可以较多地利用集体智慧，形成民主的、积极的工作氛围，建立良好的企业形象。对初创企业来说，相似的职位不要有过大的薪资差距，工资结构应该是相对透明且扁平的，这对创业团队初期管理起着重要的作用，会让人际关系和利益纠纷变得简单，很大程度地提高效率。

（2）关键决策上独裁：包括重要项目的执行、与员工的分歧、股权分配与融资决策等。听取员工的想法，但不要全部当真，正如你不可能遵从所有用户的需求去设计产品。并非每个员工都能给出合理的或切实的改进意见，在人际关系和对某人的看法上就更是千人千言。创业者要做到兼听则明，把握住自己最终的判断。一般情况下创业企业不应过多干涉员工的工作方法和习惯，只要他们能把任务完成得很好，就没必要较真儿。一旦员工对你的决策表示出较大的异议，甚至消极怠工，就要考虑如何果断地处理与员工之间的分歧，避免影响的继续恶化。真正在每件事上都十分负责而且有真知灼见的员工显然是可以进入合伙人团队的，没有这个水平的人不必操心过多。在分配股权、融资决策等涉及创业企业发展模式与方向的重要问题上，员工甚至次要合伙人都帮不上忙，甚至会乱想、乱提意见，作为创业者要坚定自己的决策，适当地作出“独裁”，没必要牵扯全体。

第三节　创业团队组建与管理技能训练

（一）技能训练一　挑选谁加入创业团队

《西游记》中由唐僧率领的取经团队被公认为是一支“黄金组合”的创业团队。

阿里巴巴集团董事长马云非常推崇这支团队，认为它是最完美的团队，四个人的性格各不相同，却又同时有着不可替代的优势。比如说，唐僧慈悲为怀，使命感很好，有组织设计能力，注重行为规范和工作标准，所以他担任团队的主管，是团队的核心；孙悟空武功高强，是取经路上的先行者，能迅速理解、完成任务，是团队业务骨干和铁腕人物；猪八戒看似实力不强，又好吃懒做，但是他善于活跃工作气氛，使取经之旅不至于太沉闷；沙僧勤恳、踏实，平时默默无闻，关键时刻他能稳如泰山、稳定局面。

但是，创业路上，并没有那么巧的机缘和条件，能幸运地集聚到这样四个不同性格的人。所以，如果只能从这四个人中挑选出两个人来作为创业成员，你会挑选哪两位?

这其实是牛根生在“我能创未来——中国青年创业行动”活动现场对俞敏洪和马云提出的一道问题。俞敏洪选沙僧和孙悟空，马云选择了沙僧和猪八戒。两人都选择了耿直忠厚的沙僧，但是关于另一个人选，两人的选择却很有意思。

一向语不惊人死不休的马云这样解释他为什么选择猪八戒：“最适合做领袖的当然是唐僧，但创业是孤独寂寞的，要不断温暖自己，用左手温暖右手，还要一路幽默，给自己和团队打气，因此我很希望在创业过程中有猪八戒这样的伴侣。当然，猪八戒做领导是很欠缺的，但大部分的创业团队都需要猪八戒这样的人。”

俞敏洪不赞同马云的选择，他认为猪八戒不适合当一个创业伙伴，猪八戒是很能搞活气氛，让周围的人轻松起来，但是缺点也很突出，就是不坚定，需要领袖带着才能往前走。而且猪八戒既然没信念，哪好就会去哪，哪有好吃的就往哪去，很容易在创业过程中发生偏移，企业有钱时会大赚一笔然后离开，企业没钱时也很可能会弃企业而去。而孙悟空就不会这样，他是一个很理想的创业成员。俞敏洪列举了他的理由。

他（孙悟空）的优点很明显：第一，有信念，知道取经就是使命，不管受到多少委屈都要坚持下去；第二，有忠诚，不管唐僧怎么折磨他都会帮助他一路走下去；第三，有头脑，在许多艰难中会不断想办法解决；第四，有眼光，能看到别人看不到的机会和磨难。

当然，孙悟空也有很多个人的小毛病，会闹情绪，撂担子，所以需要唐僧必要时念念紧箍咒。但是，在取经路上，孙悟空所起到的作用是至关重要的。如果将西天取经比喻成一次创业过程，孙悟空就是其中不可或缺的创业成员。

新东方的创业团队就有些类似于唐僧的取经团队。徐小平曾是俞敏洪在北大时的老师，王强、包凡一是俞敏洪北京大学西语系80级的同班同学，王强是班长，包凡一是大学时代睡在俞敏洪上铺的兄弟。这些人个个都是能人、牛人，俞敏洪曾坦承：论学问，王强出自书香门第，家里藏书超过5万册；论思想，包凡一擅长冷笑话；论特长，徐小平梦想用他沙哑的嗓音做校园民谣，他们都比我厉害。

所以，新东方最初的创业成员，个个都是“孙悟空”，每个人都很有才华，而个性却都很独立，俞敏洪敢于选择这帮牛人作为创业伙伴，并且真的在一起做成了大事，成就了一个新东方传奇，从这一点来说，俞敏洪是一个成功的创业团队领导者。他知道新东方人多是性情中人，从来不掩饰自己的情绪，也不愿迎合他人的想法，打交道都是直来直去，有话直说。因此，新东方形成了一种批判和宽容相结合的文化氛围，批判使新东方人敢于互相指责，纠正错误；宽容使新东方人在批判之后能够互相谅解，互相合作。这就是新东方人的特点：大家互相之间不记仇，不记恨，只计较到底谁对谁错谁公正。

这种源自北大精神的自由文化，是俞敏洪敢用“孙悟空”，而且是多个“孙悟空”的前提条件，这是新东方成功的关键因素之一。而另一个关键因素就是俞敏洪本人所具备的包容性，从这一点来讲，俞敏洪的身上有唐僧的影子。唐僧坚忍而正直，领导了四个本事十分高强的徒弟（还有一个是龙王三太子变成的白马），这些徒弟无论是齐天大圣、天蓬元帅还是西海龙王三太子，个个都不是省油的灯，硬是在唐僧领导下，取得了真经，完成了任务，各人也都洗除了罪孽，修成正果。而俞敏洪同样带领着一帮比他厉害的“牛人”，不仅将新东方从小做大，还完成了让局外人都为之捏了一把汗的股权改制。最令人意料不到的是，俞敏洪居然还将新东方带到了美国的资本市场，成为中国第一个在海外成功上市的民营教育机构。这一份成绩虽然还不能定义为最终的胜利，但是仍然有着非同寻常的意义，即它告诉了人们，对于中国教育来说，一切价值正有待重估。

同学们会如何选择呢？说说你的选择与理由。

资料来源：听棠．最完美的团队，团队创业研究——俞敏洪创立新东方［EB/OL］．(2013-03-09)．［2018-06-08］．https://wenku.baidu.com/view/09669fe3856a561252d36f4e.html.

（二）技能训练二　开发你的创业人脉

1. 绘制你的人脉地图

参考图5-1，用尽可能大的纸张写下所有你认识的人，要尽可能多地想到和写下来。

同学：	家人：	朋友：
老师：	我	朋友的朋友：
校友	同事	陌生人

图 5－1　人脉地图

2. 标记重要的人

观察这图 5－1，认真且反复思考以下问题，得出答案后，在图 5－1 中的对应名字旁边做个标记，如▲●★。

（1）谁是你最信任的人？

（2）谁是你最崇拜的人？

（3）谁是你成功时最想一起分享喜悦的人？

（4）谁是你失败时最先想到的避风港？

（5）谁是和你最志同道合的人？

（6）谁是你创业路上必不可少的支持力量？

（7）谁有可能给你的创业带来帮助？

（8）谁有可能成为你的创业伙伴？

（9）谁有可能为你的项目投资？

（10）谁有可能为你提供创业的关键资源？

（11）谁有可能为你提供创业的技术支持？

（12）谁有可能为你提供创业的管理支持？

（13）谁是市场营销或公关的高手？

（14）谁善于化解危机，处理问题？

（15）谁善于创新研发，能给你带来很多新点子？

（16）谁善于沟通交际，能帮你认识很多新朋友？

（17）谁有可能成为你未来的合作者？

（18）谁是你的潜在客户？

还可以就其他你认为重要的问题进行思考和标记。

注意：陌生人也是不可忽略的重要人力资源！

3. 与你创业路上的重要人脉分享

首先观察标记后的人脉图，哪些人被标记了很多次？立刻去找到他们，和他们分享你的创业想法，争取得到他们的支持。

4. 反思

你认识的人会越来越多，所以你可以经常做这个练习，尽量不要漏掉“重要的人”，找到他们，并及时与他们交流，得到必要和可能的帮助。

你还可以按你创业所需要的资源，设计更多的问题。

你会发现，其实你拥有很丰富的人力资源，他们都可能帮助你走进创业的梦想，不要小看你的人脉地图，不要低估他们对你创业的影响，更不要忘记：你自己也是非常宝贵的创业人力资源。

创业实践

组建最佳团队

1. 制作广告

假设你想寻找合伙人共同创业，创办一家快餐连锁企业，请拟一份征集合伙人的广告。注意以下几个事项。

① 你是召集人，不一定是领导者。

② 创业的初始目标、计划。

③ 你掌握的资源，及你需要的资源。

④ 所需伙伴的数量和特点。

⑤ 你对股权分配、团队管理的设想。

⑥ 有吸引力的回报，及可能的风险。

⑦ 其他你认为需要说明的问题。

2. 三分钟演讲

张贴你的广告，并用三分钟演讲宣传你的优势，吸引同学加入你的团队。

同学共同评估，选出几位同学做团队创建者，并自愿加入一个团队。

3. 评估团队结构

同学们从以下 4 个方面，分析哪个团队组成更好？每项 25 分，总计 100 分。哪个队的分数高？落后的队谈谈，将如何赶超对方？

① 团队成员加入的目的。

② 团队成员的知识结构。

③ 团队成员的性格、个性、兴趣。

④ 团队成员的价值观念。

4. 确定团队成员

团队创建者可以根据同学对下面五个问题的解答情况，决定其去留。

（1）团队中唯一权威主管问题。

（2）团队成员间的相互信任问题。

（3）妥善处理不同意见和矛盾。

（4）合理分配股权问题。

（5）妥善处理团队成员间利益。

然后请团队中的一成员，对本团队作出最后调整（增人或减人）。

5. 推选最佳团队

最后同学们重新评估这几个团队，推选出最佳团队！

案例分析与讨论

屡败屡战的创业者——一位青年创业者的创业之路

我叫王建，毕业于浙江万里学院，现任浙江晴田实业有限公司董事长兼总经理。这已经是我注册成立的第四家公司了。回首五年创业之路，我感慨万千：打拼的艰辛，使我深感创业之不易；成功的喜悦，让我懂得了责任与担当。2005 年初秋，还是大四的我和两个同学在创业指导教师的鼓励下，开始尝试创业。我们积极寻找各种机会“练手”——在学校里送外卖、卖夜宵、推销学习用品，经常被学弟学妹误认为是推销员，常常遭到白眼、吃到闭门羹，但我们却乐此不疲。就这样，我们积累了第一笔启动资金。2005 年 12 月，我们同学三人意气风发地创立了第一家公司，注册资金 10 万元，主营网络推广及网站建设。

然而，现实很快给年轻的我们当头一击。公司业务进展并不顺利，我们就像无头苍蝇一样，乱飞乱撞。我从以前根本不看储蓄卡上有多少余额的懵懂学子，变成了为公司生计精打细算的“一家之主”。尽管我们吃盒饭、坐公交，不敢乱花一分钱，但第一次创业还是以亏损 5 万元告终。那段时间，正是毕业关头。本应是踌躇满志之时，我却因为创业失利而陷入低谷。合伙人纷纷离去，创业前景一片黯淡。但年轻的我并没有被困难吓倒，初次创业失败的阴影反而更加激发了我的斗志。没了父母的宠爱，没了师长的扶助，我却好像一下子成熟了。“跌倒了不可怕，怕的是跌倒了爬不起来！”我鼓起勇气收拾心情，一边默默承受伤痛，一边面壁反思。通过对初次创业全过程的系统反思，我清楚认识到，选准行业、预测前景、确立盈利模式，对创业是多么的重要！

2006 年 6 月，我重组股东成员，注册了第二家公司，主营业务是组织国内企业出国参加专业展览会，并从中寻找商机。理想很丰满，现实很骨感。我和四名伙伴一起通过电话营销和网络推广联系业务，艰苦奋斗了六个月。前三个月，公司连续亏损，我和同伴们相互鼓励：没关系，坚持就是胜利！然而，第四个月过去了，第五个月过去了，第六个月过去了，公司业绩却依然不见起色。当时，同伴们心里都没有底，我更是每天都绷紧神经咬紧牙关，用度日如年来形容毫不为过！终于，第七个月，公司连续接到订单，拿到了国际最著名的汽配展之一——法兰克福展的展会代理，短短一个月，一举收回六个月的亏损！然而，正当我整装待发准备乘胜前进时，始料不及的事情发生了。我一道打拼的同伴们承受不了创业的巨大压力，之前六个月连续亏损的后怕、创业前景的不明朗，使他们在收回亏损后全部撤资退场，有的回乡就业，有的继续深造，公司只留下我孤零零的一个人。我的第二次创业又一次以失败告终。如果说第一次创业失败是我人生的成长试炼，我还可以坦然应对，但连续两次创业失败，无疑给我造成了沉痛的打击！我也怀疑过、动摇过，甚至想到放弃，长时间高强度的工作，使我和同龄人相比为工作付出的太多，也使我对家人亏欠的太多：从没有时间陪女朋友花前月下，婚期也是一拖再拖；毕业这么久都不能像其他同学一样在父母身边尽孝，也没有积蓄为他们买点礼物，甚至连个问候的电话都常常因为公司业务而被迫中断。付出这么多，但成功迟迟不来，也许永远不会来。值得吗？尽管伤痕累累，尽管前景堪忧，但我始终相信：一个勇于选择，勇于担当的人，必然会闯出自己的天空！在迷茫中，我努力寻找前行的方向，在失望中，我认真反思其中的原因。我意识到，现代社会分工如此之细，一定有我大展拳脚的地方，只是现在还没找准。为此，我在那段时间彻夜工作，做调查、联系客户、找项目。通过这几年的摸爬滚打，我的直觉告诉我，随着汽车行业的飞速发展，和城市道路的日益复杂，汽车导航仪必将成为汽车消费中的必需品。我掌握的材料佐证了我的想法——2006 年以来，浙江的汽车销售增幅全国第一，单宁波一地就有 88 万辆汽车。

2007 年 1 月，我的第三家公司“宁波晴田贸易有限公司”成立了，主营汽车导航电子产品的批发以及零售。新公司成立后，为了节省费用，我白天和员工骑电瓶车跑业务发传单，经常遭到小区保安的驱赶；晚上回到公司打地铺睡阁楼。有一次，父母来店里看我，当他们看到我住的环境的时候，一刹那，我妈的眼泪夺眶而出，她一边抹着眼泪一边帮我整理床单，我爸也哽咽难语。后来父亲告诉我，这眼泪里有一半是欣慰的泪水，看到儿子已经长大成人，带领员工努力奋斗，为事业矢志不渝，没有什么比这更能安慰老人的心了。功夫不负有心人，新公司终于开始盈利，而且销售额不断增长，员工规模不断壮大。年轻的公司年轻的团队，我们拥有同样的激情和梦想，我们不服输不怕苦！在不断的努力下，2008 年公司销售额突破了 2 000 万元。我一直认为做企业应该以人为本，未来企业的盈利主要靠服务而不是靠产品。我把人性化服务作为公司的第一准则，打出“客户至上，服务至上”的口号。优质的服务为我们迎来了不少回头客，许多老客户还主动给我们介绍新客户。记得有一次，公司一名技术员到宁波南部的象山县安装一套奥迪导航系统，安装好已经是晚上 8 点多了，不巧又测出质量问题，技术员打电话向我求助。我不敢怠慢，连夜送去新的产品。经过重新安装、调试，问题仍未解决。这下可把我们给难住了。宁波仓库已经没了同款产品，而客户明天一早就要出差，今天晚上必须安装好。我立刻联系其他经销商，了解到台州有货。我二话不说出发去了台州，往返 400 多公里。等我再回到象山的时候，已经是凌晨 4 点多了。顺利交工后，客户紧紧握住我的手说：“兄弟，我见过客服做得好的，但没见过你们这么好的。辛苦了，以后就认你们了。”听到这番话，我心里想，这一夜的奔波劳累，值；这几年的艰苦打拼，值！2009 年年初，在业界知名的广州汽车电子改装展上，我结识了市值 30 亿元的广州飞歌公司总经理。同为创业者，类似的经历，共同的坎坷，让我们一见如故。他对我的青年创业团队十分肯定与信任，在飞歌品牌代理权竞争极其激烈的情况下，我出乎意料地签下了浙江省的代理权。随后，我们马不停蹄地规划区域，设立办事处，策划营销方案，提出“让开车人不再迷路”的产品销售理念，争分夺秒地去终端店推广。2009 年我们以销售业绩 5 000 万元的优秀成绩取得了飞歌品牌全国最佳代理商称号。2010 年公司年销售额同比增长 100%，总销售额突破 1 个亿，成为全国最大的导航仪销售商，创造了行业传奇！艰难困苦，玉汝于成。大学生创业之路中的甜酸苦辣，我一一尝遍。每一次的挫折以及困难，我都把它看成是一次磨炼、一次考验、一次脱胎换骨重新来过的机会。大学生具有高知识高学历，有着“初生牛犊不怕虎”的闯劲和创新精神，这些都是我们的优势所在。

通过创业，不但实现了自己就业，还为 130 余名大学生提供了岗位；通过创业，提高了能力、增长了经验、实现了个人价值、收获了成长。而成长，对年轻人来说，比成功更重要！经过两年的积累，我新成立了“浙江晴田实业有限公司”，向规模化、集团化发展，由批发转向零售，向“终端为王现金为王”的王者靠拢。公司今年计划开设 15 家终端零售店，为拓展全国市场甚至全球市场做准备。我还计划以创业所得捐赠希望小学和养老院，我想，这是一名大学毕业生应有的担当，是我们回报社会、回馈人民的责任和追求！大学毕业后所走过的这段历程，使我认真研读了社会这部鸿篇巨制，而创业无疑是其中的华彩篇章。我深深地感谢这个可以让我们尽情挥洒想象的时代，感谢这片可以让我们尽情驰骋才智的热土！在创业之路上，我相信，我会走得更好、更远，也会有更多的有志青年与我一路同行！

资料来源：王建．屡败屡战的创业者，中国大学生网［EB/OL］．（2011－05－12）．［2018－08－02］．http：//www.university-china.com/common-article-view.php？commonArticleId＝281.

分析与讨论：

（1）年轻的创业者，年轻的团队，创业路上比成功更重要的还有什么？说说你的理解。

（2）面对创业路上的艰辛，你认为是什么因素让创业者走得更远？

创业资源

团队合作能力训练

图书：《团队合作能力训练》

资源介绍：本书具有以下几个特点。

（1）以职业院校学生的合作能力现状为出发点，针对学生的基础和特点，介绍他们最欠缺、最需要的技能。

（2）体现“职业”特色，在案例的选择和能力训练的设计上融入职场元素，如职场案例、职业情境体验，让学生提前对职场有所了解，感受职场氛围。

（3）以能力训练为主，理论指导为辅，通过有针对性的训练让学生在活动中掌握相关技能，真正做到“有趣、有用、有效”。

（4）采用学习目标、学习引导、能力训练、知识链接、推荐阅读、课外练习的编写体例，层次分明，可操作性强。

第六章 创业机会识别与评估

创业就应该做一件天塌下来都能够赚钱的事情。

——香港和黄集团 李嘉诚

导入案例

时机是创业成败的关键

两个青年一同开山，一个把石头儿砸成石子卖给建房人，另一个直接把石块运到码头卖给杭州的花鸟商人。因为这里的石头总是奇形怪状，他认为卖重量不如卖造型。三年后，卖怪石的青年成了村里第一个盖瓦房的人。

后来，不许开山，只许种树，于是这里成了果园。每到秋天，漫山遍野的鸭梨吸引来八方商客。他们成筐成筐地将鸭梨运往全国各地，甚至远销海外。当村里的人为鸭梨带来的小康日子欢呼雀跃的时候，那个成卖怪石的青年卖掉果树，开始种柳树。因为他发现这里的客商不愁挑不上好梨，而是愁没有足够多盛梨的筐。五年后，他成了当地第一个在城里买房子的人。

再后来，一条铁路从这儿经过，小村开始实施对外开放，果农也开始由单一的卖果发展成水果加工以及市场开发。就在一些人开始集资办厂的时候，那个青年开始在他的地里修砌一道三米高百米长的墙。这道墙面向铁路，背依垂柳，两旁是一望无际的万亩梨园。坐火车经过这里的人，在欣赏盛开的梨花时，会醒目地看到四个大字：可口可乐。据说这是五百里山川中唯一一个广告，那道墙的主人仅凭这道墙，每年又有四万元的额外收入。

20 世纪 90 年代末，日本一著名企业的人士来华考察，当他坐火车经过这里时，听到了这个青年人的故事，马上被此人惊人的商业化头脑所震惊，当即决定下车寻找此人。当日本人找到这个人时，他正在自己的店门口与对面的店主吵架。原来他店里的西装标价 800 一套，对面的就把同样的西装标价 750 元，他标价 750 元，对面就标价 700 元。一个月下来，他仅仅批发出 8 套，而对面的客户却越来越多，一下子发出了 800 套。

日本人一看到这情形，对此人失望不已，当他弄清真相后，又惊喜万分，当即决定百万年薪聘请他。原来，对面的那家店铺也是他的。

资料来源：穆林．先要练就一双好眼睛，创业［EB/OL］．（2008－04－28）．［2018－08－01］．http：//blog. china. alibab. com.

第一节　创业机会识别与评估基础知识

一、创业行业怎么选

从理论上说，制约大学生行业选择的因素主要分外在因素和内在因素。外在因素主要包括该行业的发展前景和潜力，具体为利润率、风险性与创新性，竞争的激烈程度，政府对与该行业的政策扶持力度等；内在因素则是大学生自身的因素，包括他们所学的专业特色、自身的兴趣爱好、自身的特长、资金的多少等。

创业行业的选择，主要从以下几个方面进行评估。

（一）行业发展的前景

当今时代，在选择创业行业的时候要认识到选择创业行业不能只注重行业现在的发展情况，还要根据该行业现在的发展势头、政府的相应政策、世界经济的发展趋势、高科技产业的发展速度、该行业自身的特色和经营模式等一系列外在因素，综合考虑该行业在未来世界的发展浪潮中所占据的位置，换句话说，就是要关注行业的发展前景。

（二）行业利润率

一般的创业者在行业选择的初期，都会把绝大多数的注意力放在备选行业的利润率上。诚然，追求利润本身就是创业者的初衷所在，但是一些高利润行业，如通信类和生物制药类，进入的门槛过高，有较高的科技含量的要求，对于经营的场地和启动资金都有严格的要求，这对于大学生创业者是一个不小的挑战。所以大学生创业者在创业初期对于利润率要有一个比较理性的认识，不应盲目地把利润率的高低作为衡量行业优劣的标准。简而言之，利润率在行业选择的影响因素中占有一席之地，但不应是唯一的因素。

（三）启动资金

一般地，资金是创业者目前创业活动中遇到的最大障碍，也是制约他们行业选择的主要因素。一些具有极高的科技含量和发展潜力的项目就是因为资金的匮乏，缺少相应的投资而搁浅。创业者应根据自己的资金状况来选择相应的行业，尽量使自己在未来的发展中可以处于行业的较高水平，获得高额利润。

（四）竞争程度

创业者应考虑所选行业的竞争程度。研究表明，现在有很少的创业者会抓住行业的空白进行创业，如果所选的行业比较传统，行业的竞争度就比较高。竞争度的高低决定企业未来在行业中的发展水平。

（五）兴趣和爱好

众所周知，兴趣是最好的老师，爱好是不竭动力的源泉。创业者在创业时如果能结合自己的兴趣，通过创业的方式让自己的爱好转变成现实中的一种职业，将有助于创业的成功。这是因为，创业者是基于自身的兴趣来选择创业行业的，所以对顾客的心理需求有很好的把握，在顾客服务方面有优势，能够将心比心，凭借细致入微的服务赢得顾客的认同，就会为创业成功打好基础。

（六）自身的优势

很多大学生在创业的时候希望能够结合自己大学所学的专业知识，因为知识和技能水平高是大学生创业群体最显著的特征。知识和技能对于经济发展和社会进步的推动作用是巨大的。知识和技能是起支配作用的生产要素；缺乏知识和技能，就在很大程度上失去了核心竞争力和生存空间。大学生经历了系统的高等教育，积累了诸如语言表达、写作、管理等技能，以及大量的金融、会计、营销等专业知识，是社会中的精英，这为大学生创业搭建了更高、更宽阔的平台。

二、创业模式与过程

（一）创业模式

大学生创业模式是大学生在特定区域、特定环境中形成的，在创业动机、创业方式、产业进入、资金筹集、组织形式、创新力度和政府支持等方面具有相似性、典型性的创业行为，是对各种创业因素的配置方式。由于我们国家的大学生创业的历史发展的还比较短，目前大家都能接受的有 6 种比较成熟的创业模式。

1. 独立自创模式

独立自创模式是指大学生为了实现就业的同时积累资本和经验，由个人或几个人组成的创业团队白手起家，完全独立地创业，属于典型的个人创业。经调查发现大部分大学生创业时选择的是这种模式。创业行业主要集中在商业零售、餐饮、化妆品、服装、图书批发、家具、眼镜、乐器的经营上。这种创业模式的资金需求较少，创业者可以通过自己前期的兼职积攒、向亲朋好友借债或在政策范围内获得小额贷款的形式筹集。在管理上主要是采取自我雇佣的业主组织形式，产权关系上以个人独资或合伙投资经营为主，在经营取得成功、发展到一定规模的时候，就成立具有法人地位的股份制小型公司。这种创业模式投资小，面临的不确定性程度低，稳打稳扎，步步为营，逐渐积累壮大，成功率较高。

2. 产品代理加盟模式

产品代理加盟模式是指大学生以加盟直营、区域代理或购买特许经营权的方式来销售某种商品或服务的创业活动。加盟的行业主要是商业零售、饮食、化妆品、服装等技术含量不高而用工较多的行业。资金筹集上一般是由个人独资或几个人合伙出资，组织管理上实行总店或中心的统一模式自我雇佣、自我管理，并且能分享经营诀窍和资源支持，得到长期专业指导和配套服务。该种创业模式由于有经营管理上现成的模式可供直接采用，可充分利用特许企业的品牌效应减少经营风险，享受规模经济的利益，被称为“站在巨人的肩膀上”的创业。

3. 分化拓展模式

分化拓展模式是指大学生首先加入某高新技术或商品流通企业，成为该企业的骨干员工，然后利用企业内部的创业机会来实现自己创业理想的行为。一些大学生发挥自己的专业特长，迅速成为公司的骨干，而这时公司恰好准备变更或重塑公司的主要方向，由公司投资，并委托骨干员工来负责新业务或新项目。作为骨干分子在资本、经验、人力资源发展到适当程度之际并判断有更好的商机出现时，就脱离原公司集团，以自己个人积累的资金为主，来创建新的法人企业。创业者在参照原公司集团经营管理模式的基础上根据自己的偏好做进一步改进。该种创业模式可以依托原公司客户关系网扩大业务，创业风险较小，成功概率较高。

4. 专业化模式

专业化模式是大学生将自己拥有的专长或技术发明通过“知本雇佣资本”的方式发展成企业。创业的大学生具备某一专业、技术特长，或成功研制一项新产品、工艺，但要创建企业需要高额资本，而学生往往由于缺乏信用保证难以通过信用机制从外部筹措大量的急需资金。于是大学生就以技术、专利、其他智力成果作为生产要素，吸引有眼光的公司提供风险投资基金来创建企业。该种创业模式主要集中于电子信息、生物技术、高科技农业等技术含量高、知识密集型的行业。经营形式上采取股份法人公司制，管理上十分强调企业家精神和团队精神。该种模式是技术与风险资金的结合，不确定性程度高，风险大。

5. 孵化器模式

孵化器模式是大学生受各种创业大赛的驱动和高校创业园区创业环境的熏陶、资助、催化而进行的创业活动。许多高校举办了各种各样的创业大赛，参加大赛的大学生在创业大赛中熟悉了创业程序，储备创业知识、积累创业经验、接触和了解社会，是对创业的模拟实验；同时高校纷纷建立科技园区或创业园区，园区中的科技创业基金中心或大学生创业投资公司对经过严格评估的优秀参赛项目进行股权形式的投资建立股份制公司并且定期评估投资项目，实行优胜劣汰，对项目进行创业催化。创业者可以得到政策的支持和创业园区的各专家的培训和指导，包括免费提供办公场所、公共文秘、财会、人事服务，咨询、辅导、评估和项目管理服务、办理证照、落实优惠政策、推荐申报、市场营销服务等。该种创业模式集中于高科技行业，很多项目是研究生的导师承担的各级政府课题基金项目的成果。

6. 创意模式

创意模式刚刚兴起，是大学生根据自己的新颖构想、创意、点子、想法进行的创业活动。创意创新集中于网络、艺术、装饰、教育培训、家政服务等新兴行业，创业者的设想能够标新立异，同时在行业或领域里也是个创举，并能够迅速抢占市场先机。创业的资金需求量不是很大，一般创业者向亲朋好友借款或在政策范围内小额贷款，特别有创造性能吸引商家眼球的也可以引来大公司的股权形式的资金注入，组织管理上个人独资、合伙、股份公司均可。这种创业需要具有独特的个性特征和旺盛的创业欲望，善于洞察商业机会，创业难度高，不确定性大，但成功的收益也很大，是一种开创性价值创造型创业。

（二）如何找到适合自己的创业模式

对一个创业者来说，一个真正好的模式，应该是适合自己的，既有能力操作又能把现有的资源有效地整合，在此基础上，实现真正的创新。

在竞争激烈的互联网时代，一个主意刚刚被想到，可能就有成千上万的人同时想到了；同样，一个看起来有成功希望的商业模式其实会同时有好几百家企业在实践了，但是最终真正将之成功运作的可能只有一家。这里，除了各种模式本身在实际操作的过程中会存在小小的有可能导致不同结果的差异外，真正起到决定作用的是各个不同公司实际的运作能力。比如说要建立一个面向家庭 PC 用户的虚拟娱乐社会，由联想来做和由一个学生团体来做，最终效果肯定是不同的。

“创业者应该做好自己最擅长的事情”，这里的擅长，不仅仅是指能力上，更是指在你所处环境的资源条件上。在设计自己的创业模式时，非常重要的一点是对自身以及环境条件有一个客观的衡量，认清自己能做什么，在什么环节投入会取得最大的收益，而不是盲目地去模仿和追随别人成功的模式。

（三）创业过程

创业过程包括创业者从产生创业想法到创建新企业或开创新事业并获取回报，涉及识别机会、组建团队、寻求融资等活动。可大致划分为识别机会、整合资源、创办新企业、新企业生存及成长四个主要阶段。

（1）识别机会。一个人是否能成为创业者，直接受三方面因素的影响。一是个人特质。每个人都具有创业精神，但其强度不同。二是创业机会。创业机会的增多会形成巨大的利益驱动，促使更多的人创业。三是创业的机会成本评估。

创业机会一般分为两种：一种是意外发现的，另一种是经过深思熟虑才发现的。国家产业政策的调整、新技术的出现、人口和家庭结构的变化、人的物质和精神需要的变化、流行时尚等都可能形成创业机会。及时、准确地识别创业机会之后，还要对机会进行评价和提炼。

（2）整合资源。整合创业资源是创业过程最为关键的阶段之一，除非成功地完成这个阶段，否则无论多么有吸引力的机会，或者有多好的新产品和服务，创意都等于零。创业者需要整合的资源包括：基本信息（有关市场、环境和法律问题）、人力资源（合作者、最初的雇员）和财务资源等。

（3）创办新企业。企业的创建需要进行大量的准备工作，其中创业计划、创业融资和注册登记尤为关键。创意能否变成行动，关键看其能否形成一个周密的创业计划；资金往往成为新创企业的“瓶颈”，创业融资在企业的创建过程中至关重要；当创业者完成创业计划并获得融资之后，就可以按照法定程序进行注册登记。包括确定企业的组织形式，设计企业名称，向工商行政管理机关提出企业登记注册申请，领取《企业法人营业执照》等内容。

（4）新企业生存及成长。新企业成立初期应以生存为首要目标，其特征是主要依靠自有资金创造自由现金流，实行充分调动“所有的人做所有的事”的群体管理，以及“创业者亲自深入运作细节”。新创企业要在市场上取得成功，就需要在企业营销策略、组织调整、财务稳健管理等经营管理方面更上一层楼，这是企业成长管理的重要内容。从成长走向成熟的标志之一是能够建设好自己的品牌，形成名牌，在品牌、知识和企业文化等方面形成竞争优势。

三、创业机会识别与评估

（一）创业机会识别的内容与方法

1. 创业机会识别的内容

对某一创业机会进行识别，通常需要就以下内容进行分析和判断。

（1）特定创业机会的原始市场规模。即特定创业机会形成之初的市场规模。固然，多数市场机会有着成长的可能，但原始市场规模往往是极为有限的。因此，分析、判断某一创业机会的原始市场规模是极为重要的，特别是原始市场规模决定着新创企业最初阶段的投资活动可能实现的销售规模，决定着创业利润。

这里需要说明的是：① 一般来看，原始市场规模越大越好。因为某个新创企业即使占领了很小的市场份额，只要原始市场规模足够大，它也可能获取较大的商业利润。但这里也应注意问题的另一方面，即大市场往往可能吸引过多的竞争者，甚至是强有力的竞争者，这对资本能力弱、技术能力差、运营能力低的新创企业来讲，无疑是不利的。因此，所谓原始市场规模越大越好，主要是对那些资本能力、技术能力、运营能力强的新创企业而言的。② 对于那些资本能力弱、技术能力差、运营能力低的新创企业来讲，原始市场规模较小的创业机会可能更为可取。因为在这种创业机会下，新创企业可能只面对较少、较小、较弱的竞争者，并且可以根据市场的成长性和发展进程不断地调整自己，使自己适应于市场的成长。

（2）特定创业机会存在的时间跨度。一切创业机会都只存在于一段有限的时间之内，这是由特定行业的商业性质决定的。在不同行业，这一时间的长度差别很大。一般而言，特定创业机会存在的时间跨度越长，新创企业调整自己、整合市场、与他人竞争的操作空间就越大。对于某个新创企业来说，只要操作得恰到好处，就可能在市场中一展宏图。

这里需要说明的是：①“特定创业机会客观上将存在的时间跨度”与“创业者自己估计的该机会的时间跨度”，两者并非是一致的。换言之，人是有理性的，创业者自己估计的特定创业机会的时间跨度，有可能长于实际的时间跨度，也可能短于实际的时间跨度。但无论如何，对这一时间跨度有一个估计是绝对必要的。② 特定创业机会的时间跨度是变化的。因为特定的创业机会对应于特定的商品需求和行业需求。假如有替代性商品和替代性行业出现，特定创业机会的时间跨度就可能缩短。换言之，特定创业机会的实际时间跨度是替代品竞争的函数。

（3）特定创业机会的市场规模随时间增长的速度。客观地看，这一速度决定着利用某一创业机会创业的新创企业的成长速度，并与新创企业的成长速度存在着互动关系。一般而论，这一速度快，新创企业就会有可资利用的成长空间。

当然这里也需要注意以下几点：① 现实中，特定创业机会可能带来的市场规模总是随着时间变化的。如移动通信技术、产品和服务进入中国之时，它的市场规模是极为有限的。一些人甚至认为，这一行业在中国不可能火暴起来。然而，随着我国市场经济的发展，企业商务空间的扩大，以及居民生活流动性的增强，移动通信在我国迅速成长起来，发展成通信行业的骨干力量，成为政府、企业、居民不可或缺的一部分。② 特定创业机会可能带来的风险和利润也会随着时间而变化，特别是股市运营、房地产经营、耐用品产销和高新技术创业等，其风险和利润都是随着时间变化的。在特定创业机会存在期的某些时段，可能比其他时段更具有商业潜力，创业者只要在特定机会的整个存在期的一段时间内利用好相应机会，就可能谋求到较佳的商业利益。③ 在迅速成长的商业空间中，新创企业才可能逐步成长壮大。创业者需要根据特定创业机会的市场成长速度，不断调整企业自身的成长战略和运营策略。特别是当创业者推动新的创业项目时，需要通过对特定创业机会的时间跨度及其进程的分析，来确定相应商业计划的时间期限，以使特定的商业计划更为可行和可靠。

（4）特定的创业机会是不是较好的创业机会。客观地看，即便某个创业机会有较大的原始市场规模，存在较大的时间跨度，其市场规模也会随时间以较高的速度成长，创业者也需要进一步分析、判断该机会是不是较好的创业机会。

较好的创业机会具有以下几个特征。

① 在前景市场中，前5年的市场需求稳步且快速增长。不难设想，如果某个创业机会的市场需求不能稳步而快速增长，新创企业将不可能驻足于足够大的盈利空间之中，也就不可能迅速成长起来，在激烈的市场竞争中，新创企业无疑会纷纷落马，这对创业者是极为不利的。

② 创业者能够获得利用特定创业机会所需的关键资源。这里所称的资源，包括利用特定创业机会所需的技术资源、资本资源、财力资源、资讯资源和公共关系资源等。理性地看，某个创业机会再好，即便存在巨大的盈利空间，如果创业者缺少利用该机会所需的关键资源，那他也无法利用这一机会。

③ 创业者不会被锁定在“刚性的创业路径”上，而是可以中途校正自己的创业路径。原因在于，市场千变万化，科技日新月异，政府政策不断调整，创业者需要根据这些变化不断调整自己的“创业路径”。所说的创业路径，即创业的战略思路、组织结构、运营策略、市场技巧、技术路线等。如果创业者利用特定创业机会的创业路径是不可调整的，无论是因为主观的原因，还是客观的原因，创业者都不可能真正抓住和利用相应的创业机会。

④ 创业者可以通过创造市场需求来创造新的利润空间，获取额外的企业利润。创新经济学告诉我们，市场是可创造的；企业要占领市场、获取利润，往往需要靠自己去创造新的市场需求。典型的例证，四川成都彩虹电器集团发展微型电热器具之初，北京四通集团创业伊始发展电脑打字机，都是通过创造市场需求来创造和扩大利润空间，占领市场，获得额外的企业利润。尽管当时存在着对电热器具、打字机的市场需求，但如果这些企业不去创造市场对于微型电热器具、电脑打字机的特定需求，或者这些需求是不可创造的，或者这些企业创造市场需求的努力得不到潜在用户的响应，那么这些新创企业的创业努力就不可能获得市场的利润回报，这些企业也不可能获得较大、较快的发展。

⑤ 特定创业机会的风险是明朗的，至少有部分创业者能够承受该机会的风险。在风险面前无所作为，是企业经营的大忌之一。然而，如果某一创业机会的风险不明朗，无法搞清风险的具体来源及其结构，那么创业者就无法把握风险、规避风险或抑制风险，就无法降低风险损失、提高风险收益。

因此，一个好的创业机会，其风险必须是明朗的，且有一定数量的创业者能够承受相应的风险；否则，该创业机会就无所谓“机会”了。

（5）特定创业机会对某个创业者自身的现实性。即使某个创业机会是较好的机会，但对于特定的创业者而言。他还需要进一步分析其现实性，判断“这一机会是否是自己可以利用的机会？创业者是否值得利用这一机会?”

对特定的创业者而言，为了作出理性的判断，他必须回答以下问题。

① 自己是否拥有利用该机会所需的关键资源，诸如相应的企业运作能力、技术设计与制造能力、营销渠道、公共关系等。面对某个创业机会，企图利用这一机会的创业者不一定必须拥有所需的全部资源，但他必须拥有利用这一机会的关键资源；否则，要么创业无法起步，要么在创业中会受制于人。例如，有一家企业投入市场的掌上电脑十分畅销。但不难设想，如果该企业缺乏产销掌上电脑的多数关键资源，就无法生产并销售这一产品，更不要说借此创业。

② 自己是否能够“架桥”跨越“资源缺口”。在特定的创业机会面前，多数情况下，企业不可能拥有所需的全部资源，但他必须有能力在资源的拥有者与自身之间架起桥梁，以弥补相应的资源缺口，前述的某掌上电脑产销公司，尽管其自身没有研制开发该类产品的能力，但他有能力动员相应的设计公司和制造厂商加入自己的创新与创业活动。如该公司将自己的设计思想按契约传递给某家专业设计公司，设计公司为其设计出了符合功能要求的产品方案；将生产订单委托给某些制造企业后，制造企业为其生产出消费者满意的产品。可以说，这家公司以掌上电脑起步的创业，是创业者架桥跨越资源缺口、成功创业的一个典型案例。将此例推而广之，不难看到，在市场经济中、创业者只有勇于和善于架桥跨越资源缺口，组合利用市场资源，才可能取得创业的成功。

③ 遇到竞争力量，自己是否有能力与之抗衡。现实中，一旦某个创业机会逐渐显露，就会有不少的创业者、竞争者蜂拥而上，这是十分平常的现象。但是，假如某个创业者想利用特定机会并获得创业的成功，他就必须具备与其他创业者、竞争者进行竞争的能力。

④ 是否存在可以创造的新增市场以及可以占有的远景市场。理性地看，某个创业机会是否值得创业者利用，除了要有足够大的原始市场规模之外，其市场也应是可创造、可扩展的，具有足够的成长性，存在远景市场。创业者真正可把握的是“可创造的市场部分”，而不是“顺其自然成长的市场部分”。

⑤ 利用特定机会的风险是否是可以承受的。显然，创业者要想利用某个创业机会，他就必须具备利用该机会的风险承受能力。包括承受相应的技术风险、财务风险、市场风险、政策风险、法律风险和宏观环境风险的能力。就特定的创业者而言，如果利用特定机会的风险是该创业者不可承受的，而他硬要“甘冒风险、知难而进”，那在创业之初就可能自取灭亡。

总体上来看，面对特定的创业机会，创业者只有拥有利用该机会所需的关键资源，能够架桥跨越资源缺口，有能力与可能遇到的竞争力量抗衡，可以创造新的市场并有能力占有远景市场份额，同时，能承受利用该机会的风险，这一机会才是该创业者可资利用的创业机会。

2. 创业机会的确定过程

创业机会的识别和确定是一个创造过程，可分为五个阶段。如果在某个阶段停顿下来或没有足够信息使创造继续下去，创业者的最佳选择就是返回到准备阶段。

（1）创业准备。创业准备是指创业者根据自身的背景、经验和知识，决定是否创业，然后思考创业的方向，去发现创业的机会。正如运动员必须练习才能变得优秀一样，创业者需要经验以识别机会。研究表明，50%～90%的初创业者创业来自个人的先前工作经验。在这个阶段，创业者仔细考虑创意或思考问题，是对事情进行深思熟虑的时期。有时候这种思考过程还会无意识地出现在人们从事其他活动的时候。

（2）机会发现。机会发现是创业准备的结果，是经过创业者深思熟虑的，机会发现也是一个洞察的过程，此时问题的解决办法被发现或创意得以产生。有时，它被称为“灵感”体验。在商务环境中，这是创业者识别出机会的时刻。有时候，这种经验推动过程向前发展；有时候，它促使个人返回到准备阶段。例如，创业者可能意识到机会的潜力，但认为追求机会之前需要更多的知识和考虑。

（3）机会评价。机会评价是创造过程中仔细审查创业并分析其可行性的阶段。许多创业者错误地跳过这个阶段，他们在确定创业可行之前就去设法实现它。评价是创造过程中特别具有挑战性的阶段，因为它要求创意者对创意的可行性采取一种公正的看法。创意需要符合一定的标准，才是真正的创业机会，而且创业机会只有符合创业者的能力和目标才是有价值的。

（4）机会阐述。机会阐述是创业机会变成最终形式的过程：细节已构思出来，并且创意变为有价值的东西，诸如新产品、服务或商业概念。这是一个条理化和逻辑化的过程，需要将天马行空的想象进行数字化的分析，可以表现为商业计划书的撰写。机会阐述是对问题的进一步落实和解决，是创业机会选择和决策的依据。在这时，也有可能发现创业机会不可行，需要重新去做准备和发现。

（5）机会决策。根据创业者自身的条件和环境的限制，决定是否采用创业机会进行创业。创业者需要充分考虑中国的国情。不同的时代有不同的社会环境，不同的社会环境造就不同的商界英雄。他们成功的经历也许各不相同，但有一点绝对是相同的，那就是他们每一个人都善于根据各自所处的特殊时代制订相应的经商方针。

（二）评价创业机会价值的内容与方法

1. 蒂蒙斯的创业机会评价框架

蒂蒙斯的创业机会评价框架，涉及行业与市场、经济因素、收获条件、竞争优势、管理团队、致命缺陷问题、个人标准、理想与现实的战略差异这八个方面的53项指标。通过一种量化的方式，创业者可以利用这个体系模型对行业与市场问题、竞争优势、经济结构与收获、管理团队、致命缺陷等作出判断，来评价一个创业企业的投资价值和机会。具体见表6-1。

表 6-1　　蒂蒙斯的创业机会评价框架

创业机会评价框架	指标
行业与市场	（1）市场容易识别，可以带来持续收入； （2）顾客可以接受产品或服务，愿意为此付费； （3）产品的附加价值高； （4）产品对市场的影响力高； （5）将要开发的产品生命长久； （6）项目所在的行业是新兴行业，竞争不完善； （7）市场规模大，销售潜力达到 1 千万 ~10 亿元； （8）市场成长率为 30% ~50%，甚至更高； （9）现有厂商的生产能力几乎完全饱和； （10）在五年内能占据市场的领导地位，达到 20% 以上； （11）拥有低成本的供货商，具有成本优势
经济因素	（1）达到盈亏平衡点所需要的时间为 1.5 ~2 年； （2）盈亏平衡点不会逐渐提高； （3）投资回报率在 25% 以上； （4）项目对资金的要求不是很大，能够获得融资； （5）销售额的年增长率高于 15%； （6）有良好的现金流量，能占到销售额的 20% 甚至 30% 以上； （7）能获得持久的毛利，毛利率要达到 40% 以上； （8）能获得持久的税后利润，税后利润率要超过 10%； （9）资产集中程度低； （10）运营资金不多，需求量是逐渐增加的； （11）研究开发工作对资金的要求不高
收获条件	（1）项目带来的附加价值具有较高的战略意义； （2）存在现有的或可预料的退出方式； （3）资本市场环境有利，可以实现资本的流动
竞争优势	（1）固定成本和可变成本低； （2）对成本、价格和销售的控制较高； （3）已经获得或可以获得对专利所有权的保护； （4）竞争对手尚未觉醒，竞争较弱； （5）拥有专利或具有某种独占性； （6）拥有发展良好的网络关系，容易获得合同； （7）拥有杰出的关键人员和管理团队
管理团队	（1）创业者团队是一个优秀管理者的组合； （2）行业和技术经验达到了本行业内的最高水平； （3）管理团队的正直廉洁程度能达到最高水平； （4）管理团队知道自己缺乏哪方面的知识
致命缺陷问题	不存在任何致命缺陷
个人标准	（1）个人目标与创业活动相符合； （2）创业家可以做到在有限的风险下实现成功； （3）创业家能接受薪水减少等损失； （4）创业家渴望进行创业这种生活方式，而不只是为了赚大钱； （5）创业家可以承受适当的风险； （6）创业家在压力下状态依然良好

续表

创业机会评价框架	指标
理想与现实的战略性差异	（1）理想与现实情况相吻合； （2）管理团队已经是最好的； （3）在客户服务管理方面有很好的服务理念； （4）所创办的事业顺应时代潮流； （5）所采取的技术具有突破性，不存在许多替代品或竞争对手； （6）具备灵活的适应能力，能快速地取舍； （7）始终在寻找新的机会； （8）定价与市场领先者几乎持平； （9）能够获得销售渠道，或已经拥有现成的网络； （10）能够允许失败

资料来源：徐俊祥．创业导师的基本武器（二）：蒂蒙斯的创业机会评价体系，中青创想［EB/OL］．（2015－03－23）．［2018－08－02］．http：//cxcy. lcu. edu. cn/index. php？ m = content&c = index&a = show&catid = 26&id = 466.

2. 评价创业机会价值的方法

（1）定性方法。定性分析侧重考虑：确定该市场机会所需具备的成功条件；分析本企业在该市场机会上所拥有的优势；公司所拥有的竞争优势；与本公司的发展方向和目标是否一致。

（2）定量方法。定量分析主要是进行商业分析中的经济效益分析，其任务是在初步拟定营销规划的基础上，从财务上进一步判断选定机会是否符合创业目标，一般是通过量、本、利分析法进行。

① 市场需求量的预测。通过市场需求量的预测，可以了解该机会所面临的市场状况及市场潜量（前提），也是进行经济效益分析的基础。市场需求量的预测可以运用一定的数学方法来进行，主要方法有：趋势预测法、因果预测分析法、市场调查分析法、判断分析法等。

② 成本分析。成本分析主要研究利用该机会所需付出的代价。应从投资成本、生产成本、营销成本三个方面分析，可采用专门的成本预测方法，如直线回归法、趋势预测法等。

③ 利润分析。在市场需求量、成本预测的基础上，进行利润测算，一般可采用损益平衡模型、现金流量模型、简单市场营销组合模型、投资收益率等分析方法进行。

（3）阶段性决策方法。该方法明确要求创业者在机会开发的每个阶段都要进行机会评价。一个机会是否能够通过每个阶段预先设置的“通过门槛”，在很大程度上取决于创业者经常面对的约束或限制，如创业者的目标回报率、风险偏好、金融资源、个人责任心和个人目标等。虽然某个创业者可能会因为某个准则而放弃某种机会，但它又会引起其他个人或团队的注意。

一项不能成功通过某一阶段评价门槛且不能进入下一阶段的机会，将被修订甚至被放弃。因此，通过循环反复的“识别—评价—开发”步骤，一个最初的商业概念或创意就会逐步完善起来。同时，评价过程使创业者在开发过程中的每一阶段都要放弃一些机会。

四、把激情发展到创意或技术

在讨论创业时，同学们热衷于创业的原因各种各样：有的长期专注于某个行业，希望有所转变；有的希望把个人技能发挥到极致，为这个世界带来影响；有的希望自己当老板；有的持有发明专利，希望能以不同的方式进行技术商业化；还有的想知道创业会对自己的人生带来怎样的改善。实际上，上述所有原因都可以归结为以下三种不同的类别。

（1）拥有创意：你有可以改变世界的新点子或是能够改善现有做法的新思路，而且非常乐于加以实施。

（2）拥有技术：你掌握了某种技术突破，希望进行商用；你知道如何对技术进行快速配置，从而对社会造成积极影响；或者你了解一种技术成就，希望通过创业使其发挥巨大潜力。

（3）拥有激情：你自信乐观，希望以最全面的方式拓展自己各方面的能力。你认为创业是积极影响世界的最好方式。你或许清楚创业是为自己工作，是对个人命运的控制，但不知道该怎么做或是没找到合适的技术。因此，你准备一边了解创业一边寻找理想的创意、技术和合作伙伴。

现实中，很多对创业感兴趣的大学生都只有一腔激情，毫无创意或相关技术。但你并不需要为此担忧。你可以努力养成个人兴趣，发现你的长处和能力，这样才能更好地发现新机遇。你可以自行或与潜在合作伙伴一起思考以下问题。

① 知识：你的教育或职业中侧重哪些方面的知识？

② 能力：你最擅长做好哪些工作？

③ 人脉：你是否认识在不同行业中拥有专业能力的人？是否认识其他创业者？

④ 资金：你能否吸引大量资本？还是依靠微薄的个人存款创业？

⑤ 特长：你和你的合作伙伴有哪些专业特长，甚至是专业里的知名人士？

⑥ 经验：在以往的学习或工作经验中，你有哪些低效行为或存在哪些“痛脚”？

⑦ 针对特定市场的热情：你对哪些行业的改善情有独钟？

⑧ 承诺：你是否拥有努力改变现状的时间？是否做过尝试？有没有准备好针对上述目标创建新企业？

通过以上练习，你和创业团队可能会发现你们正倾向甚至热衷于某些行业或项目。从而把对创业的激情，发展为拥有创业所需的创意或技术。通常，你会发现某个创意或技术能够为你的个人生活带来某些方面的改善，进而意识到它们可能有潜力为其他人带来帮助。这种现象称为“用户型创业”。考夫曼基金会调查发现，在经营5年以上的创新型初创企业中，几乎有一半都是由用户型创业者成立的。

第二节　创业机会识别与评估思维训练

一、寻找创业项目

问题：所有的创业行为都要落实在一个个具体的创业项目之上。创业项目的寻找和选择至关重要，在探寻创业项目时要舍得花工夫。那么如何寻找创业项目呢？

参考观点：

（1）基于解决别人的困难，选定创业项目。“别人的困难往往就是企业成功的机会”。企业通过为他人提供有益的服务、为他人解决工作和生活中的困难可以获得正当合法的盈利。譬如，北大方正公司创始人王选先生为解决印刷行业困难，发明了激光照排系统，一举创业成功；有人针对大城市中的三口之家，夫妻两人上班经常为接送孩子上学和孩子吃饭的事发愁这一困难，开办托教服务项目，投资少、见效快，也取得了成功。

（2）分析已有商品存在的问题，选定创业项目。市场上销售的商品总会存在这样或那样的问题。有的样式呆板，有的颜色单一，有的在功能和性能方面不够完善，有的在结构方面不够合理等。创业者经过调查分析，针对这些商品存在的问题，进行改进、完善、提高，以此作为创业项目往往成功率很高。比如，美国迪士尼乐园的创始人迪士尼，就是针对当时市场上卡通影片存在的问题，通过改进技术创业的。

（3）透视热销商品背后隐藏的商机，选定创业项目。以热销商品为导向，认真分析热销商品背后隐藏的商机，再选定创业项目进行经营。例如，当看到市场上鸡蛋热销时，分析预测鸡蛋热销背后隐藏的商机：一是马上会兴起养鸡热；二是当养鸡热兴起后，鸡饲料将会供不应求。因此，既不去卖鸡蛋也不去养鸡，而是跳过两个阶段去生产鸡饲料。这样当养鸡热兴起后，自然就会财源滚滚。

（4）基于市场供求差异分析，选定创业项目。从宏观上看，任何产品或服务的市场需求总量和市场供给总量之间往往都会存在一定的差距。通过调查分析，如果发现哪个产品或服务的市场供给不足，就可以从中找到创业机会，选定创业项目。市场需求不仅是多样化的，而且是不断变化的。因此，即使有时市场供求总量平衡，但结构也会出现不平衡，这样就会有需求空隙存在。创业者通过分析供需结构差异，也可以从中发现创业机会，选定创业项目。比如，我国饮料市场的供求状况总体上看是供过于求的。但广东三水酒厂厂长李经纬先生，当年创业时就是在这供过于求的市场状态中，通过分析供需结构差异发现了创业机会，开发出运动保健饮料，起名“健力宝”，一举打开市场，不断发展壮大为今天的健力宝公司。

（5）利用市场细分，选定创业项目。所谓市场细分，就是根据整体市场上顾客需求的差异性，以影响顾客需求和欲望的某些因素为依据，把某种商品的整体市场划分为若干个消费者群的一种市场分类方法。通过市场细分划分出的每个消费者群就是一个子市场。每个子市场都是具有相同或类似需求倾向的消费者构成的群体。因此，属于同一子市场的消费者对同一商品的需求极为相似；分属不同子市场的消费者对同一商品的需求则存在着明显的差异。因此，进行科学的市场细分有利于发现市场机会，选定目标市场，确定创业项目。

二、创业优惠政策知多少

问题：对于那些初出校门怀揣创业梦想的年轻人来说，创业该怎么开始？国家又为他们准备了哪些大学生创业优惠政策？又有哪些大学生创业扶持政策呢？

参考政策：

（一）税收、贷款优惠政策

（1）大学生创业税收优惠——持人社部门核发《就业创业证》（注明“毕业年度内自主创业税收政策”）的高校毕业生在毕业年度内（指毕业所在自然年，即 1 月 1 日至 12 月 31 日）创办个体工商户、个人独资企业的，3 年内按每户每年 8 000 元为限额依次扣减其当年实际应缴纳的增值税、城市维护建设税、教育费附加和个人所得税。对高校毕业生创办的小型微利企业，按国家规定享受相关税收支持政策。

（2）创业担保贷款和贴息 ——对符合条件的大学生自主创业的，可在创业地按规定申请创业担保贷款，贷款额度为 10 万元。鼓励金融机构参照贷款基础利率，结合风险分担情况，合理确定贷款利率水平，对个人发放的创业担保贷款，在贷款基础利率基础上上浮 3 个百分点以内的，由财政给予贴息。

（3）免收有关行政事业性收费 ——毕业两年以内的普通高校学生从事个体经营（除国家限制的行业外）的，自其在工商部门首次注册登记之日起 3 年内，免收管理类、登记类和证照类等有关行政事业性收费。

（二）可享受的补贴

对大学生创办的小微企业新招用毕业年度高校毕业生，签订 1 年以上劳动合同并交纳社会保险费的，给予 1 年社会保险补贴。对大学生在毕业学年（即从毕业前一年 7 月 1 日起的 12 个月）内参加创业培训的，根据其获得创业培训合格证书或就业、创业情况，按规定给予培训补贴。有创业意愿的大学生，可免费获得公共就业和人才服务机构提供的创业指导服务，包括政策咨询、信息服务、项目开发、风险评估、开业指导、融资服务、跟踪扶持等"一条龙"创业服务。

（三）开设教育课程，强化创业实践

自主创业大学生可享受各高校挖掘和充实的各类专业课程和创新创业教育资源，以及面向全体学生开发开设的研究方法、学科前沿、创业基础、就业创业指导等方面的必修课和选修课，享受各地区、各高校资源共享的慕课、视频公开课等在线开放课程，和在线开放课程学习认证和学分认定制度。自主创业大学生可共享学校面向全体学生开放的大学科技园、创业园、创业孵化基地、教育部工程研究中心、各类实验室、教学仪器设备等科技创新资源和实验教学平台。参加全国大学生创新创业大赛、全国高职院校技能大赛，和各类科技创新、创意设计、创业计划等专题竞赛，以及高校学生成立的创新创业协会、创业俱乐部等社团，提升创新创业实践能力。

第三节　创业机会识别与评估技能训练

（一）技能训练一　激情正方体

（1）每位学生准备六张正方形卡片，八小片胶带。

（2）拿出一张卡片，写下自己最有激情的事情，要求想出一些真正让自己感到兴奋并且确实喜欢做的事情。

（3）把写好的卡片先放到一边，再拿出两张卡片，在每张卡片上写下一件事情，描述你为什么对第一张卡片上所写的事情充满激情。你可以用几分钟时间认真反思自己对这件事情充满激情的动因。例如你对足球运动充满激情，那么请思考你为什么热爱这项运动，是因为可以在众人面前表现自己吗，是竞争感吗，还是团队情谊？

（4）把写好的两张卡片先放到一边，并拿出最后的三张卡片，在每张卡片上写下你感觉自己具备的一项技能或长处。

（5）拿出写好的全部六张卡片，正面朝下摆放，这样就不会看到上面的内容，然后将卡片打乱。完成这些后，将卡片摆成如图 6－1 所示的十字形，然后把边缘粘在一起。

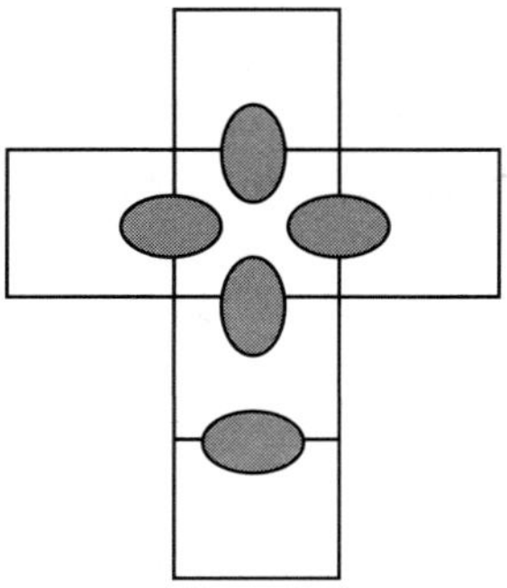

图 6－1　激情正方体

（6）将十字形折叠成一个立方体，有字的部分露在外面，用胶带将最后的边缘粘起来。

（7）现在开始检查自己的技能、激情以及激情动因的交汇点，也就是立方体各平面相交汇的地方。随机挑选一个交汇点，并构思出至少一个商业创意，要求包含立方体在该交叉点相交的两个平面的内容。如果你愿意花更多的时间训练，可以选择立方体的其他边缘重复此做法。

（8）你可以随身携带这个立方体并利用它产生更好的创意。

（二）技能训练二　创业选择的 SWOT 分析

利用 SWOT 分析方法，对自己做 SWOT 分析（填写表 6－2），分析自己创业选择的优势与劣势，并给出相应的策略与应对办法。

表 6－2　SWOT 分析

S 优势	W 劣势
O 机会	T 威胁

创业实践

挑战“白手起家”

你能在两个小时内用 50 元创造多少利润？

和团队讨论并设计出行动方案。注意：这 50 元是你们拥有的唯一种子资金，你们不能从事非法活动

（包括赌博），不能参与抽奖活动（包括买彩票）；在这两小时之前和之后，你都不能筹集资金；在两小时后，你就不能再做任何事情了。团队的计划要尽可能详细、具体，并预估你们可能赚取的利润额。

展示团队的计划，并描述你的团队是如何产生“创意”的？50 元发挥了什么作用？

评选出利润额最高的团队和最有创造力的团队。

行动起来，实施你的计划！两小时后，再来看一看哪个团队赚得了最多的利润？

反思：在这次活动中最令你感到意外的是什么？是否顺利地实施了计划？成功或失败的因素有哪些？

讨论：如何“白手起家”？

案例分析与讨论

择机而动

1999 年年底，李彦宏决定创办自己的公司时，他为公司起了一个颇有诗意的名字——“百度”，该词来源于中国一句古诗词：“众里寻他千百度”。当然，李彦宏把新公司定位为主要从事互联网中文搜索引擎技术服务。因此，用“众里寻他千百度”这句话来描述公司恰到好处。其实，不单百度公司是“众里寻他千百度”，李彦宏创办百度的过程也是“众里寻他千百度”。

百度正式创办于 1999 年，但李彦宏的创业想法早在三四年前就已经有了，具体可以追溯到 1996 年。那一年，他拿到了美国绿卡。之后，就经常往来于美国与中国内地之间考察发展机会。

对回国创业，李彦宏一直情有独钟。他说，从文化背景角度来讲，虽然硅谷是世界上最好的创业基地，那里不会有任何歧视和阶层关系，但那毕竟是美国。华人，尤其是不在美国文化中长大的华人，始终无法和美国的主流文化融合在一起，最多只能游离于主流的边缘。对于华人创业者来说，这是不容忽视的劣势。再有，像李彦宏这样的华人，不是从美国名牌学府毕业，在公司也未曾担任过高级职务，要想在美国创业的机会并不多。相反，如果他是从斯坦福或哈佛大学等名牌大学毕业的，别人立刻会对他另眼相看，这就像在国内，有北大或清华的教育背景会受到格外的尊重一样。

在李彦宏看来，教育背景、文化背景和工作背景的不同在美国导致的创业落差是相当大的。例如，融资，一个土生土长的美国人，又有常春藤背景，可能很容易拿下投资，可如果换作一个华人，即使他非常优秀，投资人还是要仔细研究他的一切，因为他不属于这个国家，投资风险非常大。“这就是创业的成本，不同背景的人创业从起点开始就非常不同。”李彦宏深有感触地说。此外李彦宏又说：“从商业的角度来讲，哪里有机会就应该到哪里去，中国的发展空间和市场前景十分广阔，回来一直是我的愿望，但我一直在寻找时机”。

1996—1999 年，李彦宏前后考察了近四年的时间。他说，每次回来，他总有新发现，但只有到了 1999 年，一直从事互联网行业的他才真正意识到机会的来临。那时他回国后发现中国互联网作为一个市场已经被培育起来：国内网站非常多，也很火爆；互联网已经深入人心，不再是个生僻或者时髦的词，它和人们的生活紧密联系在了一起，主流产业对它的接受程度也越来越高。“这对我来说至关重要。”李彦宏坦言道。

1999 年秋，受驻美旧金山领事馆的邀请，李彦宏回国参加国庆 50 周年大典。当时，李彦宏所在的美国观礼团一行近 20 人，每个人都想如何创业，李彦宏也不例外。虽然当时创办百度公司对他来讲只是一个粗略的想法，但他还是把做中文搜索引擎技术服务的想法带回了祖国，并为此进行了市场调查。跟着观礼团一行，李彦宏在国内考察了两个星期。这段时间，他发现中国互联网市场已经发展到一定阶段，互联网热升温很快，网站如雨后春笋般冒个不停，网民人数也在不断增多。同时，他也注意到，表面上看，中国互联网行业很繁荣，但基础技术环节还是相当薄弱，而自己的长处正是互联网信息检索技术。

这一冷一热的对比使李彦宏确信，自己等待多年的创业机会终于来临。

然而，1999 年下半年，中国最热的还是企业到企业的电子商务（B2B）。当时，有很多人问李彦宏做不做 B2B。考虑到自己的技术背景，李彦宏认为，只有从事互联网技术方面的开发，才能充分发挥自己的特长；同时，他发现，搜索引擎的市场非常大，当时美国前三大网站的搜索引擎技术主要由一家网络公司提供。相关资料显示，美国信息检索和传递技术公司的商业价值总和介于 1 000 亿美元～1 500 亿美元。而中文搜索引擎技术市场发展也不容小觑。中国互联网市场当时缺乏好的中文搜索引擎技术，而中国网民的数量却在急剧膨胀，每天的互联网访问数量非常之大。以每天的访问量乘以搜索比例再乘以每千次的收费标准，他认定中文搜索引擎的市场机会将非常之大。于是，他决定以搜索引擎为切入点，回国创办网络技术公司。

没有做热门的网络门户和电子商务，而是认准了中文搜索引擎技术，除了看准该领域巨大的商业机会以外，李彦宏坚信，创业绝不能现在热什么就搞什么，而是要预见两年后什么东西会有大发展、会热起来再去做。因为正在热的项目，很多公司已经做得有一定的规模了，市场也逐渐趋于成熟，再去做，可能早已经没有属于自己的机会。

资料来源：王涛，顾新．创新与创业管理［M］．北京：清华大学出版社，2017.

分析与讨论：

（1）如果李彦宏在 1996—1998 年做中文搜索引擎技术服务，他能成功吗？为什么？

（2）李彦宏是如何寻找到最佳创业时机的？作为一个创业者该如何正确识别和评价创业时机？谈谈你对创业机会的认识。

创业资源

大学生创业网

网站名称：大学生创业网 http：//www. studentboss. com/

资源介绍：2004 年 9 月成立的中国大学生创业网，是各省会城市、全国高校深度共建的大型综合服务类门户网站。2004 年以来，大学生创业网在全国 25 个省市建立了联盟分站，2009 年 10 月，大学生创业网在英国伦敦、西班牙马德里建立了留学生创业服务机构，标志着大学生创业网走出国门，寻求更广阔的发展空间。

针对大学生创业过程中面临的不了解政策、缺乏项目、技能不足、缺少资金等困难，中国大学生创业网陆续搭建了资讯平台、项目平台、培训平台、资金平台、孵化平台在内的大学生创业综合服务平台，从大学生创业政策的宣传、创业意识的培养、创业技能的训练、创业项目的开发到创业资金的提供、创业孵化的落实已形成完备的产业链条。

第七章 目标市场与用户分析

思路决定出路，布局决定结局。

——蒙牛集团 牛根生

导入案例

调研、谋划、决策——辟径营销

在日本的泡泡糖市场，多年来一直被劳特公司所垄断，其他企业要想打入泡泡糖市场似乎已毫无可能。而在1991年，弱小的江崎糖业公司一下子就夺走了劳特公司三分之一的市场，这成了日本这一年经济生活中一条轰动性新闻。江崎糖业公司是怎样获得成功的呢？

首先，该公司成立了由智囊人员、科技人员和营销人员共同组成的产品研发班子，在广泛收集有关资料的基础上，专门研究劳特公司生产、销售的泡泡糖的优点与缺点。经过一段时间认真细致的调查分析，他们找出了劳特公司生产的泡泡糖有以下不足之处：一是销售对象以儿童为主，对成年人重视不够；二是产品只有果味型一种；三是产品形状上仅是单调的条状；四是价格的制定上缺少人性化，顾客购买产品时要找零钱，颇不方便。

调查分析发现以上问题后，江崎糖业公司立即对症下药，独辟蹊径：一是迅速推出了一系列成人可食用的泡泡糖新产品。二是在泡泡糖的口味上多样化：有提神吃的，可以消除困倦；有交际前吃的，可以清洁口腔，消除口臭；有运动时吃的，可以增强体力；有轻松休闲时吃的，可以改变抑郁情绪……三是在泡泡糖的形状上，推出了卡片形、圆球形、动物形等各种形状。四是为了方便食用，采用一种新包装，只需一只手就可以打开食用。五是在价格上，为了避免找零钱的麻烦，制定了两种整数价格。通过一系列创新措施，再加上强大的广告宣传，1991 年江崎糖业公司的泡泡糖产品，在市场上的占有率一下子由原来的 0 上升到 25%，创造了营销额达 150 亿日元的高纪录。

江崎糖业公司的创办人江崎在谈到他的创业成功秘诀时曾这样说过：即使是已经成熟的市场，也并非无缝可钻，市场是在不断地变化的，通过认真仔细的市场调查，机会总能够找到的。

资料来源：孔鸿声．营销百术谈之三十七：调研、谋划、决策——辟径营销［EB/OL］．（2008-10-10）．［2018-07-03］．http：//www. cmmo. cn/b/81837/21148. html.

第一节　目标市场与用户分析基础知识

一、对市场进行细分

市场细分（Market Segmentation）的概念是美国市场学家温德尔·史密斯（Wendell R. Smith）于 20 世纪 50 年代中期提出来的。市场细分是指营销者通过市场调研，依据消费者的需要和欲望、购买行为和购买习惯等方面的差异，把某一产品的市场整体划分为若干消费者群的市场分类过程。每一个消费者群就是一个细分市场，每一个细分市场都是具有类似需求倾向的消费者构成的群体。

1. 细分程序

市场细分作为一个比较、分类、选择的过程，应该按照一定的程序来进行，通常有以下几步。

（1）正确选择市场范围。企业根据自身的经营条件和经营能力确定进入市场的范围，如进入什么行业，生产什么产品，提供什么服务。

（2）列出市场范围内所有潜在顾客的需求情况。根据细分标准，比较全面地列出潜在顾客的基本需求，作为以后深入研究的基本资料和依据。

（3）分析潜在顾客的不同需求，初步划分市场。企业将所列出的各种需求通过抽样调查进一步搜集有关市场信息与顾客背景资料，然后初步划分出一些差异最大的细分市场，至少从中选出三个分市场。

（4）筛选。根据有效市场细分的条件，对所有细分市场进行分析研究，剔除不合要求、无用的细分市场。

（5）为细分市场定名。为便于操作，可结合各细分市场上顾客的特点，用形象化、直观化的方法为细分市场定义，如某旅游市场分为商人型、舒适型、好奇型、冒险型、享受型和经常外出型等。

（6）复核。进一步对细分后选择的子市场进行调查研究，充分认识各细分市场的特点，本企业所开发的细分市场的规模、潜在需求，还需要对哪些特点进一步分析研究等。

（7）决定细分市场规模，选定目标市场。企业在各子市场中选择与本企业经营优势和特色相一致的市场作为目标市场。经过这一步，就已达到市场细分的目的。

经过以上七个步骤，企业便完成了市场细分的工作，就可以根据自身的实际情况确定目标市场并采取相应的目标市场策略。

2. 遵循原则

企业进行市场细分的目的是通过对顾客需求差异予以定位，来取得较大的经济效益。众所周知，产品的差异化必然导致生产成本和推销费用的相应增长，所以，企业必须在市场细分所得收益与市场细分所增成本之间做一权衡。由此，我们得出有效的细分市场必须具备以下特征。

（1）可衡量性。指各个细分市场的购买力和规模能被衡量的程度。如果细分变数很难衡量，就无法界定市场。

（2）可盈利性。指企业新选定的细分市场容量足以使企业获利。

（3）可进入性。指所选定的细分市场必须与企业自身状况相匹配，企业有优势占领这一市场。可进入性具体表现在信息进入、产品进入和竞争进入。考虑市场的可进入性，实际上是研究其营销活动的可行性。

（4）差异性。指细分市场在观念上能被区别并对不同的营销组合因素和方案有不同的反应。

（5）相对稳定性。指细分后的市场有相对应的时间稳定。细分后的市场能否在一定时间内保持相对稳定，直接关系到企业生产营销的稳定性。特别是大中型企业以及投资周期长、转产慢的企业，更容易造成经营困难，严重影响企业的经营效益。

二、目标市场的选择

在对整体市场进行有效细分后，企业必须评价各种细分市场和确定为那些细分市场服务。目标市场，又称目标消费者群，是指企业营销活动所要满足的市场需求，是企业决定要进入的市场，即企业的服务对象。企业选定目标市场，应当是企业最熟悉，最利于发挥企业自身资源优势的细分市场。选择这种合适的目标市场是企业取得良好经济效益的前提。

1. 评估目标市场

公司评估各种不同的细分市场，寻找高利润率的目标市场时，必须考虑 3 个方面的因素，即目标市场的吸引力、市场竞争的结构、企业的战略目标和资源的能力。

（1）目标市场的吸引力。市场规模越大，提供给企业运作的空间也越大，容易形成规模经济，降低生产和营销成本，企业获得利润的可能性也就越大；成长性越好，提供给企业的未来发展和获利的空间也越大。企业可以利用一些历史和现实的销售数据，利用统计分析工具或计算机数据挖掘工具，大致判断出细分市场的规模和成长性。

（2）市场竞争的结构。市场长期赢利能力与市场竞争结构密切相关，所以，企业在选择目标市场时需要结合市场竞争结构来分析。市场中现有竞争者数量的多少，直接决定了市场竞争的激励程度和赢利潜力，也决定了该市场吸引力的大小。如果企业选择的是一个进入壁垒和退出壁垒都很低的市场，那么其对于竞争对手的吸引力必然是很高的。企业必须做好准备迎接现存的以及潜在的竞争对手的挑战。

（3）企业的战略目标和资源的能力。把市场规模、成长性以及市场竞争结构作为选择目标市场的标准时，还必须考虑企业自身的战略发展目标和资源能力的限制。一个规模、成长性和竞争结构都适宜的市场，有可能并不适合某一个具体企业，原因在于：一个企业的发展目标决定了企业的资源投入方向，如果该市场与企业发展目标相符，但如果企业不具备获得市场竞争优势所必需的资源的能力，就不得不放弃该市场。

企业在目标市场上获得的竞争优势必须是可持续的，能够长期发展提高并且是支撑企业在目标市场竞争的差别优势。竞争优势的持续性保证了企业战略目标的实现。沃尔玛早期的战略通过不提供给竞争者任何空间而维持其竞争优势。它巧妙地将早期商店定位在小城镇，这些小城镇的人口规模不足以支持第二家大型超市。因此，要作出正确的目标市场选择，不仅需要考虑市场规模、成长性即竞争机构，还必须结合企业自身的战略发展目标和资源能力。

2. 选择目标市场的模式

通过分析和评估，企业已对细分市场的潜力、竞争结构及本企业的资源能力有了系统的了解。在此基础上，可以选择目标市场。企业可以采取的目标市场模式有 5 种形式。

（1）集中性单一市场模式。企业的目标市场无论是从市场还是从产品角度来看，都是集中于一个细分市场，只生产某一种产品。这种模式意味着只生产和经营一种标准化产品，只供应某一顾客群。例如，一些地方性品牌往往选择在一个娇小的区域内以更贴近当地消费者的产品或服务展开竞争。采用该方式可能基于下述原因：资源有限，只能覆盖一个细分市场；细分市场尚无竞争对手；该细分市场是未来扩展市场最合逻辑的突破口。具有专业化生产技能，但受限于资金实力的小企业采用这种策略，往往可以取得良好的市场业绩。但这种产品市场集中化模式，存在消费者偏好发生改变所导致的市场风险，为此企业需要在适当的时机进军其他市场。

（2）产品专业化模式。企业专门生产一类产品供应不同的顾客市场，这种目标市场模式就是产品专业化模式。例如，某仪器制造企业只生产供大学、科研机构和企业实验室使用的各种型号和规模的显微镜，不生产其他仪器。产品专业化模式有利于企业制造专业化生产和研发的优势。例如，湖北省武汉市某条街上有一家特色食品店。这家食品店出售的全是“黑货”，如黑米、黑豆、黑芝麻、黑木耳、黑面包、黑咖啡等。许多顾客买“黑色食品”时，一下子就会想到去这家黑货店，因此，该店生意一日比一日红火。

（3）市场专业化模式。企业选择某一类市场为目标市场，并为这一类市场生产开发性能有所区别的同类产品，这种目标市场规模就是市场专业化模式。例如：一家电冰箱厂选择大中型旅游饭店为目标市场，根据其需要生产 100 升、300 升和 500 升等几种不同容积的电冰箱，以满足这些饭店不同部门（如客房、食堂、冷饮部等）的需要。这种市场专业化模式可以帮助企业树立良好的专业化声誉，多产品经营在一定程度上也分散了市场风险，但对企业的生产能力、经营能力、资金实力提出了更高的要求。

（4）选择专业化模式。企业有选择地进入几个不同的细分市场，为不同的顾客群提供不同性能的同类产品。选择专业化模式最大的优点在于能够分散市场风险，但选择的细分市场间可能缺乏内在的逻辑联系，属于非相关多元化发展，很难获得规模经济，而且对于那个市场的规模要求比较高，还要求企业具备很强的市场运作能力。

（5）全面市场覆盖模式。企业决定全方位进入各个细分市场，分别为这些市场提供不同的产品。只有实力雄厚的大企业才能采取这种市场覆盖模式。例如：可口可乐公司在饮料市场，宝洁公司在全球家庭洗涤用品市场，通用汽车公司在全球汽车市场，都采用了全面市场覆盖模式。

三、确定目标用户

在营销过程中可以发现，真正购买产品的客户永远只是真正需要这种产品的人群中的很小的一部分。即业绩所反映出的市场远远不是整个市场，潜在市场往往非常巨大。这有点像自然界的冰山，真正浮出海面的只是它的10%，而它的90%都在海水之下。

在销售的实践中会发现，关心和咨询产品的人会很多，而真正购买产品的不过是很少的一部分人。这说明，需求与实现需求往往并不是一回事。

购买者不肯购买你的产品，却又对你的产品感兴趣，主要原因在于以下几方面。

（1）他们担心你的产品并不是他们所需要的。

（2）他们对你的产品是否能满足他们的需求有疑惑。

（3）他们需要在同类产品中进行比较和选择。

这三个因素事实上是一点：他们需要有关购买的正确的建议。这就要求销售者首先应该是顾客购买时的顾问。应该指出的是，这并不是要销售者成为产品的说客。每种产品都有它特定的用户群，营销者需要把握那些特定用户的需求，正是在这个意义上，作为顾问式销售的第一步，就是找好你的目标客户。

1. 描绘你的目标客户

所谓目标客户，是指营销者根据商品的性质而设计的客户方向。在营销的过程中，目标客户是需要不断通过销售实践来进行修正的，正确地找到了你的目标客户，那么你就开启了实现业绩的大门。

一般来说，目标客户具备以下几个特征。

（1）对你所销售的产品的某一功能有迫切的需求，而这一需求是目前市场上其他种类产品所不能完美提供的。

（2）具备一定数量及支付能力，特别是具备发展的潜力。

（3）在时间与空间上具备条件。

（4）对服务的要求适合销售者来达成。

以上几点只是目标客户在不同行业中所存在的共性，而销售者在具体操作中，必须注意不同行业有不同行业的具体情况，任何想当然的思路都是错误的。

比较典型的例子是笔记本电脑，过去一直定位为礼品和商用电脑，一些公司将它的目标客户设计为公司的高级职员，因此销售量自然不是很大。

从1997年开始，一些笔记本电脑生产的厂商通过降价，将它的目标客户设计成了普通使用者，于是笔记本的销售量有了明显的增长。但一些技术实力有限的公司也投入到“万元以下笔记本”的营销热潮中，就很不明智了。这些企业由于技术上的缺陷导致服务上根本无法保证，最终虽然销售量看涨，但退货量激增，利润反而下滑。这里不单单反映了一个质量的问题，更重要的是这些企业不懂得推动降价的背后是高科技带来的成本下降，因此才能带来目标客户的迁移。而研发能力不足的企业面对竞争应该去寻找自己产品的目标用户，而不应该盲目投入。

2. 目标客户识别与甄选

问题：IT 行业的客户对产品与服务有哪些独特的需求？如何满足这种需求？

以上例子告诉我们，正确选择自己的目标用户，是非常重要的，但怎样才能正确地识别目标用户呢？又如何针对不同客户来达成最大的效率呢？这是两个相关又相区别的问题，我们分别来回答它。

（1）如何识别目标客户？

① 客户为什么需要我们的产品，而不是其他的同类产品？

② 客户要求的服务有哪些？我们是否具备实现这些要求的服务的能力？

③ 客户为产品能付出多少代价？这种支付与我们预想的有什么区别？

④ 客户的潜力如何？

从这 4 个方面征求客户的意见，如果其中 3 个方面的回答是满意的，就基本可以确定他是你的目标用户了。

（2）如何甄选目标客户？

① 客户为购买产品付出的预算是否足够大？

② 客户要求的服务是否较容易完成？

③ 客户本身的发展前景如何？

④ 争取这个客户所需要面对的困难有哪些？谁是你获得这个客户的竞争者？

从这 4 个方面来判断你要争取的客户，一般来说，在 4 个方面都能给你满意答复的情况几乎不存在，因此在实践中要根据公司的能力与性质去甄选。比如一个小公司在甄选目标客户时就不能只看重第① 项，因为你的出货能力可能不足，即使充足，大客户一般也愿意与有规模的公司合作。

此外，要考虑到不同行业之间不同的特征，比如 IT 行业的服务对技术支持的要求比较多，如果客户购买产品是为了用来生产，那么销售者就要考虑是否具备提供技术支持的能力。

四、估算登陆市场规模

确定登陆市场和最终用户信息后，你就掌握了足够的细节，可以估算登陆市场的规模。如果你能占有该市场 100% 的份额，公司就能实现最大市场规模。

计算潜在市场规模，首先要在原始调查基础上利用自下而上分析法，确定符合最终用户信息的用户数量有多少。然后，采用自上而下分析法对得出的数字做补充校正。接下来，你要确定每个最终用户每年可创造多少价值，将用户数量乘以这个价值就能初步得出市场规模。

1. 计算最终用户的数量

自下而上分析法，也叫“人头法”。顾客列表、行业人员名单和其他渠道获取的顾客信息都能帮助你发现有多少潜在顾客，以及每个顾客拥有多少最终用户。“人头法”很直观，你能清晰准确地找到每一个潜在顾客。

自上而下分析法依据的是二手调查资料，如市场分析报告，然后在此基础上确定有多少最终用户符合具体特征。此类数据通常用倒金字塔形体现，塔身分为几层，其中最底层是最小的市场，包含所有符合描述的最终用户。

自上而下分析法和自下而上分析法互为补充，采用前者往往会高估市场中最终用户的数量，因为你的分析不够具体，过多的分析会让你陷入各种数据表而忽略了真实顾客。实际上，数据表里提供的信息永远没有真实顾客的信息更为准确有效。

2. 计算潜在市场规模

每个最终用户愿意花多少钱购买你的产品，这个数额需要做个假设。你可以根据潜在顾客的预算尽可能高地假设。设想，目前他们要花费多少钱才能搞定你的产品能解决的问题？以前他们花过多少钱够买其他新产品？你的产品能为他们创造多少价值？

确定了每个用户能为企业创造多少年收入，用这个年收入乘以最终用户的数量，就得出了市场每年的潜在价值。

3. 潜在市场规模应当是多大

你要寻找的市场必须大到一个临界量，能够形成重要产能并带来正向现金流。但是，如果市场太大，你会缺乏足够的资源来开发，结果会变得非常被动，不是惨淡收场就是四处借钱。所以说，潜在市场的规模越大，不一定越好。你需要确定一个保守的、让企业有信心实现的潜在市场规模。

如果你的潜在市场规模过小，企业有可能找不到足够大的登陆市场，因为创业者往往会不自觉地夸大市场规模和预计市场份额。也就是说，实际市场规模通常会比你的期望值小，而且企业一般不会达到期望的市场份额。这个道理是显而易见的，如果你启动的市场规模很小，一般认为实际规模会更小。在这么小的市场里，要实现正向现金流和临界量是非常困难的。

随着创业活动的继续，你会不时回到这一步对市场规模进行修订，使其变得更加准确真实。要开发成功的产品或服务，确定市场规模是非常重要的前提。

五、刻画用户形象

“确定最终用户”是把目标顾客的各种特征加以组合，而用户形象则是找到最能代表登陆市场用户的独特之处。你要选择最能代表最终用户特征的潜在顾客，然后从中选择一位最终用户加以描述。为登陆市场刻画用户形象可以让目标顾客变得更加真实，便于创业团队所有成员和企业员工关注同一个清晰方向，即努力保证目标顾客的成功和快乐。换句话说，这样做可以准确回答关于目标顾客的所有疑问，不需要再为他们的需求去做无谓的猜测或争论。

刻画用户形象是一个很重要的过程，需要调动团队所有成员参与。参与这项活动的成员，即便没有提供决策性意见，最终也会在整个过程中受益良多。他们会产生主人翁意识，深刻理解用户形象的各种细节及其他同事提出的观点。

1. 选择一位最终用户做模型

你要回答一个问题：“如果只能选一个最终用户代表所有潜在用户，我会选谁?”显然，这个最终用户应该具备潜在用户群体的大部分特征。这样，你就从潜在顾客中选择一位最终用户做模型，即用户形象。诚然，没有一个最终用户能百分之百地表现出所有最终用户具备的特征。你不需要浪费太多时间构思完美的形象，只要作出合理假设，形成一个用户形象即可。这个形象不是一成不变的，你可以随着了解的深入进行调整。

注意：你必须根据原始市场调查分析那些有兴趣使用你的产品的顾客，并且必须是愿意花钱购买产品的顾客，而不是“随便看看”的顾客。

这个形象应当是一个个体，而不是汇总形象，因此你可以选择真实的最终用户作为形象，这样一来它就会变得真实可信，杜绝了盲目猜测的可能性。你应当根据这个具体形象而不是宽泛的最终用户特征去开发产品。

2. 刻画用户形象

根据你对用户获得的已知信息，制作一份说明清单，最好在旁边画一个用户的头像，这样就更真实可信了。你可以在清单中使用用户的真名，也可以用化名。只要让大家了解了用户的作用和角色，用什么名字并不重要。

通常，你要在清单中说明以下问题。

（1）生活状况：在哪里出生、长大、上学、成家、年龄多大等。

（2）工作情况：在哪个公司上班、工作几年了、接受过哪些培训、是不是管理人员、薪资如何、表现情况等。

（3）按先后顺序列出用户的采购标准。

第三点是最重要的。因为它决定着用户会作出哪些采购决定。优先级最高的是那些让用户彻夜难眠的问题，也许是让他感到最为担心或是最为激动的问题，可以让他升职或下岗或是能明显带来好处或麻烦的问题。了解顾客如何安排需求的轻重缓急非常重要。

所有这些信息都必须是准确的，不能是“年薪六位数，住在华北地区”这样的描述，而应当是“年薪10.5万元，住在某某市区”这样的说明。通过制作这样的清单，你的团队很容易确定和公司业务相关的重要事实，这些信息都可以添加到用户形象的刻画中。

你应该在创业过程中逐渐丰富这份清单，这份清单只是一个开始，你还必须和最终用户进行面谈，并观察他们的行为，对他们提供的信息进行验证。通过接触，把需要弄清楚的细节查漏补缺，不断完善用户形象。

完成清单后，你可以对重要的点进行总结，把它挂在墙上，让团队的每一个人都清楚他们要为谁服务，让团队服务的目标更精确。在讨论重要决策时，团队也要时刻关注这个形象，以提醒大家从用户的角度去思考问题，时刻以用户为核心。在不断完善用户形象时，也要确保每个人都了解最新情况，不会遗漏任何重要的细节。

刻画用户形象可以为登陆市场中的顾客提供特定细节。现在你要销售的目标不是泛泛而谈的“最终用户”，而是真实具体的个人。你必须深入了解顾客的采购标准和优先级别，必须真实了解顾客，明白他们的一言一行，而不是只停留在理性分析的水平。对用户的需求、行为和动机了解得越深刻，成功开发产品和服务用户的概率就越高。

六、如何抓住客户的痛点、痒点、兴奋点

格力手机和海信手机曾试图抢占市场，对于企业“拓客”来说，不论是出于跨界打击还是跨行深挖的营销动机，目的都在于精准地抓住客户的需求燃点，促成产品的成交。那该如何精准地知道客户的需求呢？

开篇之前，我们先讨论一个很无聊的问题：客户为什么要买你的产品？

答案是：客户有需求？

再问：客户为什么有需求呢？

答案：因为客户需要解决问题。

再问：有问题就会有需求吗？

答案：因为我的产品品质好，因为客户信任我的产品……

再问：最后，到底有多少客户买了你的产品吗？

答案：这个……

（一）开启营销法门的三大法则分析

1. 法则一：抓住客户的痛点

痛点，简单地说，就是需要及时、必须解决的问题，有强烈的迫切感。如果不解决，就会很苦恼、痛苦。那在营销中如何抓住客户的痛点，确切地说，就是客户的基本刚性需求呢？我们来看下面的例子。

① 浑身红肿，瘙痒不止，是不是一个亟待解决的问题？你还能正常工作？你还能愉快地出门玩耍吗？你需要减轻痛苦。所以，药品开瑞坦的广告语：过敏一粒就舒坦！24小时长效抗过敏，快用快舒坦。抗过敏，快用开瑞坦，30分钟起效。

② 夏天怕热，怕上火，是不是一个亟须解决的问题？对火锅很偏爱的你，可能因为怕上火而不敢吃，而影响心情。所以，凉茶王老吉的经典广告语就是：怕上火，喝王老吉！

我们要做的，就是发现问题，解决问题，最后告诉消费者：我能帮你解决这个问题，如果你想解决问题，可以选择我的产品。

2. 法则二：抓住客户的痒点

痛点是非解决不可，痒点就不一定需要。痒点更多的是消费者的潜在需求，更多地满足一种深层次的欲望，那在营销中，如何能搔到客户的痒点呢？我们来看下面的例子。

① 某汽车的广告语：0元购车，不是梦！很多收入不高的工薪族都对拥有一台汽车无限向往，一是汽车的便捷，二是心理上的优越感和炫耀感。

② 某一丰胸广告文案：不甘被“掌控”，就要“胸”怀天下。对于平胸的女士，这是一个极想解决又可以不需要必须解决的事儿，关键看你对美丽的要求程度。

③ 面对疯涨的房价，房地产的广告语：房价这样涨，时间那么长，不买你后悔终生！住房是刚需，房价疯涨，让你购不着，这买不到的感觉就是“痒”。

所以说，痛点对应的是解决消费者的刚性需求；而痒点更多的是满足消费者的欲望，给人一种在心理上更好的满足感。我们要做的就是不断地刺激痒点让消费者非搔痒不可。

3. 法则三：抓住客户的兴奋点

兴奋点即产品的卖点，简单地说就是和同类产品相比，你的产品所体现出的差异化特色。只要你把产品介绍完，一下就能抓住了客户的兴奋点，打动人心。我们来看下面的例子。

① 华为手机，一听品牌没什么特色。如果说华为手机品牌已经赶超了苹果手机，你会不会油然而生一种民族自豪感，产生购买欲望呢？

② 蒙牛特仑苏广告语：不是所有的牛奶都是特仑苏。牛奶有很多种，但是特仑苏可

能就是不一样，你会不会因为好奇心的驱动，去购买呢？

（二）小结

可以持续有价值的东西才叫痛点；痒点是激发起消费者心中的“想要”，让顾客对自己的产品特别有兴趣，特别向往；将给客户带来刺激、产生快感的兴奋点叫作卖点。

痛点的本质，是用户未被满足的刚性需求。用户的痛点，就是创业最好的出发点和切入点。以创业者这个用户群体为例，公司宝解决的是创业者在公司注册上的痛点；知果果、快法务、绿狗网等这些互联网法务公司解决的是创业者的商标注册痛点；开干、三点一刻、思创客等公司解决的是创业者的传播痛点；一见、狮吼、起风了等公司解决的是创业者的视频 BP（Business Plan 商业计划）痛点。

创业者的产品也许并不实用、并不划算，但世界需要这样的存在，因为这代表着一群执着生命及其他们内心的创造力，这种创造力来源于他们在创业路上不断的行走和对生活的热爱。

第二节　目标市场与用户分析思维训练

一、如何开发潜在的客户？

问题：什么是最佳客户和潜在客户，如何寻找最佳客户与潜在客户？

参考观点：

对于一个发展中的企业而言，战略营销相当大的一部分是对公司的客户和潜在客户的分析而得出的。对客户和潜在客户了解的多少会决定公司能取得多大的成功。通过市场营销研究可以搜集到有关客户和潜在客户的各种信息。没有任何东西能替代过硬的信息。

事实和数字可以把营销计划方案从充满希望的设想转化为可执行的具体行动。对于经营者而言，最佳客户是当前经营业绩的最大贡献者；潜在客户是未来业绩稳步上扬的基础。

在弄清楚谁是你当前的客户，特别是谁是最佳客户之后，并又进一步了解清楚他们购买产品或服务的原因时，可以找到具有类似特征、有足够多人数（消费者市场）或有相当的需求数量（团购市场）且目前尚未购买你的产品或服务的其他群体，这些新的群体就构成了你最好的潜在客户。通过营销努力，他们将转化为你的最佳客户。

要调查分析这些潜在客户尚未购买产品或服务的原因。是地理覆盖面不够？还是宣传促销力度不够？抑或你的产品或服务相对竞争对手有不尽如人意之处？还是有其他的替代品？开发这些新客户是要付出很大代价的，吸引一个新客户所耗费的成本大概相当于保持一个现有客户的 5 倍。因此，必须认真地评估，看是否真正的有利可图。

寻找潜在客户可以运用以下方法。

（1）从你认识的人中发掘：在所认识的人群中，可能有些人在一定程度上需要你的产品或服务，或者他们知道谁需要。这些人包括你现有的客户、过去的客户、亲戚、朋友、熟人、同事、同学、邻居、你所加入的俱乐部或组织的其他成员等。你需要的是同他们沟通交流。

（2）从商业联系中寻找机会：商业联系比社会联系容易得多。许多行业都有自己的协会或俱乐部，在那里你可以发现绝佳的商业机会。

（3）善用各种统计资料：国家相关部门的统计报告，行业、研究机构、咨询机构发表在报刊或期刊等上面刊登的调查资料等。

（4）利用各种名录类资料：如客户名录、同学名录、会员名录、协会名录、职员名录、名人录、电话黄页、公司年鉴、企业年鉴等。

（5）阅读报纸、杂志和有关的专业出版物：事实上，这是一条最有效的寻找潜在客户的途径。把你认为有价值的信息都摘录下来，然后进行简单归档整理，你会发现这些信息为你提供许多重要商业机会。

（6）充分利用互联网络：信息高速公路向你展示的不仅是它惊人的速度，更重要的是信息的数量和广度。在网络世界里，你可以很容易找到大量潜在的客户，同他们建立商业联系，就在网上。把你的产品或服务介绍给他们，让他们变成你真正的客户。

除此，还有很多更好的方法去发现潜在的客户，如面对面交谈，通过电话、邮件等方法，重要的是你要敢于尝试并充分利用它们。

寻找最佳客户与潜在客户，是战略营销中最重要的组成之一。这其中相当大的部分是对客户和潜在客户进行充分地分析，对客户和潜在客户了解的多少会决定你能取得多大的成功。通过市场营销研究可以搜集到有关客户和潜在客户的各种信息。没有任何东西能替代过硬的信息。事实和数字可以把营销计划方案从充满希望的设想转化为富于目的性的具体行动。

二、市场调查的方法

问题：你知道如何进行市场调查吗？有哪些方法？

参考观点：

市场调查的方法主要有观察法、实验法、访问法和问卷法。

1. 观察法

观察法是社会调查和市场调查研究的最基本的方法。它是由调查人员根据调查研究的对象，利用眼睛、耳朵等感官以直接观察的方式对其进行考察并搜集资料。例如，市场调查人员到被访问者的销售场所去观察商品的品牌及包装情况。

2. 实验法

实验法指由调查人员根据调查的要求，用实验的方式，将调查的对象控制在特定的环境条件下，对其进行观察以获得相应的信息。控制对象可以是产品的价格、品质、包装等，在可控制的条件下观察市场现象，揭示在自然条件下不易发生的市场规律，这种方法主要用于市场销售实验和消费者使用实验。

3. 访问法

访问法可以分为结构式访问、无结构式访问和集体访问。

（1）结构式访问是事先设计好的、有一定结构的访问问卷的访问。调查人员要按照事先设计好的调查表或访问提纲进行访问，要以相同的提问方式和记录方式进行访问。提问的语气和态度也要尽可能地保持一致。

（2）无结构式访问没有统一问卷，由调查人员与被访问者自由交谈。它可以根据调查的内容，进行广泛交流。例如：对商品的价格进行交谈，了解被调查者对价格的看法。

（3）集体访问是通过座谈的方式听取被访问者的想法，收集信息资料。可以分为专家集体访问和消费者集体访问。

4. 问卷法

问卷法是通过设计调查问卷，让被调查者填写调查表的方式获得所调查对象的信息。在调查中将调查的资料设计成问卷后，让接受调查对象将自己的意见或答案，填入问卷中。在一般进行的实地调查中，以问答卷采用最广；同时问卷调查法在网络市场调查中运用的较为普遍。

第三节 目标市场与用户分析技能训练

（一）技能训练一 逐步升级的市场测试

（1）每个团队确定一个待讨论的创业项目，这个项目最好是团队一直在思考的事情。

（2）每个团队合作设计针对项目的前三个市场测试，前提是第一个测试是可行的，然后再进行第二个，以此类推。关键是要构思出低成本的第一个测试。可以参考表7－1进行设计。

表7－1 市场测试

关键任务：	个人负责的任务：	截止时间：
所需资源：	如何使用资源：	
预期结果：	评价指标：	与实际结果的偏差：

① 关键任务，需列出开展市场测试所需要完成的关键任务；② 所需资源，需列出财务和非财务资源，按照用途进行细分；③ 预期结果，指你希望了解到的关键内容是什么；

④ 评价指标，指你如何评价测试的成功程度，如服务的顾客数量、顾客响应等；⑤ 与实际结果的偏差，能够考察你的实际结果与预期结果相比是更好还是更差，以及能否解释原因。

（3）选择几组团队，展示其市场测试方案，详述第一个也就是最低成本的市场测试。围绕如何进一步降低成本展开充分的讨论。对那些最具创造性、低成本的测试，要给予特别的关注。

（二）技能训练二　刻画典型顾客

小组任务介绍：结合小组的创业项目，刻画描述一位典型顾客。

（1）选择一个典型顾客，给顾客画像并取名。

（2）顾客描述：多大年龄？居住何处？家庭如何？主要身份角色是什么？顾客从事的工作以及工作地点在哪里？顾客的背景（如经历、教育）？顾客有什么兴趣或爱好？顾客的性格如何？你还可以说出顾客的其他一些事情。

顾客界定：以上所描述的是什么产品服务的顾客？讲一个该顾客购买自己创业项目产品服务的典型情境及其故事情景。

顾客在购买你们的产品服务过程中，可能存在什么问题？为什么？针对这些问题，解决方案是什么？顾客对这些解决方案的反应如何？

讨论分享：使用活动挂图，各小组展示自己的故事板。

讨论总结：

（1）你对自己的顾客了解多少？你对顾客的观点发生了什么变化？

（2）最让你感到意外的是什么？你没有预料到的是什么？

（3）你对顾客做了哪些假设？有证据支持这些假设吗？这些假设有检验方法吗？

（4）哪些问题具有不确定性？为了确认问题，你会问顾客什么问题？

（5）顾客购买的核心动力（方便、简单、耐用或地位等）是什么？哪个最为重要？

创业实践

制作你的用户形象展示图

张贴用户形象可以让你的团队服务目标更精确，时刻以用户为核心。根据本章学到的知识与方法，制作用户形象展示图。

案例分析与讨论

OPPO 和 vivo 营销奇迹背后的秘密

OPPO、vivo 之所以引人注目，首先当然是因为这几年取得了骄人的业绩。2016 年，OPPO 和 vivo 在中国智能手机市场上，份额名列第二名和第三名。第一名是华为。但 OPPO 和 vivo 这两个品牌加起来的份额是第一。为什么这两个品牌可以加起来呢？因为它们的历史渊源可以共同向上延伸到步步高。

步步高是段永平先生创办的很著名的消费类电子产品的品牌，以往做过电话机、DVD 机、语言复读机、儿童学习机、电子词典等一些不算很大众的但也不算很小众的电子产品。创始人后来因种种原因去美国做投资了，但是在步步高这棵树根上生出了两棵既独立又关联的大树：一棵是 OPPO；另一棵是 vivo。

从品牌的调性来看，OPPO 和 vivo 比较年轻，比较东方，比较清新。品牌的调性反映了其所面对的顾客。这两个品牌的目标顾客很显然是年轻人。向下可以延伸到学生，比如高中生、大学生，往上可以延伸到小白领（城市里二十五六岁、二十七八岁的小白领）。在年轻的小白领中，这两个品牌的定位又偏女性。不能说完全针对女性，但更受女孩子喜欢，这是一个不争的事实；调性更加柔美，这也是一个不争的事实。

这种定位跟小米就不太一样。因为小米偏专业，强调和懂行的顾客进行比较深度的交流，包括在技术上、在软件上的交流。而三四五级市场的女性顾客（包括男性顾客）对技术是不太懂的，是非专业的。同时，OPPO 和 vivo 的定位虽然是年轻人，但给人感觉比小米更高一些，就是说价格不是那么低。小米的价格一开始较低，目标市场定成了一些收入偏低的年轻人。当然最近小米也在做出一些努力，改变这种状况。

大家都知道，大部分国产手机品牌不能说有什么特别的核心技术。但是在应用技术层面。在应用功能层面，做一些基于顾客导向的创新，实际上是非常有效的。近一段时间以来，OPPO 和 vivo 都在主打照相这样一个价值维度，单反、双摄像头、1600 万像素、柔光自拍、“照出你的美”等。用这样的一些价值诉求和价值主张，很简单，吸引了大量的年轻的、比较爱美的、有点自恋的、热爱生活的消费者。

面对这样的顾客群，在推广和宣传上，这两个品牌也同样是一个系统的整合性的考虑，比如说去抢占一些目标人群高度关注的注意力资源（明星资源）。在抢明星资源的时候，也没那么多纠结。现在的年轻人，尤其是女孩，喜欢谁就找谁，谁红找谁，谁是国民老公找谁，所以曾经找过宋仲基，现在找彭于晏，都是有国际范儿的、年轻的、比较洋气的。有时不止找一个，而是找一组，比如说杨幂、李易峰、TFBOYS，包括国外的内马尔等。实际上这也是一种强势推广的策略，这里边有一些粉丝营销和互联网营销的意味。

从 OPPO 和 vivo 选明星的做法上，就能看出它们的思维方法，就是准确而简单。其他有些品牌，包括选国际巨星的，实际上对国内的特定人群影响非常小。当然这里边也涉及资源的投放。OPPO 和 vivo 的模式就是高毛利、高品牌投入、高顾客认知价值，这样一个三者之间的循环。

除了请明星之外，这两个品牌在传播的媒体上，包括一些重大的事件、重大的庆典、重要的电视栏目，它们基本上都在现场，从不缺席。选择一些顾客认同度比较高、一定能够引起广泛反响的媒体和事件来进行广告的投放。很多人把营销复杂化，要大数据云云，其实像这样的媒体选择，基本上不需要什么大数据分析，凭经验，凭对媒体的理解和观察就能够得出正确的结论。

OPPO 和 vivo 是一个三高的模式（高毛利、高广告投放、高顾客认知价值），没有采取低价路线。有的品牌特别强调性价比，说我的东西很好，卖的价格那么便宜，按道理应该是势无可挡地抢占市场份额，但是事实似乎不是这样。OPPO 和 vivo 主力产品的销售价格已经为 2 000 ~ 3 000 元，不能算很便宜。可能比华为要略低一点，但，非常接近。

手机这种产品比较有意思，是消费者随时随地用的，而且是在公开场合、在社交的网络里用的，这种产品除了实用性的功能之外，有很强烈的心理价值。凡是有心理价值的产品，总体上来说就不能太便宜。对顾客来说，太便宜就没有面子，太便宜就显得自己的收入不是很高。这样一弄之后，好像只有比较特立独行、比较边缘的人，才用比较便宜的手机，或者收入比较低的人，才用比较便宜的手机。这样的观念在社会上一旦形成，实际上不太有利于特别强调性价比的品牌。OPPO 和 vivo 产品的价值定位，强调了高品位的体验和社交功能，是很精准的。

资料来源：周宏骐. 营销：OPPO 和 vivo 竟然超越了华为！“营销奇迹”背后，究竟有哪些秘密？［EB/OL］.（2017 - 03 - 18）.［2018 - 06 - 08］. http://www.sohu.com/a/129312443_488304.

分析与讨论：

（1）OPPO 和 vivo 如何进行市场定位的，与小米有何异同？

（2）什么是 OPPO 和 vivo 的三高模式？

创业资源

创业营销：创造未来顾客

图书：《创业营销：创造未来顾客》

作者：米内特·辛德胡特（Minet Schindehutte），美国雪域大学惠特曼管理学院创业与新创企业系的创业学副教授。她于南非比勒陀利亚大学化学系获得博士学位，在进行学术研究的同时还供职于私营部门，专业背景包括科技营销、品牌管理和创业相关活动。

资源介绍：本书回顾了建立新视角的基本理论和整体架构，在简要总结过去经验教训的基础上提出了一个新的世界观，试图对营销进行重构。在每章的最后，总结出对营销各基本组成部分——营销组合、品牌角色与品牌化、客户关系等问题的再思考。本书脉络清晰，既探讨了营销专家及其前沿理论，又融合了营销、战略和创业等方面最优秀的学术研究成果。

第八章 项目价值定位与论证

工作本身并不是目的，我们应当明智地工作，确保创造价值——创造有意义或有吸引力的东西。

——安利·理查·狄维士

导入案例

产品核心价值是指一个产品给社会的承诺与形象，有别于产品的其他价值，包括理性价值与感性价值，还有市场价值，会产生产品独有的气质与声音。产品核心价值是产品与市场互动的结果，并不以人的意志为转移，只是在创造产品时需要人的意志。

想购买一台电脑或数码产品时，我们会想到什么品牌？苹果？联想？或 IBM 等，但想到这些品牌时，又会想到什么？苹果最优秀，苹果是最好的产品，这是老少皆认为的苹果品牌联想效应；苹果重视用户体验，这是专业人士皆认为的苹果品牌联想效应。而这些都源自苹果企业的品牌定位：伟大的用户体验产品。

乔纳森·伊夫是苹果公司最重要的设计师，苹果很多专利都有他的功劳，他在乔布斯去世后逐渐出现在人们的视眼中，他负责苹果公司整个产品线的设计，他是乔布斯最好的朋友，而且也被视为设计界的传奇人物之一。他也因乔布斯留在了苹果并创造奇迹。伊夫表示："我自己坚持的一些哲学：创造一款好产品而不是创造利润。我们的目标就是创造伟大的产品，这能让我们兴奋不已。如果我们是成功的，我们会喜欢这些伟大的产品，如果我们胜任运作方面的工作，那么我们就能够创造利润。"

苹果现任 CEO 库克在出席 D10 会议时被问及他接替乔布斯后的感受。库克说："史蒂夫是一位天才和远见家，我从未认为我的作用是替代乔布斯。乔布斯有着独创精神，我从未想过要成为乔布斯，这不是我的生活目标。我就是我，我关注的是成为一名伟大的苹果 CEO。”

他还说：“企业最困惑的就是为营收、股价等设定一个目标。我们需要关注的是过程。对我们而言，我们关注的是伟大的产品，因此，我们将所有精力都投放在过程上，而非结果上。”

这两位是在乔布斯逝世后的苹果现在最重要的人物，他们异口同声地说，“我们的目标是创造伟大的产品。”他们的言语反映了苹果的产品定位：打造伟大的用户体验产品来产生差异性。这也是乔布斯带给苹果企业的产品定位，他们仍坚持不懈。由此我们可以确定苹果的产品核心价值为追求用户体验与产品创新设计的完美个性，独一无二，开天辟地，承上启下，并形成商业生态圈，继而塑造伟大的用户体验产品，直至改变生活。苹果的产品定位是追求这样伟大的产品，而不是追求利润。苹果人的理念是：利润是产品的附属品。那么到底什么是用户体验产品呢？

资料来源：栾玲．小米品牌核心价值与苹果品牌核心价值之比较［EB/OL］，(2014－09－12)．［2018－06－08］．http：//www. itvi365. com/？ p＝8111.

第一节　项目价值定位与论证基础知识

一、打造核心竞争力

所谓能力之争其实是一个反馈回路，从顾客的需求开始，到顾客的满足为止。企业在哪些地方满足了顾客的需求，是速度？一贯性？敏锐性？还是灵活性、创造性？其实它们都构成企业的核心竞争力，如图 8－1 所示。

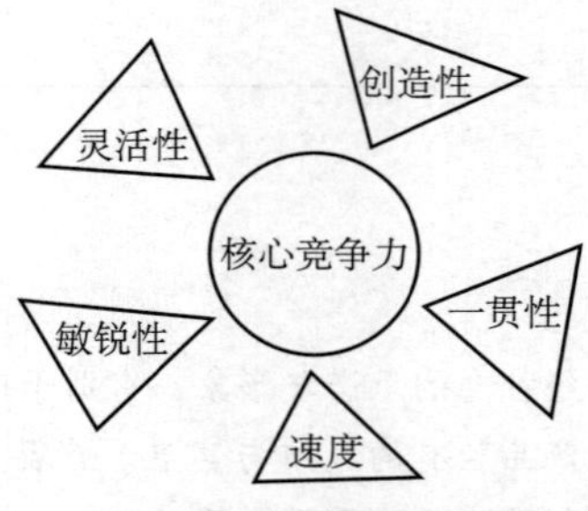

图 8－1　核心竞争力的五要素

1. 速度

在全世界做快递最成功的公司几乎都是美国人，世界三大快递公司：一个是联邦快递，另一个是联合包裹（UPS），第三个是敦豪速递（DHL），这三个都是美国公司。他们把亚洲视为世界上最大的市场，而中国又是亚洲最大的市场，三大公司都在中国针锋交会，相互竞争得你死我活，凭的是什么？速度。谁如果能够比他们三个快递的速度更快，谁就能站稳市场，做大蛋糕，如果不行，就得靠边站，这就是速度。麦当劳、肯德基、必胜客没到中国以前，中国难道没有餐厅吗？但是只要看看必胜客出菜的速度，再看看中国餐馆出菜的速度，就知道什么叫作快餐，这就是速度之争。三家美国快递公司展开竞争时，曾经有一家公司做了这么一个广告：“我这辈子都不会迟到”，后面写了一句话：“如有延误，原款退还。”它们极力强调快递的速度。

2. 一贯性

一贯性就是从老板到伙计，都以客户为中心。有的企业，名义上是以客户为中心，但实际上恰好相反，越是上面的领导，大概越重视客户；越是底下的越不重视，到门口的门卫，大概就更不重视了，这就没有一贯性。

3. 敏锐性

市场中一旦稍有变化，就要敏锐地感受到，这就是敏锐性。

4. 灵活性

任何东西都要具备弹性，有些东西不是一成不变的。在国内曾搞的家电价格赛，风起云涌，大家都在争相挥泪降价。试想如果一家公司的产品销售已困难到不得不降价时，显而易见它确实再也没有其他更好的办法了。

尽管产品销售已困难到不得不降价的地步，但对业务员而言，出去跟客户谈生意，也绝对不能一开始就谈价钱。在客人还没有了解产品价值以前，不要马上跟他谈价格。他只有了解了产品的价值，才会接受你的价格，否则他在跟你谈价格时就会对你的产品感到无所谓，把它当作不重要的产品，当成不值钱的地摊货一样地杀价。

5. 创造性

中国古代有很多伟大的发明，其中最有代表性的火药、指南针、造纸、印刷术是震惊世界的四大发明，但是现在的教育方式却大大抹杀了中国人的创造性，原因是发明出来以后没有继续进行改革，继续创新。

世界上有三种公司（图8－2）：第一种是追随者，跟着潮流走；第二种是生存者，预见之后做改变；第三种是自己创造改变，也就是领导者。

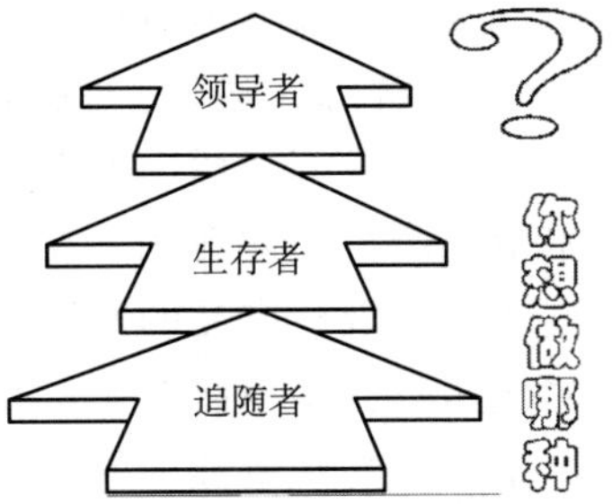

图8－2　世界上的三种公司形态

二、重视客户反馈

客户反馈是一个营销概念，它是来描述客户所得到的服务。具体的客户反馈包括：产品质量、服务态度、产品包装、快递服务、售后服务。客户反馈包括有效反馈和无效反馈。无效反馈是一些客套语和概括语，比如，挺好，不错，赞等没有实质具体性的描述的评价；而有效反馈则是具体化的反馈，比如产品的亮点、相关过程中某一个缺陷、顾客的抱怨点，如款式漂亮、口感偏酸、包装破损、快递慢等。

通常，有影响力的顾客对我们有正面的反馈，让我们对自己的产品建立起信心；那些顾客的挑剔和负面反馈，是我们产品日后应该改进的地方。分析顾客的反馈，是一个企业能否走远的基石，重视每个客户反馈的意见，是企业树立口碑和信誉的必经之路。

（1）客户反馈的六大作用。

① 提高自己的服务，优化产品，让顾客来监督我们。

② 客户的满意度，有利于我们公司品牌的建立。

③ 提升顾客购物体验

④ 可以帮助我们提高顾客的忠实度和黏性。

⑤ 有效的数据，让我们了解客户，同时为未来的产品定位做好相应的决策。

⑥ 帮助识别忠实客户。

（2）挖掘客户的反馈方法。

① 做好售前交流，详细了解客户的需求，充分沟通，了解客户的心理，挖掘客户的潜在需求。

② 密切跟踪订单物流信息，询问客户收货情况，顺便询问客户的意见和建议。

③ 引导客户在确认订单后为这次购物体验作出评价。

④ 定期做客户满意度调查，可以通过调查问卷形式也可以对客户进行单独交流。换言之，在整个购物体验过程中，要保持对客户的充分了解和沟通，详细了解客户的需求和期望。把客户当朋友，真诚用心。

三、构建产品使用全程案例

在充分了解最终用户的基础上，现在要构建产品使用全程案例，确定产品怎样满足用户的价值需求。这个案例不仅要说明用户形象怎样使用产品，还要说明最终用户是否认为需要你的产品，然后确定他们怎样购买产品和支付费用。对产品使用的全程进行描述，你将发现其中潜在的问题，帮助团队答疑解惑，达成一致的观点。帮助创业者关注两个问题：一是你的产品能为顾客做什么，二是顾客使用你的产品能做什么。

需要注意的是，必须根据原始市场调查描述案例。在此过程中必须以顾客的角度而不是自己的角度去看待产品。从自己的角度观察产品的使用，创业者会不自觉地夸大很多方面。一是他们会高估顾客对产品的热情，二是他们对于产品带来的收益和易用性往往过度自信，这种情况下得出的结论多半是虚构的和不准确的，它忽略了一个重要事实，即顾客的采购优先级不同，他们不会表现出特别兴趣，甘冒风险采用一家新企业的新产品来改变自己的价值需求。

首先你要从头到尾地描述用户形象是怎样做的，他怎样认识、购买、使用你的产品，怎样从中获得价值，怎样付费，以及怎样继续购买和传播口碑。然后思考他的做法是否与其他潜在顾客的做法相吻合。产品使用全程案例可以非常形象化，你可以利用图表、流程框或其他方式体现其中的顺序。

描述产品使用全程案例时需要考虑和解答以下问题。

① 最终用户对现有产品的看法，它们在哪些方面无法满足用户的需求？

② 他们如何确定需求的产品或采用不同产品的机会？

③ 他们通过哪些渠道可以了解到你的产品？

④ 他们怎样分析你的产品？

⑤ 他们怎样购买你的产品？
⑥ 他们怎样使用你的产品？
⑦ 他们怎样确定产品为其带来的价值？
⑧ 他们怎样为产品付费？
⑨ 他们怎样获得产品支持服务？
⑩ 他们怎样购买更多产品或是为你的产品传播（正面）口碑？

四、“可视化”产品

现在，你已经准确说明了顾客的需求以及如何使用你销售的产品，可很多细节还没有确定。现在就需要解决这个问题，你应当对产品做一个普遍描述，为产品开发可视化演示方案。随着创业过程的深入，你会对产品了解得越来越深刻，然后再不断对你的描述进行修正。注意，在“可视化”产品时，你应当注重产品特征带来的收益，而不是过度强调产品特征。

根据目前你对产品的了解程度，需要绘制一张图，对你的产品进行图形化的说明，让团队和潜在顾客有一个直观的认识。这张图并不是一成不变的，需要随着理解的深入随时调整和修正。这张图需要描述产品的各种特性，说明它们可实现的功能，分析产品为顾客带来的收益。产品功能的说明要具体，详述其每一个组成部分可以为顾客带来哪些好处，要让目标顾客明白为什么需要你的产品。

如果你的产品是软件或网站，可以用讲故事的方式逐步说明用户的思维过程。如果是硬件产品，可采用图表的方式说明。无论用哪种方式，关键是要有一些能让团队和顾客理解的非常实际与具体的内容。在对产品进行改善的过程中，你的团队会逐渐形成对产品的统一认识。现在你还不能，实际上也不应该开发产品，因为这样会产生很多不必要的成本，还会让你的团队投入太多精力去关注技术细节等目标。你要做的是完成这张图，使你的产品“可视化”，同时不要让团队迷失方向。

你可以向潜在顾客展示产品初步的图形化说明，目的不是销售，而是利用它与顾客沟通，以便更深入地了解产品的优点与缺点。即在你确认产品完美无缺，清楚该如何生产、定价和销售之前，还有很多细节需要去认知和发现。这都有赖于你用这张图去凝聚团队的目标、增强与顾客的沟通。

以视觉化方式展现产品可以让你的团队和潜在顾客达成共识，了解其具体形态和价值所在。你应当从高处着眼介绍产品，不要纠缠于各种细节或产品原型，这样不但有利于产品的快速迭代，而且能在创业早期阶段节省宝贵的时间和资源。用图形化方式介绍产品并不容易，但是它非常直观，能让所有人马上建立一致认识，这对后续的产品开发来说非常重要。

你可以利用产品宣传册进一步说明产品，这样不但介绍得更清楚，而且是图形描述的有力补充。一份较好的产品宣传册，可以帮助你从顾客的角度观察产品，它能迫使你站在顾客的立场，以顾客的角度了解自己的企业，还能让你验证创意是否可行，了解前进方向是否正确。通常情况下，创业者在描述产品特性时往往会鼠目寸光，过于关注主观看法而忽略外部的声音，开发产品宣传册可以避免这个问题。宣传册应当重点说明用户形象，介绍你能为用户做些什么以及产品使用案例，然后添加产品的图形化介绍。

五、大数据时代的蓝海战略

蓝海战略认为，聚焦于红海等于接受了商战的限制性因素，即在有限的土地上求胜，却否认了商业世界开创新市场的可能。假如把整个市场想象成海洋，这个海洋由红色海洋和蓝色海洋组成，红海代表现今存在的所有产业，这是我们已知的市场空间；蓝海则代表当今还不存在的产业，这就是未知的市场空间。那么蓝海战略其实就是企业超越传统产业竞争、开创全新的市场的企业战略。如今这个新的经济理念，正得到全球工商企业界的关注，有人甚至说，接下来的几年注定会成为“蓝海战略”年。

蓝海战略的基石是价值创新。价值创新挑战了基于竞争的传统教条，即价值和成本的权衡取舍关系，让企业将创新与效用、价格与成本整合一体，不是比照现有产业最佳实践去赶超对手，而是改变产业境况重新设定游戏规则；不是瞄准现有市场“高端”或“低端”顾客，而是面向潜在需求的买方大众；不是一味细分市场满足顾客偏好，而是合并细分市场整合需求。

蓝海战略共提出六项原则。四项战略制定原则：重建市场边界、注重全局而非数字、超越现有需求、遵循合理的战略顺序。两项战略执行原则：克服关键组织障碍、将战略执行建成战略的一部分。这就是蓝海战略的核心所在。

互联网世界无边无界，互联网创业者应敢于重建市场边界，发现新的机遇与市场空白，在大数据时代背景下，超越现有的市场与需求，重构需求或者激发新的需求。马云就曾经说过，淘宝改变了中国人的消费模式和生活模式。也就是说，互联网商业的成功在于改变人们观点与生活方式，打差异化竞争战略。

第二节　项目价值定位与论证思维训练

一、如何理性面对负面反馈

问题：作为创业者，来自什么人的反馈应认真看待？如何处理产品的负面反馈？

参考思路：

原则来讲，我们应该对事不对人，只考虑反馈本身的内容，不要想是谁说出来的——但实际上创业公司没有那么多时间逐一判断所有反馈的质量，那么从来源的角度做初步的甄别也是比较高效的。那么，哪些人的反馈应该认真对待呢？

（1）产品的真实用户，而非水军，最好是你能联系上的用户。

（2）投资人。尤其是自家投资人。

（3）不存在利益冲突的专家、权威。

（4）不存在利益冲突的媒体、自媒体。

如果这些意见不仅反映出产品本身的不成熟，更反映出公司本身存在的问题，尤其当人们开始质疑公司的态度时，在正式处理这些意见之前，先做好危机公关。

而产品本身该怎么针对这些意见进行修整或改善呢？首先，我们要判断意见是否合理：

（1）有没有哪些需求是相互矛盾的？

（2）有没有哪些需求是现阶段无法实现的？

（3）有没有哪些需求只是单纯地让你模仿其他产品？

借此可以筛出一些需求，然后优先满足既不伤害老用户、又能吸引新用户的需求（这很难判断，需要创始人或产品经理对产品的调性有很好地把握）。至于单纯对新功能的需求，可以判断有需求的人是否够多，整理出一些比较普遍的需求，再逐步地、有计划地实现。

切记，任何时候，都不要被来自用户的反馈打乱公司本身的节奏。我们不能说用户是不理性的，但也要清楚地认识到你不可能满足所有人。莫忘关于好产品的名言与其做被大多数人有点儿喜欢的产品，不如做会被少数人狂热喜爱的产品。关于产品的任何反馈，都可以遵循这条规律来做——总之，时刻保持与老用户的联系，多听听他们的想法。

二、如何看待新企业间的竞争

问题：作为创业者，如何看待新企业间的竞争？

参考思路：

创业者在进行市场调查时，往往会发现市场上已经有与其创业项目类似的业务了，这会让他们感到错过了最佳时机。受到竞争意识的影响，他们认为必须和其他创业公司针锋相对地竞争。他们一心想着打败竞争对手，很少去想该怎样提供满足顾客需求的产品。实际上，他们和他们的假想敌加在一起，所占的市场份额也寥寥无几，更大的市场源自怎样改变消费者当前的行为模式，怎样克服个人和组织机构的行为惰性。也就是说，与其盯着对手为一座山头拼命厮杀，不如换个思路想想该怎样唤醒顾客实现更大的市场。

拥有正确的核心价值，说服消费者改变行为模式去尝试新的解决方案，做到了这两点你的市场就会迅速扩张，让你和竞争对手实现共赢。在这种情况下，作为初创企业你们有可能合并，被大型公司收购或上市经营。因此，了解了企业的核心价值和竞争地位，不要浪费宝贵时间和竞争对手厮杀，你应当努力接触顾客，形成核心优势，然后开发满足顾客需求的有效产品。

第三节　项目价值定位与论证技能训练

（一）技能训练一　定义产品的核心价值

图 8－3 是某 B2B 购物网站的客户使用导图，想象和讨论其可能的核心价值，如果这是你团队的项目，试着定义该项目的核心价值。

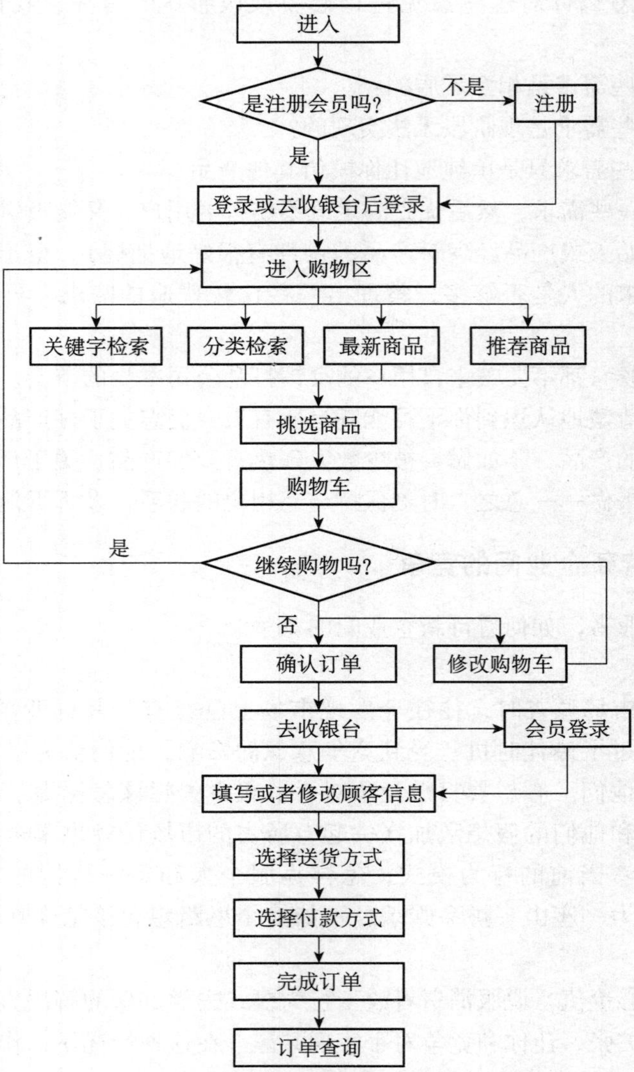

图 8-3 某 B2B 购物网站的客户使用导图

(二) 技能训练二 案例分析——亚马逊的野心

纽约哥伦布圈的豪华购物中心 2017 年新开了一个亚马逊商店，类似于苹果和微软各自旗下的旗舰店，距离亚太地区只有几步之遥。亚马逊说，这家店的目标仍然是卖书。Amazon Books 副总裁 Jennifer Cast 表示："我们拥有 20 年有关书籍和评分的信息，而且我们拥有数以百万计的客户热情。""这真的是一种不同的表现好书的方法。"

哥伦布圈商店是亚马逊的第七家实体零售商店，也是夏季结束前在纽约地区计划的三家零售店之一。第二家商店计划在曼哈顿中城第 34 街，第三家商店在附近的新泽西州帕拉姆斯的韦斯特菲尔德花园国家广场购物中心开放。

Cast 说，这个 4 000 平方英尺的商店大约有三千本书，全部都是封面向外的，以便更好地"传达自己的本质"。该公司的推荐系统通过"您可能喜欢"的部分，通过将亚马逊收集的数据与人类策展人合作推荐新书，从而在书店中展示。对于那些走进去浏览的人来说，感觉像是一个高科技的 Barnes and Noble（美国知名网络、实体结合的书店）。

当今，在实体书店纷纷转型涌进亚马逊的在线销售引擎和电子书的同时，作为电商的亚马逊却大开书店，这个决定可能看起来很困惑。但不像其他书店，亚马逊不一定依靠书籍来保持业务的稳定；相反，它正在使用该空间作为其品牌的扩展。许多公司的热门小玩意，包括 Kindle 电子书阅读器，消防电视设备，消防平板电脑，当然还有 Echo 及其智能助手 Alexa，占据了商店前面的一个空间，以凸显亚马逊不断增长的设备集团。数码设备甚至与传统平装书和精装书一起放置在货架上，作为展示数字替代品的一种方式，以吸引年轻一代的数字胃口。

作为美国最大的在线零售商，亚马逊的成长速度是惊人的，相关人士分析认为，如果亚马逊在 2025 年之前，继续以迄今为止这种体量的公司从未能够达到的速度增长，销售额取得 16% 的年均复合增长率，将会创造商业史上最激进也最快速的扩张。

（1）一系列收购后，未来会继续狼吞虎咽。仅在 2017 年第一季度，亚马逊就收购了网络安全公司 Harvest. ai、生产力软件 Do. com 和中东电商网站 Souq. com，并购交易大幅增长的背后表明：亚马逊正在布局新的领域和新的区域。这种一反常态的并购交易也预示着为了满足自己的企业雄心，亚马逊会更加积极地去拥抱他所青睐的 AI（Adobe Illustrator，矢量绘图工具）产业。

（2）AI 会是下一个支柱。在 2017 年 4 月致股东的信件中，贝索斯详细写道，AI 和机器学习技术是公司旨在维持行业地位和竞争优势的新项目的重点。语音、虚拟助手和自然语言处理将继续成为发展重点。不过亚马逊还专注于“AI 即服务”，以及将 AI 的基础工具交到云计算和开发者社区的手里。亚马逊比以往任何时候都渴望成为一家平台公司。

（3）进行多元化投资。亚马逊最近涉足物流和媒体领域预示着它有意发展新业务。其通常主要在能够进行战略合作的领域进行投资。印度的 Housejoy 将有助于它扩大在当地的触角，Twilio 与 AWS 也有合作关系。

（4）打造多款热门科技产品。秘密研发部门 Lab126 的硅谷研发实验室是 Echo、Kindle 电子阅读器等热门硬件的幕后功臣。虽然失败收场的 Fire 手机也是它开发的，但总而言之其对亚马逊创新的贡献并没得到充分的认可。

（5）布局下一代物流。2016 年亚马逊接近八成的专利聚焦发展它的物流网络，该比例要远远高于几年前的水平。亚马逊还积极地为其云计算和网络安全技术申请专利保护。

（6）增加日用消费品和实体零售领域的投入。亚马逊自营鞋类和服装品牌，以及归入“Amazon Basics”品类的日用消费品。它已经开始开设实体书店，并推出了 Amazon Go 无须排队结账的便利店概念。可以想象 Amazon Go 有可能会成为零售科技的特许解决方案。很显然，亚马逊正给传统零售业施加前所未有的压力。

资料来源：Shoo-in Career. 传统书店不行了？亚马逊告诉你，我来！［EB/OL］（2017-05-26）.［2018-06-03］. http：//www. sohu. com/a/143616860_ 726777.

创业实践

设计并展示你的产品宣传册

结合本章知识与方法，为你的产品设计并制作一份产品宣传册，然后展示给其他团队。

案例分析与讨论

胡玮炜的商业神话

2014年的一天傍晚，胡玮炜在瑞典哥德堡想租一辆公共自行车，结果捣腾了半天都没有打开。她有些不解："互联网发展到现在，难道不是应该平等、便利、共享，哪怕我在地球另一端要辆单车也能实现吗？"

三年后，胡玮炜和她的团队在中国近30座城市投放了超100万辆摩拜单车。这种橙红色的小车除改变了城市人的出行习惯之外，还在资本的寒冬打开了巨大的风口，吸引着风投资本进入这片新领域。胡玮炜说，相比起这些新闻性数字，她更重视"让自行车回归城市"这件事本身，"最最重要的，是你创造了什么"。

1. 为城市共享而生

那么，摩拜创造了什么？

不是自行车。现在自行车已不是一个新事物，早在1790年法国人西夫拉克就制造了世界上第一辆木制自行车，在之后的两个多世纪里，它成为一个司空见惯的出行工具。

"摩拜单车像一个新物种，从一开始就是为城市共享而生，利用科技创造的一个很美妙的产品。"胡玮炜说。互联网、物联网、自行车的有机结合，成就了全球第一款无桩智能共享单车——摩拜单车，如今，摩拜单车已成为全球最大的移动物联网平台之一。每一辆摩拜单车都内置了GPS定位系统和手机SIM卡，利用移动基站定位技术，用户可以在地图上看到周围可供使用的自行车。

"作为第一个将共享单车带入城市的平台，摩拜单车在设计、研发阶段就考虑了城市运营的多个场景。共享单车必须配置GPS，在方便用户使用的同时，对运营平台而言，也能精准、高效地掌握共享单车的运营情况，并进行高效的管理维护"，GPS定位和智能锁都并非突破性的新技术，但二者的结合却让摩拜做到了此前任何共享自行车都没有做到的事：用户可以在地图上一目了然地看到单车的位置，随取随停；不用再担心车子被偷，也不用费力地把自行车搬上地铁和楼梯。"自行车植入了GPS、芯片、模块，就变成了一个新的实体。它在云端，实时在线，和现实中的需求相匹配。"胡玮炜说。

2. "像洪水暴发一样"迎来订单

城市人已经习惯在街头巷尾看到这些橙红色的单车，但在数据迅猛增长的背后，它带来的深刻改变远比人们看到的更多。

从2016年下半年开始，深圳的自行车生产厂家们突然迎来了雪片般密集的订单。一个自行车生产厂商这样说道："太突然了，好像洪水暴发一样，我只要做多少他们就要多少"。一位在自行车行业工作了四十多年的总工程师说，摩拜单车的出现，对整个自行车行业是极大的带动，国内生产自行车配件的供应商现在都以能拿到摩拜的订单为目标。

然而这些远远不够。1月23日，摩拜宣布与富士康达成行业独家战略合作。富士康计划在海内外的多家工厂分别开设摩拜单车生产线，预计年产能可达 560 万辆。这样摩拜单车的车辆生产能力将在原有自有产能基础上翻一倍，每年总产能将超 1 000 万辆。

"摩拜单车把互联网植入实体，以前从来没有过这么大规模的物联网，真的是互联网连接万物。"胡玮炜说，摩拜的出现，带动了中国自行车产业向智能、高端制造的发展，也推动了移动物联网在新领域的运用。摩拜迅速膨胀的体量，在为供给侧提供更多机会的同时，也对链条上下游的技术水平提出了更高的要求，短期来看是一种挑战，但长期来看，对于相关产业升级意义重大。

3. 科技赋予自行车生命

在北京市朝阳区，摩拜单车办公楼的三层摆放着两辆摩拜单车，车身标记着特殊的数字，分别是北京的第一辆车和第十万辆车。从 100 余辆激增到 10 万辆，从一个新事物变成人们的出行习惯，摩拜用了不到半年的时间。复旦大学社会发展与公共政策学院教授任远说，"作为城市可持续发展经济社会模式的成功案例，摩拜成功的基础在于对城市居民生活方式的理解和再构造。它通过引领低碳的生活方式，将这种生活方式产业化，并将产业发展和社会生活契合到可持续发展城市的运行体系中去。"

日前，第三方数据研究机构艾瑞咨询发布的共享单车行业分析显示，随着城市拥堵、环境污染的日益加重，政府、资本以及用户对共享单车此类绿色环保出行模式有无限好感，资本青睐和拥护的积极回应使得共享单车成为风口上的"鹰"。待切的蛋糕还很大，待争取的用户还有很多，胡玮炜说："我们只是走了第一步"，她似乎并不担心外界一直担忧的盈利模式问题。

"传统行业一个简单的道理是：一件商品用更低的成本卖出更高的价格，但是互联网时代，这个商业逻辑可能已经发生了变化。当某一款产品赢得海量用户，它就是有价值的；当某一款产品有巨大的社会价值，那它也一定是有商业价值可挖掘的。能不能实现商业价值，就看公司的运营了。"胡玮炜说："最最重要的，是你创造了什么？你真正创造了价值，那你就有商业价值。"从现阶段来看，她圆满地平衡了二者，实现了"让自行车回归城市"的美好初衷，也实现了摩拜公司的"独角兽"商业神话。

亮点开始出现在各个角落，最后点亮全城，汇成一幅星光闪烁的地图。问及看完这个视频的感受，胡玮炜说："科技赋予自行车生命，你会觉得它是活的，不只是一个工具。你可以在地图上看它怎样繁衍开来，它有了自己活动的半径和生命的周期。我们就像一个母体孕育了它，是城市里的所有人共同成就了它。"

资料来源：张月．胡玮炜诠释摩拜成功之匙［EB/OL］．（2017－03－10）．［2018－06－03］．http：//www.jjckb.cn/2017－03/10/c_ 136118102. htm.

分析与讨论：

（1）如何理解文中的"科技赋予自行车生命"？

（2）摩拜是通过哪些要素和流程创造了价值？

创业资源

创业圣经

图书：《创业圣经》

资源介绍：内容包括"全球五位管理大师之一""日本战略之父"大前研一率领日本众多管理学大师向你传授创业的基础知识与创业在起步、发展等各个阶段的成功秘诀和必备技能。如果你对自己的创业构想有 70% 的把握，就要立即将其付诸实施。为什么不等到有 100% 的把握再开始创业呢？这是因为在时机到来的时候要马上开始行动，在创业中我们不能缺少"边前进边思考"的姿态。

第九章 项目运营论证与模拟

如果 10% 的利润是合理的，11% 的利润是可以的，那我只拿 9%。

——香港和黄集团 李嘉诚

导入案例

如何经营好头部客户

20/80 法则一定是指导企业经营活动的重要法则。一定是 20% 的品类贡献了 80% 的销售，20% 的商品贡献了 80% 的销售，甚至是 20% 的市场贡献了 80% 的销售。

该法则同样适合于对顾客的分析：一定是 20% 的顾客贡献了 80% 的销售。

做好企业的经营，必须要遵循这一法则。只有经营活动达到了这一法则的标准才能说明企业的整体经营情况是合理的。在当前整体市场已经由产品主权时代、渠道主权时代，走入消费者主权时代的新时期，企业必须要重新构建以消费者为中心的新营销模式。核心是要以营销商品、营销渠道、营销终端为中心，转换到以营销顾客为中心上来。更重要的是互联网的链接已经为企业有效营销顾客创造了必要条件。在目前的互联网环境下，企业完全可以借助连接手段，把目标顾客视为企业的内部元素，对企业的顾客实现精准、可量化、可跟踪的有效管理。企业必须要重构如何针对这 20% 重点顾客为中心的新营销理念体系。

转换以经营顾客为中心的新营销体系，对企业来讲是一场重大的变革。这种体系是完全不同于以往的经营商品、营销商品的体系。更需要打破几十年企业经营、营销的固化思维。

如何实现这一转换?

1. 完成顾客注册、建立账户体系

目前情况下,企业务必要看清顾客价值的重要性,一定要完整构建顾客价值中心管理体系。

基础是一定要完成顾客注册。只有完成顾客注册,企业才能有效实现与顾客的链接、才能对顾客价值实现可计量、可跟踪与可管理。目前实现顾客注册的手段、入口都非常多,可以借助二维码、公众号和小程序等多种手段,也可以借助第三方平台等手段。

在完成顾客注册的基础上,要建立顾客的账户体系。账户体系类似于在企业当中给消费者建立的银行账户。通过该账户体系完整、准确地反映顾客与企业的价值关系。

2. 建立完整的顾客分类管理体系

以往企业有相关的针对商品的品类管理体系,但是缺乏针对更重要的经营资源——顾客的管理体系。当前企业需要尽快补上这一更加重要的管理体系。

企业的顾客管理体系,必须要体现以打造顾客价值,最终建成价值顾客体系为目标。核心在于如何有效培养价值顾客、如何把一些潜力顾客变成价值顾客、如何构建打造价值顾客的商品与服务体系。企业可以参照品类管理的思路,结合企业实际,建立顾客分类管理体系。该体系要体现出对价值顾客的管理指向。

3. 要建一套完整的顾客价值营销体系

要想打造顾客价值,企业必须要构建完整的针对价值顾客的管理体系,可以由三部分内容构成。

(1)用商品打造顾客价值:如何针对重点价值顾客,构建商品体系、营销体系。企业需要构建生态化的商品与服务体系,尽可能地具备生态化的商品与服务能力,才能更好地满足目标顾客需求。企业需要为价值顾客打造更超值的商品与服务。使他们得到更多的实惠,使他们更加成为忠诚的顾客,并且能够有效打动他的心智。

(2)用服务打造顾客价值:企业可以针对价值顾客,打造超值的 VIP 政策。以更强的品牌尊荣、企业尊荣形成价值顾客更强的荣耀。企业做好了价值顾客的服务,一定会收到更多意想不到的结果。

(3)用利益打造顾客价值:企业采取利益手段打造顾客价值,可以是简单的积分、返券等一些激励手段,也可以参考直销模式、会员模式设计更复杂的顾客价值利益体系。

企业需要采取哪种方式,要结合企业的实际,选择科学的方法。

4. 构建完整的针对价值顾客的营销体系

企业需要尽快打破以往的传统营销体系。传统的价格手段、促销手段不仅不能打造价值顾客,反而是破坏价值顾客。以往企业显示对价值顾客公平的一些营销手段也必须要尽快破除。

需要构建新的围绕顾客价值为中心的营销体系。其实简单来讲就是以拉新、复购、顾客黏性、顾客活跃度、顾客价值为主线,构建新的营销体系,也就是说新的企业营销模式要高度体现如何有效增加顾客复购、如何增强顾客黏性、如何有效提升顾客的活跃度,最终目标是打造顾客价值。

总之,当前企业必须要转换以顾客为中心的营销模式,新模式的核心是打造顾客价值。企业需要高度重视价值顾客的重要性,需要构建新的以价值顾客为中心的新营销体系。

资料来源:鲍跃忠. 如何经营好头部顾客[EB/OL]. (2018-08-10). [2018-08-11]. http://www.sino-manager.com/?p=91610.

第一节　项目运营论证与模拟基础知识

一、摸清影响顾客采购的各种角色

现在你已经确信产品能为用户形象创造重大价值，确信你的产品在竞争中拥有独特优势，接下来要确认的是用户形象和其他潜在顾客会购买你的产品。采购过程并不简单，在购买或采用任何重要产品时，企业都必须说服各种角色，让他们认为你的产品值得采购。要成功地销售产品，你必须了解参与采购决策过程的每一个人。在他们当中，有些人会支持或反对采购，还有些人会表达观点影响采购过程。了解影响顾客采购的每一个角色，能帮助你确定该怎样开发、定位和销售产品。它能让你意识到产品成功的概率有多大，更重要的是，意识到要付出多少资源、努力和时间才能吸引新顾客购买你的产品。

了解影响顾客采购的信息，需要先让顾客了解你的产品价值，然后征询以下问题。

（1）如果我们能生产这种产品，怎样才能让您使用（或试用）？

（2）除了您之外，还有哪些人会影响，甚至决定产品的使用（或试用）？

（3）在这个问题上，谁最有发言权？

（4）在这个问题上，谁拥有否决权？

（5）如果产品确实能满足你们的需求，谁（或哪个部门）将作出采购预算？

（6）批准预算是否需要其他人同意？

（7）采购决定会不会让有些人感到不快？他们会做何反应？

如果影响顾客采购的这些角色不是你刻画的用户形象，你应当为每一个角色设计一张和用户形象说明一样的清单。你要考虑怎样才能增加对方的好感，让他们同意产品采购或是至少不表示反对。

了解上述信息之后，把相关这些角色的形象打印放大，悬挂在醒目位置，确保团队取得一致意见。然后，请10位潜在顾客作出反馈，帮助你修正用户形象的信息，直到这些信息能够准确反应影响顾客采购的决策。每一个顾客的影响因素应该是相似的，这样有助于你从中发现应对策略。如果结果不是这样，可能是你的顾客与用户形象不够吻合，或者是你的市场细分得还不够。

二、分析付费顾客采购流程

在“构建产品使用案例”中，已经描述过顾客购买产品的流程，列举了需要考虑的问题。此时可以更深入地了解那些问题，并考虑到“影响顾客采购的角色”，弄清楚这些角色是如何作出决策的，以及采购过程涉及哪些具体环节。这项工作对初次创业者来说比较困难，需要深入了解真实的商业环境到底是怎样运作的。从目标顾客群体中寻找经验丰富的人做企业顾问，向其了解具体的相关信息是非常有帮助的。

付费顾客采购流程一般包括以下环节。

（1）影响顾客采购的主要角色有哪些？

（2）他们对采购的影响力如何？关于这项内容，在上一步你可能已经有所了解，现在你要做的就是预计每个环节需要花费多长时间。

（3）他们有多少预算权限（包括预算额度和类型）？

（4）完成这些环节需要多长时间？按顺序排列这些环节，注意观察哪些环节可以同时进行。此处要多下功夫，必须确保每个步骤80%的确定性。时间估算要保守，创业者大多会低估完成每个步骤所需的时间。

（5）了解这个步骤有哪些投入和产出。

通过这个流程，可以更好地了解顾客的业务和产品有何关联。分析付费顾客采购流程，能引导你采用相同的流程不断销售更多的产品。了解这一流程可以让你更轻松地获取新顾客，为企业带来稳定的后期回报。

在这一步中，每个环节的重要工作是了解该环节涉及的决策者的预算和采购权限。我们经常会发现这样的情况，在无须上级批准的情况下对方只能采购不超过一定金额的产品。有时候预算是由某个决策者直接批准的，这样销售会变得容易得多；但有的时候，采购流程会很漫长，需要经过采购部门和管理机构的审核。认识到这些问题能够帮助你更好地完成后面的产品定价工作，因为定价低于对方的预算权限会带来很多好处，能避免影响采购的某些角色出现，增加成功销售的机会。这样做可以极大地缩短销售周期，对于初创企业来说这是一个生死攸关的问题。

另一个需要考虑的问题是，产品采购预算是从年度营业预算中支付还是从长期资本预算中支付。你需要了解顾客的采购预算类型和制定预算的流程。在有些公司，向营业预算中增加费用要比向资本预算增加费用更容易获得批准，但有的行业或公司的做法可能完全相反。虽然看起来是件不起眼的小事，但预算类型的不同可能意味着三个月和一年的销售周期差异，这往往决定着初创企业能否取得成功。

一定要考虑好流程中每一个步骤所需的时间。估计好时间点之后，你应当验证一下这些时间是否合理。例如，你有没有计算延误的时间，你的时间估算比较紧张还是相对宽松？

三、估算后续市场规模

虽然我们一再强调对登陆市场的高度关注，你也要抽出些时间分析后续市场，这种分析可以是概括性的，不需要很多细节，可以预测一下后续市场有哪些，规模有多大。后续市场是你占领登陆市场后需要进攻的目标，估算后续市场的规模能够检查你的前进方向是否正确，帮你确认能否实现可升级的业务以及发现更大的市场机会。它能让你在设计产品形成产能之前发现当前业务的长期潜力，确定可长期持续发展的业务有利于鼓励管理层、员工的士气以及投资者的兴趣。反过来说，如果你登陆市场的表现问题重重，它能帮助你清晰地认识其他潜在市场，果断决定放弃当前市场或是对创业目标作出修订。

后续市场通常有两种，一种是向相同顾客销售附加产品或应用的市场，即通常所说的追加销售市场。经过前面的各种调查，你已经非常了解目标顾客的需求和问题，这些信息能帮助你发现该为顾客创造哪些附加产品或是实现对顾客的重复销售。这种销售的好处在于，你可以利用现有的销售和分销渠道销售新产品，利用现有投资与已经和目标顾客建立的良好关系推动新的销售。不过，生产附加产品需要在企业核心价值基础上对业务进行延伸，这样做有可能危及你在这些市场中的竞争地位。除非你的核心价值与顾客关系相关，否则还是要小心为之。

另一种市场，即创新型企业经常采用的方式，是向毗邻市场销售相同的基本产品。毗邻市场即那些和登陆市场类似的市场。虽然向这些市场销售产品需要添加新的产品特性和升级，不同的包装、营销口号及定价，但是实际上你利用的是相同的核心价值以及在登陆市场取得的经验来开发新市场的。这种方式的难处在于，你必须在每一个毗邻市场建立新的顾客关系，这样做可能存在风险，而且需要投入不少成本。

虽然创新型初创企业的核心价值决定了它们通常采用第二种策略，但实际上，在占领登陆市场之后这两种方案都是可行的，甚至可以兼而有之。

想一想不同的毗邻市场以及你的产品可能实现追加销售的机会。你至少可以发现五六个后续市场，然后根据“估算登陆市场规模”同样的方式估算后续市场的规模。这一步无须花费太多时间和精力，实际上，这一步所需的很多信息已经在市场细分步骤中了解过了，没有必要做非常详尽的原始市场调查分析了。

第二节　项目运营论证与模拟思维训练

一、政府采购的特点

问题：政府采购与个人采购、家庭采购、企业采购相比，有一定的差异，具体表现在哪些方面?

参考思路:

政府采购是政府机构所需要的各种物资的采购。这些物资包括办公物资，例如计算机、复印机、打印机等办公设备，纸张、笔墨等办公材料，也包括基建物资、生活物资等各种原材料、设备、能源、工具等。政府采购也与企业采购一样，属于集团采购，但是它在持续性、均衡性、规律性、严格性、科学性上都没有企业采购那么强。政府采购最基本的特点，是一种公款购买活动，都是由政府拨款进行购买。

与个人采购、家庭采购、企业采购相比，政府采购具有以下显著特点。

（1）资金来源的公共性。政府采购的资金来源为财政拨款和需要由财政偿还的公共借款，这些资金的最终来源为纳税人的税收和公共服务收费。在财政支出中具体表现为采购支出，即财政支出减去转移支出的余额。

（2）采购主体的特定性。政府采购的主体，也称采购实体，为依靠国家财政资金运作的国家机关、事业单位和社会团体，不包括国有企业等。

（3）采购活动的非商业性。政府采购为非商业性采购，它不是以盈利为目标，也不是为卖而买，而是通过买为政府部门提供消费品或向社会提供公共利益。

（4）采购对象的广泛性。政府采购的对象包罗万象，既有标准产品也有非标准产品，既有有形产品也有无形产品，既有价值低的产品也有价值高的产品，既有军用产品也有民用产品。为了便于统计，国际上通行的做法是按性质不同将采购对象划分为货物、工程和服务三大类。

（5）政策性。采购实体在采购时不能体现个人偏好，必须遵循国家政策的要求，包括最大限度地节约财政资金、优先购买本国产品、保护中小企业发展、保护环境等。

（6）规范性。政府采购不是简单地一手交钱、一手交货，而是按有关政府采购的法规，根据不同的采购规模、采购对象及采购时间要求等，采用不同的采购方式和采购程序，使每项采购活动都要规范运作，体现公开、竞争等原则，接受全社会的监督。

（7）影响力大。政府采购不同于个人采购、家庭采购和企业采购，它是指一个整体，这个整体是一个国家最大的单一消费者，其购买力巨大，有关资料统计，通常一国的政府采购规模要占到整个国家国内生产总值（GDP）的10%以上，因此，政府采购对社会的影响力很大。采购规模的扩大或缩小、财政结构的变化都将对整个社会的总需求和供给、国民经济产业结构的调整等产生举足轻重的影响。

二、拓展市场的战略

问题：虽然在这一阶段，并不要求去开拓新的市场，只需要了解后续市场的规模，但了解开拓市场的战略，有助于你思考后续市场的潜力。那么，拓展市场有哪些常见的方法呢？

参考观点：

一般来讲，可供选择的有以下五种典型战略。

1.“滚雪球”战略

目标市场的“滚雪球”拓展战略是中小企业最常用的一种策略，即企业在现有市场的同一地理区域内，采取区域内拓展的方式，在穷尽了一个地区后再向另一个新的区域进军的拓展战略。具体来讲，这种战略的拓展以某一个地区目标市场为企业市场拓展的“根据地”和“大本营”，进行精耕细作，把“根据地”和“大本营”市场做大、做强、做深、做透，并成为企业将来进一步拓展的基础和后盾。在“根据地”市场占有了绝对优势和绝对稳固之后，再以此为基地向周边邻近地区逐步滚动推进、渗透，最后达到“星星之火，可以燎原”，即占领整个市场的目的。

采取“滚雪球”的市场拓展战略具有以下优势。

（1）有利于企业降低营销风险。“根据地”的营销战略能为周边地区的营销实践提供丰富的经验和良好的示范。企业在全力建设“根据地”市场的过程中，对产品的市场营销规律有了较多的研究，包括成功的经验和失败的教训。“根据地”营销经验的日积月累自然成为企业日后向周边拓展最宝贵的财富和资本，营销的失误会进一步减少。随着市场的不断滚动拓展，企业的“根据地”市场地盘的扩大，这些经验和教训愈加丰富，市场营销的风险会越来越低。

（2）有利于保证资源的及时满足。市场滚动的开始是以“根据地”市场的“兵强马壮”为基础的。已做大做强的“根据地”市场的利润丰收为新开拓市场提供充足的资金积累，“根据地”营销实践成为企业营销人才培养的“黄埔军校”，因而在市场拓展中能源源不断地向前方市场输送人才。

（3）有利于市场的稳步巩固拓展。“滚雪球”市场拓展战略是在现有市场牢牢被占领之后才向新的周边市场拓展，秉持稳健踏实的理念，达到步步为营的目标。温州有许多民营企业就采用了这种“滚雪球”的循序渐进战略。如温州“大隆”鞋机，其整个国内鞋机市场主要是“三州”，即以男鞋为主的温州、以女鞋为主的福建泉州、以旅游鞋为主的广州。“大隆”首先当然是近水楼台先得月，温州鞋机市场为将来进一步发展的“根据地”。当占领温州70%的鞋机市场，取得绝对稳固的垄断地位以后，再在温州发展，潜力已经不大，于是就向周边地区市场滚动。“大隆”第二步滚到了紧邻的泉州市场，并把温州的服务经验“克隆”到新市场，取得了很好的效果。现在，“大隆”又向福建邻近的广州进军了。

2. “采蘑菇”战略

与“滚雪球”不同的是，“采蘑菇”拓展战略则是一种跳跃性的拓展战略。企业开拓目标地区市场的先后顺序通常遵循目标市场的“先优后劣”的顺序原则，而不管选择的市场是否邻近。即首先选择和占领对企业最有吸引力的目标地区市场，采摘最大的“蘑菇”；其次再选择和占领对企业较有吸引力的地区市场，即采摘第二大的“蘑菇”，不管这个市场是否和原来的市场邻近。

“采蘑菇”的市场拓展方式，也有其独特的优点，主要表现为以下几方面。

（1）企业能取得最佳的经济效益。因为，企业的每一步都选择的是未占领市场中最佳的。所以，企业的资源总是得到了最佳配置和利用。

（2）企业市场拓展战略具有灵活性、及时性。尤其在竞争者较多时，如果仍按照由近及远、循序渐进的原则，则竞争者可能早就把那些诱人的市场抢走了。这种战略虽然存在缺乏地理区域上的连续性的缺点，但却是企业比较普遍适应的一个战略。不但强势企业可以采用，弱势企业运用它也可以取得不错的效果。

3. “保龄球”战略

保龄球运动具有这样的特点：各保龄球之间存在一定的内在联系，只要恰当地击中关键的第一个球瓶，这个球瓶就会把其他球瓶撞倒一大片。企业在拓展市场时同样可以运用这样的方法。要占领整个目标区域市场，首先攻占整个目标市场中的某个“关键市场”——第一个“球瓶”，然后，利用这个“关键市场”的巨大辐射力来影响周边广大的市场，以达到占领大片市场的目的。这种市场拓展战略我们称之为“保龄球”战略。

当然，该“关键市场”应该具有以下特点。

（1）该“关键市场”的消费者具有较强的求新意识和较强的购买力，因而对新事物接受较快。

（2）该“关键市场”的消费需求具有极强的影响力、穿透力和辐射力。一般，“关键市场”的消费观念和潮流具有极强的超前性和引导性，即某种商品消费或生活方式一旦在这些市场流行，会引起一大批周边中小地区市场的消费者争相模仿追随。所以，只要企业占领这个“高能量”市场，就能取得以点带面。辐射一大片市场的效果。当然，这是一种“先难后易”的市场拓展策略。

（3）“关键市场”往往是商家必争之地，要攻占该战略市场要点，必须耗费大量的财力和人力。但一旦占领，其他市场就“横扫千军如卷雪”了。显然，这是实力较强的大企业才能选择的战略。海尔集团的国内和国际市场拓展就是这样一个模式。

在国内消费品市场，有三个城市市场至关重要。一个是广州，毗邻香港，成为中国时尚中心和流行发源地。广州今天的消费热点往往是两湖、四川、江西、福建乃至全国的流行趋势。二是上海，上海的精明和苛刻早就闻名全国，能在上海立足的商品必定是经得起考验的精品，受到上海市场欢迎的产品必定会得到江苏、浙江、山东、安徽等地市场消费者的青睐。三是北京，北京是中国的心脏，企业的一举一动在这里都对全国市场影响巨大。在北京市场有出色表现的企业，其“市场风采”肯定不久就会成为媒体传播的话题，产品自然成为消费者追逐的对象。所以，“广州—上海—北京”成为进军全国市场的战略“金三角”。占领了这三个市场，依靠其强劲的辐射力量，就等于攻克了大部分中国市场。海尔集团于是投入大量的精力先后进入和占领了北京、上海和广州，果然，产品迅速向全国铺展开来。同样，海尔的国际“金三角”也具有异曲同工之妙，即先占领“日本—西欧—美国”三个关键市场，再准备向全球市场进军。只要占领了虽然最难却具有非常影响力和辐射力的全球市场“三极”，进入发展中国家市场就势如破竹了。发达国家的今天消费流行趋势就是发展中国家明天的流行趋势。

4. “农村包围城市”战略

和“先难后易”的“保龄球”战略相反，这是一种“先易后难”的市场拓展战略。即首先蚕食较易占领的周边市场，积蓄力量，并对重点市场形成包围之势，同时也对中心城市形成一种无形的影响。等到时机成熟时，一举夺取中心市场。对于中小企业来讲，首先就选择进攻最难占领的中心市场，欲速则不达，成功的可能性很小。企业这时还不如首先选择较易攻占的周边市场，一方面积蓄自己的力量和营销经验，另一方面对中心市场给予一种潜移默化的影响。在实践中，“农村包围城市”战略的实施常常伴随着“时空间断法”的运用。企业在包围占领周边市场的同时，会对中心市场进行一定的广告宣传，但是却没有产品的跟进，有意造成市场空缺，让销售和宣传有一段时空间断，令消费者由出奇到寻觅，由寻觅到渴望，形成消费势能的递增蓄积，犹如大坝之于江水，人为地制造水位落差，最后形成万马奔腾之势。为一举占领中心市场提供良好的基础。

5. “撒网开花”战略

撒网战略是企业在拓展其目标市场时，采用到处撒网，遍地开花，向各个市场同时发动进攻，对各个市场同时占领的方式。撒网战略具有极大的市场拓展威力，可以在非常短的时间内达到同时占领各个市场的目标。

但是，这种战略成功的条件却极为苛刻，需要企业做好以下几点。

（1）需要企业具有充足的营销资源。在许许多多市场同时开展营销，各个市场都要建立自己的销售渠道。常常伴以广告“地毯式轰炸”，所以，需要的资金显然非一般企业所能承受；另外，每个市场都必须派出精干的营销策划、销售管理人员和业务代表，因此，企业必须要有一支庞大并且经验丰富的营销团队。

（2）需要企业具有大量的开发费用。因为，每个市场的需求各异，自然需要各种不同的产品。同时拓展的市场越多，则可能需要的新产品越多。所以，企业新产品开发费用的大量支出成为不可避免。

（3）需要企业具有强大的调控能力。企业同时在多个市场发动进攻，无论是自己开山修渠还是借鸡生蛋，都可能遇到许多意想不到的情况和难以控制的市场混乱，所以，如果没有极强的协调控制能力，则企业难以应付同时发生的各种意外情况。如原来的巨人集团在 1995 年对全国保健品市场的进攻就是采取的“全面开花”的战略。1995 年 5 月 18 日，巨人在全国百家主要报刊媒体上集束轰炸，一次性推出减肥、健脑、强肾、醒目、开胃等 12 个新品种，产品同时铺上全国 50 万家商场的柜台，发动的营销人员达到 10 万人。“遍地开花”式的市场拓展就像“闪电战”，意在迅速占领，广种薄收。但是，这种目标市场拓展战略目前成功的概率远远低于失败的可能，可见这种战略并不适应于一般企业或目前实力和经验尚不丰富的企业。

第三节 项目运营论证与模拟技能训练

（一）技能训练一 案例分析：谁影响了采购

下面是张先生的购车经历，采用第一人称复述，阅读案例并回答后面的问题。

我去年年中就打算买一辆 6 万～10 万元的车，刚开始看中了 A，但是 A 的做工不敢恭维，后来看中了 B，但是要等半年才能提货，于是只好退而求其次转向 C。其间，我也看过其他品牌，总体感觉还是 C 的做工配置以及整体质量在自主品牌里比较好。经过半年多的观察和比较，我才终于选定了 C，认为其性价比很高。去了几次我们当地 4S 店，4S 店服务员是很热情的，但是报价却没有多少浮动，我致电外地一家 4S 店能优惠 5 000 元，于是我打算去外地买。

但是没想到家人不知听谁说的说 C 的质量不好，死活不让买。我个人认为是没问题的，但是为了尊重家人的意见，我只好另选。太太的意思是买 D，皮实耐用。但是我看不上 D 的配置，并且有网友说现在的 D 跟以前的装配质量也差多了。于是只有升级价格，后来锁定在 E 和 F 之间。在我们当地只有一家 4S 店销售 E，没找到 F 销售店。E 的北京店报价比本地报价便宜 7 000 元，F 车需要去外地购买及维护。综合考虑，我还是喜欢 C，但是太太坚持 E，最后我们达成共识，再加点钱买辆更好的。

这时 G 进入了我的视线，试驾了一辆邻居几年买的 G，那种厚实的感觉和宽大的行车电脑、激光焊接、空腔注蜡一下吸引了我。于是我和朋友又去 4S 店看了看，没想到因为下雪没有现货，价格也没有丝毫优惠。致电北京店能优惠 10 000 元。于是我来到了北京 4S 店，先看了 G。但是没有我要的型号，另一个比较好的型号只有一辆了。犹豫中我又看了其他几个品牌，都不尽如人意。第二天遇到一位在北京的朋友，他推荐我还是 G 好。于是我决定买 G。

交钱提车加满油走人。开了几个月感觉 G 是物有所值，直到我现在还认为，G 肯定好，A 也不错，因为毕竟一辆 G 能买两辆 A 了。

讨论：

（1）在张先生的购车决策中，参与者都有谁？他们各扮演什么样的角色？

（2）你如何看待家庭对顾客采购决策的影响。

（二）技能训练二 观察顾客流

请选择一个消费场景（如书店、餐饮店、手机卖场、服务中心等），在一天或一周的不同时段观察，计数顾客流量。结合所观察的店家，用所学的市场营销管理理论，写一份营销策略改进与客户管理的方案。然后将该方案与所观察的市场管理者进行沟通，体会感受市场营销管理的要素与技巧。

创业实践

绘制付费顾客采购流程图

结合本章知识与方法，绘制付费顾客采购的流程图，然后展示给其他团队。

案例分析与讨论

鲁酒未来之路怎么走?

鲁酒过去的十年，卧薪尝胆，业精于勤。伴随中国白酒行业发展，鲁酒也取得了一定成绩，尤其在当下大环境不好的前提下，鲁酒虽然整体增长率不大，但步子发展走势还算平稳。未来的路子怎么走？是什么在决定鲁酒的生死？鲁酒如何应对？这都是需要未雨绸缪的。

1. 鲁酒面临的现状

限制“三公消费”给中国高端白酒，特别是全国性品牌带来严重打击，尽管部分鲁酒企业渔翁得利，但总体而言也受到严重影响。中国白酒行业已经从“黄金期”进入“白银期”，在中国经济大环境萎靡的时代，目前鲁酒的答卷还算凑合。单一鲁酒企业的目前规模在全国来讲，还不算大。鲁酒绝大部分仍然在山东本土互相厮杀，走不出山东。

鲁酒面临的共性问题也不少。产品线以中低档为主，高端产品几乎失陷。寄予厚望的芝麻香仍然存在问题，发展速度和规模还差强人意。人才队伍和产品结构不够合理，营销成本不断增加，外省资本进入山东……

没有远虑必有近忧，不懂未来，就很难做好现在。只有把握行业趋势，才能运筹帷幄。战略失误会落后五年，观念失误会落后至少十年。鲁酒的明天在哪里？未来十年决胜靠什么？透过行业本质，就能明晰产业脉络。

面临资本逐鹿，鲁酒应当未雨绸缪。

纵观全国，联想资本一口气吃下中国四个地方名牌白酒，也包括山东的“孔府家”。高端品牌“水井坊”被国外资本收购。白酒著名的品牌运营企业——华泽集团，在中国囤积了几十个地方品牌。地产行业、煤炭行业、高利贷剩余资本等众多民间资本进入白酒行业。这些资本既有白酒业内大佬，也有外行资本。山东的“孔府家”“今缘春”“孔府宴”等白酒品牌都陆续被外省资本控制。这只是一个开始，而不是结束。

白酒行业就像十年前的啤酒行业一样，加快了资本整合的步伐。不管你看不看见，承认不承认，资本都已经在中国白酒行业翻云覆雨。山东当年有众多啤酒品牌，最终要不被青啤收购，要不卖给了华润雪花，要不在境外找个“洋靠山”，否则都最终难逃被“吃掉”的厄运。当年连强势的“趵突泉”“琥珀”等名牌啤酒，也不能抵挡住资本的力量，最终被收购。

企业的竞争有四个阶段：产品阶段、品牌阶段、资本阶段和战略联盟阶段。中国白酒行业目前正在从品牌阶段向资本阶段跨越，如果不能与时俱进，势必惨遭淘汰。如果行业已经进入第三阶段，我们仍然按照品牌阶段，甚至产品竞争阶段去思维，那简直是拿企业命运在开玩笑。

很多鲁酒总裁也看到了这一点，但仍然侥幸地认为，白酒不同于啤酒行业，白酒具有地方特点，未来白酒不会像啤酒那样，全国只剩下十几个品牌。中国白酒十年后能留下一百个，还是一千个？谁都无法准确预测。但趋势是不变的，就是未来十年大批白酒企业和品牌将永久性消失。鲁酒面临严重压力，企业出现困境的时刻，正是资本最开心的时刻。弱肉强食，适者生存。如果你还在麻木，如果你还在侥幸，未来只能成为资本市场“菜板上的鱼”。目前，从国家大经济环境和中国白酒行业的大势来看，都在帮助资本市场完成行业整合。

2. 移动互联网将淘汰传统鲁酒企业

我国已经从电子商务时代走向移动互联时代。传统的以PC技术为代表的电子商务成就了大批中国富豪，也买酒、酒仙网等大批酒类运营平台也在此时应运而生。当鲁酒大部分企业对电子商务还不很清楚的时候，我国已经进入了下一个时代——移动互联时代，大数据营销即将接踵而至。

移动互联网能带来什么？笔者认为至少会带来五方面变革：第一是传统媒体的衰退，报纸是遭受冲击最大的，2017年全国报媒广告下降30%，中国已经有30%的成年人一月内从不看电视，而智能手机的用户2018年已经多达7亿，微博活跃用户已经超过4亿，微信用户也超过10亿，意味着鲁酒的广告形式必须变革；第二是渠道的变革，未来十年在手机上买酒将成为主流，而不是在超市或烟酒专卖店，习近平主席曾在访问俄罗斯时预言，未来我国很多私营小店将会消失；第三是消费方式的改变，定制和个性消费会成为主流，下面会重点阐述该问题；第四是营销链条的结构改变，渠道更加扁平，很多传统经销商将被淘汰；第五是销售半径将逐步扩大，任何品牌都可以做全国市场，甚至全球市场。

有四个关键词正在决定中国未来十年的营销：多屏时代、云分享、流成本、注意力。如果你看不懂，以后可能会跟不上时代的步伐。

移动互联是一次划时代的“贴身革命”，绝不仅仅是一项新技术。未来屏幕将与我们形影不离，不仅仅是电视、电脑、Pad、智能手机，餐桌、镜子等生活或工作界面，都可能会成为我们沟通世界的电子屏幕。分享在传统时代，口碑传播的速度是加法式的，而借助移动互联网，传播速度将会以裂变式的速度递增。每个品牌都会成为自媒体，以“零成本”的方式来传播自己的品牌。但对企业的营销运作将会有更高的要求，微营销是减少人流和信息流成本的最好方式之一，对广告和实体店都会产生冲击。在产品和服务严重同质化的时代，注意力将成为重要的影响力。消费者的眼球在哪里，我们的销售将产生在哪里？对于中庸传统的鲁酒企业来讲，这是一个大挑战。未来需要在产品命名、包装设计、广告宣传、促销推广等多方面做好“注意力”工作。

未来，鲁酒企业谁抓住移动互联网和大数据营销，谁就节约了营销成本，谁就在竞争中找到了弯道超速的路径。

3. 消费发生变革，鲁酒要顺势而变

80后和90后十年内将成为中国白酒的消费主流人群，而他们的消费习惯与60后和70后有明显的不同。他们不喜欢喝白酒，怎么办？他们想要喝的白酒是什么样子的？他们喝酒的习惯是什么？如何对他们进行推广自己的品牌？我们的鲁酒企业准备好了吗？

四川的“江小白”屌丝白酒已经如火如荼，河南宋河酒业为80后专门推出了“嗨80”时尚品牌，宝丰酒业为讨好85后专门推出了“小宝”品牌。不讨好年轻人，我们将失去未来的十年。谁赢得了年轻人的心，谁将在未来竞争中胜出。尝试可能会失败，但不尝试，就没有未来。

随着移动互联网和物联网的成熟，个性定制将成为下一个消费主流。在传统工业时代，小规模定制的成本非常高，而将来个性定制将不再是高端客户和团购单位的特权。未来的白酒定制，绝不是换个标签那么简单，必将更加人性化和个性化。对于鲁酒品牌来言，这是一次机会，可以充分借助“天时和地利”优势，及早行动。在未来十年，每个人都可以做生意，消费者可以随手把他喜欢的产品转让给他身边的朋友。微信等自媒体正在帮助他们实现这一现实，这就是分享的力量。

白酒品牌越来越全国化的同时，意味着大品牌的规模化优势更加明显，鲁酒在该方面没有任何优势。而作为鲁酒而言，在短期内无法冲击一线品牌时，要走“小而特”的路线，满足越来越多的个性需求。而个性产品不一定限制在本区域销售，完全可以借助移动互联网和物联网，做全国人的小众生意。按照长尾理论，在大品牌不乐意做或者没有来得及做的领域里，及早重新定位寻找自己独特的市场。

4. 借助系统营销，赢取未来十年

我国营销已经进入4.0时代，先后经历了点子时代、策略时代和战略时代三个阶段，已经进入系统营销时代。系统营销，是中国十佳策划机构——合效策划在国内率先提出的先进营销理论体系。所谓系统营销，就是要在“道法术器”四个层面，在内力和外力两大驱动下，保持方向一致、结构合理、以小搏大、快慢有度，从而减少内耗，增加业绩。

为什么企业的投入产出比越来越不理想？为什么无论如何努力，业绩仍然无法突破？为什么企业三五年停滞不前，甚至出现后退？为什么模仿成功企业的东西，在自己企业里毫无结果？过去竞争靠战略和策略，未来企业竞争拼的是系统。没有独一无二的商业模式，没有围绕自己核心竞争力形成独特的营销系统，一切都是纸老虎。在未来的白酒资本战、移动互联战和年轻客户战中，必将被摧枯拉朽。

系统营销需要解决什么？首先要围绕核心资源对企业而不仅仅是品牌，进行重新定位，并形成自己独特的商业模式；其次在推广策略、招商策略、营销工具、视觉章法等方面进行落地；再次，在落地执行过程中要有检核系统，能保证每一个营销行为不偏离自身营销系统，避免内耗对外发挥最大战斗力。借助中国智慧和西方科学，实现系统突破。

鲁酒未来之路怎么走？以下给出四点建议以供分享。

（1）资本来袭，未雨绸缪。资本时代的大潮我们无法改变，但要做好准备。主动积极地与资本运营公司接触，了解资本运营的规则和流程，而不是消极地拒绝。企业战略制定必须在新资本时代的环境下进行。在资本方面，景芝酒业等企业已经开始在行动，值得欣慰。

（2）定制时代，乡情为重。在本地市场重点做好感情牌，用乡情来阻挡大品牌的围剿，巩固原有的根据地市场。在外地借助移动互联技术等先进技术，实现让漂泊在外地的老乡，在家中购买到本地产品。但从长远来看，要做个性化市场，品牌名称必须“去地方化”。“趵突泉”“琅琊台”“烟台古酿”这样的区域化品牌，根本无法走向全国，应当为年轻市场起一个类似“嗨80”这样的品牌名称。在客户定位、产品卖点、产品包装、产品口感、饮用方法、推广方式等全方位地走个性化之路。

（3）移动互联，营销再造。山东酒类营销人才匮乏，要抓住移动互联大潮，首先要从人才年轻化和专业化开始。没有合适的人才，一切战略都是白费。公司要重视移动互联网营销，囤积大量专业人才，实现零成本直销。让消费者在家中或办公室可以通过手机预订，甚至完成手机支付，借助现代物流送货上门。移动互联是一次机遇，也是营销升级的最佳时机。

（4）行业逆境，顺势则昌。当白酒寒冬来临时，企业家首先要做的是思考而不是胡乱的挣扎。低谷时，做的大多数决策都是盲目无效的。把握未来趋势，冷静思考后，才能正确决策。另外一点，在逆境中要顺势而为，而不是以自我观点为中心去急躁地改变现状。既然高端白酒受限制，就不要用主要精力解决高端产品销售问题，而是寻找平民白酒的新机遇。日本经营之圣——稻盛和夫指出，不景气的程度越重，越是需要以积极的心态面对，全员团结，集思广益，从内部进行突破。应当把萧条当作一次成长的机会。

以用户体验驱动创新，可以让公司在数字化和电商化转型过程中有效提升竞争优势。全方位、全触点的用户体验设计，能够帮助企业洞察核心目标用户的真实需求，找到用户内心的燃点，让人们与技术、复杂系统之间的互动变得自然流畅、充满愉悦，并推动实现商业创新实践。

资料来源：韩亮．鲁酒未来之路怎么走？［EB/OL］．http：//brand.icxo.com/htmlnews/2013/11/08/1452565.htm，2013－11－08/2018－07－30.

分析与讨论：为鲁酒制作一份项目模拟运营报告。

创业资源

如何采购货物——创业加油站

图书：《如何采购货物——创业加油站》

资源介绍：本书以创业的基本步骤为主线，采用情景剧的形式，全面准确地回答了创业者在创业过程中的焦点问题。片中的两个主人公王大明和晓芳由于对创业知识缺乏认识和了解，以致他们在创业过程遇到了各种各样的问题，创业之路屡屡陷入困境。创业专家李先生的及时出现为他们详细讲解了创业过程中的各种知识和遇到问题时的解决方法，重新点亮了他们的创业之路。十集教学情景剧全面、准确回答创业者10项焦点问题！创业专家经典传授，从零开始祝你成功！

第十章 商业模式设计与论证

当今企业之间的竞争，已经不是产品和服务之间的竞争，而是商业模式之间的竞争。

——现代管理学之父 彼得·德鲁克

导入案例

创办三年，三亿用户，市值三百亿美元：拼多多的本质是什么

给仅仅成立三年的拼多多下一个定义，并不容易。

当地时间 2018 年 7 月 26 日晚 9 时，拼多多创始人黄峥出现在上海中心。他用中英双语向现场千余位用户、员工和投资人发表了上市敲钟前的致辞演讲。中学就读杭州外国语学校，浙江大学毕业后又赴美深造的黄峥说起英语驾轻就熟。

“2015 年，拼多多成立不久，我们就意识到，它的模式拥有巨大的潜力。自那之后，我们度过了不可思议的三年，在所有人认为电商格局已定、历史就此书写之际，拼多多在短短 3 年间汇聚了 3.44 亿活跃买家。”

黄峥演讲后，拼多多用户代表在上海和纽约两地，同时敲响了开市钟——纳斯达克为了迎接拼多多，破例将敲钟按钮由纽约送至上海，两地敲钟，这在中概股历史上尚属首次。

上市当天接受腾讯新闻《财约你》采访时，黄峥称自己没有特别向往去纽约敲钟这件事。26 岁时，黄峥被“导师”段永平带去和无数人都希望朝拜的巴菲特共进午餐。也许从那时，或者更早

前，黄峥就对富有仪式感的东西免疫了，“把消费者请来，远比一个人在美国敲钟有意义。”

拼多多发行区间上限19美元每股定价，开盘即上涨超过40%，截至IPO当天收盘，报26.70美元，市值达340亿美元，为今年美国第二大中概股IPO。

外界形容黄峥，天赋高、运气好、理科思维、直面犀利、相信程序正确、有点像小镇青年，又具大佬气质。一次和投行开会，谈得是上亿的买卖，会后各自离去时，黄峥和两位同事叫了辆滴滴快车。一位参与拼多多上市过程的美国金融人士对《棱镜》说，黄峥有点书呆子气。

“他有点像扎克伯格，上市前也不太和投资人沟通，对待上市仪式的方式都异曲同工”，这位在纽约干了四十多年的金融人士对《棱镜》说，“但是拼多多日后能成就多少，我绝对下不出结论。”

以上市首日收盘价计算，黄峥身价近160亿美元，超过了中国第二大电商公司京东的创始人刘强东，在中国大陆富豪榜排名第13位，但是，要给这个刚刚闯入大众视野的创业者下一个定义，也并不容易。

1. 火箭般的上市速度

2018年年初，吕超得知拼多多要上市的消息时，大为惊讶。吕超在圈内小有名气IPO服务公司工作，曾帮助很多家公司赴美赴港IPO。虽然在吕超2018年潜在客户计划表中，有20多家公司在案，其中不乏爱奇艺、蔚来汽车这样的巨无霸，但是拼多多的突然登场，仍让经验丰富的他颇感意外。

“太快了，这家公司才成立三年”，吕超在2018年春对《棱镜》表示，并再三叮嘱不能被外界知道，“这是绝密信息，如果泄露，那么可能影响拼多多的上市进程。”

果不其然。今年六月，媒体爆出拼多多即将提交赴美上市申请，随后一位接近该公司上市人士对《棱镜》表示，拼多多似乎原本计划9月上市，被提前到7月。资本市场环境决定拼多多必须在今年上市，而行业竞争环境使这家公司上市的消息一旦爆出，则必须快马加鞭，一位杭州的电商创业者对《棱镜》分析说，“要知道目前的电商巨头可不是吃素的。”

拼多多向美国证券交易委员会提交的招股书显示，该公司2018年第一季度GMV（成交总额）达到662亿元，约为京东的五分之一，月活用户数量1.66亿，约为京东一半。

“重仓！”一位纽约的基金投资人对《棱镜》表示，这位投资人也是阿里巴巴、京东、百度等中国公司的超级拥趸，而拼多多尚未上市，他已经坚定了投资策略，“在美国，再也找不到增长如此迅速的公司了。”

但是中国背景的投资人却并不乐观。冯宁曾在美国投资圈打拼10年，目前是一家美国大型基金驻香港的代表，拼多多、小米、美图等公司引起了他极大的兴趣。2018年上半年，冯宁泡在内地大半年，他对拼多多模式，理性上理解，感性上不能苟同。在曼哈顿的一间咖啡厅中，冯宁对《棱镜》说，虽然对中国市场的纵深之深早有预期，但是拼多多用户群的需求仍然让人费解。

“通过拼多多，我认识到人的局限性，虽然看过无数个项目，但是对特定市场特定群体的认知，仍然是我的盲区。”

拼多多被称为北京五环内居民无法理解的平行世界，而绝大部分投资人和从业者对电商的认知由传统电商的流量逻辑塑造。在接受《财经》采访时，黄峥曾表示，全品类扩张还是传统的流量逻辑，升级也是五环内人群的俯视视角，“我不认为拼多多要品牌升级，要全品类，我们要做的事情永远是匹配，让合适的人在合适的场景下买到合适的东西，拼多多的使命是多实惠多乐趣。”

如果黄峥的新电商逻辑实现，那么无疑将是对整个产业的颠覆，但是在巨大的潜力和走高的估值之间，投资人仍略显迟疑。一位香港知名基金经理对《棱镜》表示，拼多多的估值有明显的泡沫，这次IPO主要是美国投资人认购，一些美国投资人对于中国新的东西，其疯狂程度不亚于中国A股的散户，不要高估美国投资人，他们对拼多多的追捧，我看不懂，我觉得这是个绝佳的做空机会。

2. 中国文化土壤长出的“新物种”

拼多多的横空出世，在原本似乎已经成定局的中国电商行业中兴起巨浪。

“拼多多的路子很野”，一位杭州电商创业者对《棱镜》说。这位电商创业者曾经做到淘宝上某品类的第一名，他曾经以为按照淘宝的路子，一个品类一个品类地做，轻车熟路，盆满钵满。

“我在杭州打拼10年，阿里系的繁荣曾经让我很有安全感，但是似乎一夜之间，拼多多出来了，微信小程序出来了，开始看不懂，现在觉得这就是未来。”这位创业者将公司90%以上的资源都铺到新的电商生态中，壮士断腕。

拼多多的模式也让海外电商界大呼看不懂。

汤普金国际咨询公司（Tompkins International）副总裁迈克尔·扎克尔（Michael Zakkour）对《棱镜》表示，拼多多是个全新的概念——一个植根于中国特殊经济文化土壤的原创新物种，在海外并没有准确对标物。

“拼多多在中国的成功，有它独特的土壤，包括电商的高渗透率、电子支付的普及，以及中国喜欢集体行动的文化指向。”迈克尔·扎克尔曾在2014年出版《中国的超级消费者》一书，提及中国消费主义兴起和新科技应用的同时，也关照对传统零售商业中的文化、传统和价值判断。

迈克尔·扎克尔举例称，中国人觉得被朋友拉在一个群里去做一件事情很自然，相信自己的“朋友圈”和关系网，也会因为一起做了一件事情，而从“朋友的朋友”，变成“朋友”，“你几乎可以把它（拼多多）想象成你的人际关系网在电子商务领域的重新呈现。”这和把陌生人基于“物超所值”而连接在一起的团购鼻祖“Groupon”的模式，已经不是同一物种。

而黄峥本身做游戏的经历，也给拼多多的“关系团购”玩法增加了趣味性，也就是他在诠释商业模式时所提到的“迪士尼”的元素。在拼多多的APP上设有“限时秒杀”“转盘领现金”“现金签到”等各类增加购买趣味性的小功能。而其中“帮帮免费团”可以通过帮朋友付费获得额外折扣，也进一步强化拼多多本身的社交属性。

回到电商的概念，当人们印象中的电商就是打开电脑或手机、登录网站、去搜索想要购买的东西之际，拼多多提供了一条新路径——它可以是一种生活方式，或是打发碎片时间的选择——看视频、玩游戏、刷新闻或是顺便买个东西。

“只要电商能坚持以消费者为中心、提供便捷性、定制化并且能让用户也参与其中提供用户的贡献就行。”迈克尔·扎克尔称，电商不用拘泥于具体的形式，也绝不会仅仅赚传统零售“低买高卖”的差价费。

而对于黄峥将拼多多比作全美最大连锁会员量贩仓储店“好市多”的说法，数字零售研究公司Blue Cape Ventures的CEO亨德里克·劳布舍尔（Hendrik Laubscher）表示怀疑。他认为，现阶段的拼多多更像“十元店”——主要以价格便宜击中用户。

亨德里克对《棱镜》表示，“拼多多要想变成好市多，他们要么需要卖品牌产品，要么需要考虑自有品牌。”他举例称，好市多的自有品牌Kirkland每年也可为其产生数亿美元收入，即便可能会和其他同类品牌竞争。

3. 拼多多的核心不是便宜

如果让人们用简单的词汇表达对拼多多的印象，便宜，一定是个出现频率极高的单词。

拼多多的第一款商品是一元钱一袋的薯片，一天卖出了一万份。该平台上推出的商品在价格上大多具有类似的特点，淘宝一件售价29元的商品，在拼多多上可能卖19元，如果再找几个朋友一起拼单，也许能以9.9元包邮的价格拿下。依靠类似便宜得令人惊叫的产品，拼多多从默默无闻的创业公司，到月均GMV数百亿的黑马，三年时间内跻身中国电商三甲。

廉价的另一种解读方式关乎流量的获取成本。拼团和低价都是电商领域存在已久的竞争工具，而在微信生态中获得便宜的流量，无疑让拼多多绕过了拼团模式中烧钱买流量的“死亡谷”。一位曾经在中国团购的“千团大战”中，以“杀敌一千自损八百”的方式活下来的某团购公司市场营销高管对《棱镜》表示，若是在四年前的团购大战中，免费流量绝对一招制敌，可以忽略产品在其他方面的粗率。

但是拼多多创始人黄峥不大习惯这些传统的归类。这位在浙江大学读书期间，就被网易创始人丁磊主动加上MSN讨论技术问题的80后说，拼多多既不以便宜为核心，也不属于“腾讯系”。

在杭州长大的黄峥没有经历过高考，被保送到浙江大学竺可桢学院攻读计算机专业。黄峥从小到大都是学校第一名，却说成长过程中最遗憾的事情，是在努力做一个好学生上浪费了过多的时间。好学生的标签和之后黄峥经常使用的“粗糙”，外界经常对拼多多“路子很野”的评价形成鲜明对比。

未出茅庐就得到丁磊的赏识，后来和“步步高”的段永平，顺丰的王卫，淘宝前CEO孙彤宇结成莫逆之交。这些“贵人”是黄峥成长中的路标，也是拼多多背后或公开或隐匿的支持者。

2004年毕业那一年，黄峥在段永平的建议下，在谷歌和微软两个工作机会中，选择了尚在IPO挣扎期，而且规模远小于微软的谷歌。这个聪明的决策随着谷歌股价的暴涨，让黄峥赚到了数百万美元的第一桶金，为三年后的第一次创业积累了不菲的资本。

几次创业成功退出后，黄峥面对拼多多时，已经“不追求钱，也不缺钱，更多的是为了存在感”。黄峥常常将段永平的话挂在嘴边：做公司就像打高尔夫，高尔夫是个神奇的运动，你永远在跟自己做斗争，每个人都是在打自己的球。

某种程度上，拼多多是黄峥自己的战争。他试图定义一个新的电商时代，言之凿凿地告诉人们，低价不过是通向智能推荐商品的入口和掌握上游供应链的筹码，尽管他的解读，和外界甚至是本公司员工的看法存在严重的脱节——人们说那叫“原罪”。

资料来源：王丹薇，康路．创办三年，三亿用户，市值三百亿美元：拼多多的本质是什么［EB/OL］．(2018-07-30)．［2018-08-02］．http：//www. sino-manager. com/? p=89690.

第一节　商业模式设计与论证基础知识

一、设计商业模式

（一）商业模式的概念

商业模式是指为实现客户价值最大化，把能使企业运行的内外各要素整合起来，形成一个完整的高效率的具有独特核心竞争力的运行系统，并通过最优实现形式满足客户需求、实现客户价值，同时使系统达成持续赢利目标的整体解决方案。商业模式是一个非常宽泛的概念，与商业模式有关的说法很多，包括运营模式、盈利模式、B2B模式、B2C模式、“鼠标加水泥”模式、广告收益模式等，不一而足。

商业模式是一个框架，它能帮助你从为顾客创造的价值中抽去一部分形成商业价值。换句话说，企业从顾客那里得到的回报取决于你的产品能为顾客创造多少价值，而不是根据产品成本随意指定的价格涨幅。在确定商业模式和定价的过程中，哪怕不时会有混淆，你还是要牢记它们都是以价值为基础确定的。不过在这个方面，定价的影响要比设计商业模式小得多，因为后者会对企业产生价值的能力产生直接影响。

很多商业实践证明，那些愿意花时间和精力创新商业模式的企业，最终都得到了巨大的回报。鉴于此，你应当认真思考采用怎样的商业模式来获取价值，不要盲目跟风，照搬行业中大家都在采用的模式。作为新企业，你有很多种商业模式可以选择，但顾客群一旦确定之后再改变商业模式会变得很难。相对于行业中经营模式已经固定的其他企业，商业模式是初创企业可以利用的一大优势。因此，你应当从顾客的角度评估商业模式，对不同的选择进行测试，最终确定能为企业有效获取价值的商业模式。

商业模式是企业应当花时间关注的重要决策，但要提醒创业者，不要因此忽略了企业的价值创造。对一个企业来说，为顾客创造价值和寻找合适的商业模式同等重要，应当实现两者的平衡。你选择的商业模式必须能够体现企业和竞争对手的不同和优越之处，这样对方才会难以复制你的优势。

（二）商业模式画布

设计商业模式的方法有很多，比较常用的是商业模式画布。商业模式画布是一种关于企业商业模式的思想，直观、简单、可操作性强。在创业项目和大公司中，商业模式画布都起到了健全商业模式、将商业模式可视化及寻找已有商业模式漏洞的作用，在项目运作前常通过头脑风暴避免错误，减少失败决策带来的损失。商业模式画布常被用于设立创新型项目或打造与众不同的商业模式。

商业模式画布是会议和头脑风暴的工具，它通常由一面大黑板或干脆一面墙来呈现，如图 10－1 所示。它按照一定的顺序被分成九个方格，方格具体包括以下内容。

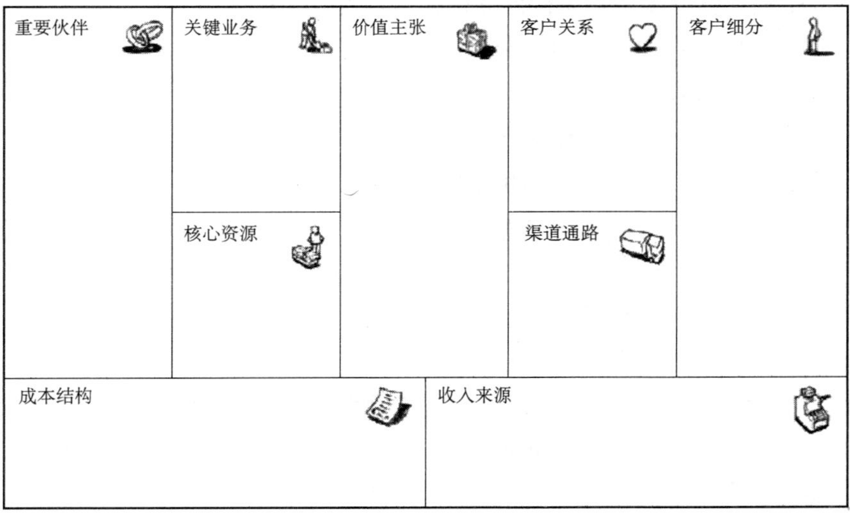

图 10－1　商业模式画布

（1）客户细分——你的目标用户群，一个或多个集合。

（2）价值主张——客户需要的产品或服务，商业上的痛点。

（3）渠道通路——你和客户如何产生联系，不管是你找到他们还是他们找到你，比如实体店、网店、中介。

（4）客户关系——客户接触到你的产品后，你们之间应建立怎样的关系，一锤子买卖或长期合作。

（5）收入来源——你将怎样从你提供的价值中取得收益。

（6）核心资源——为了提供并销售这些价值，你必须拥有的资源，如资金、技术和人才。

（7）关键业务——商业运作中必须要从事的具体业务。

（8）重要伙伴——哪些人或机构可以给予战略支持。

（9）成本结构——你需要在哪些项目付出成本。

可以在一个大房间里，按照以上的顺序依次在九个板块里填写内容——最好是以便签纸的形式，每张纸上只写一个点，直到每个板块拥有大量可选答案。然后，摘掉不好的便笺纸，留下最好的那些，最后按照顺序让这些便签上的内容互相产生联系，就能形成一套或多套商业模式。一个好项目的开头可能就是这么简单。

商业模式画布的优点在于让讨论商业模式的会议变得高效率、可执行，同时产生不止一套的方案，让每个决策者心中留下多种可能性。错误的方案被删除，防患于未然；优秀的方案在半个小时内便确定下来，同时还会产生很多备选方案用来应对变化。商业模式画布是关于全局的集体智慧和长远设计。

二、确定定价策略

确定商业模式后，就要确定定价策略了。定价是一个会发生变化的要素，这一步只是启动定价流程，在后面需要根据市场反馈对价格进行不断的修正。与很少变化的商业模式不同，产品价格经常会根据市场条件的变化发生改变。有些企业对产品每天定价（如加油站），甚至随时更改价格（如机票）。目前你要做的是确定定价策略，而不是精确的产品价格。定价策略对企业的赢利能力有非常重要的影响，制定定价策略的目的即在实现更多收入和吸引更多顾客这两者之间努力建立平衡。

（一）成本不应成为确定价格的要素

你应当基于产品为顾客创造的价值，而不是基于产品成本定价。成本定价法会让企业严重陷入被动。以软件行业为例，边际成本（复制软件备份的成本）几乎为零，如果按照成本定价企业还怎么赚钱？与此相反，你应当利用产品的价值定位，确定产品能为顾客创造多少价值，然后从中抽取一定比例作为产品价格。这个比例怎么确定，一般要根据行业竞争情况而定，不过20%是比较合理的起点，即为顾客留80%的价值，因为他们采用你的新产品也是要承担风险的。有些公司（如 Microsoft 和 Intel）会凭借其市场垄断优势把产品价格定得很高，不过盲目追求短期收入可能为初创企业造成长期问题。如果顾客感觉到企业定价太高，当其他公司开发出替代产品或价格更低的产品时他们会迅速流失。

利用产品创造的价值来定价，具体分成比例应根据商业模式和顾客需承担的风险程度确定。例如，采用按月支付服务费的模式，顾客定期付费，还可以随时取消服务，承担的风险较小，因此产品定价要比预付费模式高得多，因为后者会让顾客承担更大的风险，即在尚不了解产品收益的情况下预先全额支付费用。

不要向无关人员透露产品的成本，特别是销售团队，因为好的销售人员会动用所有资源达成销售，甚至不惜成本价格交易。当然，这也正是企业招聘他们效力的原因。如果透露了成本信息，结果可能导致销售人员对产品定价的负面讨论，进而造成员工士气、生产率和赢利能力的下降。

（二）利用影响顾客采购的角色和付费顾客采购流程确定关键价格点

影响顾客采购的角色和付费顾客采购流程，这两步提供了非常宝贵的信息，帮助你了解顾客是怎样确定采购预算的。了解个人采购权限能有效减少销售摩擦。例如某医疗企业在开发新市场时了解到，消费者购买此类产品可以从医疗保险中最高获得5 000元的费用报销，如果产品定价超过5 000元，顾客必须自行支付超出的部分，从而对销售过程造成不利影响。考虑到这一因素，尽管该产品独特的价值定位支持更高的产品定价，但该企业还是选择把价格定为5 000元，此举有效地缩短了销售周期并降低了顾客获取成本。结果这家公司销售量大增，迅速抢占大量市场份额，如果当初定价超过5 000元肯定不会如此顺利。

（三）了解顾客可选替代方案的价格

应当从顾客的角度了解市场上有没有替代产品可以选择，以及顾客愿意为这些产品（包括他们当前使用的产品）支付的价格。注意调查哪些替代产品可以为顾客提供相似的收益、这些替代产品的价格如何，以及和你的产品有何差异。在这一步中，注意搜集数据进行定量分析。

（四）不同类型的顾客支付不同的价格

创业者常常会发现，产品销售数量只有你想象中的一半，但产品的第一批购买者愿意支付你预想的两倍的价格。也就是说，根据顾客在采购时间上的早晚差异，不同类型的顾客会支付不同水平的价格，因此针对顾客类型采用差异化定价策略可保证企业获得更高的利润，具体顾客类型有以下几种。

（1）技术粉丝：他们是最早购买产品的人，他们热爱技术，对任何新产品都会积极采购。该群体包括普通消费者，也包括在大学实验室、国家实验室或在大型企业中工作的人。他们通常只买一件产品，但因为是急需和优先采用，他们愿意支付高得多的价格。

（2）早期采用者：他们对产品价格不敏感，凡事喜欢争先，希望获得更多关注和附加服务，是定价策略中不可忽略的群体。

（3）早期多数派（实用主义者）：他们是企业赖以实现可持续业务的群体，也是我们通常在讨论和规定定价策略时主要考虑的价格点。

（4）晚期多数派（保守主义者）：这个顾客群体处于产品销售周期后半段，此时产品的定价策略已经非常清晰明确。该群体喜欢严格定义的、保守的价格方案。

（5）观望迟疑派：这个群体处于产品销售周期末端，此时企业产品很可能已经被成功出售。

（五）对早期试用者和“灯塔型顾客”灵活定价

这两类顾客在企业创业初期具有重要作用。早期试用者能帮助你改善产品，灯塔型顾客能显著影响行业内其他用户的采购决策。对于他们应当采用灵活的方式定价，比如打折预付、免费或低成本试用等，这样才能保证他们的采购和对产品的满意度。这些顾客能帮助你做案例研究、现场研讨，或是在市场中形成有效的产品宣传。但是，千万不要把全部产品提供给他们，也不要在后续费用上打折，因为这样会暗示你的产品价值很低，为创业失败埋下伏笔。你应当让早期试用者签订价格保密协议，同时对后期顾客坚定采用不同的定价，因为针对前者的一次性交易制定的定价策略显然不能和后期稳定销售时采用的策略同日而语。此外，如果要选择对软件或硬件产品打折，建议对硬件产品打折，对软件产品维持始终如一的价格。这是因为，顾客很容易查询到硬件产品的成本，但软件产品的成本就很不透明了。同样，如果硬件产品升级你可以很轻松地加价，但软件产品价格一旦确定就很难再更改了。

（六）涨价总比降价难

一开始把价格定高一些以后再打折，肯定要比定价低不断涨要容易得多。通常，早期采用产品的顾客要比晚期采用的顾客预算更充足，而后者更倾向于以较低的价格采购已经不算最新的技术。如果一开始价格定得很低，你会发现很难说服顾客再接受提高的价格。有时候，企业需要根据对市场信息的了解提高市场价格，但能成功做到这一点的企业很少。

三、估算顾客终身价值

确定了初步的定价方案，下面要为你的新企业算笔账了，你获取新顾客的成本是不是远低于公司从现有顾客身上实现的价值？如果无法准确得出这个结论，你就无法解决产品开发、财务、管理和营业支出等其他成本问题。估算顾客终身价值和顾客获取成本能帮助你确定企业在登陆市场的盈利状态。

（一）顾客终身价值的构成要素

顾客终身价值是一个重要的创业指标，它不但能确定企业能否存活，而且能帮助你发现和关注那些能推动业务可持续性和盈利性的重要环节。需要注意的是，计算结果可能是一个范围而不是精确数字。也就是说，你要了解的不是一个数字，而是更深入地了解数字背后的构成要素。这样才能意识到哪些方面存在风险以及怎样提升顾客终身价值。了解顾客的终身价值及其变化趋势，你才能及时调整业务，保证产品的效益有效支持企业的生存、持续和发展。以下是计算顾客终身价值时需要考虑的元素。

（1）一次性收入（如有）：通常，如果你的产品采用的是一次性预付费模式，实现的即一次性收入。

（2）重复性收入（如有）：服务维修费和耗材的重复采购都属于重复性收入。

（3）额外收入：指向顾客追加销售产品的机会。在这种情况下，销售团队无须额外付出即可向顾客销售附加产品，由此产生的即额外收入。注意分析前面确定的决策单元和销售周期，低估其中任何一个要素都会导致错误结论。

（4）每种收入来源的毛利水平：毛利指产品价格减单位产品生产成本所得之差。这里的成本不包括销售营销成本（此项计入顾客获取成本）以及研发和行政支出等管理成本。

（5）顾客维持率：对于每一种重复性收入，维持率是指愿意重复付费使用产品的顾客比例，通常以月维持率或年维持率表示；与此相对的是顾客流失率，即不再付费购买产品的顾客比例。为简单起见，我们假定顾客一旦停止支付重复费用，以后就不再接受产品的追加销售。对于长达数年或数月的长期合同，假定顾客未支付所有款项，如顾客提前终止合同，不应视为流失顾客。

（6）产品生命周期：对于每一种一次性收入，生命周期指顾客重新采购或停止继续使用之前产品预计可持续的时间。

（7）二次采购率：对于每一种一次性收入，二次采购率指当前产品使用寿命结束后，愿意继续向你采购同一产品的顾客比例。

（8）企业的资本成本率：资本成本率以年率形式体现，指的是企业以负债或权益形式向投资者借贷所支付的成本。对于毫无经验的创业新手来说，比较合适的比例是每年35% ~75%。该比例较高是因为投资者的资金很难在几年时间内一次性收回。由于是新创办的企业，投资者也要承担巨大风险。出于这些因素的考虑，投资者会对企业借贷的资金收取较高的费用。

（二）计算顾客终身价值

顾客终身价值是企业从第0年到第5年可实现利润的净现值。作为新企业，应当以5年为周期计算顾客终身价值。如果超出这个周期预测利润，企业的复合资本成本会远远高于顾客提供的价值，从而使计算失去意义。超过5年之后顾客仍会为企业提供价值，但也要考虑企业的资本成本率。

顾客终身价值以单位顾客金额体现，为此必须统计每个顾客支付的所有产品的价格。对于每一种收入来源，利用边际收入和顾客维持率计算产品销售第一年顾客为你创造的利润，以及随后5年的利润。使用二次采购率计算更新产品的顾客，不要用顾客维持率计算。

然后，把每年通过各种收入实现的利润相加。再根据资本成本率求取利润净现值，即从利润总额中减去投资者应得的投资利息。第0年的净现值等于你实现的利润，其后每年的利润净现值可使用下面的公式计算

$$净现值 = 利润 \times（1 - 资本成本率）^t$$

式中，t 代表第0年之后的年数。

顾客终身价值本身无法说明你的业务是否盈利，你还需要确定顾客获取成本。假设每个顾客的终身价值是1万元，获取成本是1千元，那说明你的业务很赚钱；但是如果顾客获取成本是5千元，说明你的业务存在风险，充其量是不赚不赔。

四、绘制销售流程图

了解了顾客终身价值，接下来要解决的问题是“为产品开发一个新顾客需要付出多少成本”？顾客终身价值的计算似乎有些复杂，实际上顾客获取成本的计算更为复杂，也更容易出错。顾客获取成本这个概念相对简单，但创业者总是会严重低估企业获取新顾客所付出的成本。为真实了解获取顾客企业要在销售流程中付出多少成本，你应当以事实而不是主观看法为基础进行严格准确的评估，所以我们有必要在计算顾客获取成本之前，绘制销售流程图，为企业绘制短期、中期和长期销售渠道。

（一）不同时期的销售策略

所有初创企业都一样，顾客获取成本一开始都非常高，然后随着时间慢慢下降。企业创立之初接触顾客达成交易的过程需要付出很多的时间和资金，当企业业务逐渐成熟开始

扩大规模时销售流程的成本会显著下降。为了便于分析，我们把销售流程分为三个时间段，可以在每一个时间段采用不同的销售方式或多种销售方式。

1. 短期销售策略

针对短期销售流程，企业要关注的是为产品创造需求和订单。由于顾客并不了解你的新产品，你必须与顾客进行直接沟通，向他们说明企业的价值定位和产品的独特之处；否则，市场是不会主动认识你的产品的。直接与潜在顾客沟通还有另一个好处，它能让你根据顾客反馈快速迭代，对产品进行功能改善。相比之下，如果通过经销商等中间环节销售产品，企业很难做到这一点。这是传播销售阶段，在产品需求形成时结束。

直接销售人员，也叫商业开发人员，是这一阶段非常值得投资的资源。不过，他们成本很高，而且需要一定的时间才能提高销售速度，好的销售人员很难留住，企业在招聘之前很难区分优秀和平庸的销售人员。你必须确保销售人员在这个阶段非常出色，而不是等企业拥有丰富经验之后再锦上添花。除了上述问题，直接销售人员可以说是初创企业唯一和最好的选择。

网络营销手段，如植入式营销、社交媒体营销和电话营销，可以帮助缓解企业在此阶段对直接销售人员的需求。有些产品，特别是网络应用程序，可通过免费试用和用户登记等方式实现产品推广，避免对直接销售人员的过度依赖。采用这种方式的好处是，它能提供更深入的顾客分析，这一点是人力销售渠道无法实现的。

2. 中期销售策略

在这个阶段，随着口碑和分销渠道的建立，企业要关注的重心不再是需求创造而是订单实现。该阶段要开展顾客管理，确保现有顾客的维护以及针对他们的额外销售机会的开发。为服务偏远市场或终身价值较低的少数顾客，企业需要利用分销商或增值分销商。这样可以让直接销售人员（他们的成本最高）持续关注终身价值较大的大多数顾客。利用分销商或增值分销商可以有效降低顾客获取成本，但企业必须向它们转让一部分利润。根据行业的不同，企业需要转让的利润比例一般为15%～45%，有时会更高。顾客获取成本的下降以及企业利用现有分销渠道快速进入新市场的优势，可以在一定程度上弥补单位利润的下降。当出现这种情况时，企业需要利用产品的顾客终身价值寻找应对之策。顾客终身价值越高，到达这个阶段的时间越长。通常，经过这三个阶段的速度越快越好，特别是在顾客终身价值较低的情况下。

3. 长期销售策略

对于长期销售，销售团队关注的是如何完成顾客订单。企业不再强调需求创造，在需要的时候会继续巩固顾客管理。长期销售策略经常采用互联网和电话营销等手段。随着竞争对手的加入，企业应调整销售策略，以便顺利进入这个阶段实现稳定发展。

（二）绘制销售流程

为开发短期、中期和长期销售策略，企业必须了解应当采用哪些销售渠道以及这些渠道未来会出现哪些变化。可以根据前面的产品使用案例绘制销售流程，销售流程包括产品宣传、顾客培育以及销售实现。销售流程应解决以下重要问题。

（1）目标顾客怎样发现存在的问题或机会？

（2）目标顾客怎样了解该问题的解决方案？了解可能存在未知的产品机会？

（3）目标顾客了解你的企业之后，如何分析产品采购流程？

（4）你是怎样销售产品的？

（5）你是怎样收费的？

完成销售流程开发之后，你可以和行业内经验丰富的专家一起讨论修改。绘制销售流程图具有很重要的意义，它有助于说明企业如何进入市场，逐步修改销售策略，直至最终建立成本低廉的顾客获取长期策略。销售流程可以推动顾客获取成本的降低，顾客获取成本和顾客终身价值可以定义企业的盈利能力。

五、估算顾客获取成本

顾客获取成本是一个非常重要的指标，是关乎企业成败的重要因素。通常，在销售流程早期阶段，顾客获取成本大于顾客终身价值。在可持续的业务中，顾客获取成本会逐渐降低，直到大大低于顾客终身价值。企业要解决的重要问题是要花多长时间才能让顾客获取成本低于其终身价值，原因很简单，在实现这个目标之前你的企业始终都是入不敷出的。

如图 10－2 所示，在可持续业务最终，顾客获取成本会逐渐低于顾客终身价值。在销售流程的长期阶段，顾客获取成本曲线会逐渐平缓，需要继续进行投资（图中虚线），但其投入低于顾客的终身价值。通过向现有顾客追加销售，顾客终身价值也会随着时间增长。如果你的产品成为市场标准而且鲜有竞争对手，企业定位权力有时也会增加。图中展示的顾客终身价值增长过于乐观，实际情况没有这么夸张。阴影部分体现的是企业实现正向现金流之前的烧钱速度。

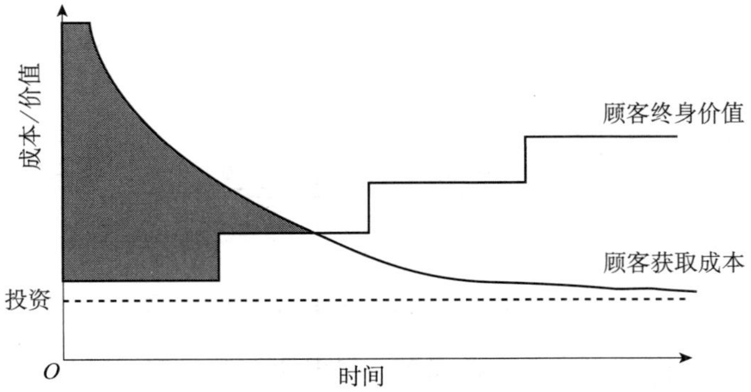

图 10－2　顾客获取成本和顾客终身价值关系

计算过程需要深入了解销售流程。你不必担心计算结果可能不准确，重要的是要请一位富有经验的人帮助你设计预算，了解这些成本的变化会对企业的赢利能力造成怎样的影响。

准确有效的计算顾客获取成本的方法是，先汇总一段时间的销售营销费用表，然后用总成本除以这段时间获取的新顾客数量。

汇总销售营销费用时，注意包括销售营销方案中所有重要项目，如销售演示、车辆、差旅、招待、电话、互联网、演示材料、技术支持、网站开发、咨询顾问、会展、房地产、行政管理、电脑等。此外，别漏掉团队管理人员在销售活动中产生的成本，这些都是相关的开支。

随着销售流程的变化，顾客获取成本会有所不同。你的企业正处于学习曲线中，会在目标顾客群形成有效的口碑。这些都意味着顾客获取成本应当随着时间的推移持续进行计算，可采用三段计算法来体现顾客获取成本的变化趋势。时间段的选择是根据产品生命周期确定的，产品生命周期直接关系到顾客利用你的产品实现价值定位所需的时间。比较典型的分段方式是：销售第一年为一段，第二年和第三年为一段，第四年和第五年为一段。由于初创企业的情况各不相同，时间段的划分可能有一些差别，暂且以这种分类方式来计算。

销售营销费用除以指定的时间段可得销售营销期间总成本，即 *TMSE*（*t*），其中 *t* 指第一期，第二期或第三期。如果在 *TMSE*（*t*）中有很大一部分是维持现有顾客而不是获取新顾客的成本，应将其从中减去。我们把顾客维护成本表示为后期支持期间成本，即 *IBSE*（*t*）。对于企业在该期间获取的新顾客（指已向其交付产品并收回账款的顾客）数量，我们用期间新顾客数量表示，即 *NC*（*t*）。

根据上面的定义，可以准确计算出任何给定期间的顾客获取成本，公式为

$$COCA(t) = \frac{TMSE(t) - IBSE(t)}{NC(t)}$$

$$顾客获取成本 = \frac{销售营销期间总成本(t) - 后期支持期间成本(t)}{期间新顾客数量(t)}$$

计算出三个阶段的不同数值后，绘制一个坐标轴，以 *x* 轴为时间，*y* 轴为顾客获取成本，用曲线连接三个数值点。图 10－3 显示的是正常顾客获取成本曲线，呈逐渐下降趋势。虚线 *x* 代表的是顾客获取成本的稳定状态。当产品销售量大增，产品、企业和市场趋向成熟，进入销售流程的长期阶段时，这种稳定状态就会出现。

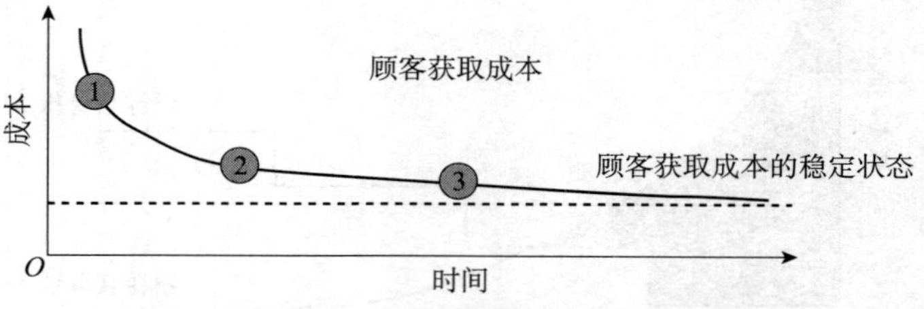

图 10－3　顾客终身价值和顾客获取成本关系

通过分析顾客终身价值和顾客获取成本，很多初创企业都会暴露致命问题。不过，它们更重要的意义在于帮助企业了解推动业务成功的因素有哪些。分析这两个要素不像分析财务报表那么复杂，它们能帮助你及时做出调整和修正，让你通往成功的道路变得更加清晰。要注意的是，在进行计算时千万不要盲目乐观，充分了解真实的数据。

第二节　商业模式设计与论证思维训练

一、确定顾客终身价值时需要考虑的问题

问题：在确定顾客终身价值时，需要考虑哪些因素？

参考思路：

在确定顾客终身价值时有很多因素需要考虑，即使你的顾客终身价值很低，无法保证企业生存，也要首先考虑这些因素，然后再考虑能否通过调整它们对顾客终身价值产生影响。

1. 商业模式非常重要

商业模式的选择极大地影响着顾客终身价值和你的收入。使用费等重复性收入模式可以增加收入，但需要投资者预先投入额外资本，造成很高的资本成本率。一次性预付费模式可以有效降低企业初期投入的资本额，但在收入方面不如持续性收费模式有利可图。

2. 顾客终身价值关乎利润而非收入

在确定准确的顾客终身价值时，企业毛利和资本成本率都是不可缺少的因素。创业者经常简单地把各种收入加总，错误地认为这就是顾客终身价值。实际上，顾客终身价值真正关注的是利润而不是收入。

3. 不要忽视营业成本

为简化顾客终身价值的计算，没有体现营业成本。因此，顾客终身价值必须远高于顾客获取成本，企业才能赢利。营业成本在计算产品毛利时没有统计在内，这些成本可根据产品销售数量分摊的产品销量越高，单位管理成本就越低。

4. 不同收入有不同的毛利

把低利润核心产品和高利润附加产品合二为一可以有效提高顾客终身价值。这种做法能有效增加公司的总收入，不但提供了利润更高的重复性收入来源，而且便于公司和顾客保持密切联系和销售更多产品。

5. 顾客维持率也很重要

顾客维持的时间越长，其终身价值就越高，这是企业能够提高赢利能力的一项重要因素。顾客维持率的稍微提高即可实现累计利润的重大改善。

6. 寻找追加销售机会锦上添花

正如上面的第 4 点所说，向顾客追加销售额外产品可以为企业利润带来重大改善，需要注意的是，你应当根据用户形象的需求追加销售，而不是一味追求销售额增长。过度强调追加销售的问题在于，它会让企业走上歧路，忘记为顾客创造价值的根本目的，从而失去顾客的信任。

二、降低顾客获取成本的方法

问题：降低顾客获取成本至关重要，那么如何降低呢？

参考思路：

因为企业要创造市场，这就导致初期顾客获取成本总是很高（远高于后期成本和顾客终身价值）。只有想办法降低成本才能提高利润水平。下面是降低顾客获取成本的一些常见做法。

（1）谨慎使用直接销售手段，虽然有效但这种方式成本很高。创业初期组建销售团队似乎是不可避免的，但要牢记这是成本极高的销售方式。作为替代选择，可以考虑投资技术手段，如利用电话营销、网站推广、社交媒体等方式降低销售成本。

（2）尽可能实现自动化销售。如果有可能，即使需要重大投资也要开发自动化顾客获取流程。通过拥有海量会员的网站推广产品，可以形成产品信息的病毒式传播，让大量顾客了解你的产品细节。产品营销也可以实现自动化，你可以推出用户奖励机制或参考团购模式的做法，迅速拓展销售机会。

（3）提高销售机会转化率。你应当努力把潜在销售机会转变成真实销售，提高销售机会转化率。在前面的过程中，销售人员可能联系了很多潜在顾客但最终并没有形成销售，这些工作也投入了巨大的成本。提高转化率可以打开销售漏斗实现更多有效销售，从而为企业增加收入降低顾客获取成本。

（4）降低销售机会开发成本，提高销售开发质量。在行业展会上搜集一堆名片会带来很多销售机会（这种销售开发方式成本较低），但大部分都是无效或低质量的销售机会。你可以在销售流程中利用各种工具和技术手段提高销售开发质量，同时关注销售机会的主要来源，这样才能有效提高销售机会转化率。

（5）加快销售流程。通过关注潜在顾客销售周期的速度，你可以缩短销售周期，进而对顾客获取成本的降低产生积极影响。

（6）选择商业模式时注意思考顾客获取成本。商业模式的设计对顾客获取成本具有显著影响。我们可以关注商业模式中的各个环节，尽量寻找可以优化的环节，例如缩短销售周期，通过对商业模式的调整，来降低顾客获取成本，往往可以起到显著的效果。

（7）口碑效应。降低顾客获取成本最有效的方式是建立企业和产品的正面口碑。这样可以极大地缩短销售周期，削弱顾客的议价能力，吸引高质量顾客关注产品，有效推动销售人员实现更多销售。事实证明，良好的顾客口碑的确可以为企业带来巨大回报。

（8）关注目标市场。在这个过程的早期阶段，你应当关注登陆市场，不要为其他市场的顾客分心，这样不但可以强化产品的口碑，而且可以改善销售团队的表现。它能帮助你让销售人员成为行业专家，加速整个销售周期（针对相同决策单元的重复销售和顾客获取流程能有效提高销售表现），进而降低顾客获取成本。

第三节　商业模式设计与论证技能训练

（一）技能训练一　评估商业模式

将你设计的商业模式，按图 10－4 的标准以小组互评的方式分别进行评估和比赛。

（二）技能训练二　模拟销售流程

现在，有一支签字笔，给你 10 分钟，先来进行产品再设计、制定营销策略和销售策略、意向客户筛选和制订销售流程与计划等准备工作，然后面向其他团队，开展你的销售工作。

注意体会你的销售流程，观察其他团队的销售流程。哪个团队的销售流程最好？好在哪里？

在此项活动中，你有哪些心得感悟？获得了哪些销售经验和技能？

主营业务	模式名称	指标分值									模式点评
		独特价值	不可复制	可操作性	持续稳定	扩展延伸	整体协调	具盈利性	具创新性	总分	
		25	25	15	15	10	5	5	15	100	

图 10－4　小组互评标准

创业实践

设计并描述你的商业模式

结合本章知识与方法，设计并描述你的商业模式，然后展示给其他团队。

案例分析与讨论

摩拜、ofo、哈罗，谁能在免押的下半场 C 位出道?

2018 年 7 月 5 日，摩拜正式宣布实行全国免押金服务，约两亿摩拜用户可以享受服务。这条消息的公布也预示着共享单车行业的押金骑车时代即将走向终端。与摩拜单车不一样的是，ofo 则宣布取消信用免押金的活动，仅保留上海、杭州、广州、深圳、厦门五座城市。摩拜单车与 ofo 在免押金骑行上的截然不同的表现，似乎在告诉我们共享单车市场的用户和市场份额的战役并未结束。一场共享单车行业全新的竞争赛场已经拉开帷幕。

不难看出，共享单车在近两年的铺张后其实混战正酣，城市占有率不一，单车本身的使用感不同，用户对此的观感也不尽相同。所以，我们不禁要想：在这场硝烟四起的共享单车竞争赛场，站在场上的参赛者怎样才能走到最后，是逆风翻盘，还是向阳而生?

1. 免押金：盈利模式与资金链存在考验

2016 年，在全国鼓励“互联网＋”创新创业的背景下，共享单车这一概念进入大众视野。不过由于共享单车属于新兴的行业，没有前例可以借鉴参考，共享单车行业仍挣扎在盈利的边缘。

共享单车的押金问题一直困扰着用户的选择。要使用共享单车，用户必须先缴纳 199～299 元不等的押金才能使用共享单车，然后依据使用共享单车的时间段不等来收取费用。

按理说，共享单车平台将具有一定价值的单车交给用户使用，同时收取适量的抵押金也无可厚非，况且这笔钱在正常使用情况下还是可以退还的。然而现实却是，随着共享单车行业竞争的激烈化，一些实力不强、运营不善的单车平台先后出现了经营困难、资金链断裂，甚至无力支撑、难以为继的状况。

根据中国消费者协会的数据显示，部分共享单车行业因没有及时退还用户的押金投诉占去年消费者投诉的首位。以酷骑单车为例：关于退押金一事，仅针对酷骑单车的投诉就超过 21 万次，涉及金额 10

亿多元。所以，免押金的呼声在用户中呼声很高。

7月5日，摩拜宣布全国无条件免押金骑行，跟哈罗单车、ofo依赖芝麻信用分有条件免押金不同，新用户扫描车身二维码，便可轻松骑行，已缴纳押金的老用户可随时申请退押金。摩拜的无门槛免押金，不仅会引发其他企业的跟进与效仿，还预示着共享单车行业已进入以提供更优质服务为特征的“下半场”，但这对其他共享单车企业来说无疑是赶鸭子上架。

共享单车的免押金服务将会使用户可能大量挤兑押金，造成企业现金流负担加重。对于单车存量小、押金总额小的共享单车企业可能并不会伤筋动骨，但对于ofo等共享单车以来押金骑行模式已经在资金池积累了巨额的流动资金。如果不顺应免押金潮流，用户会大量流失；但跟摩拜一样推出无门槛免押金服务，背后没有强大的资金的支持，资金链一旦断裂，企业将会面临破产的风险。

在共享单车行业，免押金服务的推出，虽然可以有效地吸纳新用户，降低拉新成本，但也很有可能会导致用户骑行活跃度降低，骑行次数下滑。用户不再需要缴纳押金就可以使用共享单车，也会意味着企业将会支付巨大的成本，如投放车辆、维修车辆、市场推广等。运营成本在免押金服务推出后将会不断增加，这对于企业来说算不上一个高明的决策。

2. 免押金门槛背后，离下半场打响的战争还有多久

免押金服务在吹皱共享单车这池春水后，迎面而来的挑战也不少。

首先，城市垃圾问题仍待解决。解决出行“最后一公里”的共享单车虽然在城市的大街小巷铺张开来，但随之而来的问题也渐渐浮出水面。共享单车用户数量庞大但用户本身的素质不一，出于车辆属于“共享”性质，在一定程度上损害了竞争行业的利益，所以在城市中，各大共享单车的报废车辆不在少数。

2017年9月19日，北京市交通委发布共享单车新政配套文件，明确了共享自行车投放使用的期限应当三年更新或报废。而上海也发布类似规定，明确三年报废。至2015年投入使用的共享单车都将在今年迎来三年车辆报废，而关于车辆报废后的回首问题则是立在企业头上悬而未决的利刃。

其次，运营成本的增加，使得共享单车行业不得不放缓脚步。交通部联合多部委发布《关于鼓励和规范互联网租赁自行车发展的指导意见》中政府要求，共享单行业需要利用车辆卫星定位、大数据等信息技术，加强对自身所属车辆的经营管理。随着监管力度的不断加强和相关制度的完善，企业本身的运营成本也随之增加。无论电子围栏还是卫星定位，所与之相对应的维修人员和管理人员的成本也会大幅提升。这对于还没有找到盈利模式的共享单车企业来说可谈不上友好。

当然，共享单车行业不仅仅因上述原因而被限制发展，同行业之间的竞争、政府政策的影响等原因也是共享单车行业被限制发展步伐的个中要素。

3. 野蛮生长期已过，共享单车运营模式调整

从某种意义上来讲，押金其实是共享单车的“命脉”，共享单车的很大一部分营收是通过押金的方式来实现的。当前市场的共享单车企业纷纷将信用免押作为自己获取新用户，巩固老用户的手段。在前两年的迅猛扩张后，共享单车行业的资本支持已经显露出退潮信息，共享单车市场正在进行运营模式的深度洗牌。

依靠资本平台，融入发展环境。在前期，共享单车企业依靠不断抛出优惠骑车的手段，扩张自身的行业规模和用户规模。随着免押金服务的推出，不难看出，共享单车市场功能和作用的深度挖掘正在进一步探索中。跟ofo不同，摩拜和哈罗单车在获得互联网巨头的垂青后，将自身融入互联网企业的生态环境中，功能性开发自身优势，承担流量获取等诸多作用。

另辟蹊径，海外扩张稳步进行。自2017年起，摩拜单车与ofo两大巨头瞄准了空白的海外市场。跟国内的营销策略一样，ofo依旧沿用其低价策略，用首骑免费等优惠策略吸引新用户注册使用。据了解ofo已顺利进入美国波士顿、西雅图等十几座城市，并在逐步扩张其海外版图。2017年年底，摩拜单车也已经成功进驻墨西哥。

摩拜单车综合运用云计算、大数据等网络信息技术，打造行业内第一个共享单车大数据人工智能平台——魔方。魔方每天提供超过40TB的精细化出行大数据，其中包括车辆数据、骑行分布数据、智能推荐停放点数据等多种数据分析，实现车辆的网格化管理，精细化、智能化运营，提高共享单车的使用效率。

与滴滴和Uber不同，共享单车企业与多个城市规划管理部门通力合作，利用大数据分析结果，合理规划智能停车点选址，完善共享单车与各种交通的接驳，推动城市绿色交通发展。其中，摩拜通过信用体系＋电子围栏的方式，引导用户规范停车。据统计，摩拜电子围栏上线后，失信用户降低2%～5%，全国16个城市平均规范停车订单比例达到97.5%。上海徐汇区将利用摩拜单车的骑行大数据打造城市的慢行系统。

4. 虎狼环绕，共享单车C位出道长路漫漫

就目前而言，共享单车市场格局依然没有确立，行业发展依然存在很多变数。从共享单车自身的行业发展优势来看，它们正在面临着愈加严峻的市场状态。在资本决定生存的市场环境下，共享单车平台可以通过不断的资本输血来持续获得增长动力。然而，这并不是长久之计。共享单车市场未来的发展依然存在诸多变数。最终谁能够笑到最后，成功C位出道就看谁能赢得这场拉锯战。

第一是增强用户黏度。共享单车虽然打着的是“共享”的名义，实际上实行的则是“租赁”的事实。特别在免押金这一举措招揽大量用户之后，原先的用户吸纳模式就会进入瓶颈期。所以共享单车平台给用户提供良好的出行使用体验来加强用户黏度显得尤为重要。以摩拜为例，相较于车辆使用感而言，摩拜的车辆以稳定好骑在用户中颇受欢迎，但它的车辆押金对比其他平台单车而言属于较高的一类，所以当摩拜推出无条件免押金服务时，就能更大程度地吸纳游离用户，增强用户黏度，获得更多的用户占有率。

第二是突破盈利模式困境。就目前而言，共享单车行业并没找到真正的盈利模式，在这个赛场上，所有的共享单车行业都依赖于外部所给予的资金力量在舞台上闪耀。实际上经过共享单车平台的激烈角逐后，局势趋于逐步稳定，剩下的共享单车企业直面的就是资金上的压力。在ofo方面以车身广告的形式正在实现突围，尝试更多元化的商业模式。小黄车通过植入车身广告，一辆单车去除成本能赚约2 000元。以武汉为例，ofo改造了200辆车，车身广告收入达到了百万元。而摩拜和哈罗都获得了强有力的资金支持，来应对这场盈利模式的突围战。

在这场互联网单车行业的激烈厮杀当中，战争的胜负目前尚无法预判，但可以明确的是，靠押金和烧钱的模式恐怕已难以为继，唯有依靠运营模式与产品的差异化积累用户口碑才有机会实现突破。这场已经打响的战争，也终将回归到理性的竞争。

以用户体验为核心、以技术为支撑的精细化运营是共享单车企业未来应对市场变化的核心竞争力。共享单车企业应该在此基础上，建立更为完善、高效的停放管理系统，将网格化运营落到实处，依托信用体系奖惩分明，更好地引导用户规范出行，提高用户骑行体验。

资本市场从不缺乏野心勃勃的参赛者。总之，竞争行业中的每一次技术革新、政策变化、资本家之间的相互较量都是市场汹涌变化的指标，淘汰弱者，适者生存，产业格局重新洗牌。现如今，共享单车行业的混战正趋于稳定，但如何突破的盈利模式，建立完善的产品运营模式却是一个值得思考问题，至于谁最终能走到最后，成为C位，我们只能交给时间去验证了。

资料来源：刘旷．摩拜、ofo、哈罗，谁能在免押的下半场C位出道？[EB/OL]．(2018－07－28)．[2018－07－30]．https：//www. pintu360. com/a57072. html？s＝8&o＝0.

分析与讨论：

举例说明你所了解的商业模式有哪些？

创业资源

商业模式观察网

网站名称：商业模式观察网 http：//www. symsgcw. com/

资源介绍：定位于商业模式研究与商业模式实践的网站。内容主要包括商业模式实践探索、学术研究、管理分享、精选案例、创业学院、精品课程，以及各种商业模式分析与构建商业模式方法等。透过大量的案例剖析，深入浅出的介绍，让商业模式不再晦涩难懂。在这里，既可体验鲜活而精彩的盈利模式案例，聆听专家学者对商业模式难点问题的解答，又可掌握实用工具，并紧扣时代前沿，与广大经理人和精英切磋盈利模式之道。

第十一章 产品设计与验证

最大的愉悦不是无止境地获得物质上的回报，而是创造财富并为他人提供帮助。

——安利 杰·温安洛

导入案例

小酒市场如何艰难生存成就大未来?

2014 年中国白酒市场的冷静与调整，是所有人意料中的事情，最直观的反映是糖酒会的现场冷淡了，往年拥挤和热闹的糖酒会场面已经不复存在了，从行业到厂家再到经销商的淡定，给白酒行业带来了很多新的思考。如何在白酒市场深度调整过程中，找到自己的市场增长点和未来机会，成为当前所有白酒产业的人共同话题。而业绩突出的大众化、年轻化的小酒市场因此受到了行业一致关注，表现出来的是今年春季糖酒会上小酒的火爆，几乎所有的大小厂家都竭力展示了自己的小酒，以博得市场的青睐。

到底小酒市场可以带来多大的规模，未来小酒产品如何成就大未来，首先需要了解目前小酒市场存在的困难，然后才能够找到放大小酒市场的方法。

一、小酒市场所面临的三难局面

1. 规模难大

小酒并非一个新事物，可以说有白酒产品以来就存在。只不过过去白酒厂家尤其是名白酒厂家，过去产品非常好销售，中高端市场火爆，所以一直不屑于关注这块占比不高利润不高的市场，主动从这块市场退出，所以才让小酒代表劲酒、红星、酒中酒霸等把持市场多年。现在市场困难时期，名白酒企业于是俯下身来捡起了这个自己丢掉的芝麻，以顺应市场潮流及风气发展的需要。

虽然目前小酒市场很热闹，但是真正懂门道的知道，小酒市场存在天生的缺陷问题。从市场规模来说，中国目前白酒市场年产值是5 000多亿元，小酒所能够占到的市场应该不会超过10%份额，也就是说不会超过500亿元产值。从规模企业来看，劲酒用了60年才做到了60多亿元，成为小规格小品种特色产品上的霸主，最畅销的小规格白酒代表红星二锅头做了这么多年，其市场不过是30多亿元。企业面对前景有限、利润有限的小酒市场，很难有所突破和发展，也很难从中分到自己那杯羹。

2. 竞争难越

目前小酒市场被媒体炒作的非常火爆，尤其是行业媒体的翻来覆去研究，让很多白酒企业不得不跟进这个品类，以保持自己的竞争优势，所谓人有我有的市场平衡。在这样的市场环境下，所以才有了糖酒会的小酒疯狂。

行业跟风严重，给小酒市场带来了活力，同时带来了巨大的市场压力。名酒进入小规格品种系列，使小酒市场上的产品越来越多。小酒市场上以前只有为数不多的品牌占领市场，现在成几何式增长的产品，使市场的竞争压力越来越大。2010年亚特兰蒂斯的炸弹二锅头能够成功，2013年的江小白可以屌丝逆袭，但是进入2014年后，不管是衡水老白干的白小乐还是泸州老窖的泸小二，基本上很难有什么大的作为和突破了，市场趋于理性之后，中国小酒市场很难承载白酒产业发展需要，相反越来越多的小酒出现，将加剧市场竞争难度。

3. 渠道难进

小酒市场主要进入的终端为CD类餐饮及夫妻店还有一些标超渠道，目前这类渠道的资源虽然比较庞大，但是目前在位企业劲酒、红星二锅头及区域小酒品牌牢牢把握着这些资源，其他小酒品牌要想进入这些渠道，将会比较困难。名白酒品牌要想进入这个渠道，不可能借用目前的渠道完成，因此必须重新构建渠道网络，以保证市场发展的需要。

在位企业的资源和排他协议，很容易将竞争对手清除出去。这如同王老吉和加多宝的竞争，王老吉虽然掌握了品牌，但是渠道被加多宝牢牢掌握，王老吉要想进入加多宝的渠道，几乎要花费几倍于加多宝的代价才能够完成。所以虽然名白酒拥有品牌优势，但是要想把产品迅速打入市场，势必遇到来自现有品牌的抵制，因此难度比较大。

面对这样的市场三难局面，小酒要想更好地做大市场，赢得更好的未来，应该从以下几个方面来完成。

二、小酒市场要做大的四化条件

1. 时尚化设计——产品

目前小酒市场上成功的品牌，都是与时尚紧密相关的，如炸弹二锅头、红星新推的苏式扁瓶产品、江小白等产品，无不将时尚融入产品设计中去，并且以时尚流行的语言来演绎品牌，使其更具有活力。

小酒成功的秘诀就在于它的设计比传统的包装规格的产品更加时尚动人，虽然没有那些高端酒雍容华贵，但是却多了一份年轻人需要的时尚。因为购买价格便宜，所以年轻人愿意购买这种符合自己品味的产品，也比较容易受包装吸引尝试购买。

2. 年轻化营销——消费者

小酒作为规格上的补充产品，主要承担市场尝试购买的教育功能，培养新兴的消费人群，因此必须进行年轻化营销，目前80后、90后人群已经正在成为社会的主流阶层，而白酒的消费习惯并没有建立。白酒品牌以往可以通过中老年人营销赢得市场，但是随着人群的更加老化，市场的饱和度越来越高，开发及培养新的人群，就成了企业至关重要的课题。而小酒则承担了这个功课，帮助企业解决市场口味培养及年轻人群的问题。

3. 快消化管理——渠道

小酒是典型快消化渠道结构，因此在渠道设计和使用上，必须进行快消化的操作，其面向的是传统渠道，不仅层次比较多，而且要求周转率要高，销售人员对渠道的掌控和拜访要到位，这样才能够让市场做得更好，如果没有一个很好的市场管理体系，市场将很难服务到位，并且做到销售提升。

任何小酒要想做大规模和发展成品牌，就必须学习劲酒式的快消管理模式，或者饮料式的管理模式，因为利润比较薄，经销商主要是要依赖周转率赚钱，而终端主要是靠量获利，如果无法达到这两点，小酒就很难成就大市场大潮流。

4. 娱乐化精神——广告

目前市场上成功小酒品牌，无不崇尚娱乐化精神，在宣传上运用非常感性的娱乐营销手段，炸弹二锅头以快乐为营销主题，进行宣传推广。“欢乐炸一个”，把年轻人喝酒寻求刺激的心理展示得淋漓尽致，而江小白娱乐到更彻底，不管到哪里都讲究约酒，理论上约酒是生活中的事情，这样通过性感的模特演绎约酒，大家因此更加信赖小酒品牌。

过去白酒给人的体验是高大上，而小酒给人体验到的是屌丝味，娱乐化的精神对了年轻人的味，因而博得了年轻人的喜欢。这正是年轻人购买的，也是市场所需要的。

三、小酒市场需要有的三个放大

1. 包装放大

小酒不只是裸瓶酒，目前在同质化的小酒市场上，我们应该做好小酒的包装创新，不能仅限于单支销售的裸瓶酒，可以把其进行小规格条型销售，这样不仅可以满足年轻人的消费，还可以扩大小酒的消费规模。将小酒进行组合包装化销售，就像啤酒 6 联装和 4 联装，单支单支销售小瓶酒，只会增加企业营销工作难度，不会起到增量增利效果。比如说刘伶醉酒开发了一款竹林七贤盒装小酒，不仅价格比普通小酒更高，而且其丰富的文化味道，让其更加适合送礼。目前中国小酒思维，其实应该在包装上放大其利润及销量，不能一味追求单支销量的最大化，而应该追求组合包装销售的最大化，这样才更好进入市场赢得更大的空间，终端陈列也会更加容易。

2. 人群放大

小酒不只是年轻酒，目前大家讲到小酒，一般都把它说成年轻人的酒，其实不然，小酒的市场存在这么多年，劲酒能够做到这么大的规模，红星二锅头能靠小酒市场保持竞争优势，绝对不是靠几个年轻人喝出来的，大多数中年酒类消费人群为主，这两年出来的小酒都打出了 80 后、90 后概念，对于市场来说非常有冲击意义，但是大多数的厂家掉入了这个人群误区中了，其实市场可以更好地做大人群。

小酒市场规模大不大，关键是消费的人群大不大，简单地把小酒定义成年轻人的酒，这样等于把自己的市场缩小了，没有广泛人群喜欢和购买，所以企业在小酒开发商，需要避开一些竞争的红海，找到自己的小酒市场蓝海，从而满足产品做大的需要。

3. 口味放大

小酒不只是包装酒，目前从产品形态上来说，主要是以规格来定义它，一般指小规格的酒品种，但是对于产品开发来说，如果要想把小酒市场做大，起到培养市场的作用，不能单从包装上来开发，其实可以从口味上来进行突破，从酒体的设计上，设计出更丰富多样的小酒品种，这样才能够赢得更多的市场空间，比如说汾酒在尝试开发咖啡味和柠檬味的小酒，这就是对市场的一种很好尝试，远比简单把包装放小来的更有意义。

作为口味培养型市场，小酒必须兼具新市场开发功能，所以企业在开发小酒产品时，不能简单地把酒体不变、包装变小，应该研究市场口味发展的需要，开发出全新的口感产品，这样既教育了市场，又能够培养出新市场，让消费者看到企业的研发能力，使年轻人能够重新认识中国的白酒，而不只是停留在辣、烈、绵、醇等传统口味记忆中。

未来中国小酒市场能否做大，其实并不重要，重要的是企业在现阶段能够利用小酒传递自己创新思维和价值观，让更多正在流失或者需要教育的消费者，通过这支小酒感受到亲近与认同，从而对白酒品牌形成始终的忠诚与认可，这样才能够推动市场发展，赢得更加广阔的市场。

资料来源：邹文武．小酒市场如何艰难生存成就大未来？［EB/OL］．（2014－05－12）．［2018－07－26］．http：//brand. icxo. com/htmlnews/2014/05/12/1453561. htm.

第一节　产品设计与验证基础知识

一、确定重要假设条件

现在，你已经了解了顾客，知道产品能为他们带来哪些价值，他们怎么购买产品，获取顾客需要付出多少成本，以及产品销售能为企业带来多少利润。但是，作为一个尚未开发产品的初创企业，你的很多结论都是根据逻辑分析和市场研究所做的假设。在未经确认和测试之前，你并不清楚它们是否有效成立。在前面的步骤中你已经测试过其中一些假设，在这里你要直接对重要的假设条件进行严格测试。确定和分解假设条件并不复杂，但创业者经常会忽略这一步，信赖自己的直觉或研究结果而不是对有关业务和顾客行为的假设进行实际测试。要知道，行动永远比语言更有力。

首先回顾前面完成的每一个步骤，列出那些根据原始市场调查合理推断出来的结论。想想看，你对用户形象的优先需求理解是否正确？顾客在购买产品时是否认为你的价值定位合理？他们是否愿意花费时间和精力把你的产品应用到日常工作生活中？在这些问题中，毛利率是一项值得关注的假设条件。你的成本目标是否准确？如果是硬件产品，你需要审核原材料账单，认真分析其中重要项目的成本，如果是软件开发项目，你也要做类似的工作，列出重要的开发问题、假设条件和成本项目。确定并认真审核这些可测试的假设条件对企业很有帮助，它能让你更深入地分析创业活动中最关键的内容。

另外两个需要测试的假设条件是“找到前期顾客”和“决策单元”。在已经确定的顾客中，有没有能够推动其他顾客购买产品的“灯塔型”顾客？有没有可能打消其他顾客购买意图的“关键顾客”？有没有企业尚未发现的其他关键顾客？最重要的是，这些灯塔型顾客和关键顾客是否有兴趣购买你的产品。

你需要按照重要程度列出前5～10个假设条件。在进行测试之前可以把假设条件分解为更细小的模块，保证每一条假设代表一个具体明确的方面，然后在下一步利用设计好的实验方式加以测试。

二、测试假设条件

确定了重要假设条件，接下来要设计实验方式，以成本最低廉、速度最快和最简单的方式对它们进行测试。这需要搜集经验数据，证明假设条件可行或不可行。实际上，设计这样的实验不需要开发具体的产品或软件，它更多地依靠逻辑能力。前面严格的原始市场调查以及对用户形象的持续关注已经为我们提供了很好的基础，当你开始测试假设条件时，可以保证这些条件都是和你的企业高度相关的。

确定假设条件之后，要测试它们并不困难。比如，要测试成本目标，可以向供货商征询报价及产品的明细清单，了解按你的采购量估算的成本是否准确。通过这种做法，可以很快发现成本预算中存在的问题。

想要测试灯塔型顾客和关键顾客对产品的兴趣，只需观察他们是否有以下行为。

（1）为你的产品或解决方案预付费用（最为理想的情况）。

（2）为你的产品支付定金（较为理想）。

（3）签订采购意向书（尚可）。

（4）同意试用（可以接受）。

（5）满足一定条件才有兴趣采购（不太好，但勉强可以接受）。

如果你要和顾客面对面沟通，最好带一个有经验的局外人，观察对方是否热衷于你的产品，强烈渴望购买，抑或表现得非常客气，只是来了解一下相关信息。

测试重要假设条件，特别是那些具有重要意义的假设条件，如成本目标和灯塔型顾客的采购兴趣，能帮助你有效做好产品销售准备。这是因为，它可以和前面所做的原始市场调查形成互补，防止出现重大因素的遗漏。市场调查和实验验证结果的结合，可以让企业更好地开发产品和实现销售。

三、定义最小可行商业产品

虽然对产品充满信心，但是别忘了我们的资源很有限。接下来要破釜沉舟，推出顾客愿意付费购买的最小可行商业产品。不过，只需开发最基本的产品功能即可，这样既能降低风险，又能以科学的方式继续测试假设条件。

最小可行性产品是“精益创业”理论中的概念，本书所说的“最小可行商业产品”必须具备以下三个核心要素。

（1）顾客通过使用产品获得价值。

（2）顾客为产品支付费用。

（3）产品可以推动顾客反馈循环，利用顾客反馈进行迭代，不断开发出更好的产品。

最小可行商业产品应当兼具简单性和基本功能性。如果你能减少初始产品的变量，在无须开发全部功能的情况下向顾客快速交付基本可用的产品，企业成功的概率就会显著提高。因此我们要做得很简单——列出所有产品假设，删除其中不太重要的，利用重要假设开发顾客可用的初级产品，然后看对方是否愿意购买。

四、验证顾客会付费使用产品

现在要把最小可行商业产品带到目标顾客面前，测试顾客是否接受并付费使用由各种假设条件组合而成的产品，从而证明你的个别假设组合在一起时仍真实有效；并且要用数据说明有多少顾客会采用你的产品，记住不要凭主观臆测，要凭真实数据；还要设计指标衡量最小可行商业产品在顾客中形成的口碑。

根据之前对产品和顾客了解的各种信息，你一定很乐观地判断出产品是可行的。但是，最终必须有真实顾客接受产品，而顾客的行为不一定总是理性的。所以，当通过个别实验验证方案可行之后，在投入大量时间和资金启动业务之前，一定要保证顾客会使用你的产品，并且愿意付费使用。

即使目标顾客对产品的采用率没有你想象得那么高，这样做也能为你的最小可行商业产品提供重要的真实数据。现在，你正和顾客一起实现迭代式学习反馈循环，它的意义在于提供企业通往成功的重要法宝——顾客偏好。如今我们有各种工具可以衡量顾客是否喜欢企业的产品，创业者应当充分利用这些工具。

一方面，了解目标顾客会不会购买和使用产品固然重要；另一方面，衡量顾客在市场中向其他用户宣传产品的力度也同样重要。你的产品在市场中能引发多大程度的正面口碑？该指标就是通常所说的病毒系数。在这一步，你必须衡量顾客对产品的正面评价，因为这样可以形成有效口碑，降低企业的顾客获取成本。

第二节　产品设计与验证思维训练

一、为什么创业者专注做一个产品最好

问题：我们不断地强调创业者要保持专注，专注于一个市场，专注于一个产品。你如何看待这个说法呢?

参考思路：

对于一个创业团队来说，每天都有很多让他们分心的事——无意义或从客户那里得来的好点子，团队成员和指导专家——也许会让你的事业偏离轨道。比钱更有价值的是时间。转移你的注意力会使你的创业团队平庸，或让竞争对手追上你的脚步。

1. 时间就是金钱

最开始的时候，确定问题之所在和尽快想出解决方案是最重要的。你很容易专注，因为没有太多事要处理——不论是你才创业，或是你已经种子融资。正因为如此，时间很固定，要抓紧时间做产品或服务来为你的前方指路。

一旦发现了一些前进方向，创造了一个可以与客户产生共鸣的产品，这时你需要双倍下注，开始构建一个特别的产品。这时更多要操心的不是产品，而是要参加的活动，像是结交人脉、招聘合适的人才。每天运营公司，组建一支团队——同时让你的品牌具有知名度和独特之处，创造一个用户喜爱的产品。

2. 接受你不能做的一切

你知道不能一个人解决所有问题，和这一样困难的是，你需要学会说不。举个例子，当客户告诉你想要些其他功能，你知道这些功能也是有需求的，但能做不意味着你就要做。

如果按照客户的想法去做了，这会导致你的工作能量转移，主要产品就不能很棒只能算是不错。但如果珍惜时间，专注于一件主要产品，那你会意识到，这对你多有作用。以开发 APP 为例，不是产品功能多就更受用户欢迎，要真正抓住用户想要的东西，然后做到

极致。虽然是技多不压身，但也要术业有专攻。

3. 专注会提升你的核心价值

专注不仅仅是为了创造伟大的产品，也能将产品的理念向外界传递。它能够帮你更好地与客户交流，让他们了解你现在做的是什么，与其他产品有什么区别。以实体产品为例，它减少了选择的复杂性，因此用户更愿意购买；以软件产品为例，它使得用户界面变得简洁，用户就更愿意去使用。

一旦学会专注，尽可能减少分心的可能，你会发现以前总觉得不够用的时间变得宽裕，这样就可以有时间去打造一个极致的体验。能够提升的内容包括服务水平差异，如客户支持、快递时间和快递打包速度。

因为我们只有一个产品，所以有时间与用户交流，收集反馈信息，来持续迭代更新，完善产品；如果有很多产品要同时照顾，那只能是心有余而力不足。

专注也给我们打造精益和稳定的供应链的时间，供应链都可以随着销售额增长而变强大，从而有更多的时间招聘人才，采访行业高手，同时开发支持产品的服务流程。

4. 简化任务

既然以专注为核心宗旨，那我们每周就得问问自己：可以减少业务范围吗？能够更专注一些吗？对于目前在着手的项目，它们是否符合之前的目标设定？客户会不会觉得还不够简洁？

对任务有一个清晰的描述真的很重要。如果任务清晰，公司的项目就可以自行进行调整，而不是全要在你的掌控下。团队成员可以自己发现问题并解决问题。

要记住使你的创业公司与众不同，因为机会随时都会到来。不要因为构造太多产品或太多功能导致自己的实力变弱。记得保持专注，让自己与众不同。

二、移动创业者该如何面对 BAT 三座大山

问题：随着移动互联网逐渐成熟，以前随便做个 APP 就收获大量用户，跑马圈地的情况再难以出现，传统互联网巨头已经认识到移动互联网的重要性，如百度、阿里巴巴和腾讯——BAT 纷纷布局卡位，或推出自己的产品和服务，或投资收购，在移动互联网建立护城河，俨然已经成为移动创业者面前的大山。那么，移动创业者该如何面对这些大山呢？

参考思路：

创业总是伴随着艰辛和劳累，BAT 三座大山看起来可怕，但也只是无数困难中的一个，如果被它们吓倒，那干脆不用创业了。只要在开始阶段想好面对 BAT 的对策，那么就无须忧虑，是大山还是垫脚石，只取决于你所站的高度。

1. 正面硬撼，虎口拔牙

要相信：颠覆的机会还是有的。每一次新技术的应用都会带来新的商机，甚至是新的商业模式。移动互联网这一波浪潮，新技术不是一个两个，而是一大批，其中的某些就有可能对巨头的传统业务造成冲击。比如百度的搜索，移动搜索和 PC 搜索有很多不同，未来可能有一种产品会完全代替搜索引擎。创业者如果能抓住技术趋势，从核心来瓦解巨头的传统业务，是有可能对巨头造成威胁的，因为巨头如果抄袭，就相当于自己颠覆自己，这个难度远比一般人想象得要大。

2. 避开巨头，专注小而美

第一种做法的难度很大，并且还有技术、时机等因素，有的时候太超前了也是会死的。相对而言，这里说的第二种做法就没那么难，既然知道巨头不好碰，避开就行了。那么巨头尚未涉及的领域有哪些呢？移动互联网相比传统互联网最重要的一点就是，它拓展了线下，有机会将线上和线下结合起来，这当中就有很多想象空间，这就是O2O创业。

O2O的一大特点就是巨头很难抄袭，因为O2O需要在线下投入很大精力，而巨头也许在线上技术非常强大，但在线下并没有那么多实力。比如打车APP，几家创业公司做得风生水起，百度、高德等后来者虽然也推出了打车功能，但市场反响微乎其微，腾讯、阿里巴巴要参与进来，只能通过投资的方式。

除了O2O创业，巨头不好介入的领还有：传统行业、细分垂直领域，在这些领域，巨头要么没有行业内经验，要么对细分领域的挖掘做不到足够深入，因此给了创业者以机会。

3. 与巨头合作，一起赚钱

除了挑战巨头和避开巨头之外，其实还有其他选择，就是和巨头合作，借助它们的平台，实现共赢。这个思路其实是复制PC互联网上的“内容—渠道”模式，开发者提供内容，巨头提供平台也就是渠道，然后分成，一起赚钱。目前，腾讯在这方面的动作最大，因为它有手机QQ和微信这两个超级APP，做平台是理所当然的事。至于百度和阿里，前者推出了移动网盟、收购91手机助手，后者则继续稳固其电商平台的地位，同时开始打造云计算和云OS（Operating System，操作系统）。

与巨头合作有收益，但也有一定危险性，比如巨头有可能抄袭你，还有平台可能会变得非常强势，开发者分成越来越少。这里就需要提前做好防备，比如，不要太依赖单一渠道，并且尽力做好自己的渠道，这样方能不受制于人。

第三节　产品设计与验证技能训练

下面这份调查问卷，是为了验证产品的重要假设条件而设计的。小组讨论以下问题。

（1）这份问卷可以验证出哪些假设条件？

（2）根据已知信息，你认为还有哪些假设条件需要验证，而这份问卷并没有体现的？

（3）完善这份产品调查问卷，看哪一组做得最好。

产品调查问卷

本公司即将推出一款新产品：一种可以测量您身体数据的项链，只要您家里有电脑，有宽带，通过分析软件，可以给您提供健康情况评估的报告，饮食建议和锻炼建议，以及一些疾病的早期预防，另外软件提供与其他用户交流的功能（慢性疾病和保健等话题，软件终身免费升级）。

（1）请问您的年龄是（　　）。

A. 25岁以下　　B. 26~35岁

C. 36~45岁　　D. 46~55岁

E. 55岁以上

(2) 请问您每月可支配的收入大概为（　　）。

A. 500 元以下　　B. 500 ~ 1 000 元

C. 1 000 ~ 1 500 元　　D. 1 500 ~ 2 000 元

E. 2 000 元以上

(3) 您关心自己每天的运动、饮食以及作息习惯对身体健康造成的影响吗，是否愿意借助电脑工具来帮您作出分析？（　　）

A. 愿意　　B. 不愿意

(4) 下列对象给出的对您健康的分析根据相信程度依次排序是（　　）。

A. 一般的保健医生　　B. 大医院的专科大夫

C. 朋友邻居　　D. 电脑根据你的习惯作出的分析

E. 自己的个人经验

(5) 您是否患有慢性病？如果患有，您是否能接受通过网络的帮助（同其他购买该产品的用户进行交流）找到改善身体状态的办法？（　　）

A. 网络不可信，不愿意　　B. 如果会上网，则愿意尝试

(6) 您希望每（　　）对身体健康进行一次分析？

A. 天　　B. 周

C. 月　　D. 3 个月

E. 半年

(7) 您觉得产品定价应该为（　　）。

A. 200 元以下　　B. 200 ~ 300 元

C. 300 ~ 400 元　　D. 400 ~ 500 元

E. 500 元以上

(8) 如果您考虑购买该产品，您希望在（　　）买到。

A. 药店　　B. 电脑城

C. 医疗器械专营店　　D. 医院

E. 其他（网络订购，电话订购）

(9) 您会上网吗，如果不会上，您上网最大的障碍是（　　）。

A. 不愿意学　　B. 没有人教

C. 很少用电脑

(10) 如果您愿意在网上和患有相似慢性病的人讨论健康以及如何对抗疾病的话题，那么对语音聊天的功能的需求程度是（　　）。（(5) 题选不愿意的用户可以不回答此问题）

A. 非常需要　　B. 还行，也能接受打字交流的方式

C. 没有这个功能也没关系

(11) 您是否希望软件自带一些娱乐功能？如果希望，（　　）能引起您的兴趣。

A. 自己玩的小游戏　　B. 可以和其他人互动的网络游戏

C. 音乐　　D. 文学

E. 其他 ＿＿＿＿＿＿

(12) 您希望软件还能提供（　　）服务（可以多选）。

A. 专家网络在线健康讲座　　B. 电视节目预报

C. 股票信息　　D. 新闻

E. 某些疾病的医疗信息（口碑好的医院和医生）

F. 保健品推荐和打假

G. 其他 ________

您对产品的意见和建议：

____

____

____

感谢您的支持！

创业实践

设计你的最小可行商业产品

结合本章知识与方法，设计你的最小可行商业产品，然后展示给其他团队。

案例分析与讨论

梨汁饮料，喜忧2012年

2011年5月上市的统一冰糖雪梨，虽面世不长，却以16万箱的销量给准备进入梨汁市场的众品牌打了一剂强心针。2012年，统一不但在瓶装冰糖雪梨基础上推出利乐包，同时还在各团购网展开秒杀，吊足消费者眼球，与此同步，统一冰糖雪梨更是牵手情歌天后梁静茹，全力烘热2012年梨汁市场。

康师傅入行较晚，去年10月推出冰糖雪梨，但出手就是满堂彩。康师傅的宣传推广不但互联网、报纸、电视全面开花，同时在北京、郑州、太原等重要城市展开大规模促销活动，2012年，康师傅更是大规模进入重点城市旅游景点便利店，展开渠道拓展攻势。

动作最慢的娃哈哈，虽今年五一前渠道上还是难见踪影，但五一后，各终端超市已是比比皆是。

与此同步，区域品牌华一莱阳梨汁早已打破区域品牌的局限，在全国商超发力，华一莱阳梨汁不但大幅度加大商超陈列力度、抢占终端较好陈列面，同时还承担经销商垫付的商超进店费、条码费等多项营销成本，与经销商合力备战2012年夏季饮料市场。合德堂、与众冰糖雪梨、奥比都斯、广贝冰糖雪梨等二三线区域品牌也陆续加入冰糖雪梨竞争阵营。

梨汁诸多品牌的种种表现，是否预示着饮料市场一个新的浪潮来临？

一、梨汁饮料飘红的底气

梨汁饮料种种复苏判断，自有其深厚消费需求根基。

梨滋阴润肺的功能，可谓家喻户晓，尤其在气候干燥的华北、华东、西北地区，生吃、熬梨汤清热、解毒的习俗至今绵延不绝。

在山东一带，很多老年人将梨视为百果之宗，而在中医普及的北方，梨的润肺、化痰、止咳、清热、降火、清心、解疮毒功能几乎是老幼皆知，甚至很多人在探视肝炎、肺结核、高血压、心脏病患者时都有送梨的习俗。

这样深厚的消费根基，注定梨汁能成为饮料市场一个重量级的品类。事实上，很多依靠传统养生文化基础延伸出的饮料都大获成功：在夏枯草基础上延伸出的降火饮料王老吉；在中国茶养生文化基础上演绎成功的茶饮料。这些都从不同角度佐证了，依靠中国传统养生消费认知，开发产品成功的无限可能性，梨汁饮料同样如此。

即使抛开传统因素，依靠时尚路线成功的现代型功能性饮料品类成功的品牌同样数不胜数：乐百氏的“脉动”、娃哈哈的“激活”、农夫山泉的“尖叫”、康师傅的“劲跑”、巨能的“体饮”。而梨汁同样具备的功能性，也让人相信，在功能化需求丰富多样的消费市场面前，梨汁饮料同样有其独特优势。

诸多成功实例的背书，以及传统养生消费观念的觉醒和复苏，梨汁作为一个饮料老品类全线飘红不是没有可能！

二、梨汁先驱的先烈路

梨汁作为一个饮料老品类在中国消费市场的表现应该是一马平川，甚至极有可能获得与奶饮料、茶饮料、碳酸饮料不相上下的市场地位。

但是，在看好梨汁市场的同时，却不得不回顾梨汁饮料的历史。

梨汁饮料的面世至今已经有 15 个年头，1998 年，山东天府集团在饮料行业率先推出梨汁产品莱阳梨一支笔。

一支笔不单是梨汁品类的开创者，而且一炮走红，连续 8 年冠名全国糖酒会，并一举成为全国饮料行业前 10 的黑马品牌。

但是，自 2006 年起，一支笔急转直下，一路走衰，不但逐渐退出糖酒会冠名，而且在商超中也鲜见其踪影。

事实上，2006 年前，莱阳梨一支笔的成功，让众多的饮料品牌态度不一：潍坊华一饮料公司，随之推出华一莱阳梨汁，但市场仅放在了局部区域，没有形成大范围消费影响，而康师傅、娃哈哈、统一则持观望态度，并未进行实质性的产品开发。

恰是这种观望，使得市场终端没有形成梨汁产品百花齐放的热烈市场氛围。

没有同类的竞争原本是商家最为期盼的事情，但没有竞争的品牌就如同没有大腕助演撑门面的舞台，难以吸引观众的捧场，消费者亦是如此，没有名牌捧场的梨汁市场，给消费者留下了非主流的错觉。

尽管一支笔投入巨大资源造出了巨大的营销声势，但终是孤掌难鸣。一支笔的失利，不能不说是出场太早，为今天的梨汁品牌做了免费的市场教育。

除此之外，为了迎合饮料市场的主流价格习惯，一支笔采用了低价策略。与农夫山泉、脉动、王老吉等功能性饮料死磕硬剿，因为利润与成本的不对等，加之碳酸饮料、奶饮料、茶饮料的处处紧逼，一支笔资金短缺，无法在终端营造更为热烈的销售氛围与消费者形成互动，2004 年起，一支笔在终端疲软，2005 年后，糖酒会上已然难见一支笔身影。

事实上在碳酸饮料、奶饮料、茶饮料最盛行的 10 余年里，梨汁品类的征战无疑扮演了先驱的角色，而在特殊的消费环境里先驱与先烈往往一步之遥。

三、梨汁市场复苏的挑战

大腕终于出场，无论康师傅，还是统一、娃哈哈谁挑大梁，都将带动梨汁市场的整体氛围。一支笔、华一也隐约嗅到了春天的气息。

从今年3月起，一支笔改变了其沉寂的低调，开始在《中国经济导报》《中国日报》乃至全国网络媒体上亮相打造其梨汁保健品身份。华一，加速全国化进程。合德堂、奥比都斯、与众冰糖雪梨、广贝冰糖雪梨等一些二、三线局部品牌也陆续加入梨汁市场力求分一杯羹。

恰恰是这些饮料品牌不约而同的潜意识性的集体共识，预示着一个市场的有可能掀起一个新的饮料消费新浪潮，尽管我们看好这个梨汁浪潮的，也希望掀开一个梨汁行业的黄金时代。但希望和现实总有些距离，虽然前景欣欣然，但挑战依然不小。

1. 挑战1——品类形象的塑造

雪梨清甜润泽、生津止咳，可以缓解咽喉不适等燥症状的核心概念已经得到消费者认同。

但是传统的往往与时尚相聚较远，饮料产品更是如此。在流行风飘摇不定，随时转向的市场面前，梨汁是传统有余，时尚感欠缺。

康师傅、统一、娃哈哈冰糖雪梨都采取了时尚路线，不但在包装上力求小装量的时尚轻快感，在广告上也以形象相适应的演员作为形象的塑造。

康师傅则聘请颇具时尚人缘的一线歌手、演员陈坤为其代言；统一聘请情歌天后梁静茹，邀其成为产品形象代言人。

但一支笔莱阳梨汁类似于王老吉的铁盒，以及其主诉的保健品功能，在某种程度分散了康师傅、同统一、娃哈哈冰糖雪梨投射出的年轻、活泼、灵动的透彻清纯感，这样的结果是导致梨汁饮料消费人群的分裂和分散。

因此，在目前条件下，梨汁饮料要么将梨汁的保健功能做实，继续深挖梨汁饮料的药食功能，要么对其功能一笔带过，全力打造其清新时尚形象。

而华一500毫升瓶型明显粗笨，缺少灵动，放在终端，从整体形象上制约消费者对梨汁饮料的遐想。

因此，无论广告诉求还是产品包装，抑或是产品定位诉求上，将梨汁实际功能与流行性元素虚实结合，干练简洁活泼地传播饮料特有的流行元素，将有助于这个品类快速成为流行性饮料。

2. 挑战2——市场氛围不足

纵观每个饮料品类的兴起，无不是依靠高频度的广告覆盖、高密度终端推广营造出强烈的市场氛围，就目前来讲，康师傅、统一虽然做了大量的平面广告和电视广告，但是，与动辄千万上亿的茶饮料、果汁饮料以及其他功能饮料相比，投入依然显得微乎其微。

快消品的拉动，更需要频率较快的电视广告拉动以及终端现场氛围的制造，让消费者来确信，梨汁饮料已经变成一个新的消费时尚，虽然，康师傅、统一、娃哈哈依靠全国成熟稳健的渠道体系占有率较高，但就目前来看，其在广告及品牌方面投入明显不足，而未来的希望就是在七八月份，短短两个月之内就应当高频率、高效率的消费氛围营造，如果不能一举成功，则很可能让梨汁饮料业绩平平，并对未来几年的市场造成负面影响。

3. 挑战3——口感的挑战

一口润心田的梨汁饮料味道太甜，腻喉咙，像蜂蜜一样，雪梨本身的风味不自然，这是消费者口中的对于梨汁饮料的普遍感觉。

而这恰恰是梨汁饮料能否流行的一个重要立基点。以甜叶菊为原料的小岗零卡饮料一直倡导甜而无糖的概念，也被消费者广泛接受，但就是因为口感有中药味，让这个新品类问世多年，都不能成为市场主流，这可以说明口感对于一个品类的影响程度。

梨汁饮料在口感上同样存在这种缺陷，因此，这是一个需要进行技术升级的饮料，只有让梨汁变得更加清口，才会在解渴的需求更大于降火的夏季更具有竞争优势。否则消费者会越喝越渴，越喝越腻，要想清口，除非再搭赠一小瓶矿泉水。

而为了改变这一现状，陕西合德堂以醋饮口味的方式推出了自己的梨汁饮料，这种酸酸的饮料让人消费者找不到梨汁的清甜口感，是否会将梨汁饮料的口感引向另一歧途，还有待观察。

4. 挑战4——品类领军品牌无主

一支笔曾经领军梨汁市场，但今非昔比，往日英雄似乎难当领军重任，康师傅、统一没有任何迹象表露要做梨汁市场老大，娃哈哈似乎观望味道更浓。

这种谦让并不妙，消费者对于梨汁的认知往往会和其他饮料一样，先对一个主导品牌的认可，而后扩展至对整个品类的认可，有了这样的基础，所有同类饮料才会共享这个品类大餐。

王老吉的成功带动降火饮料市场；康师傅冰红茶、统一茶饮料的成功带动了整个茶饮料市场的繁荣；农夫山泉带动了整个矿物质水的成功。

反观梨汁饮料，至今没有一个品牌能作为梨汁的标杆形象，来带动消费者对于整个梨汁产品的理解，没有争夺，就没有进步！更不易挑动整个市场消费氛围。

因此未来，只有发生霸主之争，才会发生大规模的广告战、终端战，才会点燃市场战火，为梨汁饮料的流行，制造出热烈氛围。

5. 挑战5——价格互扰

康师傅、统一、娃哈哈，都采取了低价低浓度的价格策略，这种3～3.5元/瓶（500毫升）的终端售价也正适应了市场上现主流饮料的定价，很大程度上推进了梨汁市场的活跃度。

华一推出的是浓度为40%的中高浓度产品，合德堂则推出60%的超高浓度果汁，但是华一却将价格也与低浓度的康师傅、统一、娃哈哈拉平，只卖2.9～3.9元/瓶（500毫升）。虽然在40%浓度大瓶装上，华一从6月开始提高了终端零售价，但消费者口感浓度较5月前有所降低，这样极其不利于未来华一高浓度品牌形象的树立。

华一和合德堂的低价策略的负面影响在早期一支笔身上曾经上演，如何迈过成本关是中高浓度梨汁品牌面临的考验。

而康师傅、娃哈哈、统一的低浓度低价策略，只能停留在快速广泛的市场占有率上，很快可以形成市场影响力。

但是未来的中高浓度梨汁饮料会更符合消费者的健康理念，中高浓度梨汁产品在整个市场培育的过程中将更加主流化，而统一、康师傅、娃哈哈推出低浓产品冰糖雪梨是借助品牌效应来做市场，而其产品本身的功效性与中高浓度梨汁相比是没有优势的，虽然低浓度、低价位、低装量可以在较短时间内形成竞争优势，但是也容易陷入饮料生命周期短暂的怪圈。

从目前消费者集中度来看，主要饮用者是对梨汁功效比较了解的中青年消费者，对梨汁的接受来源于对梨汁功效的认可，过多的掺水，则可能稀释消费者对梨汁功效的认可，不利于市场长期发展。

在现实培育新兴市场，形成市场氛围以及未来适应消费者主流趋势的两难之间，究竟谁能胜出，这还是未知。

资料来源：路胜贞．梨汁饮料，喜忧2012年［EB/OL］．（2012－06－06）．［2018－07－26］．http：//brand.icxo.com/htmlnews/2012/06/26/1446346.htm.

分析与讨论：

结合莱阳梨一支笔的诞生和成长之路，总结并阐述成功产品设计的基本步骤和需要考虑的关键要素。

创业资源

新产品开发从入门到精通实战指南

图书：《新产品开发从入门到精通实战指南》

资源介绍：互联网时代，企业要想成功开发新产品，需要具备哪些条件？要想将新产品成功推向市场，又需要具备哪些条件？搞清楚这些问题并能采取准确的策略，是企业在互联网时代激烈的市场竞争中制胜的法宝。

本书深入讲述了互联网时代新产品开发的基础知识，提出了互联网时代新产品开发和投放市场的方法。同时，本书还剖析了新产品开发在互联网时代所面临的挑战，并给出了企业应对挑战的方法。全书共分为五部分，分别针对上述问题展开了详细的讲解，囊括了作者在产品开发领域丰富的经验与认知。可以说，本书是一本系统、全面、实用性强的新产品开发指南性图书。

第十二章 产品开发与融资

创业者在企业成长的各个阶段都会努力争取用尽量少的资源来推进企业的发展，他们需要的不是拥有资源，而是要控制这些资源。

——哈佛商学院教授 霍华德·史蒂文森

导入案例

定位：品牌制胜的“利器”

你的品牌能否成就或修炼成一个强势的有真正意义的大品牌，就在于你能否为你的品牌铸就出一个品牌的心理惯势，并将此转化为人们的潜意识和情感并最终形成社会文化现象。可是往往一些小小的疏忽，却能使这个品牌的定位重新洗牌，甚至导致祸患的降临，听起来似乎有些不可思议，但这确实是一条无可辩驳的客观规律。比如因使用废旧月饼做原料而名誉扫地的南京冠生园、因弄虚作假而遭人唾弃的达芬奇家具等。尽管这样的“忽微”并非“祸国殃民”般那样严重，但恰恰就是这一点足以说明品牌定位对任何企业来说，都不是光做表面文章的忽微小事。

1. 定位的基础

品牌定位是指企业在市场定位和产品定位的基础上，对特定的品牌在文化取向及个性差异上的商业性决策，它是建立一个与目标市场有关的品牌形象的过程和结果。换言之，即指为某个特定品牌确定一个适当的市场位置，使商品在消费者的心中占领一个特殊的位置，与消费者之间建立长期、稳固的关系。

所以，品牌定位的作用就是要用艺术且简短的方式正确表达这种品类及心智资源，从而有助于使品牌和某种想法紧密地捆绑在一起，从而在顾客产生消费需求时，能够快速想起该品牌来。最理想的状态，就是品牌代表了某一品类，品牌与品类合一。如炎炎夏日消费者有时会说“给我来一罐加多宝”，这时，他所要表达的意思是“要买一罐加多宝凉茶”，消费者要买的是凉茶这个品类的产品，只不过是“加多宝”这个品牌太强大，直接成了“凉茶”的代名词了。

实际上，品牌定位是针对产品品牌的，其核心是要打造品牌价值。品牌定位的载体是产品，其承诺最终通过产品兑现，因此必然已经包含产品定位于其中。品牌核心价值主要包含理性价值和感性价值两部分，理性价值是感性价值的基础，感性价值只有建立在坚实可靠的理性价值的基础上，才更有意义和说服力。

品牌理性价值是品牌立足的基础，着眼于功能性利益或者相关的产品属性，如功效、性能、质量、便利等，能够提供始终如一、高质量、可以与任何竞争对手媲美的产品或服务是成功品牌所必备的因素，这是绝大多数品牌在品牌初期的立身之本和安身之所。

品牌感性价值着眼于消费者在购买和使用的过程中产生某种感觉，这种感觉为消费者拥有和使用品牌赋予了更深的意味和营造了密切的关系，感性价值往往体现顾客、消费者对品牌在情感和心理上的感知，这种感知是建立消费者、消费者与品牌间联系的基础，品牌所代表的文化、人格特征能够影响品牌的消费者。

比如，作为最早实现全产业链现代化生产的乳品企业，北京三元的品牌定位就是回归本源，为消费者做优质的牛奶。纯净的牛奶、无添加的高营养价值奶品，这本是奶业发展最美好的原生态，可是，在市场混沌时期，这变成一种奢望。三元所打造的“元生态”是一种品牌定位的回归，又是一种升华，在自然规律下求科学，在专业体系下创生态，这也是行业所要找的新坐标。

为了这样的品牌定位，三元从根本上强化对奶源质量的控制原则——“从源头把好品质第一关”。要生产一盒质量过硬的牛奶，首先要保证奶源的健康。原奶进厂之后，首先要经过几十项微生物快速检测机，这是原奶进厂以后要过的第一道质量检测关。三元采用的国际先进仪器，经过多项检测指标，只有检测合格的才能作为奶源。而在奶源基地绿荷牧场，从疫病的控制、合理的分群、科学的配方、统一的操作、员工的培训与管理等，都建立了以“牛奶质量控制”标准为核心内容的标准化管理体系，并引进以色列软件，全程监控每头牛饲养过程。原奶在经过进厂检测后，就要进入一个无人操作的纯机械化生产程序了。原奶在经过储藏罐进入生产车间后，运用生物科技手段，将植物甾醇添加到牛奶之中，开创了用生物科技提升牛奶自身价值的先河。

2. 目标的秉承

一般而言，品牌定位是品牌经营的首要任务，是品牌建设的基础，是品牌经营成功的前提。品牌定位在品牌经营和市场营销中有着不可估量的作用。品牌定位是市场定位的核心和集中表现。企业一旦选定了目标市场，就要设计并塑造自己相应的产品，品牌及企业形象，以争取目标消费者的认同。由于市场定位的最终目标是为了实现产品销售，而品牌是企业传播产品相关信息的基础，品牌还是消费者选购产品的主要依据，因而品牌成为产品与消费者连接的桥梁，品牌定位也就成为市场定位的核心和集中表现。品牌定位的目的就是将产品转化为品牌，就是以一种始终如一的生动具体的表现形式将品牌的功能与消费者的心理需要连接起来，树立一个清晰明确的，差异化的有别于竞争对手的，符合消费者需要（产品和心理需要）的品牌形象，通过这种方式将产品信息准确传达给消费者，在潜在消费者心中占领一个有利的位置。

还以北京三元为例，它的品牌定位目标就是秉承的抓奶源、重牧场的模式。自2002年起，三元牛奶在全国率先进行原料奶中体细胞的测定，乳脂率、乳蛋白率、总干物质等营养指标均已达到欧盟标准。2008年三元集团被农业部正式确定为首都农业产业化国家重点龙头企业。在这些年的发展中，三元更加精细化产业链的每个细节，在各个环节上形成了一套专业的科学体系，奶牛育种有“国家 AI 育种体系”、饲喂有“DNTP 奶牛营养科技计划”、牧场管理有“EDTM 高产奶牛饲养管理体系”、现代化加工领域有“阳光监管安全体系”……形成了一条涉及奶牛育种、饲养、牛奶加工、销售所有环节完整的乳品产业链。

这些体系之间环环相扣，打造出从奶牛饲草饲料采购、日粮调配、疫病控制、合理的分群、科学的配方、统一的挤奶操作、牛奶冷链控制等一整套规范化、标准化的科学体系，在业界首创的“农业产业化 + 现代化加工”的三元模式获得了广泛好评。

不难发现，良好的品牌定位是品牌经营成功的前提，为企业进占市场，拓展市场起到导航作用。如果不能有效地对品牌进行定位，以树立独特的消费者可认同的品牌个性与形象，必然会使产品淹没在众多产品质量、性能及服务雷同的商品中。品牌定位是品牌传播的客观基础，品牌传播依赖于品牌定位，没有品牌整体形象的预先设计（即品牌定位），那么品牌传播就难免盲从而缺乏一致性。

总之，经过多种品牌运营手段的整合运用，品牌定位所确定的品牌整体形象即会驻留在消费者心中，这是品牌经营的直接结果，也是品牌经营的直接目的。如果没有正确的品牌定位，无论其产品质量再高、性能再好，也不能成功。可以说，今后的商战是定位战，品牌制胜则是定位的胜利。

资料来源：王新业. 定位：品牌制胜的“利器”[EB/OL].（2012-09-05）.[2018-07-26]. http://brand.icxo.com/htmlnews/2012/09/05/1447522.htm.

第一节　产品开发与融资基础知识

一、开发产品方案

确定顾客会付费使用产品之后，必须为产品确定发展战略。在这一步中，可以根据前面对后续市场所做的了解开发产品方案。以最小可行商业产品为基础，确定要为登陆市场顾客开发哪些产品特征；占领登陆市场后，确定可以向哪些毗邻市场销售产品以及针对每一个新市场如何调整产品。

在开发最小可行商业产品时，要确定和组合的是产品最基本的特征。在开发产品方案时，必须根据用户形象的需求对产品特征进行选择，然后重新组合成产品。或许你觉得有些特征是用户一开始就需要的，但随着对产品和顾客的深入了解，会发现它们其实并不重要，反而是那些被你忽视的特征更受顾客青睐。

为确保开发流程和开发思路保持一贯的高质量，在产品开发过程中确定一套标准非常重要。通常，当新的产品特征或功能发布之后，市场需要一段时间才能发现其缺陷并促使企业作出改善。因此，确定一套验证产品质量的流程，保证产品开发思路的质量，这样做是非常有必要的。如果企业只强调快速开发新的产品特征而忽略了对质量的持续关注，最终一定会出现各种质量问题。

思考何时扩展市场的问题也同样重要。用户形象是为登陆市场设计的，当你在市场中成为事实标准，产品拥有重要市场份额之后（通常为 20% 或更高），便会形成在该市场中的优势地位。实现了正向现金流，现在可以考虑进入其他市场了。毕竟，登陆市场之所以叫“登陆”，是因为它只是创业的起点而已。

尽管下一个市场会有不同的用户形象，你依然可以利用企业的核心优势继续开发业务。根据新用户形象的需求以及企业的发展战略，下一个产品可能完全不同于现在的产品，可能对当前产品作出重大修改，可能是当前产品的重新包装，或者和当前产品一模一样。

随着企业的前进，产品方案会出现各种变化。因此，你不必费心研究细节，也不要在这个方面投入太多时间。你要做的是大致了解企业接下来要进入哪个市场，明确后续市场的规模。

确定产品方案有点儿像评估市场规模，目的是让你抬头观望远方，不要过度专注于登陆市场。毕竟，登陆市场只是你创业的第一步，接下来企业必须向其他市场扩展。产品方案能提供长期视野，让你的思考目标变得更加远大，特别是在产品和组织机构设计方面。不过这一步无须花费很多时间，因为还要确保顾客会付费使用你的产品，否则会在进入毗邻市场之前便耗尽资金。随着对登陆市场了解的深入，产品方案也会出现调整。产品方案的意义在于为你提供系统化的开发指导，没有它你的创业之路无异于盲人摸象。

二、了解融资

融资，是指资金的融通。狭义的融资，主要是指资金的融入，也就是通常意义的资金来源，具体是指通过一定的渠道、采用一定的方法、以一定的经济利益付出为代价，从资金持有者手中筹集资金，组织对资金使用者的资金供应，满足资金使用者在经济活动中对资金需要的一种经济行为。广义的融资，不仅包括资金的融入，也包括资金的运用，即包括狭义融资和投资两个方面。

本书中，创业融资是指创业者为了将某种创意转化为商业现实，通过不同渠道、采用不同方式筹集资金以建立企业的过程。创业者应该根据新创企业在不同发展阶段的资本需求特征，结合创业计划以及企业发展战略，合理确定资本结构以及资本需求数量。

常见融资渠道有以下几种。

（一）私人资本融资

私人资本包括创业者个人积蓄、亲友资金和天使投资等。

据世界银行所属的国际金融公司（International Finance Corporation，IFC）对北京、成都、顺德和温州四个地区的私营企业的调查，我国私营中小企业在初始创业阶段几乎完全依靠自筹资金，其中，90%以上的初始资金是由主要的业主、创业团队成员及家庭提供的，银行和其他金融机构贷款所占的比例很小，私人资本在创业融资中具有不可替代的作用。有调查显示：大学毕业生的创业资金约80%来自个人和家庭的资金。

1. 个人积蓄

尽管有些创业者没有动用过个人资金就办起了新企业，但这种情况非常少见。这不仅因为从资金成本或企业控制权的角度来说，个人资金成本最为低廉，而且还因为创业者在试图引入外部资金时，外部投资者一般都要求企业必须有创业者的个人资金投入其中。所以，个人积蓄是创业融资最根本的渠道，几乎所有的创业者都向他们新创办的企业投入了个人积蓄。

创业者可以通过转让部分股权的方式从合伙人那里取得创业资金，创办合伙企业。或通过公开或私募股权的方式，从更多的投资者那里获得创业资金，成立公司制企业。将个人合伙人或个人股东纳入自己的创业团队，利用团队成员的个人积蓄是创业者最常用的筹资方式之一。

2. 亲友资金

对于新创企业来说，除了个人积蓄之外，身边亲朋好友的资金是最常见的资金来源。亲朋好友由于与创业者个人的关系而愿意向创业企业投入资金，因此，亲友资金是创业者经常采用的融资方式之一。

在向亲友融资时，创业者必须要用现代市场经济的游戏规则、契约原则和法律形式来规范融资行为，保障各方利益，减少不必要的纠纷。创业者还要在向亲友融资之前，仔细考虑这一行为对亲友关系的影响，尤其是创业失败后的艰难困苦。要将日后可能产生的有利和不利方面告诉亲友，尤其是创业风险，以便将来出现问题时将对亲友的不利影响降到最低。

3. 天使投资

天使投资指个人出资协助具有专门技术或独特概念而缺少自有资金的创业家进行创业，并承担创业中的高风险和享受创业成功后的高收益；或者说是自由投资者或非正式风险投资机构对原创项目构思或小型初创企业进行的前期投资，是一种非组织化的创业投资形式。你就是自己最大的天使，你身边的人就是最大的天使，天使投资是熟人道德经济。

天使投资分为两类：一类是有行业背景的天使投资；另一类是没有行业背景的天使投资。这两类天使投资，从行为及预期，到和创业团队的合作都非常不一样。从资本的角度来说，这两类投资人都是非常好的来源。创业者早期仍需要资金，而来源非常有限，所以才寻求天使投资支持；否则，完全可以自己做得稍微成熟一些再寻求早期风险投资。倘若创业团队早期并非单纯缺乏资金，则寻找具有行业背景的天使投资会更加理性。

（二）机构融资

和私人资金相比，机构拥有的资金数量较大，挑选被投资对象的程序比较正规，获得机构融资一般会提升企业的社会地位，给人以企业很正规的印象。

机构融资的途径有银行贷款、非银行金融机构贷款、中小企业间互助机构贷款和风险投资等。

1. 银行贷款

比较适合创业者的银行贷款形式主要有抵押贷款和担保贷款两种。缺乏经营历史从而也缺乏信用积累的创业者，比较难以获得银行的信用贷款。

（1）抵押贷款。抵押贷款指借款人以其所拥有的财产作抵押，作为获得银行贷款的担保。在抵押期间，借款人可以继续使用其用于抵押的财产。抵押贷款有以下几种：① 不动产抵押贷款。不动产抵押贷款是指创业者以土地、房屋等不动产作抵押，从银行获取贷款。② 动产抵押贷款。动产抵押贷款是指创业者用机器设备、股票、债券、定期存单等银行承认的有价证券，以及金银珠宝首饰等动产作抵押，从银行获取贷款。③ 无形资产抵押贷款。无形资产抵押贷款是一种创新的抵押贷款形式，适用于拥有专利技术、专利产品的创业者，创业者可以用专利权、著作权等无形资产向银行作抵押或质押获取贷款。

（2）担保贷款。担保贷款指借款方向银行提供符合法定条件的第三方保证人作为还款保证的借款形式。当借款方不能履约还款时，银行有权按照约定，要求保证人履行或承担清偿贷款的连带责任。其中较适合创业者的担保贷款形式有：① 自然人担保贷款。自然人担保贷款是指经由自然人担保提供的贷款。可采取抵押、权利质押、抵押加保证三种方式。② 专业担保公司担保贷款。目前各地有许多由政府或民间组织的专业担保公司，可以为包括初创企业在内的中小企业提供融资担保，像北京中关村担保公司、首创担保公司等，其他省、市也有很多此类性质的担保机构为中小企业提供融资担保服务，这些担保机构大多属于公共服务性非营利组织，创业者可以通过申请，由这些机构担保向银行借款。

（3）信用卡透支贷款。创业者可以采用两种方式取得信用卡透支贷款：一种方式是信用卡取现；另一种方式是透支消费。

信用卡取现是银行为持卡人提供的小额现金贷款，在创业者急需资金时可以帮助其解决临时的融资困难。创业者可以持信用卡通过银行柜台或是 ATM 机提取现金灵活使用。透支取现的额度根据信用卡情况设定，不同银行的取现标准不同，最低的是不超过信用额度的 30%，最高的可以将信用额度的 100% 都取出来；另外，除取现手续费外（各银行取现手续费不一），境内外透支取现还须支付利息，不享受免息待遇。

创业者还可以利用信用卡进行透支消费，购置企业亟需的财产物资。

（4）政府无偿贷款担保。根据国家及地方政府的有关规定，很多地方政府都为当地的创业人员提供无偿贷款担保。如上海、青岛、南昌、合肥等地的应届大学毕业生创业可享受无偿贷款担保的优惠政策，自主创业的大学生，向银行申请开业贷款的担保额度最高可达 100 万元，并享受贷款贴息；江苏省镇江市润州区创业农民可通过区农民创业担保基金中心，获取最高 5 万元贷款，并由政府为其无偿担保；湖南省各级财政安排一定的再就业资金，用于下岗失业人员小额贷款担保基金及贴息等四个方面；浙江省对持《再就业优惠证》的人员和城镇复员转业退役军人，从事个体经营自筹资金不足的，由政府提供小额担保贷款。

（5）中小企业间互助机构贷款。中小企业间的互助机构是指中小企业在向银行融通资金的过程中，根据合同约定，由依法设立的担保机构以保证的方式为债务人提供担保，在债务人不能依约履行债务时，由担保机构承担合同约定的偿还责任，从而保障银行债权实现的一种金融支持制度。信用担保可以为中小企业的创业和融资提供便利，分散金融机构的信贷风险，推进银企合作。

（6）其他贷款。创业者可以灵活地将个人消费贷款用于创业，如因创业需要购置沿街商业房，可以用拟购置房子作抵押，向银行申请商用房贷款；若创业需要购置轿车、卡车、客车、微型车等，还可以办理汽车消费贷款。除此之外，可供创业者选择的银行贷款方式还有托管担保贷款、买方贷款、项目开发贷款、出口创汇贷款、票据贴现贷款等。

尽管银行贷款需要创业者提供相关的抵押、担保或保证，对于白手起家的创业者来说条件有些苛刻，但如果创业者能够提供银行规定的资料，能提供合适的抵押，得到贷款并不困难。

2. 非银行金融机构贷款

非银行金融机构指以发行股票和债券、接受信用委托、提供保险等形式筹集资金，并将所筹资金运用于长期性投资的金融机构。根据法律规定，非银行金融机构，包括经银保监会批准设立的信托公司、企业集团财务公司、金融租赁公司、汽车金融公司、货币经纪公司、境外非银行金融机构驻华代表处、农村和城市信用合作社、典当行、保险公司、小额贷款公司等机构。创业者还可以从这些非银行金融机构取得借款，筹集生产经营所需资金。

（1）保单质押贷款。保险公司为了提高竞争力，也为投保人提供保单质押贷款。保单质押贷款最高限额不超过保单保费积累的70%，贷款利率按同档次银行贷款利率计息。如中国人寿保险公司的“国寿千禧理财两全保险”，就具有保单质押贷款的功能：只要投保人缴付保险费满两年，且保险期已满两年，就可以凭保单以书面形式向保险公司申请质押贷款。

（2）实物质押典当贷款。当前，有许多典当行推出了个人典当贷款业务。借款人只要将有较高价值的物品质押在典当行就能取得一定数额的贷款。典当费率尽管要高于银行同期贷款利率，但对于急于筹集资金的创业者来说，不失为一个比较方便的筹资渠道。典当行的质押放款额一般是质押品价值的50%～80%。

（3）小额贷款公司。小额贷款公司由自然人、企业法人与其他社会组织投资设立，不吸收公众存款，经营小额贷款业务的有限责任公司或股份有限公司，发放贷款坚持“小额、分散”的原则。小额贷款公司发放贷款时手续简单，办理便捷，当天申请基本当天就可放款，可以快速地解决新创企业的资金需求。截至2012年3月末，全国共有小额贷款公司4 878家，贷款余额达4 447亿元，小额贷款公司已经成为缓解小微企业融资难的新渠道。

3. 交易信贷和租赁

交易信贷指企业在正常的经营活动和商品交易中由于延期付款或预收货款所形成的企业间常见的信贷关系。企业在筹办期以及生产经营过程中，均可以通过商业信用的方式筹集部分资金。如企业在购置设备或原材料、商品过程中，可以通过延期付款的方式，在一定期间内免费使用供应商提供的部分资金；在销售商品或服务时采用预收账款的方式，免费使用客户的资金等。

创业者也可以通过融资租赁的方式筹集购置设备等长期性资产所急需的资金。融资租赁是指实质上转移与资产所有权有关的全部或绝大部分风险和报酬的租赁。资产的所有权最终可以转移，也可以不转移。融资租赁是集融资与融物、贸易与技术更新于一体的新型金融业务。由于其融资与融物相结合的特点，出现问题时租赁公司可以回收、处理租赁物，因而在办理融资时对企业资信和担保的要求不高，所以非常适合中小企业融资；此外，融资租赁属于表外融资，不体现在企业财务报表的负债项目中，不影响企业的资信状况，对需要多渠道融资的中小企业非常有利。据统计，西方发达国家25%的固定资产几乎都来自租赁①。企业在筹建期，通过融资租赁的方式取得急需设备的使用权，解决部分资金需求，获得相当于租赁资产全部价值的债务信用，一方面可以使企业按期开业，顺利开始生产经营活动；另一方面又可以解决创业初期资金紧张的局面，节约创业初期的资金支出，将用于购买设备的资金用于主营业务的经营，提高企业现金流量的创造能力。同时融资租赁分期付款的性质可以使企业保持较高的偿付能力，维持财务信誉。

---

① 金玮．我国中小企业融资路径探讨．当代经济，2012，11（上）：125.

4. 从其他企业融资

尽管在大多数情况下，企业是资金的需求而不是提供者，但是对于不同行业的企业，或者在企业发展的不同时期，部分企业还是会有暂时的闲置资金可以对外提供，尤其是一些从事公用事业的企业，或者已经发展到成熟期的企业，现金流一般会比较充足，甚至会有大量资金需要通过对外投资的方式实现较高收益。对于有闲置资金的企业，创业者既可以吸收其资金作为股权资本，还可以向这些企业借款，形成债权资本。

（三）风险投资

根据美国风险投资协会的定义，风险投资是指职业的金融家投入到新兴的、迅速发展的、有巨大竞争潜力的企业中的股权资本。在我国，对于风险投资尚未形成统一的看法，比较普遍的观点是：风险投资是由专业机构提供的投资于极具增长潜力的创业企业并参与其管理的权益资本。从定义上可以看出，中美关于风险投资的界定有所不同，其投资对象有一定的差别。这是因为中国是一个发展中国家，很多行业方兴未艾，所以传统行业，像零售、农产品之类的，虽然没有技术含量，但拥有一个广阔的、快速发展的市场，使这些传统行业的市场增长速度和回报率并不低于高科技行业，所以，中国的风险投资不仅投资高科技项目，也对传统领域，如教育、医疗保健这样的项目感兴趣。

1. 创业者寻求风险投资的步骤

一般来说，创业者寻求风险投资需要经过以下十个步骤，如图 12－1 所示。

2. 创业者获得风险投资的渠道

创业者获得风险投资的渠道主要有以下几种：给投资人发邮件、参加行业会议、请朋友帮忙介绍以及借助融资顾问的帮助。

（1）给投资人发邮件。想获得风险投资最简单的方法就是给投资人发邮件，一般的风险投资都有自己的网站，上面公布有自己的邮箱，创业者可以将自己的创业想法或者商业计划书发到公开的邮箱中，期待能够得到投资者的关注，并最终获得投资。采用这种方式的成本最低，但效率也最低；虽然风险投资者会关注投到邮箱的邮件，但是那些递交给投资机构的商业计划书，成功融资的只有 1%。

（2）参加相关行业的会议或者创业训练营。这些会上或训练营上会有很多投资人，创业者可以利用茶歇或者休息的时间尽可能接触较多的风险投资者，或者接触自己感兴趣的投资者。这种方式的优点是在短时间内能够见到很多的投资者，但由于时间短，不一定有机会认识或结识他们，另外，这种场合对创业者的说服能力要求较高。

（3）请朋友帮忙介绍。如果有朋友做过融资的，或者已经得到风险投资的，可以请他们帮忙介绍，这种方式较前两者成功的概率稍大，毕竟接受过风险投资并且取得经营成功的人的介绍本身就是一种名片，投资者可以借由介绍人的介绍对创业者或创业项目有一定了解，通过对介绍人的了解对创业者给以初步的肯定。但是，这种方式接触的面可能较窄，朋友认识的投资者可能并不是我们需要的类型，而真正适合的人未必是朋友认识的人。

（4）聘用投行帮助做融资。通过投行或融资中介的帮助寻找风险投资的成功率较高，一方面，他们对中国活跃的投资人很了解，能够帮助创业者和投资者进行沟通；另一方面，信誉高的投行本身就为创业者的项目成功性增加了砝码；此外，投行会运用自己的经验帮助创业者挑选更合适的投资人，但是采用这种方式的成本也较高。

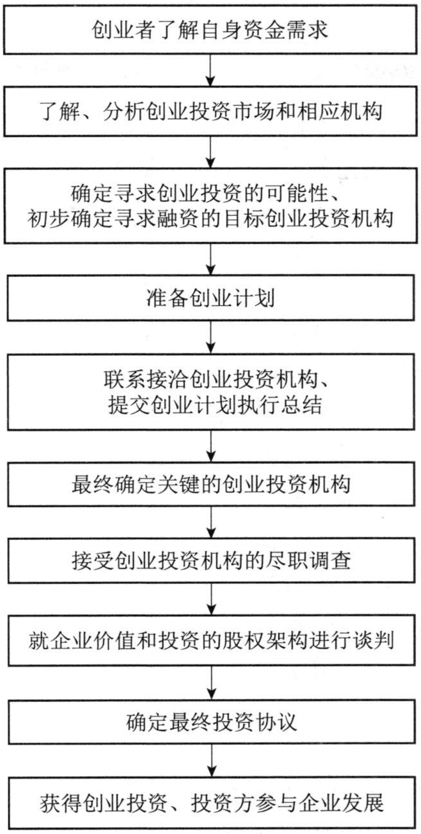

图 12－1　风险投资步骤

（四）政府扶持基金

创业者还可以利用政府扶持政策，从政府方面获得融资支持。

政府的资金支持是中小企业资金来源的一个重要组成部分。综合世界各国的情况，政府的资金支持一般能占到中小企业外来资金的10%左右，资金支持方式主要包括：税收优惠、财政补贴、贷款援助、风险投资和开辟直接融资渠道等①。

随着我国经济实力的增强，政府对创业的支持力度，无论从产业的覆盖面还是从政府对创业者的支持额度都有了很大进展，由政府提供的扶持基金也在逐步增加。如专门针对科技型企业的科技型中小企业技术创新基金，专门为中小企业“走出去”准备的中小企业国际市场开拓资金等，还有众多的地方性优惠政策等。创业者应善于利用相关政策的扶持，以达到事半功倍的效果。

1. 再就业小额担保贷款

再就业小额担保贷款：根据《中共中央国务院关于进一步做好下岗失业人员再就业工作的通知》文件精神，为帮助下岗失业人员自谋职业、自主创业和组织起来就业，对于诚实守信、有劳动能力和就业愿望的下岗失业人员，针对他们在创业过程中缺乏启动资金和

① 陈乐忱．中小企业融资它山之石［J］．财会通讯（综合），2008（10），20.

信用担保，难以获得银行贷款的实际困难，由政府设立再担保基金。通过再就业担保机构承诺担保，可向银行申请专项再就业小额贷款。该政策从2003年初起陆续在全国推行，并不断扩大小额担保贷款的范围，目前再就业小额担保贷款的适用范围包括：年龄在指定范围内（一般为60岁以内，地方政策可能有所不同），有创业愿望和劳动能力，诚实守信，有《下岗证》或《再就业优惠证》的国企及城镇企业下岗职工、退役军人、农民工、外出务工返乡创业人员、吸纳下岗失业人员达到地方规定的小企业、合伙经营实体或劳动密集型企业、大中（技）专毕业生、残疾人员、失地农民等符合条件的人员。

2. 科技型中小企业技术创新基金

科技型中小企业技术创新基金是于1999年经国务院准设立的，用于扶持、促进科技型中小企业技术创新，是支持科技型中小企业技术创新项目的政府专项基金，由科技部科技型中小企业技术创新基金管理中心实施。创新基金重点支持产业化初期（种子期和初创期）、技术含量高、市场前景好、风险较大、商业性资金进入尚不具备条件、最需要由政府支持的科技型中小企业项目，并将为其进入产业化扩张和商业性资本的介入起到铺垫和引导作用。创新基金以创新和产业化为宗旨，以市场为导向，上联“八六三”“攻关”等国家指令性研究发展计划和科技人员的创新成果，下接“火炬”等高技术产业化指导性计划和商业性创业投资者。根据中小企业和项目的不同特点，创新基金通过无偿拨款、贷款贴息和资本金投入等方式扶持和引导科技型中小企业的技术创新活动，促进科技成果的转化。

3. 中小企业国际市场开拓资金

中小企业国际市场开拓资金是由中央财政和地方财政共同安排的、专门用于支持中小企业开拓国际市场的专项资金。市场开拓资金用于支持中小企业和为中小企业服务的企业、社会团体和事业单位（以下简称“项目组织单位”）组织中小企业开拓国际市场的活动。该资金的主要支持内容包括：举办或参加境外展览会；质量管理体系、环境管理体系、软件出口企业和各类产品的认证；国际市场宣传推介；开拓新兴市场；组织培训或研讨会；境外投（议）标等方面。市场开拓资金支持比例原则上不超过支持项目所需金额的50%，对西部地区的中小企业，以及符合条件的市场开拓活动，支持比例可提高到70%。

4. 天使基金

政府有关部门和社会各界有识之士出资，设立的鼓励和帮助大学生自主创业、灵活就业的一些天使基金。如北京青年科技创业投资基金由北京科技风险投资股份有限公司出资设立，与共青团北京市委、北京市青年联合会和北京市工商局共同管理的一项基金。其特点之一是以个人为投资主体，孵化科技项目的快速成长，凡在电子信息产业、新材料、生物医药工程及生命科学领域拥有新技术成果，45岁以下的自然人均可申请创投基金，资金投资区域为北京地区。

5. 其他基金

科技部的863计划（http://www.863.gov.cn/）、火炬计划（http://program.most.gov.cn/）等，连同科技型中小企业技术创新基金一起，每年都有数十亿资金用于科技型中小企业的研发、技术创新和成果转化；财政部设有利用高新技术更新改造项目贴息基金，国家重点新产品补助基金；国家发展和改革委员会设有产业技术进步资金资助计划、节能产品贴息项目计划；工业和信息化部设有电子信息产业发展基金（http：//www. it-fund. gov. cn/）等①。

各省市等为支持当地创业型经济的发展，也纷纷出台政策，支持创业。主要有人力资源和社会保障部设立的开业贷款担保政策、小企业担保基金专项贷款、中小企业贷款信用担保、开业贷款担保、大学生科技创业基金等。

创业者应结合自身情况，利用好相关政策，获得更多的政府基金支持，降低融资成本。

（五）知识产权融资

知识产权融资也是创业者值得关注的融资方式，在国内外已有诸多成功案例。知识产权融资可以采用知识产权作价入股、知识产权抵押贷款、知识产权信托和知识产权证券化等方式。

1. 知识产权作价入股

2014 年 3 月 1 日实施的《中华人民共和国公司法》（以下简称《公司法》）第二十七条规定："股东可以用货币出资，也可以用实物、知识产权、土地使用权等可以用货币估价并可以依法转让的非货币财产作价出资。"允许知识产权入股，明确了知识产权作为生产要素的原则。新《公司法》还规定，不再限制股东（发起人）的货币出资比例，无形资产可以百分百出资。这说明股东可以专利、商标、软件著作权等无形资产进行百分之百的出资，有效地减轻股东货币出资的压力。

根据新公司法的规定，除了法律、行政法规规定不得作为出资的财产除外，股东可以用知识产权等可以用货币估价，并可以依法转让的非货币财产作价出资。对作为出资的非货币财产应当评估作价，核实财产，不得高估或者低估作价，必须经过专业的知识产权评估才可以作为出资依据。

2. 知识产权质押贷款

知识产权质押贷款是指以合法拥有的专利权、商标权、著作权中的财产权，经评估后向银行申请融资，是商业银行积极探索的中小企业融资途径。2006 年全国首例知识产权质押融资贷款在北京诞生，2008 年国家知识产权局确定了知识产权质押融资的试点城市；很多地市出台了质押贷款管理办法，如浙江 2009 年 1 月 20 日出台"浙江省专利权质押贷款管理办法"，为金融机构、企业操作知识产权质押提供了规范指引；2009 年 9 月和 11 月，广州市知识产权局、武汉市知识产权局分别和有关银行签署了促进知识产权质押融资的合作协议；2010 年财政部、工业和信息化部、银监会、国家知识产权局、国家工商行政管理总局、国家版权局共同发布了《关于加强知识产权质押融资与评估管理，支持中小企业发展的意见》通知，进一步推进了知识产权质押融资工作的开展。

知识产权质押融资可以采用以下三种形式：质押——知识产权质押作为贷款的唯一担保形式；质押加保证——以知识产权质押作为主要担保形式，以第三方连带责任保证（担保公司）保证作为补充组合担保；质押加其他抵押担保——以知识产权作为主要担保形式，以房产、设备等固定资产抵押，或个人连带责任保证等其他担保方式作为补充担保的

---

① 杜耀华．中小企业如何获取政府财政支持．现代乡镇，2003（9）：43.

组合担保形式。

知识产权质押贷款仅限于借款人在生产经营过程中的正常资金需求，贷款期限一般为1年，最长不超过3年；贷款额度一般控制在1 000万元以内，最高达5 000万元；贷款利率采用风险定价机制，原则上在中国人民银行基准利率基础上按不低于10%的比例上浮。质押率为：发明专利最高为40%，实用新型专利最高为30%；驰名商标最高为40%，普通商标最高为30%；质物要求投放市场至少1年以上；还款方式根据企业的现金流情况采取灵活多样的还款方式。

3. 知识产权信托

知识产权信托是以知识产权为标的的信托，知识产权权利人为了使自己所拥有的知识产权产业化、商品化，将知识产权转移给信托投资公司，由其代为经营管理，是知识产权权利人获取收益的一种法律关系。依据知识产权的类型，结合我国目前已有的信托案例，当前的知识产权信托包括专利信托、商标信托、版权信托等方式。在美国、欧洲、日本等国家，知识产权信托已广泛用于电影拍摄、动画片制作等短期需要大量资金的行业的资金筹措。流动资金少的文化产业公司，在投入制作时，可与银行、信托公司签订信托构思阶段新作品著作权的合同，银行或信托公司向投资方介绍新作品的构思、方案，并向投资方出售作品未来部分销售收益的“信托收益权”，制作公司等则以筹集到的资金再投入新作品的创作。

2000年9月武汉市专利管理局、武汉国际信托投资公司联合策划、构架的“专利信托”在武汉市首先推出，推动了金融资本与无形资本有机结合，引起国内外投资界、企业界的广泛关注。但目前为止，知识产权信托在我国的发展状况并不理想，还需要在立法完善和政策支持上多加关注。

4. 知识产权证券化

知识产权资产证券化是发起人将能够产生可预见的稳定现金流的知识产权，通过一定的金融工具安排，对其中风险与收益要素进行分离与重组，进而转换成为在金融市场上可以出售的流通证券的过程。知识产权资产证券化的参与主体包括发起人（原始权益人）、特设载体（Special Purpose Vehicle，SPV）、投资者、受托管理人、服务机构、信用评级机构、信用增强机构、流动性提供机构。近几年，美国、英国、日本等国家的知识产权资产证券化发展迅速。在美国，知识产权资产证券化的对象资产已经非常广泛，从电子游戏、音乐、电影、娱乐、演艺、主题公园等与文化产业关联的知识产权，到时装设计的品牌、最新医药产品的专利、半导体芯片，甚至专利诉讼的胜诉金，几乎所有的知识产权都已经成为证券化的对象。在日本，产业省早在2002年就声明要对信息技术和生物等领域企业拥有的专利权实行证券化，成功地对光学专利实行了资产证券化。

第二节　产品开发与融资思维训练

一、做好融资准备

问题：创业融资并不容易，需要做好哪些准备？

参考思路：

所谓“知己知彼，百战不殆”，融资准备工作也必须从“内外”两大因素入手：做好内部建设，对企业现状和发展前景有清晰的认识；同时逐步了解外部的融资环境，可以通过聘请专业融资顾问获得帮助，为成功融资创造条件。具体包括以下几项。

（1）企业自身建设。涉及盈利模式、管理团队、市场客户和产品技术等几大要素。其中管理团队具有管理能力、凝聚力和进取心，是创业成功的重要保证。

（2）制定融资战略。需要考虑的问题有：融资的时机、所需资金的数量、融资采取的方式等。企业还应当根据不同的发展阶段来考虑融资数量和资金投入的时机。融资方式的选择需要结合自身条件和各种融资渠道的风险、成本综合考虑。

（3）资料和人员的准备。将企业的情况和融资计划表形成简明、有说服力的书面文档，凸显企业价值，使投资者通过相关材料对企业有清楚的认识。需要注意的是，随着融资各项工作的到位，内部操作人员专业素质缺乏亦可能导致融资谈判失败，所以适时地组织内部人员参加专业培训也是重要的准备。

（4）聘请外部专家。由于创业者往往缺乏融资经验与时间精力，聘请专业融资顾问应该是最好的选择，他们将为融资的各个步骤提供专业意见，并利用积累的融资渠道为企业引荐合适的投资者。

（5）接触潜在投资者。创业者和投资者之间是一种长期合作关系，需要达成充分的相互了解与信任。企业应在广泛调研的基础上，根据自身的发展模式和价值取向进行选择与接触。事实上在与投资者的交流中，创业者往往能够获得很多有利于企业发展的宝贵建议。

二、延续创业活动还需要做的工作

问题：随着最小可行商业产品开发的完成，似乎创业已告一段落，为了保证创业的顺利进行，还需要关注哪些方面的知识？

参考思路：

本书“训练篇”的内容提供的框架能帮助你更好地启动创业，提高成功创业的机会。这仅仅是创业的起点。创业绝非盛大赛事，而是创业者的孤独远行，它需要明智的思路和不断的调整。作为创业者，切忌光说不练，而是要始终努力前进，不断根据顾客的反馈测试自己的创意和产品，直至实现最后的成功。在实际创业中，还需要学习很多方面的知识，就本书涉及的内容，也需要不断地深入了解和探索，这里是不可能详尽说明所有内容的，仅列举以下几个，示为启发。

（1）组建和管理创业团队。

（2）开发产品，不断优化。

（3）执行销售，建立销售团队。

（4）服务顾客，开发客服流程。

（5）建立财务部门，管理现金流。

（6）融资，扩展业务规模。

（7）强调创业领导力和业务升级。

（8）开发利用优秀企业管理准则。

（9）建立企业文化。

第三节　产品开发与融资技能训练

（一）技能训练一：案例分析——万达的发展战略

收集相关资料，分析万达的发展战略，观察万达是如何一步步扩大市场规模，丰富产品体系的，思考万达能够不断迭代升级的成功因素（表12－1）。

表12－1　　万达发展战略

万达产品	第一代	第二代	第三代
产品种类	纯商业	纯商业	商业、酒店、写字楼、住宅
选址	核心商圈黄金地段	核心商圈黄金地段	城市副中心、城市的开发区及CBD
规模	5万平方米	15万平方米	40万~80万平方米
业态	购物功能组合	购物功能组合	24小时不夜城+集成功能组合
主力商家	超市+家电+影院	超市+建材+家电+影院	百货+超市+家电+影院
建筑形态	单个盒子式	组合式	综合体、盒子+街区+高层的组合
案例	长沙、南昌、青岛	沈阳、天津	宁波、上海、北京、成都

（二）技能训练二：完美的演讲

（1）模拟融资现场，每个团队派一名代表展示团队的项目（**注意：**只有3分钟的时间进行展示，3分钟后马上停止）。其他学生要认真聆听，并粗略记下对每个演讲的思考和印象。

（2）全部展示后，要求学生将自己的笔记与“演讲评估表”（表12－2）进行比较，同时完成对每个演讲的评估。

表12－2　　演讲评估表

演讲评估项目	评分	评论
创意（清晰易懂地描述产品或服务）		
顾客（明确描述初始目标市场及其规模）		
需求（明确陈述并理解问题或机会匹配）		
商业模式（各个要素是明确理解的）		
差异化（已经识别并证实了某些与目标顾客共鸣的独特特征）		
团队（团队拥有所需的技能、资源和经验）		
资金（融资计划是合理的，识别到了具体数量的资金需求）		

（3）针对每个演讲，讨论以下问题。

① 有人能描述产品或服务是什么以及如何发挥作用吗？

② 谁是目标顾客以及要解决的问题是什么？

③ 这是个好机会吗？为什么？

④ 存在任何情境因素导致你相信这是一个好机会吗？

⑤ 该产品是独特的或与竞争产品以及其他替代产品有何不同吗？

⑥ 项目计划如何赚钱？

⑦ 团队的技能与企业的需求一致吗？
⑧ 启动新企业需要什么资源？
⑨ 你觉得信息沟通的方式如何？
⑩ 在给定的时间范围内，演讲者可以做些什么来改进演讲内容和沟通方式？
⑪ 之前的评估与运用“演讲评估表”之后的评估，有哪些区别？

创业实践

制定你的产品开发方案

结合本章知识与方法，制定产品开发方案，然后展示给其他团队。

案例分析与讨论

解析联想并购 IBM PC 案例

娃哈哈和达能之间的纷争突起，大家翻出 11 年前的旧账相持不下。达能当初是否设下圈套已无从考证，但有一点不容置疑：达能是经过设计有备而来的；而娃哈哈当初更多地沉醉在达能对自己品牌的垂涎之中。并购是全球化的通行证，但并购的不确定性也酝酿着巨大的风险。开始行动前，完美设计显得尤为重要。通过资本运作降低财务风险就是其中一招。欧美国家的跨国公司对此早已游刃有余，米塔尔也因精于此道而胜于市场，但这却是中国企业的软肋之一，联想收购 IBM 的 PC 业务堪称中国企业的榜样。

收购 IBM 的 PC 全球业务一年后，联想迎来了 PC 业务的艳阳天，2006/2007 财年，联想综合营业额达 146 亿美元，年同比增长 10%。联想个人电脑销量年同比增长 12%，集团的全年毛利率达创纪录的 14%。

作为国内最大 PC 企业，联想集团当初斥巨资收购 IBM 个人电脑业务全部资产引起了最为广泛的关注。在几乎所有人看来，联想这一举动极具冒险精神。事实上，联想迈出的这一步有深刻的价值。联想做出的参与主流产业全球竞争的尝试应该给予身处同样境地的中国企业以更多启示——如何从全球产业竞争的分析中找到自身定位，我们依靠什么获取全球竞争的优势。

全球化席卷各国经济之时，全球产业内部的分工与分化更加明显。以 PC 行业为例，全球能够生产 CPU 的企业大致只有 Intel、AMD、IBM 等几家企业，且 Intel 大有“独步天下”之势，而全球能够生产 PC 的企业可谓数不胜数。全球 PC 行业的发展离不开 Intel 这样的主角，但离开了任何一家充当配角的 PC 整机生产企业，这个行业依然可以健康发展。

一直以来，中国企业在全球产业分工中都处在产业价值链的最低端，其竞争优势被刻画为低成本，很难与世界顶尖企业针对某个细分产品市场短兵相接。

是否有能力创造出一种新的竞争模式与竞争要素也许是重归 PC、拓展全球经营的联想能否真正意义上战胜戴尔、惠普等企业，成为全球 PC 制造龙头企业的关键。显然，依靠联想自身的实力、技术与资源根本不具有创造新的行业竞争模式的能力，而且，处于生产层面的联想也并没有能力创造一种突破性变革技术，进而改变整个 IT 行业的发展方向。最终，经过长时间谈判，联想集团在 2004 年年末以总价

12.5 亿美元收购 IBM 旗下持续亏损的全球个人电脑业务。

从联想的角度看，尽管 PC 已是 IBM 的迟暮业务，但对联想仍有较大价值。首先，扩大产能、提高市场占有率、提升产品档次与质量；其次，实现全球化经营；再次，提升联想管理水平与技术实力，培养全球化管理人才。

1 + 1 = 股权 + 现金

联想更需要做的是如何使自己在联盟中能够有所作为。

联想通过并购 IBM 的 PC 业务，获得了 IBM 的 PC 业务高手、IBM 遍布全球 160 个国家的渠道以及具有国际化战略规划能力的人才。对于联想来说，IBM 是它进入全球的国际通道，联想并购 IBM 后，有业内人士指出："从收购资金层面上讲，联想当然是 IBM 的直接购买者。但从市场操作功能上看，IBM 倒更像这起交易的买家。"

这种"你中有我，我中有你"的战略合作关系成为联想与 IBM 这场 PC 交易背后最具价值的商业精神。首先，在产品层面，联想与 IBM 有广泛的合作基础。其次，在产业层面，双方将共同推进 IT 产业变革。总之，联想与 IBM 双方将会在各自不同领域内的比较优势中更加专注于一个方面，同时通过推进新技术、新产品的应用，以全新的网络概念改变全球 IT 产业。

那么，剩下的就要看联想的管理层如何导演了。

并购后，IBM 将成为联想的首选服务和客户融资提供商。在股权结构方面，IBM 成为联想集团的第二大股东。联想集团此次并购的总价为 12.5 亿美元，在三年锁定期结束时，IBM 将获得至少 6.5 亿美元的现金和价值至多 6 亿美元的联想集团普通股股票，此外联想还将承担来自 IBM 约 5 亿美元的净负债，IBM 将持有联想集团 18.9% 的股份，成为联想第二大股东，股权在三年之内不得出售。

这种你中有我、我中有你的游戏，使收购 IBM 的 PC 后的联想将不是一个纯粹的联想，而是一个与 IBM 捆绑的联想。另外，这也是 IBM 的一种主动性安排。即便合并不成功，为确保 IBM 的 PC 价值不至于贬值、不至于使原有 IBM 人员大规模、快速流动，IBM 也能够主动地采取反收购，而使 IBMPC 重新回到 IBM 怀抱，当然这种现象并不是 IBM 董事会希望看到的。

1 + 1 = 并购融资 + 股权投资

对于交易额中联想应支付的现金部分，联想不仅得到了充足的资金，还采取了合理转嫁风险的方式。

2005 年 3 月 31 日，联想集团与全球三大私人股权投资公司得克萨斯太平洋集团（Texas Pacific Group）、泛大西洋集团（General Atlantic）及美国新桥投资集团（Newbridge Capital LLC）达成协议，三者向联想集团提供 3.5 亿美元的战略投资，其中得克萨斯太平洋集团投资 2 亿美元、泛大西洋集团投资 1 亿美元、美国新桥投资集团投资 5 000 万美元。这 3.5 亿美元将用于收购 IBM 全球 PC 业务，其中约 1.5 亿美元将用作收购资金，余下约 2 亿美元用作日常运营。

根据投资协议，联想集团将向三者发行优先股及认股权证：发行共 27 万余股非上市 A 类优先股，以及可用做认购 2 亿多股联想股份的非上市认股权证。这些优先股将获得每年 4.5% 的固定累积优先现金股息（每季度支付），并且在交易完成后第七年起，联想或优先股持有人可随时赎回。在这种融资方式下，这三家投资者将最终共拥有约 12.4% 的股权。

这三家投资方在联想与 IBM 达成收购协议之前就开始同联想密切接触，并在促成联想与 IBM 的收购中起到了重要作用，同时三家投资方还为联想吸纳了 20 家银行提供的五年期 6 亿美元的银行贷款。

获得如此巨额的战略投资，也使得当初那些看淡此桩交易的人改变了想法。联想董事会主席杨元庆更是兴奋不已："全球三大私人股权投资公司成为联想的战略投资者，对此我们感到十分高兴。他们对企业的运营发展有深入细致的研究，在企业发展战略方面具有很强的规划设计能力，曾经帮助众多著名公司顺利推进整合工作，他们的加入为联想实现顺利过渡和稳健发展奠定了坚实的基础。此项协议充分表明他们对联想成为全球 IT 领导厂商的前景充满信心。"

对于联想而言，引入三家战略投资者既是一个被动的选择，也是"一举三得"的决策。

资料来源：郄永忠．解析联想并购 IBM PC 案例［EB/OL］．（2007－07－20）．［2018－07－26］．http：//oxford. icxo. com/htmlnews/2007/07/20/1165382_ 0. htm.

分析与讨论：

（1）为什么对于联想而言，引入三家战略投资者既是一个被动的选择，也是“一举三得”的决策。阐述你的看法。

（2）如何让投资人相信自己能做好，并且比别人做得更好。

创业资源

创客

网站名称：创客 http：//www. v2ipo. com/.

资源介绍：创客是创业者和投资人最佳的交流和创新创业投融资平台。创客在定位方面不再拘泥于传统的企业孵化器和简单的 PE 投资，而是贯彻左手投资、右手融资、产业整合的策略。通过与政府协作，提供系统化、全面化、专业化的产业培育管理团队，也与政府一起共同搭建培养创新型企业以及区域型企业发展建设的“基地”。创客拥有 600 人的政策、技术、经济、金融和管理专业团队，100 多名各行业领军专家的顾问咨询团队。汇集了超过 10 万项发明创新成果，6 000 余家遍布各产业的实业企业集群。通过创业投资成功支持 300 多家企业成功创业，具备独到的创业投资眼光与专业的资产管理能力。

第十三章 创业计划制订

创业对大多数人而言是一件极具诱惑力的事情，同时也是一件极具挑战的事。不是人人都能成功，也并非想象中那么困难。但任何一个梦想成功的人，倘若他知道创业需要策划、技术及创意的观念，那么成功已离他不远了。

——哈佛大学教授 拉克

导入案例

一个始于创业计划书的成功行动

杨丽娜刚得了一个外号叫“中国移动”，因为她太忙了，销售、财务、税务、市场调研、产品把关，有关眼镜买卖的所有环节她都要过问，谁让她是公司的总经理呢。

杨丽娜是天津工业大学的在校生，她与天津科技大学的几个同学成立了上海平远眼镜有限公司。除了眼镜批发、配送外，公司还在天津科技大学的新校区开了第一家零售店，经营状况很好。

其实最早的想法只是为了参加“挑战杯”创业大赛。但经过市场调研、反复论证，他们被自己的创业计划书打动了：做眼镜中间商是完全可以实现的创业设想。于是，2004 年年初他们在上海成立了公司。

眼镜行业市场巨大，且正处于高速成长期。目前，中国有 3 亿多人戴眼镜，眼镜年需求量在 1 亿副以上；2003 年，中国眼镜工业产值为 145 亿元；5 年后，其产值预计将突破 300 亿元。创业团队在调研中还发现，就是这么一个非常普及的小产品，到目前还没有公认的品牌。他们在同学中做了一个小调查，发现大家只知道近视眼镜的店面品牌，却几乎没有人能说出产品本身的品牌。这个问卷结果更加坚定了他们的想法：创造自己的眼镜品牌。他们决定先从中间商做起。虽然眼镜的零售竞争激烈，但在中间商阶段竞争还不是非常充分。不过他们随后发现，要建立自己的品牌，还需要直接的市场反馈，于是他们调整计划实现“前向一体化”，既做中间商也做零售商。这是目前眼镜行业还没有的营销模式。

2004 年 9 月，第一个眼镜零售店在科技大学的新校区开张纳客。开店一个多月后，学校的同学们不仅认可了这个眼镜店，而且没有一个同学因为配得不好而找上门来。公司开展的配送中间业务也逐步打开了市场。目前甘肃、陕西、江苏、安徽都已经有“平远”的产品，连一向挑剔的零售商竟然都说：“你们的产品质量真好。”杨丽娜说这是严把进货关得来的。

说起创业的酸甜苦辣，杨丽娜说，经常会有许多意想不到的事情发生。做一个产品要有品牌，当初设计商标时，他们几个人设计了几百种组合方案，然后筛选出 30 多种，又请周围的同学挑或是拿着方案随机让同学们选，从中选出了 4 种视觉冲击力最强的。但当他们把这 4 种方案拿到一个商标注册咨询公司去时，没想到被同学最看好的“2.0”商标竟然首先被淘汰，因为眼镜商标不能有数字。经过几轮挑选，最后他们的商标确定为“INOUS”，字面含义是“一诺”。这个标识是字母“O”中有一个斜着的椭圆形，像一只眼睛在看着世界。目前，这只“小眼睛”已经刻在了“平远”销售的每一副眼镜的镜腿上。

杨丽娜觉得在创业中最难的是把同学的热情变成现实，因为实际经验太少。刚开始时，大家经常各持己见，常争论地翻天覆地。比如，在确定什么是同学更换眼镜的原因时，有的人坚持认为是时尚因素。可是后来经过调查，损坏率高、度数变化快才是同学们重新购买眼镜的两个主要原因，而时尚是次要因素。

他们有一套吸引风险投资的设想：现有运营资金 50 万元，据测算，若注入风险资金 200 万元，则计划投资回收期为 10 个月，第二年预计盈利 512 万元，第 5 年预计盈利 1 434 万元，风险投资者在第 5 年撤出风险投资的前提下将获得 1 450 万元的投资回报。

目前，他们已经看好南京、天津等地新建的大学城，准备从中选址开第二家零售分店。

资料来源：李新铃．一个始于创业计划书的成功行动［N］．中国青年报，2004－11－08.

第一节　创业计划制订基础知识

一、创业有计划，成功更把握

“凡事预则立，不预则废”，做任何事情只有预先计划才能成功。创业活动与寻宝有许多共同之处，寻找宝藏是一件很艰苦的工作，需要大量的调查寻访活动，从成百上千的可能中判断宝藏的内容和埋藏点。所以寻宝首先需要的是一张寻宝图，以这张图为资本，筹集资金、雇用人员、租赁船只、购买特殊的设备等。对于创业者来说，创业计划就是寻宝者的寻宝图。如果没有这张图，创业者可能就会迷失方向而误入歧途。创业计划是整个创业过程的灵魂。

创业计划又称商业计划，是对构建一个企业的基本思路以及与企业创建有关的各种事项进行总体安排的文件，它从企业内部的人员、制度、管理以及企业的产品、营销、市场等各个方面对即将创建的企业进行可行性分析。创业计划包含创业定位、营销计划、财务计划、组织管理等，用来描述创办一个新的风险企业时所有相关的外部及内部要素。创业计划有时也叫行路图。创业计划主要回答三个问题：我们现在哪里？我们将去哪里？我们如何到达那里？

计划可以是短期的，也可以是长期的，可以是战略性的，也可以是操作性的。尽管不同的计划服务于不同的职能，但所有的计划都有一个重要目的，即在快速变化的市场环境下，为创业者提供指导准则和管理架构。

创业计划的基本目标有以下几个。

（1）分析和确定创业机遇与内容。

（2）说明创业者计划利用这一机遇发展新的产品或服务所要采取的方法。

（3）分析和确定企业能否成功的关键因素。

（4）确定实现创业所需要的资源以及取得这些资源的方法。

创业计划应该由创业者准备，然而在准备过程中，也可向其他人员咨询。律师、会计师、营销顾问、工程师等在创业计划的准备过程中都将起到非常重要的作用。为了确定是聘用一个顾问还是利用其他资源，创业者需要对自己的技能做一个客观的评价。

二、撰写计划有规律

Garage Venture 的盖伊·川崎（Guy Kawasaki）将他的撰写商业计划方法概括在一条“10－20－30 法则”中，对创业者撰写好商业计划很有借鉴意义。他建议，企业家在阐述商业计划时能用 10 张 PPT 在 20 分钟内用 30 号的字体将他的创业思想阐释清楚。

“10－20－30 法则”阐述了简洁对于商业计划书的重要性，不仅是内容，主要是思路。精简的内容意味着明确的思路，明确的思路意味着核心的优势。在竞争激烈，许多二三线队伍依赖细枝末节搏出位的中国创投市场，哪支团队要能靠雷打不动的核心竞争力吸引投资人，他们一定是行业中最优秀的。

当然，光简洁是不够的，一份好的商业计划书还应该具有以下重要因素。

（1）项目简介：你发现了什么需求，你拿出了什么解决方案，你的解决方案有什么优势。与很多创业者认为的不同，这部分根本不需要长篇大论。如果产品逻辑清晰，几句话就可以将痛点描述清楚。投资人不是普通用户，他们深谙行业的规矩，常识性解释无须一一写出，说明你的创新点所在即可。

（2）市场预期：有多少用户可能使用你的产品，百万级、千万级还是亿级？在中国，一个产品的目标用户停留在百万级，我们就认为它不算一个潜力巨大的产品。当然，市场预期不能仅看用户数量，一些用户数少但客单价高的产品或服务也可以被认为有很大的市场预期，比如各类 2B 服务（互联网市场领域的一种是企业对企业之间的营销关系）。但总体来说，更多的用户意味着更多的可能性，一个亿级的需求哪怕商业模式还不明确也是值得一投的——有用户就有转化。

（3）运营数据：有多少注册用户，多少活跃用户，网站有多少页面浏览量（Page View，PV），官微粉丝几位数，传播效果如何？有收入的话，收入怎样，利润怎样，平均客单价是否合理？投资人没法仅通过商业计划书就试用你的产品，因此运营数据成为产品以外最直观的体验。一点儿数据都没有的话，反省一下，是否该早点儿开始接触用户，要精益创业。

（4）团队背景：主要分为两部分，你自己和你的团队。名校名企和知名项目的经历会给你一个优秀的标签，没有标签的创业者也不要气馁，你可以具体说说自己在相关行业的经验及成就。团队部分，要体现专人专用的思维，在合适的岗位打出合适的简历——这个人是谁，做过什么，现在负责什么，而不是粗暴地把一群牛人聚在一起。另外，区分合伙人及普通员工，不要让投资人以为你们的股权划分有问题。如果你没有合伙人，这种情况是很难融资的，需要先去扩充团队。

（5）渠道优势：名人明星创业，成熟企业转型，都会为新项目带来很多现有渠道。除此之外，你或团队的亲朋好友提供的资源，也请大大方方地摆出来。团队里有巨头出走员工，与巨头建立了合作关系，吸引了巨头的关注（邀请入驻孵化器、战略注资、并购意向等），这些都是渠道优势的一部分。但请注意：相比技术和团队，渠道优势并非真的优势，因为渠道是别人也可以用的。渠道仅作锦上添花，决不能拿来当核心竞争力忽悠。

（6）产品壁垒：就是技术优势了，抄袭难度越大评分越高。要注意产品壁垒虽然很有价值，但这种价值要建立在产品本身价值的基础上，做一件别人根本没兴趣抄袭的事情是徒劳的。对于有市场的项目，将其壁垒分为以下五类。

① 不可能抄袭：存在某种绝对性的保障致使其技术或模式是不可能被抄袭的，常见于生物医药类产品或政府特许经营类产品。

② 抄袭难度很大：没有绝对的保障，但在技术上或模式上的复制门槛导致无法复制。比如有突出个性的团队或个人，Eico Design、罗辑思维、马佳佳等。

③ 有一定抄袭难度：在技术上或模式上可以复制，但需要耗费大量成本，大部分国内的技术性创业企业位于该层面。

④ 抄袭门槛较低：模式和技术都比较清晰，只要组建好团队可以随时抄袭。

⑤ 抄袭无门槛：该产品已经标准化，任何一个人都可以轻易地复制，如垂直类社区、垂直类媒体、无技术含量的硬件产品。

（7）刚性需求：根据马斯洛需求层次理论进行判断，看一个项目是不是瞄准了真实存在的需求，还是创业者自身的“矫情”。有足够潜力成长为大公司的项目一定试图满足人们更基础更本质的需求，而看起来很不错现实中却实属小众的项目常常将注意力集中在了需求的塔尖。

（8）同业竞争：我们一般不相信某个创业项目会没有竞品或替代品。就算你没有写出，投资人也会自己思考、自己去查。竞品当然越少越好，竞品太多或者有太强大的对手时，比起思考怎样应对投资人，不如先想想还要不要做下去。将竞品写出来的好处是你可以同时写出相较他们的优势以及战胜他们的策略，而且可以避免投资人认为你思虑不足或缺乏信心。

（9）融资开价：你的估值是多少以及你出让多少股权。立场上，你的需求是估值越高越好、出让比例越低越好，而投资人正好相反。估值和出让比例可以人为调整，于是创业者和投资人有了博弈的空间。

（10）财务计划：你为什么需要融资。把你半年或一年内的预算写出来，这笔钱到手后怎么花，按照项目，也按照时间，定性也定量。粗陋甚至有漏洞的财务计划会令投资人提高警惕，所以预算一定要认真编制。这部分在商业计划书中最常被轻视，中国创业者有必要提高企业的财务能力。

三、展示计划有技巧

（一）明确创业计划的展示对象

1. 企业内部（员工或股东）

表述清晰的书面商业计划，有助于澄清创业目标，协调团队的各项工作，增强团队凝聚力和行动力，激发团队一致行动向目标前进。

对于企业职能部门经理而言，通过分析各环节和未来战略目标的商业计划，能确保自己所做的工作与企业整体计划方向一致。

需要注意的是：商业计划必须严格保密，严防落入竞争者手中。为了保密，有些企业会限制商业计划的复本数量，对特定对象准备特定复本，并要求：不用时将计划放在文件柜或办公室锁好以确保安全。此外，在商业计划封面印刷“机密文件，未经许可，严禁复印”等字样。

2. 投资者和其他外部利益相关者

投资者、潜在商业伙伴、潜在客户、前来应聘的关键员工等外部利益相关者是创业计划的第二类读者。

要吸引这些人，创业计划不要过分乐观，过分乐观会破坏创业计划的信度。

创业计划必须明确显示商业创意可行，并与那些风险更小的投资选择相比，商业创意能给潜在投资者带来更高的资金回报；对于商业伙伴、客户和前来应聘的关键员工而言，仍须如此。

创业计划必须论证其商业创意的可行性，并开发出一套行之有效的商业模式，做到深入认识所处的竞争环境。此外，注意要展现的事实，即用事实说话。

（二）向投资者陈述创业计划的技巧

1. 陈述准备

与投资者会面之前，创业者一定要准备好幻灯片，而且内容要以预订的陈述时间为限。

陈述的首要原则是严格遵守会议时间地点安排，做好充分准备。如果需要视听设备，应事先准备好。注意：不要花费太多时间纠缠于产品或服务的技术，要多花点时间陈述自己企业自身情况；千万不要忘记重要材料（如申请专利的具体时间等），若创业者回答不上来或者模棱两可的话将给投资者留下很差的印象。

注意事项：① 要确保陈述流畅通顺；② 幻灯片要简洁鲜明；③ 陈述内容应通俗易懂（忌专业术语）；④ 陈述企业自身状况而非技术或产品；⑤ 避免遗忘一些重要的资料。

2. 陈述的关键点以及陈述技巧

陈述仅需要使用 10 ~ 15 张幻灯片，不追求全面，要抓重点，尤其是投资者可能感兴趣的部分。具体做法可参照以下内容。

（1）公司：用 1 张幻灯片迅速说明企业概况和目标市场。

（2）机会（尚待解决的问题和未满足的需求）：这是陈述的核心内容，最好占 2 ~ 3 张幻灯片。

（3）解决方式：企业将如何解决问题或如何满足需求，该项内容需要1～2张幻灯片。

（4）管理团队：用1～2张幻灯片简要介绍每个管理者的资格和优势。

（5）产业、目标市场：用1～2张幻灯片介绍企业即将进入的产业及目标市场状况。

（6）竞争者：用1～2张幻灯片简要介绍直接和间接竞争者，并详细介绍企业如何与目标市场中的现有企业竞争。

（7）知识产权：用1张幻灯片介绍企业已有的或待批准的知识产权。

（8）财务：简要说明即可。强调企业何时盈利，为此需要多少资本，以及何时实现现金流持平，最好用2～3张幻灯片。

（9）需求、回购和退出战略：用1张幻灯片说明企业需求的资金数目及设想的退出战略。

3. 现场答辩与反馈

创业者要敏锐预见投资者可能会提出什么问题，为此创业者就可以做好准备。

投资者可能会用很挑剔的眼光看创业计划，这时，创业者可能会很泄气。其实，投资者仅仅是在做分内的事情，提出的问题可能会有很大的帮助，会给创业者很大启发的。

回答问题阶段是非常重要的，此时投资者往往考察创业者是否挖掘到问题的本质，以及对新创企业了解多少。

现场回答投资者问题要注意以下几点。

（1）对投资者问题的要点要准确理解，回答具有针对性而不是泛泛而谈。

（2）能在投资者提问结束后迅速作出回答，回答内容连贯、条理清楚。

（3）回答问题准确可信：回答问题建立在准确的事实和可信的逻辑推理上。

（4）特定方面的充分阐述：对投资者特别指出的方面能做出充分的说明和解释。

（5）整体答辩的逻辑性要求：陈述和回答的内容有整体一致性。

（6）团队成员在回答时有较好的配合，能协调合作、彼此互补，对相关领域的问题能阐述清楚。

四、参加大赛有帮助

大学生创业计划竞赛不是普通意义上的大学生的专业比赛。创业计划不是单纯的、个人的、集中在某一个专业的学生竞赛，而是以实际技术为背景，跨学科的优势互补的团队之间的综合较量。竞赛的意义也不局限于大学校园，从某种程度而言，创业计划竞赛是高等院校与现实社会和大学生与企业之间的互动与沟通。

参加创业计划大赛，创业者将有以下收益。

（一）系统学习创业知识

参赛者在创作创业计划的过程中，一般可以通过大赛提供的系统培训，以及学习、交流，全面地接受创业者所应具备的知识和技能训练。

参赛者通过参加竞赛，可以获得对产品或服务从构想变为现实的全局把握。在完成商业计划的过程中，培养沟通能力、说服能力、组织能力。在接受挑战的过程中，增强创业的勇气、信心和能力。参加项目大赛的经历本身也是一种财富。

（二）磨炼创业团队

参赛者通过比赛，可以结识未来创业的合作伙伴，参赛小组的成员将最有可能在将来形成创业合作关系，开创成功事业。在此过程中，创业团队可以得到磨合，磨炼团队创业能力，形成创业凝聚力。

参赛者将有机会加入一个充满智慧和活力的小组，与小组伙伴携起手来，接受挑战。参赛者将体验到前进中相互激励的力量，和交流中灵感火花的跳跃，以及成功时分享的喜悦。在这一过程中，参赛者会感受团队精神的力量，培养创业精神。

（三）积累商业资源网络

参赛者通过比赛，可以结识风险投资家。国内风险投资家若对本次大赛表示浓厚兴趣，将对具有实际运作价值的作品，进行投资可行性分析。参赛者可以向风险投资家充分展现自己的产品或服务的巨大市场前景，为进一步创业赢得资金。参赛者还将结识商界和法律界人士，为将来创业建立良好的商业关系网络。同时，很多新闻单位对全国大赛比较关注，可以借助媒体向社会推荐自己和产品整体形象，为未来创业建立良好媒体资源。

（四）验证完善创业计划

参加创业比赛的过程，就是设计、论证、实施、优化完善创业项目的实施方案的系统过程。参赛过程中，有创业团队的精心参与，有指导老师的专业指导，有大赛评委的精彩点评，有各参赛团队和参赛项目的交流，这些都是其他形式所不具备的创业论证优势。

第二节　创业计划制订思维训练

一、创业一定要准备创业计划吗

问题：创业一定要准备创业计划吗，有了创业计划才能成功创业吗？

参考观点：

很多事实表明，创业，并一定要有创业计划，很多成功的创业者并没有准备创业计划。当然我们应该看到，准备创业计划对于创业有很多好处，如更好地了解市场，防范风险等。可以参见下文“创业计划的重要作用”，总之，对于大学生创业者来说，准备创业计划是非常有必要的。

初创企业的创始人不能一味地扩大营运规模，而应关注并妥善处理资金预算、市场预测，以及材料、人员之类的相关要素的协调等管理问题。如果这些问题没有做好充分准备，那么高速地增长只能带来巨大的风险。这一点，创业者在最初制订创业计划的时候就应牢牢地树立务实的思维。

很多创业者在创业的时候非常仓促，根本没有投入足够的时间对创业项目的可行性进行调研。大多数的创业者是因为急于求成，没有进行充分的市场调研。通常，一个创业者有了构想时会将其讲给合作者或家人听，以寻求肯定和认可。但他的内心并不非常渴望找寻事实真相，而是希望有人对他给予认可。有的创业者往往头脑一热拍脑袋凭直觉来决策，根本没有从自己最熟悉、最擅长的业务起步。只是道听途说某某行业好赚钱，就贸然投资，而在创业活动深入到一定程度后，方才发现自己的经验、知识、能力和人际关系都与创业项目不吻合甚至相差太远并导致失去竞争力。所以，创业者在创业初期，就要本着务实的精神，踏踏实实的结合自己的实际情况和能够整合的资源客观地制订创业计划，是最明智的选择。

二、投资人最看重的是什么

问题：创业计划书常常是为了展示给投资人，期望得到投资。那么投资人最看重的是什么？

参考观点：

以下列举了几位知名投资人的投资原则，可以说代表了投资人的一些普遍看法。

（一）雷军：三条投资原则

作为创业者的雷军总结出他在互联网创业的“七字诀”秘诀：专注、极致、口碑和快。那么作为天使投资者的雷军，对于投资有何秘诀呢？

在同行眼中，雷军有两个特点：第一，他偏爱从大公司出来、有一定管理经验的人，而他之前没有做过；第二，你要想办法找到他身边熟悉的人来做介绍人，具备这两点基本上就能搞定他。

对于项目，就雷军个人风格而言，他特别关注的不是商业模式，而是市场规模。雷军更偏爱平均年龄35岁的创业者。而对大学刚毕业的人，雷军是不投的。在他看来，刚毕业的都最好不要创业，而最好是要么找个创业公司，要么找个大公司，先提高技能，有相应的商业网络，等一切都准备好了再创业。

雷军曾总结自己的三条投资原则：第一条就是人要靠谱、不熟不投；第二就是大方向没问题；第三个就是小方向被验证。

（二）徐小平：投资如看人

在他看来，天使投资最深的哲学，就是坚定不移地判断人，而不是判断模式。徐小平认为，天使投资人，应该有一颗天使的心，即对创业者无条件的爱和关怀。

如何判断人，徐小平有自己的四个角度。

（1）学习力：包括过去、现在和未来的学习能力，比如学历就代表一个人过去的学习能力。

（2）工作力：包括工作经验、技能和资源等。

（3）影响力：也叫个人魅力，就是感染他人的能力。

（4）坚持力：能够克服困难走过去。

另外，徐小平会从三个角度来判断团队。

（1）团队吸引力：团队成员之间是否有那种互相爱慕仰慕的情感，觉得能跟这个人一起工作很棒。

（2）团队互补力：团队成员间互补，但也不单纯地是指能力，也包括性格。

（3）团队协调力：一堆人一起做事，一定会有冲突，团队从冲突走到妥协的能力非常重要。

（三）蔡文胜：喜欢草根和千万用户

天使投资人、4399董事长蔡文胜分享了他在寻找和挑选创业者时看中的三点：从用户角度看产品价值；观察用户规模，规模越大，赚钱就容易；看创业的团队。

（1）用户角度。“你做的这个事情，未来可发展的空间有多大。比如你现在告诉我你做的产品是基于 PC 方面的项目，我就没有多大兴趣。因为在我看来 PC 已经开始没落，这个趋势很清楚，大家也都知道。”

（2）用户规模。“产品初期，比如说关于小游戏的项目，一天 100 万的流量是没有意义的，因为赚不到多少钱。但如果对于某些行业，比如钢铁，虽然网站一天的访问量在三万，但它是有价值的，因为中国钢铁厂也就几百上千家，它的访问量足够，而且这个行业的价值太大了，你要赚它的钱就容易。”

（3）团队。“十年前，4399 都是一个人在做，但 2007 年、2008 年开始，个人再去做大一个产品、一个公司就很困难了。“hao123” 在 2003 年，一天就有一千万的访问量，但整个中国没几个人知道是谁做的，也不知道有这个网站，可以说是市场给了三年的时间，让它慢慢来做。但是今天，大家每天都在想做什么公司赚钱，包括大公司也虎视眈眈，很少有那种让你有三年的时间慢慢来的机会，所以我们需要有一个团队，能够很快地把事情做起来，包括找到一些互补。”

关于寻找项目，网站出身的蔡文胜指出，他会比较关注个人流量方面，“庞大的站长资源和市场上第一时间了解到的产品相关数据，是两个很重要的渠道。第三个就是朋友同人之间的介绍”。

（四）熊晓鸽：只琢磨 3 件事

在熊晓鸽看来风投就像漂流，一定要看对河流，看对河流往前划就行了，只要不被淹死，总能游到目的地，到的早一点儿赚钱就会多一点儿，到晚一点儿赚得就少一点儿。

“我的工作就是做投资，只琢磨 3 件事：一是市场，二是产品，三是管理团队。实际上，最根本的就是琢磨人。琢磨一个项目进入的时机，还要观察项目的团队对资本的复杂态度。”

对于团队和项目哪个更重要？熊晓鸽指出，选对了河流，团队就是划船的舵手，本事好一点儿就不翻船，能够很快到达终点；本事差一点儿可能就会翻船，所以团队是这里面最重要的一环。

第三节　创业计划制订技能训练

（一）技能训练一：创业计划书的目录

（1）编写一份创业计划书，包括哪些内容？

（2）先编写一份目录，然后和下面这份目录进行对照，看看有什么不同。

（3）完善目录，并和同学讨论为了写好这份创业计划书，你需要做哪些准备？

××公司创业计划书

目录

1.0　内容概要	1.3　组织管理
1.1　公司介绍	1.4　公司战略与文化
1.2　公司服务	1.5　市场分析

1.6　营销策略
1.7　财务分析
1.8　风险分析
1.9　退出机制
2.0　公司描述
2.1　公司简介
2.2　公司战略
2.3　组织管理
2.4　企业文化
3.0　市场分析
3.1　外部环境
3.2　行业分析
3.3　市场调研
3.4　消费者定位
3.5　竞争分析
4.0　公司服务
4.1　服务总概
4.2　具体服务
5.0　营销策略
5.1　营销战略
5.2　营销目标
5.3　营销手段
6.0　财务分析
6.1　总投资估算
6.2　成本费用估算
6.3　主营业务收入预测
6.4　预计财务报表
6.5　财务假设
6.6　财务分析
6.7　敏感性分析
6.8　审计
7.0　风险分析
7.1　市场风险
7.2　管理风险
7.3　财务风险
8.0　风险资本的退出
9.0　附录
9.1　××公司市场调查报告
9.2　公司筹备日历
9.3　服务流程
9.4　服务质量差距分析模式
9.5　竞争者分析
9.6　团队介绍

（二）技能训练二：百万横财游戏

（1）根据小组创业项目，让小组讨论成立公司的启动资金及未来半年与1年的资金需求预测。

（2）让小组用彩笔在白纸上画出拟成立公司的发展阶段及其规划草图。要用收入规模、员工数量、市场范围与规模等进行描述。

（3）给小组派发5万元的支票，要求他们必须在接下来的6个月内将全部自己用在公司的成长上。然后让学生列出用这5万元完成的最关键的5件事情。

（4）派发50万元支票，重复步骤（3）的活动。

（5）派发500万元支票，重复步骤（3）的活动。

（6）让学生重绘使用500万元后的企业发展草图。

（7）分析讨论：在此变化过程中，企业发展的目标愿景与规划发生了什么变化？现在分析最原始的公司发展草图如何？有支票后的3张图分别包含哪些内容？最后一张图的不同之处在哪里？现在的想法如何？

（8）结论：通过“资金”“市场”和“管理”三个模块，进行结构化分析思考，在企业成长过程中，三者之间的关系如何？

创业实践

制作路演 PPT

路演时，创业者如何吸引到投资人的注意力？该如何制作自己的路演 PPT？可以试着通过 9 页 PPT 来完成。

第 1 页：你是谁——品牌名称，创始人姓名及身份。此处可做简单的自我介绍。

第 2 页：解决的是什么问题（市场）——直奔痛点，看看你是“帮世界解决问题”的产品还是“给世界制造问题”的产品。一般来说，当然是前者比较靠谱儿。

第 3 ~ 4 页：怎么解决这个问题的（产品、逻辑）——你推出了什么样的产品，这个产品是怎样把问题解决掉的？产品是否成熟，整个业务是否能通畅地跑下来，还是遇到了难以跨越的障碍？一般来讲，到了融资这一步，你应该已经解决掉产品逻辑上所有的障碍了。

第 5 ~ 6 页：为什么能解决这个问题（优势、竞品分析）——你的核心竞争力在哪儿，为什么别人都没做就你做了，为什么别人都没做成就你做成了，为什么别人以后都会被你超越？如果你并没有能够显然超越别人的优势，之前空谈市场都是白搭。

第 7 页：你们已经做了什么（里程碑）——主要是为了表示你并不是拿着一个 idea 就来融资了，以及用已有的运营数据证明你们的这套思路是可行的，流程是可以顺下来的。不曾经过用户测试的产品不是好产品，更复杂的业务需要的也不只是用户的测试，而要与合作伙伴、上下游都形成对接，并且能自然获取更多用户。这些复杂的内容，真的做到了就比什么设想都强。

第 8 页：团队——豪华版的自我介绍，当然也不是读简历，主要是说明团队没有短板而且各司其职人尽其才，与项目无关的经历就不要多说了。

第 9 页：财务预估，融资信息——你的融资是为了什么，有了融资能在半年或一年内实现什么样的增长，融资到手怎么花，这些就是细节问题了，与产品关系不大，但仍然要合理。出来融资，最好别是因为活不下去了，而应该是追求更快的成长。

按照以上规则制作的商业计划书，简明扼要地指出了投资人最在乎的问题，最透明地剖析了产品的核心逻辑，就事论事，直入主题，十分抓人眼球。这种 BP 是日常展示用和融资路演用两相宜的，是一种质朴、务实的计划书。

写作这种计划书的同时，创业者自身也得以梳理思路，理顺产品逻辑。如果由此在见投资人前先发现问题并作出更改，就更是好事。

当然，这种计划书表面上是写作技巧，实质上要求的还是产品本身足够合理、足够优秀。不瞄准痛点的，逻辑不通的，竞品过多的，没经过验证的产品，再怎么写计划书也是无济于事。

案例分析与讨论

从计划开始创业的大学生

一个大学生将参加商业计划大赛、撰写商业计划看作重要手段，帮助自己构建了有关爱语吧网的思路，选定了正确的功能效用，整合了各部分要素，获得了资金等各项支持。

在 2011 年中国第一届移动云计算硕士研究生专业开学典礼后，北京航空航天大学软件学院刚刚入学的穆德国同学向软件学院创业中心的评判专家陈述了自己的商业创意：在中国有4亿人在学英语，这是一个很了不起市场。随着移动技术的发展和人们的时间碎片化，移动学习将会极大满足人们对学英语的需求。专家在赞同这个观点的同时，决定成立软件学院爱语吧创业实验室，聘请穆德国担任爱语吧实验室执行主任，带领移动云计算和交互式设计硕士研究生，学习、开发、应用相结合参与创新、创意、创业，打造最好的外语学习应用平台。

穆德国及其同伴具有技术天赋，在成立爱语吧实验室之前，他们开发了几款英语学习试用品，发布到人人网和QQ空间并获得了初步成功。其中基于Flash开发的四六级听力应用拥有50万用户，深受大学生的欢迎。当他们继续工作并获得其他人的反馈后，就开始将群组平台当成一个商业创意。

爱语吧经过一年多的成长，已经成功研发出数十款外语学习应用产品，包括VOA慢速英语和常速英语、BBC六分钟英语、英语四六级听力、爱语背单词、美语怎么说，还有日语听力、网页应用、Android应用、苹果平台的iPhone和iPad应用等，在国内拥有400多万用户。其中在2012年年底推出的六款VOA系列应用，全部进入苹果商店新品推荐，占据了新品推荐中前10名的6个名额，确立了爱语吧在外语学习应用方面的领先地位。2012年9月27日CCTV《共同关注》栏目报道了这一创新的校园孵化器模式，得到了社会各界的赞同。如今爱语吧已经同培生、北语社等国内外知名的出版机构建立了良好的合作关系，并成为北京开放大学官方英语学习平台。

爱语吧正逐渐发展起来，穆德国等人打算继续完善他们的商业计划，参加其他商业融资计划。

资料来源：董青春．从“爱语吧”谈研究生创业生存之道［J］．科技导报，2013，31（25）．

分析与讨论：

穆德国是如何实现从商业创意到创业方案的？关键要素有哪些？

创业资源

创业计划书：从创意到方案

图书：《创业计划书：从创意到方案》

作者：布鲁斯·R. 巴林杰（Bruce R. Barringer），美国俄克拉荷马州立大学创业学院小马隆·米切尔基金会的主席，并兼任创业学院院长，曾先后获得密苏里大学博士学位，艾奥瓦州立大学工商管理硕士（MBA）学位。曾为许多以技术为基础的孵化器提供服务，积极参与由学生为主导的创业与创业俱乐部活动。

资源介绍：本书提供了创业计划书写作每一步的指导意见，能够让读者去深入思考创建企业的过程中所遇到的一些重要问题，这可能是本书最引人注目的突出优势。通过把一份完整的创业计划书贯穿于全书的每一章，从而使此份创业计划书撰写中所考虑的问题可以为希望创建企业的读者提供借鉴，也为他们撰写创业计划书提供了模板。

读书对象：本书既可用于本科生、MBA和研究生的创业计划课程，也可供从事创业咨询活动的专家参考。

第十四章 创办新企业

成功企业的9F要素：创办人（founder）、抓住重点（focus）、决策迅速（fast）、机动灵活（flexible）、不断创新（forever innovating）、精简机构（flat）、精打细算（frugal）、待人友好（friendly）和充满乐趣（fun）。

——《网上创业理论与实践》

导入案例

李某、某旅游公司和某经贸公司三方于2001年初签订协议共同投资设立某汽车租赁公司，其协议的主要内容是：①李某个人以实物（主要是汽车）出资，折价250万元，旅游公司和经贸公司各以现金75万元出资，公司注册资本400万元；②李某负责公司的设立和筹办事务；③公司设立后，由李某担任公司的董事长和总经理，全面负责公司的经营管理。

2001年3月，李某以某汽车租赁公司的名义与某汽车制造厂订立购车合同。约定：①汽车制造厂向汽车租赁公司出售单价为10万元的越野吉普车25辆，总计250万元；②2001年6月30日前交货。③采取分期付款的方式，首期购车款100万元于交车之日支付，余款最迟于2002年3月1日前付清。同年5月，李某向有关部门递交了汽车租赁公司的设立报批申请，6月12日，李某以汽车租赁公司的名义接收了汽车制造厂交付的汽车，并支付了部分款项。7月，该公司取得营业执照。之后，李某即以汽车租赁公司的名义办理了该批汽车的过户登记手续。截至2002年3月1日，总计付款210万元，尚欠40万元未付，由李某以汽车租赁公司的名义出具了欠条，但欠条上只有李某的个人签名，未盖公章。

2002年5月，李某病故。汽车制造厂向汽车租赁公司索要余款。汽车租赁公司拒绝支付。理由是：①合同虽然是以汽车租赁公司的名义订立的，但当时汽车租赁公司并未成立，实际上是李某的个人所为；②李某后来出具的欠条未盖公章，只能视为个人行为；③根据投资协议、验资证明和公司章程，汽车应为李某的个人出资，其所欠的债务应由李某个人承担。由于双方对此有较大分歧，汽车制造厂遂以汽车租赁公司为被告诉至人民法院。

格兰仕：决策就是直觉

企业家的决策不能出错。战术可以允许失误，但战略只有一个，你要出了差错就全输了。

企业在发展过程中要形成一种抗风险的能力和防范风险的意识。企业要在暴风雨来临之前就先做一些准备。

格兰仕就相当于一个美食城，有过桥米线、拉面、川菜、鲁菜等，来者不拒，可以带灶具过来，也可以不带灶具过来。格兰仕是全世界的生产车间，将合作伙伴多余的生产能力挖掘出来，形成新的竞争力，从而提高本身的生产力水平。

1. 选择上海卖出第一台微波炉

各方面很薄弱的情况下，格兰仕不可能进行全国性的渠道建设，因为既没有这个力量，也没有可行性。考虑到各方面的因素以后，梁庆德选定了上海作为切入点。选定上海的原因主要有三个：首先，上海是整个中国经济的晴雨表，产品在这个城市上柜有一种示范性的作用；其次，上海的消费者是整个中国最挑剔的消费者，征服了上海的消费者，就有了征服全国的底气；最后，上海的消费者是最讲时髦的，比较前卫的产品要在全国打开局面就先要在上海打开局面，在整个中国大众对微波炉还未了解的情况下，在上海上柜也是最佳的选择。

但是，以当时国有百货公司的“老大哥”作风，一个默默无闻小乡镇企业想要进去，其难度可想而知。如今格兰仕的副总经理陈曙明是格兰仕的第一代业务员，也是第一个打进上海的业务员。他跑到上海最有代表性的南京路，向当时号称“中国第一店”的百货公司推介格兰仕的微波炉。一开始百货公司根本不给他任何机会。陈曙明天天碰壁，但仍然天天去，跟百货公司的人交朋友，帮人家干活，慢慢地感动了人家。百货公司的人终于勉强同意让他的微波炉上柜试一试，卖不掉就拿走。花了三天时间，陈曙明终于把格兰仕的第一台微波炉卖了出去。卖出去以后，打电话回来，说了声“德叔”就哭了。

民营企业草创之初的艰难，从这一台微波炉上可见一斑。而正是这样千千万万个敢于碰壁的民企员工，为中国的民企在一片荒芜中开垦出一条道路。

2. 天灾的洗礼

对格兰仕来说，1994年是这个企业无法磨灭的记忆。这一年，广东发生了百年不遇的特大洪灾。格兰仕在防洪的过程中一个管涌没堵好，就把整个厂区淹成一片汪洋，积水将近半米深。在外部，竞争对手幸灾乐祸；在内部，工厂员工人心惶惶。企业内外都存在一种“格兰仕不行了”的声音。

这个时刻也正是判断一个企业家决断力的紧要关头。梁庆德在洪水暂缓之后的第一个决定就是：借钱给每一个员工发两个月的工资，并称，愿意留下来的在工厂等待复工，不愿意留下来的自行回家。这项决策感动了许多原本以为工厂会停发工资的员工，但同时也面临很大的风险：如果这个企业不能撑过这一关，不但格兰仕倒闭，他本人也要负上巨额债务。

由于工资提前预支，工厂生产员工的人心很快稳定下来，并在接下来的工作中产生一种知恩图报的微妙心理，整个厂区工作热情高涨。这种情形不但发生在生产一线，而且连锁反应式地感染了格兰仕在销售线上的业务员和经销商。

“有些销售代理商不但没有离开格兰仕，反而提前打款给我们。而在市场上的业务员看到后方在这么困难的情况下还在坚持抗洪救灾，恢复生产，前线的人也被感动了，一天当三天用。1994年本来是一个灾年，但是在销售上，反而成为格兰仕的丰收年。”

这一年，格兰仕的销售增长达到50%以上。

3. “价格屠夫”的背后决绝

有一次，梁庆德在广州的友谊商场发现这样的一对年轻夫妇：在商场徘徊良久，打量着一台微波炉，但来来回回看了三次都没有买。梁庆德很奇怪，上前跟他们搭话。这对年轻夫妇说：“这个产品很好，但价格太高。如果我要买一台微波炉，那我们两口子半年的工资就没有了。所以我们虽然很想买，但觉得还是有点奢侈。”

这段话打动了梁庆德的市场神经。如果按照微波炉当时的价格和这个行业的发展速度，微波炉这种产品将永远不会进入平民家庭。“产品不能进入百姓家庭，就意味着它的容量很小，市场面很窄，这样企业将会永远被这个市场容量限制住，没有做大的机会。”

当时，格兰仕除了微波炉以外，羽绒制品的生产线并没有停掉。从广州回到顺德以后，他在工厂开了一次会，决定把轻纺生产线全部卖掉，全力以赴把微波炉这一块的规模做大，以规模的增大来降低成本。在这样的决断下，格兰仕砍掉了轻纺部门，把所有的资源向微波炉集中。“只有规模做大才能把成本降下来。把成本降下来，消费者才能在价格符合他的需求的情况下踊跃去购买。像现在汽车和房子一样，不是老百姓没有消费的欲望，而是他们消费不起，因此他们便持币待购。当时的微波炉也是这种情况。”

4. 凭直觉取胜

做这样的决断，要面临比在水灾期间发两个月的工资更大的压力。一旦微波炉这一块做坏了，整个企业也就危险了，这是一种背水一战的行为。在格兰仕内部，当时也不乏反对的声音，但梁庆德终于拍板了。

要承担很大的风险。1996年，“总成本领先”的概念基本上还游荡在中国的国门之外。梁庆德的这项决策，只是基于民营企业家对市场的直觉和判断。

要把资金往一个地方集中→规模上去了→成本降下来→市场上微波炉降价→降价了以后把消费者的消费欲望变成消费行为，把市场的消费潜能变成消费事实→市场容量增大→拉动销售→企业资金回流，企业规模再次扩大→成本再次下降……这个简单的逻辑，引起了中国微波炉一波又一波的价格战。

“价格战其实是一种很简单的策略，但为什么能做好的企业寥寥无几？因为看似很简单的策略如果不是把它当作一个系统的工程来做，而只是在下游降价，最终将导致利润的趋薄甚至亏本。必须把规模做大，让自己得以开发核心产品，降低成本。所以价格战的背后是一个价值链条，必须最大可能地掌控这个价值链条，才能拥有别人所没有的降价空间。”

中国民营企业早期之所以成功，很多时候靠领航者的敏锐直觉。对他们而言，总是行动先于理论。实际上，管理学上的成功理论也不过是对成功经验的总结。在很多时候，左右市场竞争结果的就是决策速度：到21世纪，“成本领先”等理论进入中国为大多数企业家所接受的时候，市场早已经被梁庆德们瓜分一空了。

5. 格兰仕大事记

（1）外界环境。1992年邓小平南方谈话，考察了格兰仕的邻居珠江冰箱厂（科龙前身），顺德掀起一场改革大浪潮，顺德开始形成家电业产业集群。1993年物价狂涨。1994年广东发生百年不遇的特大洪灾，宏观调控开始。1995年十四届五中全会强调：经济体制从传统的计划经济体制向社会主义市场经济体制转变，经济增长方式从粗放型向集约型转变。1996年宏观开始调控取得成效。

1997年韩国、日本等微波炉企业因受到金融风暴的影响而在东南亚等市场受挫。1998年中国经济实现软着陆后迟迟难以起飞。2000年微波炉行业渐趋饱和。

（2）企业应对。1992年6月，广东顺德桂洲羽绒制品厂正式更名为格兰仕企业（集团）公司。格兰仕改制，把股份让渡给格兰仕早期的创业元老，引进当时最先进的东芝微波炉生产线，在半年内建成投产。格兰仕试产1万台微波炉并投放市场。格兰仕在防洪的过程中一个管涌没堵好，就把整个厂区淹成一片汪洋，生产停止。三个月后，生产恢复，本年销售额增长达到50%。年产量达到20万台，市场占有率为25.1%，比当时最大的竞争对手领先0.5%，首度成为市场第一。格兰仕挑起价格战，降价幅度高达40%，而其销量却从1995年的20万台猛增为65万台，为上年的325%。大量小规模的厂家被迫退出市场，格兰仕趁机大举进入东南亚市场，并以此为跳板，加入全球产业链，成为全球重要的家电生产基地。微波炉年产销规模达到450万台，居全球第一。2000年9月，格兰仕斥资20亿元进军空调制冷业。

资料来源：林俊敏．格兰仕：决策就是直觉［EB/OL］．（2005－01－10）．［2018－06－08］．http：//oxford. icxo. com/htmlnews/2005/01/10/542412. htm.

第一节　创办新企业基础知识

一、企业创立有条件

创业者在决定创业之前，首先应该清楚自己该不该设立企业，以及何时设立。大量的调查表明，企业的设立时机得当与否对新创企业的成功有重要的影响。一般来说，具备以下一个或几个条件时，企业的设立才有可能成功。

（一）具备设立企业的外部环境

创业需要有适当的制度环境、政策环境、金融环境、市场环境、科技环境和人文环境等。传统计划经济时期个人无法创业，原因关键在于那时缺少个人创业的经济制度与政策环境。良好的外部环境也为很多创业者提供了设立企业的良好时机。

政府对创业者的帮助和支持表现在对新创企业提供包括房产、水电、通信方面的基础设施，鼓励创业的财政支持和税收等方面的政策支持，以及对特定行业的发展支持等。没有政府政策的支持，新创企业很难在艰苦的投入大于收益的阶段获得持续的发展动力和回报。比如，政府对于高科技企业的创办给予了良好的支持，包括制定具有引导性的政策、制定新的法律法规；建立高新技术创业园区、减免部分新创企业税收；提高新创企业的审批效率；鼓励留学人员创业等。创业者在作出创业决策时，需要考虑新创企业的产品和服务是否符合当地政府的要求，企业的经营业务将受到政府鼓励还是抑制。它能够享受哪些优惠政策，需要履行怎样的企业义务。

（二）有强烈的老板意识

很多创业者在强烈地做老板的意识下创立了自己的企业。对很多人来说，在一个公司里做一般甚至高级员工，有较高的薪资或比较舒适的办公环境以及较好的福利，按照公司统一的战略规划及统一的步调进行日复一日、年复一年的那份工作。自己创办企业基本上可以选择自己喜爱的事业去开创，按照自己喜欢的方式去做自己喜欢的事情。在自己创办的企业里为自己工作，做自己喜欢的事情，实现自己的人生理想和抱负，是大多数创业者的创业动因。显然，一个没有做老板的欲望的人是无法创业的。因为他不可能有应对创业之挑战、机遇、困难、烦恼的任何心理准备。即使他受人挑动，或盲目上阵创办企业，也必然会败下阵来。也正是在这种强烈的自己做老板的意识驱动下，很多企业应时而生。

（三）有利的市场机会出现

很多很好的商业机会并不是突然出现的，而是对于“一个有准备的头脑”的一种“回报”。或是当一个识别市场机会的机制建立起来之后才会出现，例如，一个创业者在每一次酒会上都询问与会者，是否在使用某种产品的时候发现有什么不够令人满意之处；另一个创业者则时时关注他的外甥和侄女正在玩什么玩具，他们是否对玩具感到满意。市场机会的出现是创业者意识到机会的到来，有准备的创业者会适时创立自己的企业。

寻找市场空白，这可能是最直接有效的发掘有利市场机会的方法。有空白就存在着巨大的消费需求，但问题是创业者本人看到的市场空白别人往往也能看到，即使你先看到，以后也容易被后来者模仿甚至超越。在温州有一个拥有千万资产的人叫叶建林，他创业成功的秘密就是“生意一火就转行”。从开酒楼始，到大排档、火锅店，每一次他都创当地行业之先河，而且盈利颇丰。道理就在于他能敏锐地发现和抓住市场空白并捷足先登。

（四）开发出能创造市场的产品

开发出能创造市场的产品是创业者起步创业的最为直接的可能性。清华大学材料系学生邱虹云发明了多媒体超大屏幕投影电视，该产品曾在清华大学第二届学生创业大赛获得一等奖及首届全国大学生科技创业大赛一等奖，被专家称为“具有革命意义的产品”。1999年5月，以该技术为核心技术，由当时清华大学几名在校学生创立的高科技企业视美乐科技发展公司注册成立了。由于其产品具有广阔的市场潜力，视美乐公司很快于1999年7月获得上海市第一百货商店股份有限公司250万元的风险投资，从此走上了快速发展的道路。

（五）具有能创造市场的商业模式

21世纪是信息世纪，互联网的飞速发展极大地推动了信息的数字化和网络化，信息的获取和传递变得非常容易。目前网上用户已超过5亿人，一些著名的大公司和中小公司纷纷上网，通过互联网获取和发布信息，直接进行网上交易。借助互联网的顾客可以随时在网上购物，公司也可以利用互联网为消费者提供适时、特定服务，企业之间也可以通过互联网进行产品销售或购买，因此在互联网上蕴藏着大量的商机。

由于B2C（企业对顾客）模式在中国已经有了一定的发展。同时，从美国、欧洲等发达国家电子商务已经取得的成绩来看，B2B电子商务在未来具有很好的发展前景，一大批B2B电子商务公司在世界各地不断地涌现出来。由此可以看到，一个有着巨大市场潜力的商业模式也能带动大批企业的创立。

（六）掌握独立创业的独特资源

这里说的独特资源有很多种，例如获得了某种有利于自己独立创业的特许权也是一种独特资源。创业者一旦拥有了这类权利，就不会遇到过多的竞争者，就不会进入一个拥挤的市场，创业成功的概率自然会大大提高。

二、选择企业的组织形式

创业者在创立企业的时候，必须解决的一个重要问题是企业应选择什么样的法律组织形式。这个决策主要取决于创业者和公司投资者的目标，并考虑纳税地位、承担的法律责任及在企业经营和融资活动中的灵活性。

依据我国现行法律规定，个人创立新企业的法律形式主要有有限责任公司、合伙企业、个人独资企业和个体工商户等。不同的企业类型有不同的设立条件和注册资本限额。

（1）有限责任公司。有限责任公司又称有限公司，是指符合法律规定的股东出资组建，股东以其出资额为限对公司承担责任，公司以其全部资产对公司的债务承担责任的企业法人。

（2）合伙企业。它是指自然人、法人和其他组织依照《中华人民共和国合伙企业法》在中国境内设立的普通合伙企业和有限合伙企业。合伙企业由各合伙人订立合伙协议，共同出资、合伙经营、共享收益、共担风险，并对合伙企业债务承担无限连带责任。

（3）个人独资企业。个人独资企业简称独资企业，是指由一个自然人投资，全部资产为投资人所有的营利性经济组织。独资企业是一种很古老的企业形式，至今仍广泛运用于商业经营中，其典型特征是个人出资、个人经营、个人自负盈亏和自担风险。

（4）个体工商户。个体工商户是在法律允许的范围之内，依法经核准登记，从事工商业经营的自然人。

通过以上分析，可以看出企业的不同法律形式之间的区别，创业者选择自己的法律形式时，要从下面四个方面认定：① 业主数量和注册资本；② 成立条件；③ 经营特征；④ 利润分配和债务责任。

一个新创企业可以选择不同组织形式，或者由一个独立体创办单一业主制企业，或者由几个人创办合伙制企业，或者成立法人公司制企业。但无论选择怎样的形式，都必须根据国家的法律法规要求和新创企业的实际，科学衡量各种组织形式的利弊，确定合适的组织形式。

（一）不同形式企业中创业者的权利与义务比较

1. 个人独资企业

个人独资企业由自然人个人投资建立，其所有权属于投资者个人，投资者对该企业拥有绝对的管理、处分和收益权。投资者在个人独资企业的各项权利受到法律的保护，任何单位和个人不得违反法律、行政法规的规定，以任何方式强制个人独资企业提供财力、物力、人力；对于违法强制其提供财力、物力、人力的行为，个人独资企业有权拒绝；任何侵犯个人独资企业及个人独资企业投资者合法权益的行为，将会受到法律的制裁。

而在个人独资企业的责任方式上，基于投资者与企业的密切联系，其个人财产与企业财产紧密相联，个人独资的所有者应当就个人独资企业的债务承担无限连带责任。当企业的财产不能够偿还企业债务时，所有者必须以个人的其他财产承担偿还债务的责任。

2. 合伙企业

合伙企业由两个或两个以上合伙人，通过订立合伙协议而建立。因此，合伙人对合伙企业的权利和义务，主要体现在对内关系和对外关系上。

对内关系，即合伙人之间、合伙人与合伙企业之间的权利义务关系。对内关系主要由合伙协议所确定。一般来说，合伙人享有的权利包括：亲自或选举代表管理企业事务的权利、决定企业重大事务的权利、了解企业财务和经营状况的权利、对企业事务提出异议的权利、分配企业利润的权利、退出合伙企业的权利。合伙人对企业权利的大小及行使的方法一般都在合伙协议中作出约定，合伙人之间的关系应当严格按照合伙协议及有关的法律来认定。

而在对内义务上，合伙人不得自营或者同他人合作经营与本合伙企业相竞争的业务；除合伙协议另有约定或者经全体合伙人同意外，合伙人不得同本合伙企业进行交易。此外，代表其他合伙人执行合伙企业事务的合伙人，在经营合伙企业时，还应当尽到合理的义务。如果因其故意或者重大过失，给合伙企业造成损失的，依法承担赔偿责任。

对外关系，即合伙人与第三人之间的权利义务关系。一般情况下，合伙人的个人财产与合伙企业的财产不发生联系，合伙人不对合伙企业与第三人的行为承担义务。但是作为例外，当合伙企业的债务过高，企业财产不足以清偿到期债务时，合伙人的个人财产与企业的财产就发生了联系，各合伙人应当就企业的债务承担连带责任。值得注意的是各合伙人承担连带责任的清偿比例应当按照合伙协定对利润和损失的分配比例来计算。合伙人由于承担连带责任，所清偿额超过其应当承担的数额时，有权向其他合伙人追偿。

同样，合伙人与其债权人的债务关系，并不等同于企业与合伙人之债权人的债务关系。《中华人民共和国合伙企业法》规定合伙企业中某一合伙人的债权人，不得以该债权抵消其对合伙企业的债权；合伙人个人负有债务，其债权人不得代为行使合伙人在合伙企业中的权利。合伙人个人财产不足清偿其个人所负债务的，该合伙人只能以其从合伙企业中分取的收益用于清偿；债权人也可以依法请求人民法院强制执行该合伙人在合伙企业中的财产份额用于清偿。

3. 有限责任公司

在有限责任公司当中，公司财产与股东的个人财产是严格相分离的，公司股东只就其出资额为限对公司承担责任，而公司以其全部资产对公司的债务承担责任。因此，创业者在有限责任公司的权利更体现为一种对内的股东权利，主要有以下表现。

股东有权查阅股东会会议记录和公司财务会计报告。股东按照出资比例分取红利。公司新增资本时，股东可以优先认缴出资。但股东在公司登记后，不得抽回出资。股东之间可以相互转让其全部出资或者部分出资。股东向股东以外的人转让其出资时，必须经全体股东的半数以上同意；不同意转让的股东应当购买该转让的出资，如果不购买该转让的出资，视为同意转让。经股东同意转让的出资，在同等条件下，其他股东对该出资有优先购买权。

有限责任公司股东会由全体股东组成，股东会是公司的权力机构，享有广泛的权利。包括：决定公司的经营方针和投资计划；选举和更换董事，决定有关董事的报酬事项；选举和更换由股东代表出任的监事，决定有关监事的报酬事项；审议批准董事会的报告；审议批准监事会或者监事的报告；审议批准公司的年度财务预算方案、决算方案；审议批准公司的利润分配方案和弥补亏损方案；对公司增加或者减少注册资本作出决议；对发行公司债券作出决议；对股东向股东以外的人转让出资作出决议；对公司合并、分立、变更公司形式、解散和清算等事项作出决议；制订公司章程。

此外，因为有限责任公司的规模一般较小，多数情况下，有限责任公司的股东也会担任公司的董事长、总经理等高级管理职务，此时，该股东就享有了对公司内部事务的管理权、公司外部事务的代表权，也享有依据其工作而获得报酬及其他福利的权力，但同时也承担着受股东会监督，忠实勤勉履行管理职责的义务。

（二）不同法律形式企业的利弊比较

不同的企业制度不仅在法律形式与规定上有较大的差别，而且其适用程度随创业者选择的新企业的法律制度的不同也有很大的变化。因此有必要对创业者所选择的各种法律形式进行利弊比较分析。

1. 从新事业启动成本方面进行分析

对于白手起家的创业者而言，启动成本无疑是他们创建自己企业的第一屏障。越复杂的组织，创办成本也越高。相比来讲，费用最少的是个人独资企业，只有注册企业或商品名的费用，在合伙企业中，除注册外还要订立合伙协议，这就涉及一些专业中介机构的咨询成本及谈判成本；有限责任公司和股份有限公司相对来讲比较“昂贵”，因为其在成立前需要履行一系列法律所规定的程序，这就不可避免地会产生一系列费用。

2. 从新事业的稳定性方面进行分析

无论对于创业者、投资者还是消费者，企业能否长久地存续，是否能够稳定地发展下去都是他们最关心的问题之一。个人独资企业完全是基于创业者个人能力、资金等因素而建立起来的，如果创业者死亡或个人情况发生改变，独资企业的稳定性就会发生动摇；而在合伙企业中，合伙人之间的信任是建立合伙企业的基础，合伙人之一的死亡、退出或信赖基础的丧失都可能导致合伙企业结束，我国的合伙企业法对入伙和退伙作出了具体的规定，退伙包括正常退伙、当然退伙和强制退伙；有限责任公司与股份有限公司在各种企业形式中拥有最好的稳定性，由于董事会在公司治理中起到了十分重要的督导作用，股东的死亡或退出对企业的连续性基本上无太大的影响。

3. 从权益的可转让性方面进行分析

所有者对于企业的权益是否容易转让决定着所有者财产的流动程度。当利润一定时，创业者都会努力持有流动性高的资产，反之亦然。在个人独资企业里，创业者有权随时出售或转让企业的任何资产；在合伙企业中，除非合伙协议允许或其他合伙人同意，合伙人一般不能出售企业的任何权益；而在有限责任公司与股份有限公司里，股东在出售企业的权益方面有很大的自由，特别是股份有限公司，一般股东可以在任何时间不经其他股东同意就转让自己的股份。当然，由于股权分置等历史原因，我国的公司法对股份有限公司的股份转让规定了某些限制，如：发起人持有的本公司股份，自公司成立之日起 3 年内不得转让。公司董事、监事、经理应当向公司申报所持有的本公司的股份，并在任职期间内不得转让。

4. 从获得增加资金的方面分析

一般而言，新创企业增加资金的机会和能力依据企业形式的不同而有很大的区别。对个人独资企业而言，任何新资金只能来自一些贷款和创业者个人的追加投资；合伙企业可以从银行借贷，也可以要求每个合伙人追加投资或者吸收新的合伙人；而在有限责任公司与股份有限公司里则有很多途径可以增加资金，要比企业的其他法律形式有更多的选择渠道；股份有限公司可以发行股票、发行债券、发行可转债或者直接向银行贷款。

5. 从管理控制方面分析

在许多新创企业中，创业者希望尽可能多地保留对公司的控制权。每种企业形式都给管理控制和决策责任带来不同的机会和问题。在个人独资企业里，创业者有最大的控制权，可以灵活制定企业决策；在合伙企业中，一般由合伙人根据合伙协议协商解决日常及关键性问题；而有限责任公司与股份有限公司的日常业务控制权掌握在职业经理的手中，但大股东却有权投票决定公司较重要的长期决策。按照公司制的设计要求，法人公司中的管理权和控制权进行了适当的分离。

6. 从利润与损失的分配方面分析

毋庸置疑，利润最大化和损失最小化是创业者的目标，因此利润与损失分配问题也是创业者选择企业法律形式时需要着重考虑的问题。个人独资企业的业主取得企业经营中的所有利润，同时他们也要为经营中所有损失承担无限责任；在合伙企业里，利润与损失的分配取决于合伙人出资的份额或合伙协议；有限责任公司与股份有限公司一般严格按照股东的出资比例分配利润和承担损失。

7. 从对筹资吸引力方面分析

由于个人独资企业和合伙企业对企业的债务承担无限责任，因此任何债务性融资对他们来讲都是一件需要慎重考虑的决策；相比而言，股份有限公司和有限责任公司仅对企业的债务承担有限责任，因此，无论是债务性融资还是权益性融资都对公司的吸引力要强许多，当然，公司实力越优越，筹资就越容易。

三、初创企业的生存法则

（一）以生存为主要目标

新创企业的首要任务是从无到有，把自己的产品或服务卖出去，挖掘到第一桶金，从而在市场上找到立足点，使自己生存下来。在创业阶段，生存是第一位的，一切围绕生存运作，一切危及生存的做法都应避免。最忌讳的是在创业阶段提出不切实际的扩张目标，盲目铺摊子、上规模，结果只能是“企而不立，跨而不行”。那么如何生存呢？只有赚钱。在创业阶段，亏损，赚钱，又亏损，又赚钱，可能要经历多次反复，直到最终持续稳定地赚钱，才算是度过了创业的生存阶段。新创企业要超越已有的竞争对手，一定要探索到新的成功的生存模式，这是其管理的本质所在。

（二）依靠自有资金创造自由现金流

现金对企业来说就像是人的血液，企业可以承受暂时的亏损，但不能承受现金流的中断，这也是笔者为什么强调“赚钱”而不是“盈利”的原因。什么是企业的自由现金流呢？就是不包括融资，不包括资本支出，以及不包括纳税和利息支出的经营活动净现金流。自由现金流一旦出现赤字，企业将发生偿债危机，可能导致破产。自由现金流的大小直接反映企业的赚钱能力，它不仅是创业阶段也是成长阶段管理的重点，区别在于对新创企业管理来说，由于融资条件苛刻，只能主要依靠自有资金运作来创造自由现金流，从而管理难度更大。新创企业管理要求创业者必须锱铢必较，像花自己的钱那样花企业的钱，千方百计增收节支、加速周转、控制发展节奏。

（三）创业者参与每一个细节

创业过来人大都有过这样的体验：曾经直接向顾客推销产品，亲自与供应商谈判扣点，亲自到车间里追踪顾客急要的订单，在库房里卸过货、装过车，跑过银行，催过账，策划过新产品方案，制订过工资计划，被经销商骗过，让顾客当面训斥过等。这才叫创业，要不一切怎么会从无到有？由于对经营全过程的细节了如指掌，才使得生意越做越精。

（四）分工足够明确

新创企业管理是充分调动“所有的人做所有的事”的团队管理方式。新企业在初创时，尽管建立了正式的部门结构，但很少有按正式组织方式运作的。典型的情况是，虽然有名义上的分工，但运作起来是哪急、哪紧、哪需要，就都往哪里去。这种看似的“混乱”，实际是一种高度“有序”的状态。每个人都清楚组织的目标和自己应当如何为组织目标作贡献，没有人计较得失，没有人计较越权或越级，相互之间只有角色的划分，没有职位的区别，这才叫作团队精神。即使将来事业发展了，组织规范化了，这种精神仍在，成为企业的文化。在创业阶段，创业者必须尽力使新企业成为真正的团队，否则是很难成功的。

（五）彻底奉行“顾客至上，诚信为本”的管理方式

创业的第一步，就是把企业的产品或服务卖给顾客，这真是一种惊险的跨越，如果不是顾客肯付钱，怎么收回成本还加上利润？企业是来自生存的需要把顾客当作衣食父母的。经历过创业艰难的企业家，一生都会把顾客放在第一位，可以说是铭心刻骨。再有，谁会借钱给没听说过的企业？谁会买没听说过的企业的东西？谁会加入没听说过的企业？企业靠什么迈出这三步？靠的是诚信，也只有靠诚信。所以，一个企业的核心价值观不是后人杜撰的，是创业阶段自然形成的。

四、管理企业要学会解决问题

在初创阶段，由于往往是瞄准某一市场空白点而来，如果推销工作做得好，企业的成长性往往很好，投资回报率相对于其他阶段要高出许多，企业销售收入能够获得快速增长。由于已有资源不多，企业觉得承担风险的代价不大，勇于冒险，创业者充满了探索精神。由于创业者充满对未来的期望，往往能够容忍暂时的失误，因此这段时期的创业者对未来的期望值大于已有成就，内部结构简单，办事效率较高等，都是创业初期的典型优势。但也正因为以上优势，当企业由小到大快速成长之后，随着人员的膨胀、市场的扩展等，一些管理问题随之而来。

管理创业企业，一定要学会解决问题。解决问题的方法有很多，每个创业者都会在创业的过程中摸索出一套自己的制胜方案。作为创业者，要意识到新企业可能面对的几大问题，从而做好准备。

（一）资金问题

低估对现金和经营资金的需要是较普遍的现象，这源于创业初期创业者典型的热情心态。对于确定所要承担的义务而言，热情很有作用，不可或缺，而对资金需要的客观看法却与这种富有幻想的热情不相容。这种倾向实际上就是把成功的目标定得很高，而低估了对资金的需求。并且，企业的销量越大，出现资金不足问题的可能性就越大。一个企业的平均年销售额增长要是超过35%，企业的自有资金一般就不足以支撑这种增长，此时就难免遇到周转上的困难。

为获得资金，企业常常犯一些基本的错误，如把短期贷款用于较长时间才能产生效益的投资项目；开始用折扣刺激现金流的产生，有时折扣太大以至于不足以弥补变动成本，结果是卖得越多、亏得越大；把股份转让给对“事业”毫无怜悯心的风险资本家等。

创业者应该逐渐重视企业的现金流量、贷款结构和融资成本等，必须要有符合实际的经营计划，而且要以“周”为单位来监控现金流量。记账的重点是现金流量，权责发生制会计虽有利于纳税和赢利分析，但对于及时监控企业生存却不见得有利。严格监控应收账目周转率和存贷周转率也是防止经营资金不必要增加的基本手段。

（二）制度问题

创业初期，企业要不断面对毫无准备的各种问题，如顾客投诉、供货商令人不满、银行不愿贷款、工人磨洋工等。由于没有先例、规章、政策或经验可资借鉴，这就产生了企业的行动导向和机会驱动，这也意味着给规章制度和企业政策所留的空间很小。此时的企业正在试验、探寻成功的含意。一旦把成功的内容搞清楚了，就会通过制定规章制度和政策来保证今后能取得同样的成功。这一阶段制定规章制度和政策有可能扼杀满足顾客需求的机会，但缺乏规章和政策，为了获取现金而过于灵活、采取权宜之计，又会使企业养成“坏习惯”。习惯成自然，而且这种习惯会持续到未来，对将来造成影响。

对于初创期的企业而言，这类坏习惯的代价不高、收益不小。但随着企业员工和客户的增加，坏习惯的价值下降了，代价却直线上升。这样的例子比比皆是。例如，为争取到订单，企业会千方百计去满足客户的需要，但随后却可能造成创业者对企业失控。这种情况下，风险很高的大宗合同签订之后，结果可能是巨大的损失。

没有规章和政策，企业的表现就不会稳定。虽然这对初创期的企业而言是正常的，但却使企业非常脆弱、易受挫折，问题常常演变成危机，这种状况把管理人员变成了消防队员。公司的管理也就只能是由危机到危机的“救火”管理。

（三）理性看待创业初期的各种现象

初创期的企业，人们所承担的责任和义务是重叠交叉的。例如，总经理可能既管采购、又管销售，还兼管设计；对销售人员则要承担一部分采买工作；会计有时又是办公室主任。如果企业有一张企业组织系统图，也是到处布满了虚线、实线和断断续续的线。这时的企业是围绕人来组织，而不是围绕工作本身进行组织。企业是按照缺乏规划的方式在成长，它只是对各种机会作出反应，而不是有计划、有组织、定位明确地去开发利用自己所创造的未来机会。

对于初创期的企业而言，事事优先是正常问题，当企业不断成长，并不可避免地犯了一些错误之后，就逐渐学会了哪些事不能去做。这是一个不断试错的学习过程，当初创期的企业出现了大的失误，如损失了市场份额、失去了大的客户，或赔了一大笔钱时，企业就被推入了下一个生命阶段。

爱迪思认为，初创期成就越大，自满程度越高，所出现的危机就越大，推动企业变革的作用力也就相应的越大。企业终于认识到，自己需要一整套规章制度来明确该做与不该做的事情。规章制度的完善表明企业强调管理子系统的急迫性，这时企业过渡到下一个发展阶段。如果没有出现这种强调管理制度的情况，企业就陷入了被称为“创业者陷阱”或是“家族陷阱”的病态发展之中。爱迪思认为初创期出现的问题有些属于正常现象，随着企业的成长会慢慢解决，而有些问题则属于不正常现象，需要尽力避免，两类现象见表 14 - 1。

表 14 - 1　　　　初创期企业正常现象与不正常现象

正常现象	不正常现象
所承担的义务没有因风险而丧失	风险使承担的义务消失殆尽
现金支出短期大于收入	现金支出长期大于收入
辛勤的工作加强了所承担的义务	所承担的义务丧失
缺乏管理深度	过早授权
缺乏制度	过早制定规章制度和工作程序
缺乏授权	创业者丧失控制权
“独角戏”——但愿意听取不同意见	刚愎自用，不听取意见
出差错	不容忍出差错
家庭支持	缺乏家庭支持
外部支持	由于外部干预而使创业者产生疏远感

五、了解企业的生命周期

成长和发展是生命的永恒主题，就像任何一个生命一样，企业从诞生之初就有追求成长和发展的内在冲动。企业生命周期理论构成了经济学和管理学对企业成长问题最基本的假设之一。企业在成长过程中会经历若干发展阶段，每个阶段具有相应的特点和驱动因素，这要求企业在各个方面不断变革，与其发展阶段相适应。

在众多企业生命周期模型中，美国学者爱迪思提出的阶段划分最为细致，在理论界和实践界有广泛影响。如图 14 - 1 所示，他把企业生命周期划分为 11 个阶段，分别是孕育期、婴儿期、学步期、青春期、盛年前期、盛年后期、稳定期、贵族期、官僚化前期、官僚期和死亡期。盛年期之前是成长阶段，盛年期之后是老化阶段。

（1）孕育期：孕育期是先于企业出现的一个阶段，即梦想阶段，没有梦想，就不会有后来的企业。此阶段的本质，就是创业者确立自己的责任，并且一直伴随着创业者经历企业的全部生命周期。这种责任的形成标志，不是公司在形式上的成立，而是创业者的创意通过了利益相关人的检验，创业者和加盟人都树立起了承担风险的责任心，风险越高，责任越大。同时，这种责任能够得到经理人、雇员、客户、供应商等利益相关者的支持。成功的企业不仅要有好的创意、市场和资金的支持，还需要那种把自己的全部热情和精力都能投入事业的人。创业者的责任心和凝聚力，决定着资源能否积聚和充分利用。

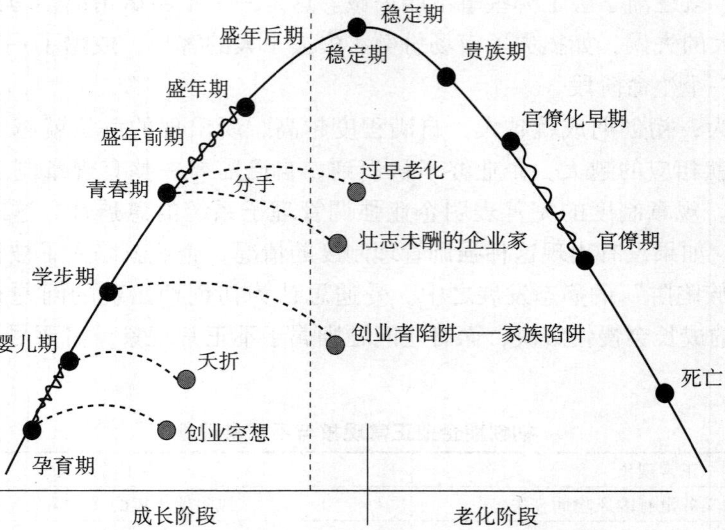

图 14－1　企业生命周期

如果创业者的动机仅是为了赚钱，这种急功近利的狭隘不能支撑建立真正的企业。真正的企业，在创业阶段必须要带一点超凡脱俗的动机，如满足市场需求，创造附加价值，增添生活意义等。创业的责任承诺在后来的兑现过程中，可能产生一些不正常的和病态的问题。创业者在激动状态下，会被迫或者自愿地作出一些不现实的承诺，常见的问题例如慷慨地给加盟者分配股份。在梦想阶段这种股份是不确定的，后来公司有了真正价值使这种股份权益变为现实时，创业者将会倍受折磨。

（2）婴儿期：婴儿期不再有浪漫和梦想，而是实实在在的生存问题。这一阶段能否健康成长，取决于营运资金和创业者承诺的兑现，增加销售量成为头等大事。此时的正常问题是完善产品与扩大销售的矛盾，这将会使企业筋疲力尽。羽翼未丰的企业处处都需要资金，空想清谈不再有用，需要行动和销售。这时必须稳定产品，核定价格，支持销售。但此时企业管理不到位，创业者忙得只能解决最紧急的事，没有明确的制度，缺乏必要的程序，预算相当有限，不足以建立庞大的团队。创业者只能高度集权，承诺过度，日程过满，加班加点，从领导到员工都在忙，没有等级，没有聘用，没有考核。家庭式的小本经营企业都很脆弱，一不留神儿，小问题就变成了危机，所以，全部人员都全神贯注，决策权高度集中，领导事必躬亲，只有那种每天工作十几个小时以上而且没有星期天的人才能胜任。

导致婴儿期企业夭折的第一个因素就是现金流断裂。婴儿期的企业总是投资不足，为了避免耗尽企业的流动资金，必须要有现实的商业计划。一旦出现把短期贷款用于长线投资、不恰当的价格打折、将股份转让给不能同舟共济的风险投资家等失误，都会严重到足以毁灭公司。导致企业夭折的第二个因素是创业者失去控制权或者丧失责任心。缺乏规章制度，为了获取现金而采取权宜之计的坏习惯，尤其是为了保证资金链而引进了只求快速收回投资的控股者，会让创业者渐渐丧失企业的控制权；当追求事业的热情变成了不堪重负的压力之后，特别是在外来投资者不当干预下企业背离了创业者的初衷时，创业者可能会放弃自己的责任。在婴儿期企业中，独断专行的领导风格几乎是不可避免的，这样才能适时处理危机。但这种风格如果不适当地长期持续，就会在下一个阶段阻碍企业发展。

（3）学步期：当公司运转起来，产品和服务得到市场认可的时候，企业就进入学步期。这一阶段现金流增加，销售提高，就会出现"初生牛犊不怕虎"的自大，最常见的问题就是摊子铺得过大，任何机会都要考虑，任何好处都舍不得丢弃，卷入太多相干和不相干的生意，精力不能集中，多元化遍地开花。公司就像是一个微型的企业集团，一个小部门甚至一两个人，就想要撑起一个"事业部"。创业者独断专行，虽然造就了婴儿期的成功，却隐含着学步期的管理危机。老板沉醉于眼前的成功，相信自己的天赋，充满不成熟的疯狂想法，而那些促销的折扣与奖励，使销售直线上升却没有利润，甚至销得越多赔得越多。

尽管快速增长表面上是好的，然而让销售额直线上涨是危险的，把资金流寄托于未知的市场份额更危险。此时企业应该夯实基础，稳扎稳打，关注预算、组织结构、分工、职责、激励机制等基本制度建设，学会自律，学会放弃。但是，经营现实中这种企业最常见的情况是一连串的决策失误，碰了钉子才会有些许清醒。所以，学步期实际上是频繁的试错阶段。

（4）青春期：这是摆脱创业者的影响进入经理人治理的阶段，也称为再生阶段，即脱离父母监护的独立阶段，这是一个痛苦的过程。即使创业者本人转变为职业经理人，其中的冲突、摩擦也在所难免。规章制度的建立和授权是青春期企业的必经之路。婴儿期大权独揽不存在问题，而到青春期则必须授权，就像父母对长大的孩子必须放手一样。一旦引入职业经理人，就会发生管理风格的变革和企业文化的转化。对于创业者来说，婴儿期需要冒险，学步期需要远见，而青春期需要的是规范经营。职业化、减少直觉决策、驾驭机会而不是被机会驱使、创建制度、形成责任体系、改变薪酬规定等，都会成为冲突之源。创业者、创业元老、与新经理矛盾冲突不断。青春期的麻烦，实质上是经营目标的转变，由盲目扩大市场份额转向明确追求利润。如果经理人与董事会结成同盟，挤走富有开拓精神却在不断破坏制度的创业者，病态的结果是企业未老先衰，有了"数字化管理"却失去了前瞻眼光，有了组织纪律性却失去了朝气活力，最终会丧失盛年期的收获而直接进入贵族期。完成青春期转变的关键，是创业者与经理人之间的理解、信任与合作。

（5）盛年期：即灵活性和控制力达到平衡状态的阶段，这是企业蒸蒸日上的时期。此时企业经过了青春期的痛苦，实现了领导机制的转变，建立了有效的管理制度体系，梦想和价值观得以实现，合适的权力结构平衡了创造力和控制力的关系。企业明白它要什么不要什么，关注点可以兼顾顾客和雇员，销售和利润能够同时增长，它能预测到即将取得的成效。这时的企业已经成为能够共享某些功能的利润中心组合体，规模经济和显著效益可以让公司多产起来，能够分化和衍生出新的婴儿期企业，也能够扩展到新的事业领域，有了相互尊重和信任的企业文化，可以促进企业的内部整合和团结。

当然，盛年期的企业也有问题。虽然婴儿期、学步期、青春期出现过的问题，有可能在盛年期还会出现，但鼎盛状态下要想持续发展，管理人员的培训不足、训练有素的员工不够等问题则会上升到首要位置。此时已经进入公司发展有预见可控制并具有资金基础的阶段，所以关键的难题是如何以高素质人员来保持兴盛状态。

（6）稳定期：稳定期是企业的转折点，虽然一切欣欣向荣，但是越来越循规蹈矩安于现状，保守处事。决策的隐含准则是保护自己的利益而非公司利益。高管层虽然也能倾听建议，但却不会探索新的领域。琐碎的事实、大量的数据和精密的公式在决策中满天飞。稳定期的表象，是企业遇到了增长瓶颈，实际上是发展曲线到了顶点。公司有时也会出现新的构想，但却没有了当年的那种兴奋和刺激。典型的表现，就是对财务部门的重视超过了对营销部门和研发部门的重视，对改善人际关系的兴趣超过了对冒险创新的兴趣，对昔日辉煌的津津乐道超过了对发展愿景和新战略定位的探索，在用人上更乐意用唯唯诺诺者而不愿再见到桀骜不驯者。表面上，这一阶段没有大毛病，高管层更多地会误以为这就是盛年期，但衰败的种子正在悄悄发芽。

（7）贵族期、官僚化早期和官僚期代表着公司越来越走下坡路。这个阶段的企业，不再有真正的长期目标和事业追求，只是为了维持面子而热衷于短期获利和低风险目标。人们为了维护自己的利益而争斗，强调别人造成了灾难，总要有人为错误承担责任，内讧和中伤不断，大家都在争夺企业内部地盘，客户需要无人理睬，那些平时就看着不顺眼的员工（正是这些人往往保存着一些创造力）就变成了牺牲品。有创造力的人，在官僚化内讧中往往不是那些擅长权位者的对手；试图推行变革、扭转官僚化趋势的人，其努力不但无济于事，而且还往往会搭上自己的职业前程，最后不得不走人。官僚化的结局是企业濒临破产，靠企业自身的努力已无力回天，到处充斥着制度、表格、程序、规章，就是看不到真正的经营活动。企业最终的命运就是走向死亡。

爱迪思对企业生命周期的概括，为研究管理打开了一个新的视窗。必须注意，企业所处的生命阶段，不以时间长短来确定，也不以规模大小为前提。就时间来说，有不少百年老店依然“年轻”，也有不少刚刚建立的企业已经“老态龙钟”；就规模来说，有些世界排名领先的巨型企业依然生机盎然，而有些小型企业已经送进了重症监护室。判断企业年龄的尺度，是灵活性和控制力的消长情况。

第二节　创办新企业思维训练

一、创办企业必须考虑的法律问题

问题：创办一个新企业，必须考虑哪些法律问题？

参考观点：

一个社会的法律规定为其公民能做什么或不能做什么建立了一个框架。该法律框架同样在一定程度上允许或禁止创业者所做的某些决策和采取的部分行动。显然，创建新企业会受当地法律的影响，创业者必须了解并处理好一些重要的法律和伦理问题。创业涉及的法律和伦理问题相当复杂。创业者需要认识到这些问题，以免由于早期的法律和伦理失误而给新企业带来沉重代价，甚至使其夭折。创业者一般不会有意触犯法律，但往往高估他们所掌握的与创建和经营新企业相关的法律知识，或者缺乏伦理意识。

在企业的创建阶段，创业者面临的法律问题包括：确定企业的形式，设立适当的税收记录，协调租赁和融资问题，起草合同，以及申请专利、商标或版权的保护。在每一个创建活动中，都有特定的法律和规定决定创业者能做什么和不能做什么。一名创业者必须熟悉相关法律法规。但是法律环境对创业的影响并没有到此为止。当新企业创建起来并开始运营后，仍然有与经营相关的法律问题。例如，人力资源或劳动法规可能会影响员工的雇佣、报酬，以及工作评定的确定；安全法规可能会影响产品的设计和包装、工作场所和机器设备的设计和使用，环境污染的控制，以及物种的保护。尽管许多可能在某一企业达到一定规模时才适用，但事实是，新企业都追求发展，这意味着创业者很快就会面临这些法律问题。表 14－2 指出了创业者创办企业的一些基本法律问题。

表 14－2　　创业者面临的法律问题

创建阶段的法律问题	经营现行业务中的法律问题
确定企业的法律形式	人力资源管理（劳动）法规
设立税收记录	安全法规
进行租赁和融资谈判	质量法规
起草合同	财务和会计法规
申请专利、商标和版权保护	市场竞争法规

二、新企业的选址策略与技巧

1986 年 9 月，美国著名特许连锁企业——肯德基家乡鸡公司开始考虑打入中国这个世界上人口最多的大市场，时任肯德基东南亚地区副总经理的托尼·王承担了启动中国新市场的重任，选址成为实施肯德基中国战略时所面临的第一大难题。分析天津、上海、广州、北京这四大城市的优劣，虽然从经济角度看，在广州创建第一家“肯德基”连锁店，更容易为当地人所接受，而且成本低、收效快，应该是最佳选择。但由于广州不是直辖市，也不是中国的政治文化中心，其影响程度和辐射面相对较小。因此，考虑到北京政治经济地位、大量流动人口和在全国的形象，有助于向其他城市的拓展，决定将北京作为一个起点。

问题：分析肯德基的选址策略。为什么说创办企业选址很重要？新企业该如何选址？

参考观点：

从世界各地新创企业成功和失败的经验来看，选址的重要性不言而喻。这是因为，企业竞争力的内容具有复杂性和多层次性，一家新创企业的持续竞争力必然受到该地区商业环境质量的强烈影响。可以想象，倘若没有高质量的交通运输基础设施，新创企业就无法高效地运用先进的物流技术；假如没有高素质的员工，新创企业就无法在质量和服务方面进行有效竞争；假如机构烦琐的官僚习气使得办事效率极差，新创企业就难以有效和正常地运作。另外，社会治安、企业税率优惠、社区文化等商务环境因素也都深刻地影响着新创企业。

从深层次上看，选址对于创业成功的重要性还在于区域的竞争优势的独特性和集聚等效应。迈克尔·波特认为，各个地域中能存在的“知识”（Knowledge）、“关系”（Relationship），以及“动机”（Motivation）通常具有难以被其他地域竞争对手所模仿和取代的特性。在一个发达的经济区域中，比地理位置优劣对商务环境更具影响力的因素是，该地区的企业是否集聚在一起并形成了具有竞争力的“团簇”（或称集群），这种团簇“构成了企业竞争中最为重要的微观经济基础。”

新企业选址是一个较复杂的决策过程，涉及的因素比较多。归纳起来，影响选址的因素主要有五个方面，即政治因素、经济因素、技术因素、社会因素和自然因素。

一个科学而行之有效的选址过程，一般遵循市场信息的收集和研究、多个地点的评价、最终厂址的确定等步骤。

第三节　创办新企业技能训练

(一) 技能训练一：模拟注册企业

(1) 学生分为五组，分别模拟创业团队、工商局、税务所、银行、企业注册顾问。

(2) 各组在活动前，要查阅相关制度和规定，准备好表格、文件等资料，安排好成员扮演各类角色。

(3) 模拟企业注册、税务登记、银行开户等一系列过程，企业注册顾问组可随时帮忙，力求顺利完成注册程序。

(二) 技能训练二：描绘企业的成长曲线

(1) 为学习小组布置任务：通过网络或实地访谈的形式，确定一家你感兴趣的创业企业，针对该企业重点了解其过去5年是如何实现成长的。

(2) 引导小组讨论：影响创业企业成长有哪些内外部因素，并进行排序。

(3) 描绘成长曲线：横轴（x 轴）代表时间，纵轴（y 轴）代表收入。让学生在空白纸上画出简单的图表。

(4) 小组分享：解释这幅图是如何画出的，成长曲线有什么特点，企业内外部因素对成长曲线的影响，小组成员对企业成长的想法。

(5) 结论：成长对每家特定的企业来说都是独特的，很少有平滑正态成长曲线；企业在不同时期会因内外部因素的影响而呈现不同的成长模式；影响企业成长的最主要的内部因素是管理、营销及资金。

创业实践

反思创业体验活动

回忆你参与体验过的某个真实或模拟的创业活动。运用以下问题激发自己在体验中和体验后对自身的表现、感受及想法进行反思。可以用任何自己喜欢的形式自由地写下反思，不必局限于以下问题，可以发表更多见解。

(1) 在这次创业活动中的表现如何？哪些方面表现特别突出？哪些方面不如期望的好？在哪些方面可以做一些改进？

(2) 在参与活动期间，与其他人有过哪些互动？我的意图是什么？我的沟通与参与对这次活动或他人产生了哪些影响？

（3）在活动期间或活动后，从他人那里得到了哪些反馈？

（4）在这次活动体验中，主要有哪些收获？

（5）从这次反思中，我学到了什么？

（6）现在，关于自己或创业，还有哪些问题没有得到解决？

案例分析与讨论

“伏牛堂”湖南米粉——实践互联网+销售

2015年5月29日，在清华大学“众创空间主题互动”活动现场，身着黑色T恤的张天一走上讲台，胸前两个大字“霸蛮”引人关注，显示了这个湖南小伙儿的倔强个性。40分钟的精彩演讲，展示了这位90后北大毕业生创业开办“伏牛堂”智慧餐馆的故事。

90后、北大法学硕士、创业卖米粉，几个关键词放在一起，就是张天一这两年来走过的路。

2014年夏天，张天一从北大毕业。学习法律的他本想在北京找一家律师事务所当律师，但是，严峻的就业形势摆在他面前。

“当好几百人去竞争有限的几个工作机会时，却有大量的工作没有人做。就好像我每天上班路过国贸时，看到三环路无论是主路还是辅路，都在堵车。而我骑着我的破二手自行车时，十分轻松地就把一辆辆豪车甩在身后。”张天一坦言，创业对他而言，是一种被动选择，但经历之后，才发现这是自己喜欢的生活方式。

为什么选择卖湖南米粉这条路？张天一说，首先餐饮行业前景广阔，与麦当劳等国际连锁餐饮品牌相比，国内的餐饮连锁还有广阔的发展空间；其次，湖南米粉名声在外，是南方人喜爱的主食，但是在北京却很难吃到正宗的；最后，湖南米粉的准备工作主要在前期，现场做一碗米粉用时不超过30秒，有利于标准化生产。

于是，2014年4月，张天一和几个伙伴凑了10万元，在北京环球金融中心地下室的拐角，拉起了“伏牛堂”米粉的大旗。为了把正宗的常德米粉引进到北京，张天一回常德走街串巷寻找口味最好的正宗米粉，配制出“伏牛堂”米粉的独家配方。

1. 手机，引来第一批顾客

店开在地下室拐角，如何吸引客流成为关键。张天一说，我们只有依靠移动互联网将“伏牛堂”打造成智慧餐馆才有生存的可能，事实也的确如此，第一批顾客几乎都是拿着手机找上门来的。

开业之初，小店业绩蒸蒸日上，不到一个星期单日营业额就接近1万元，让张天一和他的创业伙伴欣喜不已。然而，面对越来越多通过移动互联网的口碑带来的“食客”，发米粉、炖牛肉、烧开水等工作让张天一和他的几位伙伴忙得不可开交，难免在服务等方面疏于把关，影响了一些顾客的用餐体验。

为此，四位创业伙伴展开多次讨论，最终形成了统一认识：决不能为了业绩而违背对品质的坚持。经过周密计算，他们认为，在这家37平方米的小店里，为了保证口味、环境、卫生、服务的品质，一天最多接待120位客人。当张天一最初在网上宣扬这个理念时，引发了不少人的质疑。

但这并没有阻碍张天一探索“互联网+”时代智慧餐馆的经营之道，他坚持要做最正宗的湖南米粉。有了好的产品和服务，再利用互联网平台宣传推广，吸引人流、精确定位消费者、保持核心竞争力，米粉店的生意越来越红火。

“例如，有顾客给我们提建议，说你的米粉太辣、太油，但是我并没打算改变。因为我清楚地知道，在互联网时代，我只要精准地在北京找到30万~40万接受这个口味的人，并坚持做到最好就行了，我并不需要满足2 000万人的胃。”张天一说，“真正的生机在我们运营三个月时就显示出来，那时我们积累了8个QQ大群、3个微信大群，以及微博上将近1万人的粉丝群体，这就是我们真正的核心竞争力。”

2. 政策，与天使投资助力创业

目前，国家出台了一系列鼓励创业创新的政策，按照规定，张天一属于毕业年度内自主从事个体经营的高校毕业生，三年内可享受月销售额不超过两万元暂免征收增值税等优惠政策。张天一说，税务部门已经和他联系税收减免的事宜。另外，现在工商年检等手续经办也方便了很多。

更重要的是，随着创业环境的改善，关注大学生创新创业的人也越来越多。特别是天使投资的发展，给张天一这样的创业者带来了资金、经营、管理等方面的巨大帮助。在清华大学的众创活动现场，伏牛堂的投资人之一、真格基金的联合创始人徐小平对张天一期许有加。如今，伏牛堂已经获得了包括真格基金、险峰华兴等公司的天使投资，门店也迅速扩展到十余家。

“未来，我们希望伏牛堂能够成为传统餐饮走向‘互联网+餐饮’的一个典型。我们志在成为一个真正的智慧餐馆，通过线上的支付体系、ERP系统建设，让餐馆更加智能，成为整个行业的标杆。”张天一对伏牛堂的未来踌躇满志。

资料来源：钟超，邱玥. 90后北大毕业生的智慧餐馆 [N/OL]. (2015-06-09). [2018-06-08]. http://www.xinhuanet.com/edu/2015-06/09/c_127893340.htm.

分析与讨论：

(1) 伏牛堂成功创业的关键要素有哪些？其真正的核心竞争力是什么？

(2) 根据你的理解，设想未来伏牛堂智慧餐馆的经营模式。

创业资源

创业邦

网站名称：创业邦 http://www.cyzone.cn/

资源介绍：创业邦成立于2007年，是中国领先的专业创业服务平台，致力于帮助创业者实现创业梦想，推动各领域高成长企业快速发展。创业邦为创业者提供高价值的资讯与服务，推动中国创新创业。旗下拥有媒体互动、创业孵化、融资服务等业务。

参考文献

［1］王天乐．社会体育专业本科人才培养与创业模式研究［D］．长沙：湖南师范大学，2014.

［2］邓万金．体育院校学生自主创业及创业教育模式体系研究［J］．山东体育学院学报，2012（02）：112－115.

［3］刘振忠，周静．高等体育院校创新创业教育现状及其实践体系的构建［J］．当代体育科技，2012（21）：55－56.

［4］陈启湖．体育教育专业创业教育实践平台模式建构［J］．武汉体育学院学报，2011（11）：77－81.

［5］步玉可．体育院校武术专业毕业生创业的调查与分析［D］．济南：山东体育学院，2015.

［6］王洪彪，冯琰，赵洪朋．体育院校创新创业教育的现状与思考［J］．辽宁体育科技，2013（06）：82－85.

［7］樊贤进，李月红．体育创业试探［J］．体育文化导刊，2013（12）：73－76.

［8］周静，刘振忠，康建敏．创新创业文化融入体育院校校园文化建设的思考［J］．河北体育学院学报，2015（02）：53－55＋60.

［9］梁林，叶国玺．体育创业型人才培养模式研究［J］．开封教育学院学报，2015（06）：114－115.

［10］毛浩波．加强体育管理专业学生的创业教育［J］．中国西部科技，2010（01）：89－91.

［11］周传志，喻丙梅，相昌庆．社会体育专业创业人才培养模式的构建［J］．闽南师范大学学报（自然科学版），2015（04）：85－89.

［12］徐俊祥．大学生创业基础知能训练教程［M］．北京：现代教育出版社，2014.

［13］张宗恩，朱克勇．大学生创业训练教程［M］．北京：现代教育出版社，2010.

［14］［美］杰弗里·蒂蒙斯，小斯蒂芬·斯皮内利．创业学［M］．周伟民，吕长春，译．北京：人民邮电出版社，2005.

［15］王年军．大学生创业团队的理论与实证研究．武汉：武汉理工大学，2012.

［16］李时椿，常建坤．创业基础［M］．北京：清华大学出版社，2013.

［17］王晓文，张玉利，李凯．创业资源整合的战略选择和实现手段［J］．经济管理，2009（1）：61－66.

［18］石丹林，谌虹．大学生创业理论与实务［M］．北京：清华大学出版社，2012.

[19] 赵伊川．创业基础［M］．大连：东北财经大学出版社，2013.

[20] 李家华．创业有道——大学生创业指导［M］．北京：高等教育出版社，2011.

[21] 李家华．创业基础［M］．北京：北京师范大学出版社，2013.

[22] 贺俊英．大学生创业基础与实训教程［M］．北京：高等教育出版社，2010.

[23]［美］彼得·德鲁克．创新与企业家精神［M］．蔡文燕，译．北京：机械工业出版社，2007.

[24] 张耀辉，朱锋．创业基础［M］．广州：暨南大学出版社，2013.

[25] 李秋斌．大学生创业指导．北京：北京大学出版社，2013.

[26] 冯丽霞，王若洪．创新与创业能力培养［M］．北京：清华大学出版社，2013.

[27] 郑晓燕，相子国．创业基础［M］．成都：西南财经大学出版社，2012.

[28] 田远芬，向辉．创业之梦［M］．武汉：华中师范大学出版社，2013.

[29] 李北伟．大学生创业导引［M］．北京：清华大学出版社，2013.

[30] 王庆生，王坤．大学生创业基础［M］．北京：清华大学出版社，2013.

[31] 吴运迪．大学生创业指导［M］．北京：清华大学出版社，2012.

[32] 曹德欣，祝木伟．创业学概论［M］．北京：中国矿业大学出版社，2013.

[33] 李时椿，常建坤．创业基础［M］．北京：清华大学出版社，2013.

[34] 杨安，夏伟，刘玉．创业管理——大学生创新创业基础［M］．北京：清华大学出版，2011.

[35] 张静．大学生创业实战指导［M］．北京：对外经济贸易大学出版社，2012.

[36] 张福建．大学生创业基础教程［M］．北京：现代教育出版社，2013.

[37] 邵振鹏．市场细分理论概述［EB/OL］．（2012－10－07）．［2018－06－08］．http：// www. wm23. com/wiki/36609. htm.

[38] 阿斯彭．目标市场的选择及定位［EB/OL］．（2016－02－27）．［2018－06－08］．http：//blog. sina. com. cn/s/blog_ 91e16a010102w373. html.

[39] 梅汗林．销售心理与消费者心理［EB/OL］．（2006－09－10）．［2018－07－03］．http：//blog. fang. com/7972087/330967/articledetail. htm.

[40] 余胜海．营销之道：只有抓住客户的痛点才能搞定客户［EB/OL］．（2017－10－26）．［2018－07－03］．http：//www. sohu. com/a/200337258_ 99970508.

[41] 李广新．客户与潜在客［EB/OL］．（2001－08－13）．［2018－07－03］．http：//www. linkshop. com. cn/CLUB/dispbbs. aspx？ rootid＝292463.

[42] 晏祥凯．市场竞争策略和最佳策略分析［EB/OL］．（2016－07－13）．［2018－07－03］．https：//wenku. baidu. com/view/1d26d3336f1aff00bfd51e19. html.